adequately

高等医药院校基础医学实验教学规划教材

系统解剖学实训指导

名誉主编　吴建清

主　　编　李文春　陈龙菊

副 主 编　唐　杰　李国贵　王振富

编　　委（以姓氏笔画为序）

王　军（湖北医药学院）
王配军（湖北医药学院）
王振富（湖北民族大学医学院）
田宗滢（湖北医药学院）
冯　娜（湖北医药学院）
刘幸卉（湖北医药学院）
李文春（湖北医药学院）
李国贵（湖北民族大学医学院）
吴　刚（湖北民族大学医学院）
吴太鼎（湖北民族大学医学院）
吴建清（湖北民族大学医学院）
张　亮（湖北医药学院）
陈龙菊（湖北民族大学医学院）
陈秀英（湖北医药学院）
庞　磊（湖北医药学院）
贺细菊（湖北医药学院）
姚柏春（湖北医药学院）
唐　杰（湖北医药学院）
谭　刚（湖北民族大学医学院）
谭文波（湖北民族大学医学院）
颜　玲（湖北民族大学医学院）

科 学 出 版 社

北　京

内 容 简 介

《系统解剖学实训指导》是“十二五”普通高等教育本科国家级规划教材和卫生部“十二五”规划教材《系统解剖学》的配套实训教材。本书分为运动系统、内脏学、脉管系统、感觉器、神经系统和内分泌系统六章，其内容是根据教育部《高等医学院校人体解剖学教学大纲》的要求编写，教材突出基础理论、基本知识和基本技能，具有规范性和实用性的特点。每个实训项目包括实训的目的和要求、实训教具、实训内容及方法和复习思考题等。

本书可供高等医药院校临床、麻醉、影像、康复、预防、口腔医学等专业学生使用。

图书在版编目（CIP）数据

系统解剖学实训指导 / 李文春，陈龙菊主编. — 北京：科学出版社，2018.8

高等医药院校基础医学实验教学规划教材

ISBN 978-7-03-057933-1

Ⅰ. ①系… Ⅱ. ①李… ②陈… Ⅲ. ①系统解剖学-医学院校-教学参考资料 Ⅳ. ①R322

中国版本图书馆 CIP 数据核字(2018)第 131157 号

责任编辑：周 园 / 责任校对：郭瑞芝

责任印制：赵 博 / 封面设计：陈 敬

科学出版社 出版

北京东黄城根北街 16 号

邮政编码：100717

http://www.sciencep.com

三河市骏杰印刷有限公司 印刷

科学出版社发行 各地新华书店经销

*

2018 年 8 月第 一 版 开本：787×1092 1/16

2018 年 8 月第一次印刷 印张：17

字数：409 000

定价：59.80 元

（如有印装质量问题，我社负责调换）

高等医药院校基础医学实验教学规划教材编写指导委员会

总　　序

随着现代生命科学及其各种实验技术的飞速发展和高校教学模式的改革，现代高等医学教育更加强调培养学生的探索精神、科学思维、实践能力和创新能力。这就要求从根本上改变实验教学依附于理论教学的传统观念，要从人才培养体系的整体出发，建立以能力培养为主线，分层次、多模块、相互衔接的科学实验教学体系，使实验教学与理论教学既有机结合又相对独立。同时，必须加大对实验项目、实验条件、实验教学体系的改革力度，改革传统的以教研室为单位的教学实验室模式，整合完善现代医学实验室功能和管理，从而提高医学实验教学质量。

本系列实验教材由湖北医药学院组织编写，共9册，包括《人体解剖学实训指导》《系统解剖学实训指导》《局部解剖学实训指导》《医学显微形态学实训指导》《医学微生物学实训指导》《医学免疫学实训指导》《医学生物化学与分子生物学实训指导》《医学生物学实训指导》《预防医学实训指导》。系统介绍了系统解剖学、局部解剖学、组织胚胎学、医学微生物学、医学免疫学、生物化学与分子生物学、医学细胞生物学和医学遗传学、预防医学的实验研究所必需的知识与技术。此套教材编写工作是按照建设国家实验教学示范中心要求的实验教学模式，借鉴国内外同类实验教材的编写方法，力求做到体系创新、理念创新及制作精美。内容上将基础医学实验教学按照基础医学实验体系进行重组和有机融合，按照实验教学逻辑和规律，将实验内容按模块层次进行编写，基本上包括：①实验操作及常用仪器使用；②基本实验或经典验证性实验；③综合性实验；④研究创新性实验；⑤习题。不同层次学生可按照本专业培养特点和要求，对不同板块的必选实验项目和自选实验项目进行适当取舍。

其基本理念和设计思路具有以下特点：

1. 明确目标，准确定位　本系列实验教材编写过程中增加了临床应用多、意义较大的实验内容，适当选编新的内容，力求突出基础医学知识在医学相关专业临床工作中的应用。

2. 突出能力，结合专业　以“自主学习能力、临床执业能力”培养为根本，将各学科的相关知识与临床实践应用“链接”为一体，增强学生学习兴趣，突出应用能力培养，提高学生自主学习能力和学习效果。教材重视生命科学研究中如何发挥学生观察、分析与思辨能力的培养，主要任务是使大学生通过动手，得到实验技术的基本操作技能训练、科学思维和创新能力的培养，同时也要使他们初步了解或掌握先进技术和方法，与迅速发展的学科前沿接轨。

3. 增减内容，突出重点　本系列实验教材在编写过程中，坚持基本理论和基本知识以“必须、实用、够用”的原则。实验内容去旧增新，删繁就简。将原来一些经典实验与现代科学思维相结合，适当压缩，并进行内容和教学方法的改革。对每幅插图进行了精选。对所开设的每一个实验要求达到的培养目标作了清晰而明确的阐述。

4. 整体优化，彰显特色　教材在整体结构上，既考虑到教与学的传统习惯，力求整体上系统化，又考虑到教材内容的创新，体现教材的思想性和先进性；在教材内容的编写上突出专业特色，体现专业特点，强化知识应用，部分教材增加实验流程图以及实验要点和实验结果图，使规划教材具有更广泛的适应性；在结构及内容编排上条理清楚，层次分明，充分体现规范化特点。为扩大学生的知识面，启发其思维，根据每部分的内容在临床工作中的应用情况，精选与临床密切相关的学科知识及有应用前景的新进展和新技术，将各相关学科有机结合在一起，具有基础扎实、应用性强、科研创新性突出的优势。

本规划教材的使用对象以本科临床医学专业为主，兼顾预防、麻醉、口腔、影像、药学、检验、护理、康复、生物科学与生物技术、公共事业管理、信息管理与信息系统等专业需求，涵盖全部医学生的基础医学实验教学。

由于基础医学实验教学模式尚存在地区和校际间的差异，本规划教材可能存在偏颇之处，也会有不足和疏漏，敬请广大医学教育专家和同学提出宝贵意见，以便修订再版。

湖北医药学院

高等医药院校基础医学实验教学规划教材　编委会

2018 年 5 月

前　　言

《系统解剖学实训指导》是“十二五”普通高等教育本科国家级规划教材和卫生部“十二五”规划教材《系统解剖学》的配套实训教材，可供高等医药院校临床、麻醉、影像、康复、预防、口腔医学等专业学生进行《系统解剖学》实训时使用。

本教材共六章，其内容是根据教育部《高等医学院校人体解剖学教学大纲》的要求所编写，教材突出基础理论、基本知识和基本技能，具有规范性和实用性的特点。实训项目包括实训的目的和要求、实训教具、实训内容及方法、常用歌诀、复习思考题等。其目的是指导学生根据实训内容进行实训操作或辨认标本、模型，同时也提出每次实训需要准备的标本和模型，以便实训教师课前做好准备。每个实训项目后配有相应的复习思考题，便于学生复习，以检测对所学知识的掌握程度。为了提高学生的医学英语水平，本教材对重要的人体解剖学名词加注英文。复习思考题部分包括判断题、最佳选择题、多项选择题、名词解释、填空题及综合应用题等常用题型，部分章节还有创新分析题，并附有参考答案。通过练习及解答可以使学生有效地回顾、复习和总结所学知识，开阔思路，提高其综合分析问题、解决问题的能力。如果学生能够熟练掌握本教材的内容，不仅能为学习其他医学课程打下坚实基础，而且也能够提高应试成绩。判断题正确答案用 A 表示，错误答案用 B 表示；最佳选择题，每个题干有 5 个备选答案，只有 1 个是最佳答案；多项选择题，有 5 个备选答案，要求选择 2 个或 2 个以上正确答案，必须每个答案均正确才能得分。

智者千虑，必有一失。由于编者水平所限，疏漏之处在所难免，望读者在使用过程中提出宝贵意见，使本书质量不断提高并日臻完善。

李文春　陈龙菊

2018 年 6 月

目　　录

第一章 运动系统

运动系统由骨、关节和骨骼肌组成。全身各骨借关节相连形成骨骼，构成人体的支架，骨骼肌附着于骨，收缩时，以关节为支点牵引骨改变位置和角度，产生运动。在运动过程中，骨起着杠杆作用，关节为运动的枢纽，骨骼肌为运动的动力器官。

第一节 骨 学

一、总论、躯干骨

【目的和要求】

1. 掌握骨的分类；椎骨的一般形态；胸骨的分部及重要标志。

2. 熟悉骨的构造；各部椎骨的主要特征；肋的组成、形态结构。

3. 了解骨的化学成分和物理性质；骨的发生和发育；骨的可塑性。

【实训教具】

1. 标本 全身完整骨架；股骨、手骨、足骨、颅骨、椎骨、上颌骨（示长、短、扁和不规则骨）；婴幼儿长骨剖面骨（示骺软骨）；纵行剖开的新鲜长骨标本（示骨膜、骨密质、骨松质、骨髓与骨髓腔）；瓶装的脱钙肋骨和煅烧骨；按颈、胸、腰椎顺序串制的椎骨（示各部椎骨的特征），骶尾骨；胸骨、肋骨（第 7 肋，第 1、2 肋，第 11、12 肋）。

2. 模型 寰椎、枢椎、颈椎、胸椎和腰椎放大模型（示各部椎骨形态特征）；按自然串制而成的脊柱骨模型（示各部椎骨形态特征）。

【实训内容及方法】

（一）总论

骨（bone）是一种器官，主要由骨组织构成。正常成人共有 206 块骨，其中包括躯干骨（椎骨 24 块，肋 12 对，胸骨、骶骨和尾骨各 1 块）51 块；颅骨（脑颅骨 8 块和面颅骨 15 块）23 块；上肢骨（上肢带骨 2 对和自由上肢骨 30 对）64 块；下肢骨（下肢带骨 1 对和自由下肢骨 30 对）62 块；听小骨（位于颅骨内，在内容上属于感觉器）6 块。

1. 骨的分类 在全身完整骨架标本上观察，骨按部位可分为颅骨、躯干骨和四肢骨，前二者统称为中轴骨。按形态，骨可分为以下 4 类。

（1）长骨（long bone）：取一块股骨或肱骨观察，长骨呈长管状，分为一体两端。体又称骨干，内有空腔称髓腔，体表面有滋养孔。两端膨大称骺，骨干与骺相邻的部分称干骺端，取婴幼儿长骨剖面骨观察骺软骨，幼年时保留一片软骨，称骺软骨。成年后骺软骨骨化，骨干与骺融为一体，其间遗留一骺线。

（2）短骨（short bone）：取一手骨或足骨观察，腕骨和跗骨形似立方体，属于短骨。

（3）扁骨（flat bone）：取颅盖骨或肋骨观察，其呈板状，属于扁骨。

（4）不规则骨（irregular bone）：取椎骨或上颌骨观察，其形状不规则，属于不规则骨。

2. 骨的构造 骨由骨质（bone substance），骨膜（periosteum），骨髓（bone marrow），骨的血管、淋巴管和神经组成。在纵行剖开的新鲜长骨标本上观察骨的构造：覆盖于除关节软骨之外骨表面的是骨膜；在骨中央可见一腔隙，称为骨髓腔，其周围的壁外层的色淡而且非常致密，称为骨密质，其内层的结构疏松，称为骨松质，骨密质在骨干最厚，而趋向两端逐渐变薄。骨松质主要由骨小梁组成，骨小梁相互交织呈网状，骨松质主要存在于骨的两端；在骨髓腔及两端骨松质中充填有一些软组织称为骨髓。

3. 骨的化学成分和物理性质 骨主要由有机质和无机质组成。用脱钙骨和煅烧骨说明骨的化学成分及物理特性。

（二）躯干骨

躯干骨包括24块椎骨、1块骶骨、1块尾骨、1块胸骨和12对肋。在骨架上观察躯干骨的组成、名称、数目和位置，其参与脊柱、骨性胸廓和骨盆的构成。

1. 椎骨（vertebrae）

（1）椎骨的一般形态：取胸椎标本观察椎骨的一般形态。胸椎解剖学方位的确定依据：圆柱体结构为椎体，其放置朝前，在最后方的突起为棘突，其尖朝向后下。椎体与椎弓之间形成椎孔，全部椎骨的椎孔串联在一起便形成一个管状结构即椎管。观察椎弓便会发现其与椎体相连接的部分短而细，称为椎弓根，椎弓根的上、下缘凹陷处分别称为椎上切迹和椎下切迹，尤其是椎下切迹极为明显，上一椎骨的椎下切迹和下一椎骨的椎上切迹合成椎间孔，可以将手中的椎骨呈上下位放置后从其侧面观察。椎弓后部分的板状结构称为椎弓板。由椎弓发出7个突起：1个向后的棘突，1对伸向两侧的横突，1对向上的上关节突，1对向下的下关节突。将手中的椎骨呈上下位放置或从整体脊柱标本的侧面观察上一椎骨的下关节突和下一椎骨的上关节突是如何接触的。

（2）各部椎骨的主要特征：分别取胸椎、颈椎、腰椎、骶骨及尾骨观察其主要特征，区别各部椎骨，尤应注意辨别各部椎骨的异同。

1）胸椎（thoracic vertebrae）：①椎体横断面呈心形；②椎体两侧面后份的上、下缘处有上、下肋凹，横突末端前面有横突肋凹；③关节突的关节面几乎呈冠状位；④棘突较长，向后下方倾斜，呈叠瓦状排列。

2）颈椎（cervical vertebrae）：①椎体较小，横断面呈椭圆形；②关节突的关节面几乎呈水平位；③椎孔较大呈三角形；④有横突孔；⑤第2～6颈椎的棘突较短，末端分叉。辨认寰椎、枢椎和隆椎：第1颈椎又名寰椎（atlas），呈环状，无椎体、棘突和关节突，由前弓、后弓及侧块组成。第2颈椎又名枢椎（axis），椎体上方有齿突。第7颈椎又名隆椎（prominent vertebra），棘突较长，末端不分叉，在活体上易触摸到，常作为计数椎骨序数的标志。

3）腰椎（lumbar vertebrae）：①体粗壮，横断面呈肾形；②关节突的关节面几乎呈矢状位；③棘突宽而短，呈板状，水平伸向后方。

4）骶骨（sacrum）：在观察过程中确定手中所持骶骨的解剖学方位：光滑略凹的面为其前面，粗糙不平的为其后面，较细的一端向下。骶骨前面上缘中份向前隆凸称岬，前面可见4对骶前孔，后面有4对骶后孔。在骶骨内有一纵贯骶骨的管道称为骶管，下端的裂孔是骶管裂孔，骶管裂孔两侧向下的突起是骶角。用探针认真体会骶前、后孔与骶管的关系。

5）尾骨（coccyx）：由3～4块尾椎融合而成。尾骨近似三角形，上接骶骨。

2. 胸骨（sternum）　在整体骨架和胸骨标本上观察：胸骨分为柄、体和剑突三部分。胸骨柄上缘中份有颈静脉切迹（jugular notch）。胸骨柄与胸骨体连接处微向前突，称胸骨角（sternal），在自体可触摸到。

3. 肋（ribs）　在整体骨架标本上观察：肋由肋骨与肋软骨组成，并理解真肋、假肋及浮肋。在肋骨标本上观察：肋骨分为前、后两端及中部的体三部分。后端为肋头，有关节面与胸椎上、下肋凹相关节。肋头的外侧有肋结节，与胸椎横突肋凹相关节。肋体长而扁，分内、外两面和上、下两缘。内面近下缘处有肋沟。

躯干骨观察完毕后，请同学们对照骨架标本，在自己身上摸认下列骨性标志：第 7 颈椎棘突、骶角、颈静脉切迹、胸骨角、剑突、肋弓。

【常用歌诀】

1. 全身骨的数目　全身骨头虽难记，抓住要点就容易；头颅躯干加四肢，二百零六分开记；脑面颅骨二十三，躯干共计五十一；四肢一百二十六，全身骨头基本齐；还有六块听小骨，藏在中耳鼓室里。

2. 椎骨的一般形态　一体一弓围椎孔，椎体在前弓在后；椎弓前根后为板，椎弓根间椎间孔。两侧弓板愈合处，向后伸出成棘突；弓根弓板结合处，上下关节和横突。

3. 各部椎骨特点　颈椎体小椎孔大，横突有孔棘分叉；胸椎体侧有肋凹，棘突叠瓦后下方；腰椎体大是特点，棘突平伸宽又扁。

4. 胸骨　胸骨形似一把剑，上柄中体下刀尖；柄体交界胸骨角，平对二肋是特点。

【复习思考题】

（一）判断题（正确答案用 A 表示，错误答案用 B 表示）

1. 人体从外形上可分为 8 个局部，每个局部又可分为若干个小部分。（　）
2. 骨按部位可分为颅骨、躯干骨和四肢骨三部分。（　）
3. 长骨分布于四肢，可分为一体两端。（　）
4. 骨松质呈海绵状，由互相交织的骨小梁构成。（　）
5. 骨松质位于骨的内部，由骨板交织排列而成。（　）
6. 扁骨的内、外板之间的骨松质称为板障。（　）
7. 骨的表面都有骨膜被覆。（　）
8. 终身保留红骨髓的是髂骨、胸骨、椎骨。（　）
9. 红骨髓分布于小儿髓腔和松质的间隙内，富有神经。（　）
10. 第 7 颈椎棘突长，末端分叉。（　）
11. 胸骨角向后平对第 4 胸椎体下缘。（　）
12. 胸骨柄和体相接处，形成一个稍向后突的钝角，称为胸骨角。（　）

（二）最佳选择题

1. 关于骨的叙述，正确的是（　）

A. 又称骨骼　　　B. 仅由骨质构成　　　C. 不是一种器官

D. 没有再生能力　　　E. 成人共有 206 块

2. 下列各骨中，不属于长骨的是（　）

A. 桡骨　B. 肋骨　C. 指骨
D. 跖骨　E. 股骨

3. 下列各骨中属于典型长骨的是（　）
A. 胸骨　B. 肋骨　C. 指骨　D. 距骨　E. 跟骨

4. 下列各骨中属于不规则骨的是（　）
A. 腕骨　B. 肋骨　C. 胸骨　D. 椎骨　E. 跟骨

5. 关于长骨的描述，正确的是（　）
A. 是指所有形状长的骨　B. 具有一体两端的骨都是长骨
C. 骨干内具有含气的腔　D. 肋骨属于典型长骨
E. 骨干与骺相邻的部分称为干骺端

6. 骨的构造包括（　）
A. 骨质、骨膜、骨髓　B. 骨膜、骨松质、骨密质
C. 骨松质、骨密质、骨髓　D. 骨膜、红骨髓、黄骨髓
E. 骨膜、骨密质、骨髓

7. 板障（　）
A. 是存在于扁骨内的骨松质　B. 存在于胸骨和肋骨
C. 是存在于短骨内的骨松质　D. 只存在于颅盖骨内
E. 存在于长骨的两端

8. 关于骨膜的叙述，正确的是（　）
A. 呈囊状包裹全部骨的表面
B. 除关节面的部分外，新鲜骨的表面都覆有骨膜
C. 由上皮组织构成
D. 与骨的再生无关
E. 以上都不对

9. 关于骨髓的叙述，正确的是（　）
A. 仅见于长骨骨髓腔内　B. 红骨髓无造血功能
C. 黄骨髓具有造血功能　D. 重度贫血时，黄骨髓可转化为红骨髓
E. 胎儿的骨髓均为黄骨髓

10. 椎骨（　）
A. 一般由椎体和椎弓组成　B. 颈椎均有椎体
C. 第 7 颈椎又称为寰椎　D. 胸椎的横突有孔
E. 腰椎的棘突细长

11. 椎弓和椎体围成（　）
A. 椎间孔　B. 横突孔　C. 椎孔
D. 椎骨上、下切迹　E. 椎管

12. 颈椎（　）
A. 都有椎体　B. 横突孔只存在于第 1～6 颈椎
C. 第 1～6 颈椎棘突末端均分叉　D. 椎弓均发出 7 个突起
E. 第 6 颈椎横突末端前方的结节称为颈动脉结节

13. 胸椎（ ）
A. 第 1 胸椎有横突孔
B. 椎体粗大，横断面呈肾形
C. 棘突特别短
D. 横突肋凹与肋结节相关节
E. 关节突的关节面都呈水平位

14. 骶骨（ ）
A. 由 5 块骶椎融合而成
B. 骶角可以在体表摸到
C. 骶管下端的裂孔称为骶管裂孔
D. 有 4 对骶前孔
E. 上述全对

15. 临床骶管麻醉时确定骶管裂孔的标志是（ ）
A. 骶岬 B. 骶角 C. 骶前孔 D. 骶后孔 E. 骶正中棘

16. 胸骨（ ）
A. 分为胸骨体和胸骨柄两部分
B. 胸骨柄上缘有颈静脉切迹
C. 胸骨体与第 1～7 肋相连
D. 成人胸骨体内含有黄骨髓
E. 上述全对

17. 胸骨角（ ）
A. 向后平对第 4 胸椎体上缘
B. 与第 3 肋软骨相接
C. 参与构成胸锁关节
D. 两侧平对第 2 肋
E. 与肩胛下角平齐

18. 用于计数肋骨的标志是（ ）
A. 肋弓 B. 第 7 颈椎棘突 C. 肩胛骨上角
D. 胸骨角 E. 上述结构都是

19. 关于肋的描述，不正确的是（ ）
A. 共有 12 对
B. 分为真肋和假肋两种
C. 肋结节与胸椎横突肋凹相关节
D. 肋体内面近下缘处有肋沟
E. 肋骨不是长骨

20. 在体表不能摸到的骨性标志是（ ）
A. 第 7 颈椎棘突 B. 骶角 C. 颈静脉切迹
D. 肋弓 E. 肋沟

（三）多项选择题

1. 关于长骨的叙述，正确的是（ ）
A. 分为一体两端 B. 体内有髓腔 C. 骨干与骺相邻的部分称为干骺端
D. 体表面有滋养孔 E. 表面都覆有骨膜

2. 属于扁骨的是（ ）
A. 胸骨 B. 上颌骨 C. 肋骨 D. 肩胛骨 E. 额骨

3. 参与骨构成的有（ ）
A. 骨质 B. 骨膜 C. 骨髓 D. 神经 E. 血管

4. 成人红骨髓位于（ ）
A. 扁骨的骨密质内 B. 椎骨 C. 髂骨
D. 肋骨 E. 骨髓腔内

5. 躯干骨参与构成（　　）

A. 脊柱　B. 骨性胸廓　C. 骨盆

D. 口腔　E. 颅腔

6. 属于椎骨一般形态结构的是（　　）

A. 横突孔　B. 椎孔　C. 棘突　D. 椎弓　E. 椎体

7. 关于各部椎骨主要特征的描述，正确的是（　　）

A. 颈椎有横突孔　B. 胸椎横突上有肋凹　C. 胸椎棘突呈水平板状

D. 腰椎棘突细长　E. 第 2～6 颈椎棘突末端分叉

8. 关于寰椎的描述，正确的是（　　）

A. 无椎体　B. 有棘突　C. 由前弓、后弓及侧块组成

D. 无关节突　E. 是第 2 颈椎

9. 关于胸骨的描述，正确的是（　　）

A. 分为胸骨体和胸骨柄两部分

B. 胸骨柄上缘中份为颈静脉切迹

C. 胸骨柄与胸骨体相连处向前的突起称为胸骨角

D. 胸骨体外侧缘接第 2～7 肋软骨

E. 胸骨角两侧平对第 2 肋

10. 关于肋的描述，正确的是（　　）

A. 属于长骨　B. 由肋骨和肋软骨组成　C. 第 3 肋平对胸骨角

D. 第 1～7 对肋前端直接与胸骨连接　E. 肋软骨成年后骨化

（四）名词解释

1. 骨髓
2. 椎间孔
3. 胸骨角
4. 肋弓
5. 肋沟

（五）填空题

1. 运动系统由骨、______和______构成。
2. 骨按形态可分为长骨、短骨、______和______。
3. 长骨骨干和骺相邻的部分称______，幼年时保留一片软骨，称______。
4. 骨由骨质、______和______构成。
5. 骨密质分布于骨的______，骨松质分布于骨的______。
6. 骨髓为充填于______和______间隙内的软组织。
7. 骨髓分为______，有造血功能的骨髓是______。
8. 躯干骨包括脊柱骨、______和______。它们分别参与脊柱、骨性胸廓和骨盆的构成。
9. 椎骨由位于前方的______和后方的______组成。
10. 椎体和椎弓围成______，它们上下贯通构成容纳脊髓的______。
11. 胸椎的特征是在椎体两侧面后份有______横突末端前面有______
12. 颈椎（除第 1 颈椎和第 7 颈椎外）的特征是横突有______，棘突末端______。

4. 脊柱的整体观 上细下粗尾部尖，承受压力密相关；后观棘突一条线，颈短胸斜腰平扁；侧观生理四个弯，线条大方又美观；胸骶弯曲凸向后，颈腰二曲凸向前。

5. 胸廓 胸廓形似小鸟笼，上窄下宽扁锥形；上口狭小前下斜，下口封隔分腹胸；容纳保护心肝肺，吸气下降呼气升；各径随着年龄变，肋间增宽有毛病。

6. 颞下颌关节构成及特点 下颌头，下颌窝，构成关节功能多；关节腔有关节盘，关节囊壁前薄弱；咀嚼语言做表情，张口过大向前脱。

【复习思考题】

（一）判断题（正确答案用 A 表示，错误答案用 B 表示）

1. 直接连接分为纤维连接、软骨连接和骨性结合三类。（ ）
2. 关节囊的滑膜层与关节面所围成的潜在性腔隙，为关节腔，有少量滑液，呈正压。（ ）
3. 拇指与手掌面的角度减小称为屈，角度增大称为伸。（ ）
4. 黄韧带位于椎管内，在椎弓板的前方，有限制脊柱过度前倾的作用。（ ）
5. 寰枢关节可做旋转运动。（ ）
6. 胸廓由 12 块胸椎、12 对肋、1 块胸骨和它们之间的连接共同构成。（ ）
7. 胸廓下口由第 11 肋及第 12 肋前段、肋弓和剑突围成。（ ）
8. 脊柱可做屈、伸、侧屈、旋转和环转运动。（ ）
9. 关节的基本结构是关节面、关节腔和韧带。（ ）
10. 胸肋关节由第 1～7 肋软骨与胸骨相应的肋切迹构成，属于微动关节。（ ）

（二）最佳选择题

1. 关节的基本结构是（ ）

A. 关节面、关节囊、韧带
B. 关节面、关节囊、关节软骨
C. 关节面、关节囊、关节腔
D. 关节面、关节腔、关节盘
E. 关节面、关节腔、关节唇

2. 关节的辅助结构是（ ）

A. 关节面、关节囊、关节腔
B. 关节囊、关节软骨、关节盘
C. 关节囊、囊内韧带、囊外韧带
D. 关节软骨、关节盘、关节唇
E. 韧带、关节盘、关节唇、滑膜襞、滑膜囊

3. 关节腔（ ）

A. 由关节面和关节囊滑膜层围成
B. 内充少量滑液
C. 为潜在性负压腔隙
D. 所有的关节均有
E. 以上都对

4. 脊柱（ ）

A. 由全部椎骨、骶骨、尾骨及其连结组成
B. 由颈椎、腰椎、骶椎和尾椎构成
C. 其胸段参与构成胸腔和腹腔的骨性后壁
D. 颈曲和骶曲凸向前，胸曲和腰曲凸向后
E. 胸曲和腰曲凸向前，颈曲和骶曲凸向后

5. 黄韧带连于两个相邻的（ ）

A. 椎弓板之间　B. 椎弓根之间　C. 棘突之间
D. 椎体之间　E. 以上均不对

6. 关于椎间盘的描述，正确的是（　　）
A. 连于相邻两椎弓板之间　B. 没有弹性　C. 髓核易向前方脱出
D. 由纤维环和髓核构成　E. 各部椎间盘厚薄均一

7. 关节腔内的滑液来自于（　　）
A. 关节软骨　B. 关节囊的滑膜层　C. 关节囊的纤维层
D. 关节面　E. 滑膜囊

8. 前纵韧带（　　）
A. 为连接相邻两椎弓的韧带　B. 可防止椎间盘向后脱出
C. 可防止脊柱过伸　D. 细长，上起自枢椎
E. 下达第 2 腰椎水平

9. 腰椎棘突间穿刺入椎管最后经过的韧带（　　）
A. 棘上韧带　B. 棘间韧带　C. 横突间韧带
D. 后纵韧带　E. 黄韧带

10. 椎弓板之间的韧带是（　　）
A. 前纵韧带　B. 棘上韧带　C. 项韧带
D. 棘间韧带　E. 黄韧带

11. 脊柱中运动幅度最大的部位是（　　）
A. 颈部、腰部　B. 胸部、腰部　C. 腰部、骶部
D. 骶部、尾部　E. 尾部、颈部

12. 关节沿冠状轴可作（　　）
A. 屈和伸　B. 收和展　C. 旋转　D. 环转　E. 上述全错

13. 关于关节囊的描述，错误的是（　　）
A. 外层是纤维层　B. 内层是滑膜层　C. 密闭关节腔
D. 附着于关节面上　E. 由纤维结缔组织构成

14. 关节沿矢状轴可作（　　）
A. 屈和伸　B. 收和展　C. 旋转
D. 环转　E. 上述全不对

15. 关于脊柱的描述，错误的是（　　）
A. 棘突纵行排列在一条直线上　B. 各部椎骨棘突间倾斜度不同
C. 颈腰部活动幅度最大　D. 椎体自上而下达尾骨逐渐增大
E. 四个生理弯曲对脑有保护作用

16. 不属于椎骨间连结的是（　　）
A. 黄韧带　B. 椎间盘　C. 前纵韧带
D. 后纵韧带　E. 关节盘

17. 关于胸廓的描述，错误的是（　　）
A. 由全部胸椎、胸骨和 12 对肋构成　B. 上窄下宽
C. 横径小于前后径　D. 吸气时，胸腔的容积扩大

E. 成人近似圆锥形

18. 不与胸骨侧缘相接的是（ ）

A. 第 2 肋 B. 第 3 肋 C. 第 6 肋
D. 第 7 肋 E. 第 8 肋

19. 关于骨的关节面，下列描述错误的是（ ）

A. 表面光滑 B. 参与构成关节 C. 表层有关节软骨覆盖
D. 表面有骨膜 E. 一般为一凸一凹

20. 关于颞下颌关节的叙述，错误的是（ ）

A. 有关节盘 B. 有关节唇 C. 可使下颌骨上提和下降
D. 可使下颌骨前进和后退 E. 可使下颌骨侧方运动

（三）多项选择题

1. 骨连结分为（ ）

A. 直接骨连结 B. 纤维连结和软骨连结 C. 滑膜关节
D. 纤维连结和直接骨连结 E. 软骨连结和骨性结合

2. 有关节盘的关节有（ ）

A. 颞下颌关节 B. 膝关节 C. 腕关节
D. 肘关节 E. 髋关节

3. 关节的基本结构包括（ ）

A. 呈负压的关节腔 B. 坚韧的关节囊 C. 连结诸骨的韧带
D. 位于关节面之间的关节盘 E. 覆盖有透明软骨的关节面

4. 脊柱的四个生理弯曲（ ）

A. 颈曲凸向前 B. 颈曲凸向后 C. 腰曲凸向前
D. 胸曲凸向前 E. 胸曲凸向后

5. 参与围成胸廓上口的结构有（ ）

A. 第 1 胸椎 B. 锁骨 C. 第 1 肋
D. 胸锁关节 E. 胸骨柄上缘

6. 关节的辅助结构是（ ）

A. 韧带 B. 关节面 C. 关节唇 D. 关节囊 E. 关节盘

7. 脊柱韧带的作用是（ ）

A. 前纵韧带限制脊柱过伸 B. 后纵韧带限制脊柱过屈
C. 黄韧带限制脊柱过屈 D. 棘间韧带限制脊柱过伸
E. 棘上韧带限制脊柱过屈

8. 成人颅骨之间的连结有（ ）

A. 关节 B. 骨间膜 C. 囊内韧带 D. 缝 E. 骨性结合

9. 人体特有的关节运动是（ ）

A. 肩关节旋转 B. 拇指对掌运动 C. 前臂旋前和旋后
D. 寰枢关节的旋转 E. 脊柱侧屈

10. 脊柱可作的运动有（ ）

A. 屈 B. 伸 C. 侧屈 D. 旋转 E. 环转

（四）名词解释

1. 关节
2. 关节囊
3. 脊柱
4. 椎间盘
5. 胸廓

（五）填空题

1. 骨与骨之间借________、软骨或________相连，形成骨连结。
2. 人体骨连结有________和________两大类。
3. 关节的基本结构包括________、关节囊和________三部分。
4. 关节囊可分为内、外两层，外层为________，内层为________。
5. 关节的辅助结构包括韧带、________、________。
6. 关节沿矢状轴可做________运动，沿垂直轴可做________运动。
7. 环转运动实际上是________、展、________、收依次结合的连续动作。
8. 脊柱是借 7 块________，12 块胸椎，5 块腰椎，1 块________，1 块尾骨和它们之间的骨连结共同构成。
9. 从侧方观察，脊柱有四个生理弯曲，其中________曲和________曲凸向前。
10. 从侧方观察，脊柱有四个生理弯曲，其中________曲和________曲凸向后。
11. 脊柱有很大的运动性，可作________、伸、侧屈、旋转和________运动。
12. 脊柱有________、保护和________功能。
13. 椎间盘的中央部分称________，周围部分称________。
14. 胸廓是由 12 块________，12 对________，1 块胸骨和它们之间的骨连结共同构成。
15. 肋骨和椎骨形成的关节有________和________。
16. 胸肋关节由第________～________肋软骨与胸骨相应的肋切迹构成。
17. 可作三轴运动的关节有________和________。
18. 紧贴椎体后面的韧带是________，它的作用是________。
19. 关节面覆盖有________，它和关节囊的________共同围成关节腔。
20. 颞下颌关节由下颌骨的________与颞骨的________构成。

（六）综合应用题

1. 关节有哪些基本构造？
2. 关节的辅助结构有哪些？
3. 椎体之间的连结包括哪些？
4. 椎弓间的连结结构有哪些？
5. 脊柱侧面观可见哪些弯曲？
6. 胸廓上、下口是怎样围成的？
7. 颞下颌关节是怎样组成的？有何特点？
8. 试述胸廓的构成。

（贺细菊）

二、附肢骨连结

【目的和要求】

1. 掌握上、下肢六大关节（肩关节、肘关节、桡腕关节、髋关节、膝关节、踝关节）的构成、结构特点及运动。

2. 熟悉髋骨与脊柱间的韧带连结；骨盆的组成与分部。

3. 了解胸锁关节、肩锁关节的组成；桡尺连结；手其他关节的结构和运动；骶髂关节的构成；足弓的构成及其功能。

【实训教具】

1. 标本 整体骨架标本；胸肋关节和胸锁关节标本；胸廓整体观（大体标本）标本；胸锁关节标本；肩关节标本；前臂骨的连结标本；肘关节（完整）标本；肘关节（矢状切）标本；手关节（完整）标本；手关节（冠状切）标本；男性骨盆韧带标本；女性骨盆韧带标本；髋关节标本；髋关节（冠状切）标本；膝关节标本；膝关节（后面）标本；膝关节内韧带和软骨标本；踝关节周围韧带标本；足关节（水平切面）标本。

2. 模型 骨连接模型；肩关节模型；肘关节模型；腕关节模型；女性骨盆模型；男性骨盆模型；髋关节模型；膝关节模型；踝关节模型。

【实训内容及方法】

（一）上肢骨的连结

上肢骨的连结包括上肢带连结和自由上肢连结。

上肢带连结有由锁骨的胸骨端与胸骨的锁切迹构成的胸锁关节，以及由锁骨的肩峰端与肩峰构成的肩锁关节，只作一般了解，要求重点观察自由上肢连结。

1. 上肢带连结

（1）胸锁关节（sternoclavicular joint）：在胸锁及胸肋连结标本上，可见胸锁关节由锁骨的胸骨端与胸骨锁切迹及第 1 肋软骨上面构成。该关节的关节囊较坚韧，周围有韧带加强，囊内有纤维软骨构成的关节盘将关节腔分为外上及内下两部分。

（2）肩锁关节（acromioclavicular joint）：在肩关节整体标本上，可见肩锁关节由锁骨的肩峰端与肩峰的关节构成。关节的下方有连结喙突与锁骨下面的喙锁韧带加强。

（3）喙肩韧带（coracoacromial ligament）：在肩关节整体标本上，观察连于肩胛骨的喙突和肩峰之间三角形的扁韧带，即为喙肩韧带。

2. 自由上肢连结

（1）肩关节（shoulder joint）：在肩关节整体标本上，可见该关节由肩胛骨的关节盂和肱骨头构成。再取切开肩关节囊的标本观察其特点：肱骨头大，关节盂小，关节盂周缘有纤维软骨构成的盂唇加深关节窝；关节囊薄而松弛，囊的上方附着于关节盂周缘，下方附着于肱骨解剖颈，囊的上、前、后方有肌肉加强，下壁薄弱，肩关节脱位时，肱骨头常从下方脱出。请同学们自己体会肩关节在三轴上的运动。

（2）肘关节（elbow joint）：取肘关节完整标本，可见该关节为复关节，由包裹在同一关节囊内的三个关节组成，即肱尺关节（humeroulnar joint）、肱桡关节（humeroradial joint）和桡尺近侧关节（proximal radioulnar joint）。取已切开关节囊的肘关节标本（结合游离肱骨、尺骨和桡骨标本）观察肘关节的各个关节面。特点：上述三个关节包在同一个关节囊内，囊的前、后壁薄弱，两侧有桡侧副韧带和尺侧副韧带加强。在桡骨环状关节面周围有桡骨环状韧带（annular ligament of radius），其两端附着于尺骨桡切迹的前、后缘，与尺骨桡切迹共同构成一个上口大、下口小的骨纤维环容纳桡骨头，防止桡骨头脱出。运动：肘关节的运动以肱尺关节为主，主要做屈、伸运动。桡尺近侧关节与桡尺远侧关节联合可使前臂旋前和旋后。同学们做出相关动作，理解肘关节的运动。

（3）桡尺连结

1）前臂骨间膜（interosseous membrane of forearm）：在显示上肢关节的整体标本上，可见前臂骨间膜为一坚韧的纤维膜，附着于尺、桡两骨的骨间嵴，其纤维方向主要由桡骨斜向下内至尺骨。

2）桡尺近侧关节：见肘关节。

3）桡尺远侧关节（distal radioulnar joint）：取已切开关节囊的腕关节标本观察，可见此关节由尺骨头环状关节面构成关节头与由桡骨的尺切迹及尺骨头下面的关节盘共同构成关节窝组成桡尺远侧关节。在尺骨下方可见一块三角形的软骨板，为关节盘，此盘将尺骨与腕骨隔开。

（4）手关节：取手关节冠状切标本，观察手各关节的构成。主要是桡腕关节，其他关节简单了解。

1）桡腕关节（radiocarpal joint）：是典型的椭圆关节。组成：由手舟骨、月骨和三角骨的近侧关节面作为关节头，桡骨的腕关节面和尺骨头下方的关节盘为关节窝而构成。运动：该关节可做屈、伸、收、展和环转运动。

2）除桡腕关节外，手的关节还有腕骨间关节、腕掌关节、掌指关节和指间关节。其中前两者活动范围很小。掌指关节可做屈、伸、收、展和环转运动。指间关节可做屈、伸运动。拇指腕掌关节是由大多角骨与第 1 掌骨底构成的鞍状关节，可做屈、伸、收、展、环转和对掌运动，请你抓握一件物品，观察五指的分工情况，便知拇指的重要作用。

（二）下肢骨的连结

1. 下肢带骨连结

（1）骶髂关节（sacroiliac joint）：由骶骨与髂骨的耳状面构成。特点：关节面凹凸不平，彼此结合十分紧密。其前、后面分别有骶髂前、后韧带加强。骶髂关节具有相当大的稳固性，以适应支持体重的功能。

（2）髋骨与脊柱间的韧带连结：在骨盆标本上观察下列重要韧带。

1）髂腰韧带：强韧肥厚，连接第 5 腰椎横突与髂嵴。

2）骶结节韧带（sacrotuberous ligament）：位于骨盆后方，连于骶骨、尾骨和坐骨结节之间。

3）骶棘韧带（sacrospinous ligament）：呈三角形，位于骶结节韧带前方，连于骶骨、尾骨和坐骨棘之间。

骶棘韧带与坐骨大切迹围成坐骨大孔；骶棘韧带、骶结节韧带和坐骨小切迹围成坐骨小孔。

（3）耻骨联合（public symphysis）：在骨盆标本上，可见耻骨联合由两侧的耻骨联合面借纤维软骨构成的耻骨间盘连结构成。在冠状切面上可见耻骨间盘内常有一矢状位裂隙。耻骨联合上方有连于两侧耻骨的耻骨上韧带，下方有连于两侧耻骨下支的耻骨弓状韧带。

（4）髋骨的固有韧带：亦即闭孔膜。在活体和骨盆标本上，闭孔被闭孔膜所封闭，并有闭孔神经及闭孔血管穿过。

（5）骨盆（pelvis）：在整体骨架或骨盆标本上对骨盆的构成及其形态进行观察。构成：由骶骨、尾骨和左右髋骨借骶髂关节、耻骨联合及韧带连结构成。骨盆界线：由后向前依次为骶骨岬、弓状线、耻骨梳、耻骨结节和耻骨联合上缘。大小骨盆的划分：骨盆以界线为界分为大、小骨盆（greater pelvis，lesser pelvis）。界线以下为小骨盆。小骨盆的两口：小骨盆的上口即界线，下口由后向前依次为尾骨尖、骶结节韧带、坐骨结节、坐骨支、耻骨下支和耻骨联合下缘。根据骨盆的性别差异，辨别你手中所持的骨盆是男性的，还是女性的。

2. 自由下肢连结

（1）髋关节（hip joint）：在关节囊已切开的髋关节整体标本上观察。该关节为典型球窝关节（杵臼关节），由髋臼与股骨头构成。特点：髋臼深，周围附有髋臼唇，髋臼切迹被髋臼横韧带封闭。股骨头关节面约为球形的2/3，几乎全部纳入髋臼内。关节囊厚而坚韧，上端附着于髋臼周缘，下方前面附着于转子间线，股骨颈的前面全部包在囊内，后面仅内侧2/3包在囊内，外侧1/3在囊外，故股骨颈骨折有囊内、外之分。另外，关节囊上、后及前壁均有韧带加强，唯有下壁较薄弱，故股骨头脱位常发生在此处。在关节腔内有股骨头韧带（ligament of head of femur），它起自髋臼横韧带，止于股骨头凹。运动：髋关节亦可做屈、伸、收、展、旋内、旋外和环转运动，但其运动幅度远不及肩关节。

（2）膝关节（knee joint）：由股骨下端、胫骨上端和髌骨构成，是人体内最大最复杂的关节。取未切开关节囊的标本观察，膝关节除有关节囊包围外，四周还有一些韧带加强，在关节前上方有粗大的肌腱连到髌骨上缘，即股四头肌肌腱。从髌骨下端向下行止于胫骨粗隆的一条坚强韧带称为髌韧带，所以关节囊的前壁为股四头肌肌腱下份、髌骨及髌韧带。两侧有韧带加强：外侧为腓侧副韧带，内侧为胫侧副韧带。再取已切开关节囊的标本观察，在股骨、胫骨两骨之间有两个半月形的纤维软骨，分别称为内侧半月板和外侧半月板（medial meniscus and lateral meniscus）。在关节内的中央部可见两条连结股骨和胫骨之间的短韧带，它们互相交叉称为前交叉韧带、后交叉韧带（anterior cruciate ligament and posterior cruciate ligament）。根据观察，请同学们自己总结膝关节的特点并体会膝关节的运动。

（3）胫腓连结：在下肢关节整体标本上观察由胫骨外侧髁的腓关节面与腓骨头构成的胫腓关节，连于胫、腓骨骨干的小腿骨间膜及连接两骨下端的胫腓前、后韧带。

（4）足关节：在足关节水平切标本上观察足各个关节的构成，包括距小腿关节、跗骨间关节、跗跖关节、跖趾关节、趾骨间关节。

1）距小腿关节（talocrural joint）：又称踝关节（ankle joint），在足关节整体标本上观察由胫、腓骨下端与距骨滑车构成的距小腿关节。请结合骨性标本作如下距小腿关节的运动。背屈：又称背伸，足向上翘（足与小腿前面小于直角）。跖屈：足向下压（足与小腿前面大于直角）。

2）除距小腿关节外，其他足关节在标本上大致了解即可，不需要细看。

（5）足弓（arches of foot）：在足骨整体标本或模型上观察由跗骨和跖骨借其连结形成凸向上的足弓。

【常用歌诀】

1. 肩关节构成特点 肩关节，很灵活，关节囊松下薄弱；肱骨头大盂浅小，运动不当向下脱。

2. 肘关节构成及特点 肘关节，最特殊，一个囊内包三组；肱桡肱尺桡尺近，桡环韧带尺桡副；屈肘三角伸直线，脱位改变能查出。

3. 骨盆构成、分界及男女骨盆比较 骶骨尾骨两髋骨，构成骨盆起保护；界线以下小骨盆，男窄女宽很清楚；男腔漏斗女腔桶，男小女大看角度。

4. 髋关节构成及特点 股骨头圆髋臼深，髋臼周缘髋臼唇；内韧带髂股头，囊薄后下余坚韧。

5. 膝关节特点 膝关节，最复杂，承受压力也最大；关节囊松韧带补，髌下韧带最发达；内 C 外 O 半月板，前后韧带相交叉；下肢运动很重要，能屈能伸实可夸。

【复习思考题】

（一）判断题（正确答案用 A 表示，错误答案用 B 表示）

1. 肩关节由肱骨头和肩胛骨的关节盂构成，是典型的多轴球窝关节。(　　)
2. 肘关节囊前后壁松弛，两侧壁紧张，囊的后壁最薄弱，尺桡骨容易向肱骨后下方脱位。(　　)
3. 腕关节是由手周骨、月骨和三角骨的近侧关节面作为关节头，以及桡骨的腕关节面构成。(　　)
4. 膝关节由股骨下端，胫、腓骨上端和髌骨共同构成。(　　)
5. 骶棘韧带、骶结节韧带和坐骨小切迹围成坐骨小孔。(　　)
6. 骨盆是由左右髋骨、骶骨、尾骨及其间的骨连接构成。(　　)
7. 髋关节囊的后下部位相对薄弱，股骨头易向下方脱出。(　　)
8. 对掌运动是指拇指向掌心、拇指尖与其余 4 指尖掌侧面相接触的运动。(　　)
9. 腰椎穿刺依次通过棘上韧带、棘间韧带、后纵韧带。(　　)
10. 肱骨髁上骨折时，肘关节伸直时肱骨内、外上髁和尺骨鹰嘴三者仍在一条直线上。(　　)

（二）最佳选择题

1. 与肱骨滑车相关节的结构是（　　）
A. 桡骨头　　B. 尺骨头　　C. 尺骨滑车切迹
D. 桡切迹　　E. 桡骨环状关节面

2. 关于肩关节的描述，正确的是（　　）
A. 关节窝较深　　B. 关节囊薄而松弛　　C. 有囊内韧带加强
D. 运动范围小　　E. 易向后下方脱位

3. 关于髋关节的描述，正确的是（　　）
A. 由耳状关节面和股骨头构成　　B. 关节囊薄而松弛
C. 有股骨头韧带相连　　D. 运动幅度比肩关节大
E. 没有关节唇

4. 有关距小腿关节的描述，错误的是（　　）
A. 由胫、腓骨下端和距骨滑车构成　　B. 又称踝关节
C. 前、后壁薄而松弛　　D. 两侧有韧带增厚加强
E. 背屈又称为屈

5. 未参与桡腕关节构成的结构是（　　）

A. 桡骨下端关节面　B. 尺骨下端关节面　C. 三角形关节盘
D. 手舟骨　E. 手月骨

6. 关于膝关节的描述，正确的是（　　）
A. 由股骨、胫骨、腓骨、髌骨构成　B. 可做屈、伸、展、收运动
C. 半月板有三块　D. 前交叉韧带可防止胫骨前移
E. 腓侧副韧带为囊内韧带

7. 具有关节盘的关节是（　　）
A. 肩关节　B. 膝关节　C. 踝关节　D. 髋关节　E. 肘关节

8. 肘关节不具有的结构是（　　）
A. 桡骨环状韧带　B. 桡尺近侧关节　C. 肱桡关节
D. 肱尺关节　E. 关节盘

9. 构成膝关节的骨有（　　）
A. 股骨和胫骨　B. 股骨、胫骨、腓骨
C. 腓骨、胫骨、股骨、髌骨　D. 股骨、胫骨、髌骨
E. 股骨、腓骨、髌骨

10. 关节囊内有韧带的关节是（　　）
A. 肩关节　B. 胸锁关节　C. 肘关节　D. 髋关节　E. 踝关节

11. 人体最大最复杂的关节是（　　）
A. 肩关节　B. 肘关节　C. 腕关节　D. 髋关节　E. 膝关节

12. 构成肩关节关节面的有（　　）
A. 肱骨头与肩胛骨关节盂　B. 肱骨头和肩胛下窝
C. 肱骨滑车与肩胛骨关节盂　D. 肱骨头和肩胛骨肩峰关节面
E. 肱骨滑车与肩胛骨肩峰关节面

13. 不属于肘关节的是（　　）
A. 肱尺关节　B. 肱桡关节　C. 桡骨环状韧带
D. 桡尺近侧关节　E. 桡尺远侧关节

14. 参与构成骨盆的骨有（　　）
A. 骶骨和两侧的髂骨　B. 骶骨和两侧的髋骨　C. 骶骨、尾骨和两侧髋骨
D. 骶骨和两侧耻骨与坐骨　E. 两侧的髋骨和尾骨

15. 前臂在旋前运动时（　　）
A. 运动轴通过桡骨的垂直轴　B. 桡骨、尺骨两骨均旋转　C. 手掌向前
D. 桡骨下端围绕尺骨头旋转　E. 运动轴通过尺骨的长轴

16. 前交叉韧带（　　）
A. 防止胫骨向前移动　B. 起自股骨内侧髁　C. 伸膝时最松弛
D. 防止胫骨向后移动　E. 屈膝时最紧张

17. 通过肩关节囊内的肌腱是（　　）
A. 肱二头肌短头腱　B. 肱二头肌长头腱　C. 肱三头肌长头腱
D. 喙肱肌肌腱　E. 冈上肌肌腱

18. 耻骨联合（　　）

A. 韧带连结　B. 软骨连结　C. 骨性连合　D. 间接连结　E. 上述全错

19. 踝关节最不稳定的位置是（　　）

A. 足跖屈　B. 足背屈　C. 足外翻

D. 足内翻　E. 足跖屈和足内翻

20. 前臂骨间膜（　　）

A. 是连于尺桡骨间的骨膜　B. 前臂旋前时最紧张　C. 前臂旋后时最紧张

D. 前臂半旋前时最紧张　E. 以上均不对

（三）多项选择题

1. 参与构成大、小骨盆界线的结构有（　　）

A. 骶骨岬　B. 耻骨梳　C. 弓状线

D. 耻骨结节　E. 耻骨联合上缘

2. 关于髋关节的描述，正确的是（　　）

A. 关节囊紧张坚韧　B. 囊内有股骨头韧带　C. 由髋臼和股骨头构成

D. 关节囊内有关节盘　E. 股骨颈骨折有囊内、囊外骨折之分

3. 关于膝关节的描述，正确的是（　　）

A. 没有囊外韧带　B. 是人体最大、最复杂的关节

C. 关节囊内有膝交叉韧带　D. 关节囊广阔而松弛

E. 由股骨下端、髌骨和胫、腓骨上端组成

4. 关于肩关节的描述，正确的是（　　）

A. 由肱骨头和肩胛骨的关节盂构成　B. 关节囊厚而坚韧

C. 可做屈、伸运动　D. 可做环转运动

E. 灵活性比稳固性大

5. 有关肘关节的描述，正确的是（　　）

A. 由肱骨下端和尺桡骨上端构成　B. 关节囊内有半月板

C. 包括三个关节　D. 关节能作屈伸运动

E. 关节囊前后壁有韧带增强

6. 参与前臂旋转运动的关节有（　　）

A. 肱尺关节　B. 肱桡关节　C. 桡尺近侧关节

D. 桡尺远侧关节　E. 桡腕关节

7. 关于小骨盆的描述，正确的是（　　）

A. 前壁短　B. 后壁长　C. 一弯曲的管道

D. 侧壁短　E. 成年男女有明显的性别差异

8. 关于踝关节的描述，正确的是（　　）

A. 由胫、腓骨下端与距骨滑车构成　B. 在背屈时关节的稳定性较差

C. 关节囊前、后较松弛　D. 两侧有韧带加强

E. 主要运动为背屈和跖屈

9. 关于髋关节的描述，正确的是（　　）

A. 由髋臼和股骨头构成　B. 关节囊厚而坚韧　C. 稳固性比灵活性大

D. 可做屈、伸、收、展运动　E. 可做环转运动

10. 参与组成膝关节的骨包括（　　）

A. 股骨　B. 胫骨　C. 腓骨　D. 髌骨　E. 髋骨

（四）名词解释

1. 骨盆
2. 骨盆界线
3. 坐骨小孔

（五）填空题

1. 人体运动幅度最大的关节是________，由________构成。
2. 肩关节有________加深关节窝，关节囊的________壁较薄弱。
3. 肘关节是由________下端，________上端和桡骨上端构成的复关节。
4. 肘关节的韧带主要有________、________和尺侧副韧带。
5. 骨盆由左右________，骶骨、________和它们之间的骨连结共同构成。
6. 坐骨大孔由________和________围成。
7. 骨盆分为________，分界标志是________。
8. 髋关节由________构成，关节囊内有________韧带。
9. 膝关节由________、________和髌骨构成。
10. 桡腕关节是由桡骨下端、尺骨下端的________和________、月骨、三角骨的近侧关节面共同构成。
11. 膝关节的前交叉韧带于________时最紧张，能防止胫骨________。
12. 肩关节绕冠状轴可作________运动，矢状轴可作________运动，垂直轴可做旋转运动。
13. 膝关节的后交叉韧带于________时最紧张，能防止胫骨________。
14. 髋关节髋臼周缘借________加深，髋关节属于典型的________关节。
15. 肘关节是一个复合关节，由________、________和桡尺近侧关节组成。
16. 在附肢关节中，有关节唇的关节有________、________。
17. 膝关节腔内有两片纤维软骨，即呈“C”形的________和呈“O”形的________。
18. 膝关节两侧的囊外韧带有________和________。
19. 距小腿关节由________与________构成。
20. 足弓可分为________、________和横弓。

（六）综合应用题

1. 为什么肩关节脱位比髋关节常见？
2. 幼儿为什么易出现桡骨小头半脱位？
3. 为什么当踝关节跖屈内翻位时，易发生扭伤？
4. 肩关节是如何构成的？有何结构特点？
5. 肘关节由哪些关节构成？
6. 膝关节是如何构成的？有何辅助结构？
7. 骨盆是怎样组成和区分的？
8. 何谓坐骨大孔、坐骨小孔？

（贺细菊）

第三节 肌 学

一、总论、头肌、颈肌及躯干肌

【目的和要求】

1. 掌握颈浅肌群的位置和主要作用、斜角肌间隙；斜方肌、背阔肌、竖脊肌、胸大肌、前锯肌的位置和主要作用；膈的三个裂孔的名称、位置及穿经结构；腹股沟管的位置、构成和内容物；腹股沟三角的概念。

2. 熟悉咀嚼肌的名称；腹前外侧肌群的层次、形成结构、纤维方向和作用；腹直肌鞘的组成。

3. 了解骨骼肌的形态、构造、起止、配布和作用，肌的命名、肌的辅助装置结构特点与分布概况；面肌的组成、分布特点和功能。

【实训教具】

1. 标本 大体标本（示肌的形态、起止点）；骨架（示肌的附着点）标本；大腿中部水平切面（示筋膜）标本；颅骨（示肌肉附着点）标本；头肌（示头部浅层肌）标本；头肌（示头部深层肌）标本；翼内肌和翼外肌标本；颈浅肌（前面）标本；颈肌（前面）标本；颈肌（侧面）标本；颈深肌群标本；颈部水平切面（示筋膜）标本；背肌（大体标本）标本；胸肌（大体标本）标本；前锯肌标本；膈与腹后壁肌标本；膈的位置标本；腹前壁肌标本；腹前壁肌（下部）标本；腹直肌鞘标本。

2. 模型 肌肉定点、动点、动态模型；人体骨骼附着肌肉起止着色模型；人体浅层运动肌肉解剖模型；头颅骨附着肌肉模型；全身肌肉解剖；人体层次解剖模型；人体浅层运动肌肉解剖模型；人体肌肉及胸腹腔脏器解剖模型。

【实训内容及方法】

（一）总论

肌根据构造和功能不同可分为平滑肌、心肌和骨骼肌。心肌和平滑肌属于不随意肌。运动系统的肌属于骨骼肌，为随意肌。全身骨骼肌有 600 余块。每块肌都是一个器官。

1. 肌的构造和形态 在封装标本或大体标本上观察肌的形态，长肌呈细长形，见于四肢，短肌位居脊柱深部，扁肌围成胸腹腔，轮匝肌位于孔裂周围。观察肌形态的同时注意其构造，由红色的肌腹和白色的肌腱构成；长肌肌腱细而长，附着于骨；扁肌肌腱薄而宽称腱膜。

2. 肌的起止、配布和作用 在大体标本上，用镊子提起肌观察其与骨的附着点，即肌的起止点。一般以肌腱起止，中间为肌腹。肌要跨过关节通过牵拉骨而产生运动，肌在关节周围的配布与关节的运动轴有关，用手牵拉关节周围的肌，演示肌对关节的运动，理解拮抗肌、协同肌的意义及肌在关节周围的配布规律。

3. 肌的辅助装置

（1）筋膜（fascia）：在大体标本或大腿中部水平切面上观察浅筋膜和深筋膜，浅筋膜（superficial fascia）为黄色脂肪组织，位于皮肤下面；深筋膜（deep fascia）是浅筋膜深方的白色膜性致密结缔组织，包被每块肌的外面和各块肌之间。

（2）滑膜囊（synovial bursa）：在保留滑膜囊的膝关节标本上进行观察，滑膜囊有的是独立封闭的，有的与邻近的关节腔相通，可视为关节囊滑膜层的突出物。

（3）腱鞘（tendinous sheath）：是包于肌腱外面的鞘管，位于肌腱活动度较大的部位，分为纤维层和滑膜层，滑膜层又称为腱滑膜鞘。

（4）籽骨：受压较大的肌腱内生成的小骨称籽骨。在膝关节标本上可观察到全身最大的籽骨，即髌骨。

（二）头肌

1. 面肌（facial muscles） 大多数一端起于骨，另一端则附着于皮肤深面，故通过头肌标本观察时只需了解其部位即可。

（1）颅顶肌：即枕额肌，由前后两个肌腹及其间的帽状腱膜形成。

（2）眼轮匝肌：位于睑裂周围。

（3）口周围肌：观察口轮匝肌、颊肌的形态位置。

2. 咀嚼肌（masticatory muscles） 包括颞肌、咬肌、翼内肌和翼外肌，配布于下颌关节周围，参与咀嚼运动。

（1）咬肌（masseter muscle）：紧咬牙时，于颧弓下方下颌支外侧可摸到坚硬的肌隆起。

（2）颞肌（temporal muscle）： 紧咬牙时，于颧弓上方颞部可摸到坚硬的肌隆起。

（3）翼外肌（lateral pterygoid muscle）：起于翼突外侧板和蝶骨大翼颞下面，止于下颌颈及下颌关节囊。

（4）翼内肌（medial pterygoid muscle）：起于翼突窝，止于下颌角内侧面的翼肌粗隆。

用镊子分别牵拉各肌，观察其在张口和闭口中的作用。

（三）颈肌

1. 颈浅肌与颈外侧肌 在颈浅层肌标本上，观察菲薄的颈阔肌和粗大的胸锁乳突肌（sternocleidomastoid）。重点是胸锁乳突肌，用手拉动此肌，观察颈部和面部的转动方向，颈部屈向同侧，脸转向对侧并上仰。两侧同时收缩呢？

2. 颈前肌 在颈肌（前面）标本上，观察舌骨上、下肌群，只要求了解肩胛舌骨肌、胸骨舌骨肌、胸骨甲状肌和甲状舌骨肌的名称和位置即可。

3. 颈深肌 有内侧群肌和外侧群肌。在颈深肌标本上，重点观察外侧群肌，注意前、中、后斜角肌的起止点，三者起点相近，均为颈椎横突，前、中斜角肌止于第1肋，后斜角肌止于第2肋。用镊子在前、中斜角肌间分开，发现有一明显的缝隙即斜角肌间隙，内有臂丛和锁骨下动脉通过。

（四）躯干肌

1. 背肌

（1）背浅肌：分为浅、深两层，起自脊柱止于上肢带骨或自由上肢骨。①斜方肌（trapezius）：大体标本上，斜方肌位于背上部浅层，以形态命名，两侧合一起呈斜方形。②背阔肌（latissimus dorsi）：将臂极度外展然后观察。该肌位于背下部和胸外侧壁，背阔肌呈三角形，为全身最大的阔肌，其以腱膜起自下 6 个胸椎的棘突、全部腰椎棘突、骶骨正中嵴及髂嵴后部，肌束向外上方集中，止于肱骨小结节嵴。牵拉背阔肌观察肩关节的运动方向（后伸、内收和旋后）。③菱形肌：位居斜方肌深面，肩胛骨与脊柱之间，以形态命名。④肩胛提肌：位于斜方肌深面，背上部外侧的细长肌，以作用命名。

（2）背深肌：包括许多肌，在此只观察竖脊肌（erector spinae）。竖脊肌又称骶棘肌，纵行于脊柱两侧的沟内，查看其自下向上止于椎骨、肋骨，此肌为背部的强大伸肌，肌纤维较细也称“里脊”。在维持躯体的直立姿势中发挥极其重要的作用。另外，两侧竖脊肌共同收缩，使头后仰并伸脊柱。

（3）胸腰筋膜参见教材。

2. 胸肌

（1）胸上肢肌：起于胸廓外面止于上肢带骨或肱骨，有运动上肢的作用。重点观察胸大肌。①胸大肌（pectoralis major）：在大体标本上，胸大肌位于胸上部浅层，呈扇形向外侧止于肱骨。查看其起点，用手牵拉胸大肌，观察其对肩关节的运动（前屈、内收和旋内）。②胸小肌（pectoralis minor）：在胸大肌的深面，起于第3～5肋外侧面，止于肩胛骨的喙突。③前锯肌（serratus anterior）：紧贴胸廓侧壁，锯齿状起于上9肋外侧面，在肩胛下肌前面止于肩胛骨内侧缘和下角，使肩胛骨向前并紧贴胸廓。

（2）胸固有肌：参与胸壁的构成，主要有肋间内、外肌。①肋间外肌（intercostales externi）：在整尸标本上观察浅层的肋间外肌，注意肋间隙前部没有肌纤维，被结缔组织形成的肋间外膜取代；胸前部肌纤维自外上斜向内下，理解其作用（提肋助吸气）。②肋间内肌（intercostales interni）：位于肋间外肌的深面，后部为肋间内膜，注意观察胸前壁肋间隙内的肌纤维方向，由外下斜向内上，理解其收缩时的作用（降肋助呼气）。

3. 膈 在标本上观察，可见膈位于胸腹腔之间，构成胸腔底，腹腔顶。为圆顶形宽薄的阔肌，其周围为肌性部，起自胸廓下口内面及腰椎前面，各部肌束向中央集中移行于腱性部，称中心腱。

膈上可见3个裂孔。主动脉裂孔（aortic hiatus）：约在第12胸椎水平、膈与脊柱之间，有主动脉及胸导管通过；食管裂孔（esophageal hiatus）：约在第10胸椎水平，在主动脉裂孔的左前方，有食管及迷走神经通过；腔静脉孔（vena caval foramen）：约在第8胸椎水平，在主动脉裂孔的右前上方，有下腔静脉通过。

4. 腹肌 位于胸廓与骨盆之间，分为前外侧群（构成腹腔的前外侧壁，包括腹直肌、腹外斜肌、腹内斜肌和腹横肌）和后群（位于腹腔后壁，包括腰方肌和腰大肌）。

（1）前外侧群：①腹外斜肌（obliquus externus abdominis），在整尸标本上，腹外斜肌位于胸下部和腹部的前外侧皮下，是腹肌中最宽大的扁肌，外侧半是肌腹，内侧半是腱膜。起于下8个肋的外面，肌纤维斜向前下，大部分肌束向内移行为腱膜，经腹直肌的前面止于腹白线，参与构成腹直肌鞘的前层。下部腱膜卷曲增厚连于髂前上棘和耻骨结节之间，形成腹股沟韧带（inguinal ligament）。在耻骨结节外上方，腱膜形成一小裂隙，称为腹股沟管浅环（皮下环）。②腹内斜肌（obliquus internus abdominis），在腹外斜肌深面，起于胸腰筋膜、髂嵴及腹股沟韧带外侧1/2，止于腹白线及下位3个肋。肌纤维方向自后下斜向前上。肌纤维下部游离呈弓状，其腱膜下部游离缘的内侧端与腹横肌腱膜形成联合腱，又称为腹股沟镰。腹内斜肌的弓状下缘跨越精索形成腹股沟管上壁（含腹横肌弓状下缘），其最下部的肌束形成提睾肌。③腹横肌（transversus abdominis），在腹内斜肌深面，起自下6个肋软骨内侧面、胸腰筋膜外侧缘、髂嵴及腹股沟韧带外侧1/3，止于腹白线。腹横肌下部肌束亦参与形成弓状下缘和提睾肌。④腹直肌（rectus abdominis），位于前正中线两侧腹直肌鞘内，起自耻骨嵴和耻骨联合上缘，止于剑突和第5～7肋软骨。肌的全长有数条横行的腱划将肌分成多个肌腹。⑤腹直肌鞘（sheath of rectus abdominis），在腹前壁横断标本上观察腹直肌前、后面的腱膜性结构即腹直肌鞘。用镊子仔细分离，观察鞘的构成，注意鉴别弓状线上、下层次结构的区别。⑥白线（linea alba），在腹前壁横断标本上，腹直肌之间的白色腱性结构即白线，由两侧腹直肌鞘融合而成。在整尸上查看白线的宽度，上宽下窄，中部有脐环。

（2）后群：包括腰方肌和腰大肌。腰大肌较粗大，由内上腰椎处斜向外下；腰方肌位于腰大肌的后外侧，以部位和形状综合命名。

（3）腹股沟管（inguinal canal）：在整尸腹前壁下部标本上观察，腹股沟管为一腹肌及其腱膜之间的潜在性裂隙，位于腹股沟韧带内侧半上方，由外上斜向内下，长 4～5cm。男性有精索，女性有子宫圆韧带通过。有两口：内口称腹股沟管深环，也称腹环。外口称腹股沟管浅环，也称皮下环。还有四壁：①前壁为腹外斜肌腱膜和腹内斜肌；②后壁为腹横筋膜和腹股沟镰；③上壁为腹内斜肌和腹横肌的弓状下缘；④下壁为腹股沟韧带。腹股沟管为腹壁薄弱区，腹腔内容物经该管向外突出则形成腹股沟斜疝。

（4）腹股沟三角（inguinal triangle）：将腹前壁翻向下方，从内面辨认腹壁下动脉、腹直肌外侧缘和腹股沟韧带，此三者所围成的区域即腹股沟三角，查看此三角与腹股沟管腹环的关系，理解腹股沟斜疝与直疝的突出部位、鉴别标志及临床上症状的差异。

【常用歌诀】

1. 肌的分类、构造及辅助结构 长短扁肌轮匝肌，肌腹肌腱两相依；筋膜腱鞘滑膜囊，辅助减少摩擦力。

2. 膈肌 膈肌圆圆顶膨隆，上下分隔腹和胸；收缩下降助吸气，舒张呼气向上升；膈肌上有三个孔，想想各有谁贯通？

3. 腹肌 腹外斜肌插口袋儿，腹内斜肌扇子面儿；腹横肌像裤腰带儿，前部贴着一直板儿。

4. 躯干肌主要肌的作用 斜方肌，肩靠脊，背阔肌，能接力；胸大肌，可提躯；前锯肌，助臂举；肋间肌，呼吸气；腹前壁，腹直肌；外侧壁，三扁肌；外内斜，横最里。

【复习思考题】

（一）判断题（正确答案用 A 表示，错误答案用 B 表示）

1. 腱纤维鞘可分为脏、壁两层。（　　）
2. 眼轮匝肌分为眶部、睑部两部分。（　　）
3. 翼内肌起自翼突内侧板内侧面，止于下颌角翼肌粗隆，收缩时上提下颌骨。（　　）
4. 单侧胸锁乳突肌收缩使头向同侧倾斜，脸转向对侧。（　　）
5. 下颌舌骨肌可上提舌骨，使舌体升高；当舌体固定时，可张口。（　　）
6. 肩胛提肌收缩时上提肩胛骨，并使肩胛骨下角转向内。（　　）
7. 胸小肌瘫痪使肩胛骨内侧缘与下角离开胸廓而突出于皮下，称为“翼状肩”。（　　）
8. 肋间外肌可提肋，助吸气；肋间内肌可降肋，助呼气。（　　）
9. 膈肌分为胸骨部和肋部两部分。（　　）
10. 腹股沟韧带是腹外斜肌腱膜下缘增厚形成，连于髂前上棘与耻骨结节之间。（　　）

（二）最佳选择题

1. 人体肌肉一般由哪两部分构成（　　）

A. 肌纤维和肌间结缔组织　B. 肌腹和肌筋膜　C. 肌腹和肌腱
D. 肌纤维和神经血管　E. 肌膜和肌细胞

2. 背阔肌可使肱骨（　　）

A. 屈　B. 内收　C. 外展　D. 旋外　E. 环转

3. 通过主动脉裂孔的结构是（　　）

A. 胸导管　B. 迷走神经　C. 下腔静脉
D. 食管　E. 十二指肠升部

4. 肌腱的特性不包括（　　）

A. 呈白色　B. 韧性强　C. 无收缩功能
D. 位于肌性部分的两端　E. 有红肌和白肌之分

5. 属于舌骨下肌群的是（　　）

A. 二腹肌　B. 下颌舌骨肌　C. 颏舌骨肌
D. 茎突舌骨肌　E. 肩胛舌骨肌

6. 属于表情肌的是（　　）

A. 咬肌　B. 颞肌　C. 枕额肌　D. 翼内肌　E. 翼外肌

7. 关于腹外斜肌正确的描述是（　　）

A. 在半环线处移行为腱膜　B. 肌纤维与对侧腹内斜肌纤维呈直角
C. 腱膜与腹内斜肌腱膜共同形成联合腱　D. 对肋骨没有作用
E. 腱膜覆盖腹直肌前面

8. 属于躯干肌的是（　　）

A. 臀大肌　B. 旋后肌　C. 胸小肌　D. 额枕肌　E. 三角肌

9. 前锯肌收缩时（　　）

A. 可内收肩关节　B. 使肩胛骨向前　C. 使肩胛骨下角旋内
D. 使肩胛骨向后　E. 使肩关节前屈

10. 竖脊肌（　　）

A. 是背部强大的屈肌　B. 位于背部的最浅层　C. 收缩时可使脊柱后伸
D. 为全身最大的阔肌　E. 仅连于相邻椎骨之间

11. 膈肌收缩时（　　）

A. 膈顶上升　B. 膈顶下降　C. 膈固定　D. 降肋　E. 提肋

12. 腹股沟管深环位于（　　）

A. 腹股沟韧带中点稍上方　B. 耻骨结节内上方　C. 腹股沟管浅环的内侧
D. 股管外侧　E. 腹壁下动脉内侧

13. 腹直肌鞘（　　）

A. 由三块扁肌的腱膜构成　B. 由腹横肌和腹内斜肌的腱膜构成
C. 前层与腹直肌疏松相贴　D. 后层与腹直肌紧密愈着
E. 平脐处后层形成半环线

14. 腹股沟管前壁是（　　）

A. 腹直肌前鞘　B. 腹股沟韧带　C. 腹横筋膜

D. 腹外斜肌　E. 腹外斜肌腱膜

15. 肌的辅助装置中不包括（　　）

A. 肌纤维　B. 浅筋膜　C. 深筋膜　D. 滑膜囊　E. 腱鞘

16. 参与构成颈深部的斜角肌间隙的结构（　　）

A. 胸锁乳突肌　B. 二腹肌　C. 第 1 肋

D. 第 3 肋　E. 肱动脉

17. 与呼吸运动无关的肌是（　　）

A. 大收肌　B. 膈肌　C. 肋间内肌

D. 胸大肌　E. 肋间外肌

18. 瘫痪时产生“塌肩”体征的骨骼肌是（　　）

A. 三角肌　B. 大圆肌　C. 冈上肌

D. 斜方肌　E. 胸大肌

19. 属于胸固有肌的是（　　）

A. 胸大肌　B. 胸小肌　C. 前锯肌

D. 冈下肌　E. 肋间内肌

20. 胸固有肌中可以提肋助呼吸的肌是（　　）

A. 肋间外肌　B. 肋间内肌　C. 肋间最内肌

D. 胸横肌　E. 胸小肌

（三）多项选择题

1. 咀嚼肌包括（　　）

A. 颞肌　B. 颅顶肌　C. 翼内肌　D. 鼻肌　E. 颈阔肌

2. 参加构成斜角肌间隙的解剖结构包括（　　）

A. 前斜角肌　B. 中斜角肌　C. 后斜角肌

D. 第 1 肋　E. 第 2 肋

3. 维持腹压的肌是（　　）

A. 膈肌　B. 腹直肌　C. 腹外斜肌

D. 腹内斜肌　E. 会阴肌

4. 属于躯干肌的是（　　）

A. 斜方肌　B. 胸大肌　C. 三角肌　D. 膈肌　E. 背阔肌

5. 通过膈的结构有（　　）

A. 气管　B. 上腔静脉　C. 下腔静脉　D. 食管　E. 胸导管

6. 胸大肌的作用包括（　　）

A. 使肩关节内收　B. 使肩关节旋内　C. 使肩关节前屈

D. 屈肘关节　E. 伸膝关节

7. 构成联合腱的相关骨骼肌是（　　）

A. 腹内斜肌　B. 腹外斜肌　C. 腹直肌

D. 腹横肌　E. 腰大肌

8. 肌的辅助装置包括（　　）

A. 筋膜　B. 滑膜囊　C. 腱膜　D. 腱鞘　E. 肌腱

9. 下列哪些肌具有提肋助呼吸的功能（　　）

A. 胸大肌　B. 胸小肌　C.胸横肌　D. 肋间内肌　E. 肋间外肌

10. 参与构成腹股沟三角的解剖结构是（　　）

A. 胸腹壁静脉　B. 腹壁上静脉　C. 腹壁下动脉

D. 腹股沟韧带　E. 腹直肌外侧缘

（四）名词解释

1. 斜角肌间隙
2. 滑膜囊
3. 腱鞘
4. 腹股沟管
5. 腹直肌鞘
6. 腹股沟韧带
7. Hesselbach Triangle

（五）填空题

1. 每块骨骼肌包括________和________两部分。
2. 阔肌的________部分呈薄膜状，称为________。
3. 按照肌的外形可将其分为长肌、________、短肌、________。
4. 头肌可分为________和________。
5. 一侧收缩使头向同侧倾斜，面部向对侧转的肌肉是________和________。
6. 颅顶肌由两个________和中间的________构成。
7. 斜角肌间隙是由________斜角肌和________共同构成的空隙。
8. 舌骨下肌群包括胸骨舌骨肌、________、胸骨甲状肌和________。
9. 颞肌起自于________，止于下颌骨的冠突，使________上提。
10. 胸锁乳突肌起自于________和________，二头会合后止于颞骨的乳突。
11. 背阔肌收缩时使________内收、旋内和________。
12. 通过斜角肌间隙的解剖结构是________和________。
13. 胸大肌起于锁骨的内侧半、________和第 1～6 肋软骨等处，止于________。
14. 咀嚼肌包括颞肌、咬肌、________和________。
15. 斜方肌止于锁骨外侧 1/3、________和________。
16. 通过食管裂孔的解剖结构是________和________。
17. 腹直肌鞘的前层由________和________愈合而成。
18. 胸大肌的作用是使肩关节内收、________和________。
19. 腹股沟韧带是腹外斜肌腱膜的下缘连于________和________之间所形成的结构。
20. 腹股沟镰或称联合腱，其由________和________的腱膜共同构成。

（六）综合应用题

1. 简述肌的形态分类及其辅助装置。

2. 斜方肌位于何处？有何作用？
3. 何谓斜角肌间隙？通过其中的解剖结构有哪些？有何临床意义？
4. 试述胸锁乳突肌的位置、起止点及功能。
5. 腹前外侧壁肌有哪些？各肌肌纤维方向如何走行？
6. 弓状线以上腹直肌鞘是如何构成的？
7. 何谓咀嚼肌？各有何作用？
8. 试述膈的起止、位置、重要结构和主要功能。
9. 简述腹股沟管的位置、结构及其通过的解剖结构。

（庞　磊）

二、四　肢　肌

【目的和要求】

1. 掌握三角肌的位置和作用；臂肌、前臂肌的分群、层次及功能；臀大肌和髂腰肌的作用；大腿三群肌的位置、排列层次及各群肌的功能；小腿三群肌的位置及各群肌的功能。

2. 熟悉上肢带肌的位置、组成。

3. 了解手肌的分群、各肌的位置与作用；腋窝、三边孔、四边孔、肘窝和腕管的组成和境界；足肌的分群、它们的位置及作用。

【实训教具】

1. 标本　大体标本、骨架（示四肢肌的位置及附着点）标本；上肢肌（浅层）标本；上肢肌（深层）标本；手肌（浅层）标本；手肌（中层）标本；手肌（深层）标本；屈肌肌腱和指背腱膜标本；下肢肌（浅层）标本；下肢肌（深层）标本；足肌（浅层）标本；足肌（中层）标本；足肌（深层）标本。

2. 模型　人体骨骼附肌肉起止点着色模型；全身肌肉解剖模型；人体层次解剖模型；上肢层次解剖模型；下肢层次解剖模型；上肢带深层肌模型；髋肌解剖模型；手骨间肌模型；足底肌肉解剖模型；足弓模型；人体浅层运动肌肉解剖模型；人体肌肉及胸腹腔脏器解剖模型。

【实训内容及方法】

（一）上肢肌

四肢肌的数目多，分群及层次较为复杂，学习四肢肌的起止点时，应结合自己学过的骨学知识进行，及时取骨标本对照观察。重点学习四肢肌的分部及各部主要肌的位置和作用。骨骼肌配布的基本规律是以肌群的形式进行的，一个肌群的位置和功能基本一致或相关。因此，在实习观察时，首先是对照教材和图谱仔细辨认各肌群的位置，然后再逐块肌肉观察，以加强理解和记忆。在观察标本的同时结合活体演示各肌的功能。

上肢肌依其部位可分为上肢带肌、臂肌、前臂肌和手肌。

1. 上肢带肌 起自上肢带骨，止于肱骨上端，加强稳定肩关节并运动肩关节，使肩关节屈、伸、收、展、旋前和旋后，共有 6 块肌，重点观察三角肌。

（1）三角肌（deltoid）：在上肢浅层标本上，三角肌包绕肩关节形成圆隆的肩部，理解三角肌瘫痪后肩部的表现。观察三角肌的起止点，以三角肌为例通过牵拉的方法分析肌的作用，牵拉全部肌纤维使肩关节外展；牵拉前部肌纤维使肩关节前屈和旋内；牵拉后部肌纤维使肩关节后伸和旋外。

（2）冈上肌：在冈上窝内辨认。

（3）冈下肌：在冈下窝内辨认。

（4）小圆肌：以形态命名，在肩胛骨后下方辨认。小圆肌的位置较高，细小，向外侧以肌腱经肩关节后方达肱骨。

（5）大圆肌：位置低，粗大，向前外止于肱骨。

（6）肩胛下肌：位于肩胛骨前面的肩胛下窝内，其肌腱经肩关节前方达肱骨。

2. 臂肌 覆盖肱骨，可分前群（屈肌群）和后群（伸肌群）。

（1）前群（3 块）

1）肱二头肌（biceps brachii）：在最浅层，肌腹呈梭形，有长、短两头便于辨认，向下以肌腱止于桡骨粗隆；牵拉肱二头肌，观察肘关节的运动。

2）喙肱肌（coracobrachialis）：在上肢深层肌标本上观察，喙肱肌位于臂上部，以起止点命名。

3）肱肌（brachialis）：位于臂下部，自肱骨止于尺骨。牵拉此肌观察其屈肩、屈肘运动。

（2）后群（1 块）：在上肢浅层肌标本上，肱三头肌（triceps brachii）位于臂后部，有 3 个起端，以肌腱止于尺骨鹰嘴，其中长头以肌腱起于肩胛骨盂下结节。牵拉肱三头肌，观察其对肘关节的运动（伸肘关节）；牵拉长头，观察其对肩关节的运动（后伸、内收肩关节）。

3. 前臂肌 位于桡骨、尺骨的周围，共 19 块，多数为具有细长肌腱的长肌，肌腹小；分前、后两群。

（1）前群：主要为前屈及旋前的肌肉，根据命名体会其功能，共 9 块，分以下四层排列。

1）第一层（浅层）：有 5 块肌，在上肢浅层肌标本上观察，自桡侧向尺侧依次为肱桡肌、旋前圆肌、桡侧腕屈肌、掌长肌和尺侧腕屈肌。观察其肱骨内上髁处的起点，可根据走行和牵拉其止点加以辨认；其中旋前圆肌由内上斜向外下，掌长肌连于掌腱膜。

2）第二层：只有 1 块，在上肢浅层标本上，观察位于浅层 5 块肌深部的指浅屈肌，止于中节指骨。

3）第三层：有 2 块，在上肢浅层标本上，将上述 6 块肌翻起，观察其深部的指深屈肌和拇长屈肌，可根据方位及肌腱止点的部位辨认，指深屈肌止于远节指骨。

4）第四层：只有 1 块，在上肢深层肌标本上观察旋前方肌，似腕部所戴的一块手表。

前群肌主要是屈肘、屈腕、屈指及使前臂旋前，理解前群肌瘫痪后的表现。

（2）后群：主要为伸腕、伸指及使前臂旋后的肌肉，位于前臂骨后面及外侧，共 10 块，分浅、深两层排列。肱桡肌是前臂前、后群肌分界的标志，故在辨认时先寻找肱桡肌。

1）浅层：有 5 块，在上肢浅层肌标本上，自桡侧向尺侧依次辨认桡侧腕长伸肌、桡侧腕短伸肌、指伸肌、小指伸肌和尺侧腕伸肌。以起于肱骨外上髁及方位来辨认，注意不要将肱桡肌与桡侧腕长伸肌相混淆，指伸肌和小指伸肌的肌腹常相贴，分辨不清时也可通过牵拉的方法观察其止点来辨认。

2）深层：也有5块，将浅层肌翻起，观察后群深方的旋后肌、拇长展肌、拇短伸肌、拇长伸肌和示指伸肌，可根据起止、肌腱所到达的部位、排列及作用来辨别，其中旋后肌的位置最高，其余4块肌在前臂桡侧自上而下排列。

4. 手肌 分为外侧、中间和内侧三群。观察手肌内、中、外侧肌群各肌的名称、位置并理解各肌群的功能。

（1）外侧群：在手掌拇指侧形成一隆起，称鱼际（thenar），有4块肌，分别为拇短展肌、拇短屈肌、拇对掌肌、拇收肌，可使拇指作展、屈、对掌和收等动作。

（2）内侧群：在手掌小指侧，形成一隆起，称小鱼际（hypothenar），有3块肌，分别为小指展肌、小指短屈肌、小指对掌肌，可使小指作屈、外展和对掌等动作。

（3）中间群：位于掌心，包括4块蚓状肌和7块骨间肌。骨间肌，可分为骨间掌侧肌（3块），收缩时可使第2、4、5指向中指靠拢（内收）；骨间背侧肌（4块），它们是以中指的中线为中心外展第2、3、4指。

（二）下肢肌

相对于上肢肌来说，下肢肌较为发达，在配布上也较为简单，此特点与下肢的功能（维持直立姿势、支持体重和行走）密切相关。在实习时，着重观察髋关节、膝关节和踝关节周围的肌肉。根据位置将下肢肌分为髋肌、大腿肌、小腿肌和足肌。

1. 髋肌 又称盆带肌，跨过髋关节，分为前、后两群。

（1）前群：有2块。

1）髂腰肌（iliopsoas）：在整尸上观察，髂腰肌由起自腰椎的腰大肌和起自髂窝的髂肌组成，经腹股沟韧带深面达股部。在腹股沟韧带上方牵拉此肌，观察髋关节的运动（前屈、旋外）。

2）阔筋膜张肌（tensor fasciae latae）：位于股前外侧部，上部肌腹较小，肌腱向下参与形成髂胫束止于胫骨外侧髁。

（2）后群：有7块，主要观察臀大肌、臀中肌、臀小肌和梨状肌。

1）臀大肌（gluteus maximus）：在下肢游离标本上观察，臀大肌位置表浅，形成圆隆的臀部。

2）臀中肌（gluteus medius）：翻开臀大肌，可见其深面有一肌纤维略呈扇形的肌，即为臀中肌，但臀中肌仅有部分被臀大肌所覆盖，其前上部分裸露于皮下组织的深方。

3）臀小肌（gluteus minimus）：翻开臀中肌，可见其深面另有一呈扇形的肌，即为臀小肌。

4）梨状肌（piriformis）：位于臀中肌的下方，在盆腔内观察，可见它起于骶骨前面的外侧部，向外穿过坐骨大孔而止于股骨大转子。此肌将坐骨大孔分为梨状肌上、下孔。

5）闭孔内肌：位于臀大肌深面，梨状肌下方。

6）股方肌：位于臀大肌深面，闭孔内肌下方。

7）闭孔外肌：位于股方肌深面。

2. 大腿肌 根据它们与股骨的位置关系分为前、内、后三群。

（1）前群：有2块，位于股骨前面。

1）缝匠肌（sartorius）：为全身最长的肌，似绶带由外上斜向内下斜跨于大腿前面。牵拉观察其屈髋、屈膝运动。

2）股四头肌（quadriceps femoris）：为全身最大的肌。在下肢游离标本上观察，股四头肌位于股前部，较表浅，有4个头即股直肌、股内侧肌、股外侧肌及其深面的股中间肌，向下以肌腱包绕髌骨会聚为髌韧带止于胫骨粗隆。牵拉股四头肌，观察膝关节的运动（膝关节强有力的伸肌）。

（2）内侧群：共5块，分浅、深两层，浅层肌自外侧向内侧依次为较小的耻骨肌、长收肌和细长的股薄肌。将长收肌翻起，其深面有大收肌和短收肌，其中大收肌的腱板连于股内侧肌，据此可辨认大收肌与短收肌。查看大收肌止于收肌结节的肌腱与股骨之间的收肌腱裂孔。牵拉内侧群各肌，均可使髋关节内收、旋外。

（3）后群：有3块，位于大腿的后面。

1）股二头肌（biceps femoris）：位于股后部外侧，有长、短两个头。牵拉此肌可伸髋、屈膝，并使小腿旋外。

2）半腱肌（semimembranosus）：位于股后部内侧，半腱肌下部为肌腱，细长。

3）半膜肌（semitendinosus）：位于后群内侧部半腱肌深面，半膜肌上部为较宽的腱膜，据此可鉴别半腱肌和半膜肌。

3. 小腿肌　运动膝、踝及足部关节，分3群。

（1）前群：共3块，在下肢游离标本上观察，小腿前内侧面由外侧向内侧是胫骨前肌（tibialis anterior）和趾长伸肌（extensor digitorum longus），两者之间的深面为踇长伸肌（extensor hallucis longus），也可牵拉肌腱通过足趾的运动来辨认趾长伸肌与踇长伸肌。

（2）外侧群：共2块，腓骨短肌（peroneus brevis）位置较深，被腓骨长肌（peroneus longus）所掩盖，腓骨长、短肌均经外踝后方至足底。牵拉腓骨长、短肌，观察距小腿关节运动（跖屈距小腿关节），同时重点观察足外翻情况。

（3）后群：共5块，分浅、深两层，浅层由表浅的腓肠肌和深方的比目鱼肌组成，合称小腿三头肌（triceps surae），向下形成粗大的跟腱止于跟骨结节。牵拉跟腱观察其作用。深层有4块肌，腘肌和自外侧向内侧的踇长屈肌、趾长屈肌，两者之间为胫骨后肌。

4. 足肌　主要位于足底，像手肌一样也分三群，但其中间群有较大的趾短屈肌和足底方肌。维持足横弓的肌主要有足底方肌、踇展肌、小趾展肌、趾长屈肌和踇长屈肌；维持足纵弓的肌主要有胫骨前肌、胫骨后肌、腓骨长肌和腓骨短肌。

【复习思考题】

（一）判断题（正确答案用A表示，错误答案用B表示）

1. 三角肌起自锁骨外侧1/3、喙突和肩胛冈，止于肱骨的三角肌粗隆。（　　）
2. 肩胛下肌、冈上肌、冈下肌和小圆肌的许多腱纤维编入肩关节囊形成“肌腱袖”。（　　）
3. 肱二头肌长头起自肩胛骨喙突，短头起自肩胛骨盂上结节，可屈肘关节和肩关节。（　　）
4. 肱三头肌长头起自肩胛骨的盂下结节，可使肩关节后伸和内收。（　　）
5. 旋前方肌是前臂前群第一层肌。（　　）
6. 腕管由屈肌支持带和腕骨沟共同构成。（　　）
7. 阔筋膜张肌起自髂前上棘止于胫骨外侧髁可屈髋关节。（　　）
8. 闭孔内肌起自闭孔膜内面止于股骨大转子，可使髋关节旋外。（　　）
9. 梨状肌收缩时，使髋关节外展和旋外。（　　）

10. 股薄肌起于耻骨支和坐骨支前面，止于胫骨上端的内侧面，可内收髋关节。（ ）

（二）最佳选择题

1. 在肩关节外展中最重要的一对肌肉是（ ）

A. 三角肌和肩胛下肌　B. 三角肌和冈上肌　C. 冈上肌和肩胛下肌
D. 大圆肌和肩胛下肌　E. 三角肌和大圆肌

2. 属于前臂前群的肌是（ ）

A. 桡侧腕长伸肌　B. 指浅屈肌　C. 旋后肌
D. 指伸肌　E. 拇长展肌

3. 肱骨外科颈骨折后出现肩峰突出是由于（ ）

A. 肱二头肌萎缩　B. 肩胛骨向上突起　C. 三角肌收缩
D. 三角肌萎缩　E. 喙肱肌萎缩

4. 肱二头肌长头腱起自（ ）

A. 肩胛骨盂上结节　B. 肩胛骨盂下结节　C. 肩胛骨喙突
D. 肱骨上端　E. 肩胛冈

5. 肱三头肌的肌腱止于（ ）

A. 桡骨粗隆　B. 尺骨鹰嘴　C. 肱骨内侧髁
D. 肱骨外侧髁　E. 肱骨下段

6. 三角肌的止点为（ ）

A. 臀肌粗隆　B. 肩峰　C. 尺骨鹰嘴
D. 三角肌粗隆　E. 桡骨小头

7. 髋肌中不包括（ ）

A. 髂肌　B. 腰大肌　C. 腰方肌
D. 梨状肌　E. 阔筋膜张肌

8. 通过三边孔的解剖结构是（ ）

A. 旋肩胛动脉　B. 旋肱后动脉　C. 旋髂前动脉
D. 肩胛下动脉　E. 胸肩峰动脉

9. 参与小腿三头肌组成的是（ ）

A. 腓肠肌　B. 胫骨前肌　C. 腓骨长肌
D. 胫骨后肌　E. 股二头肌

10. 臀大肌止于髂胫束和（ ）

A. 股骨大转子　B. 股骨小转子　C. 股骨内侧髁
D. 股骨髁间窝　E. 股骨臀肌粗隆

11. 缝匠肌的作用（ ）

A. 屈髋伸膝　B. 屈髋屈膝　C. 同股二头肌
D. 屈肩关节　E. 伸肘关节

12. 伸肘关节的肌为（ ）

A. 肱肌　B. 肱三头肌　C. 肱桡肌
D. 喙肱肌　E. 肱二头肌

13. 经过腕管的肌腱有（　　）

A. 桡侧腕屈肌肌腱　B. 掌长肌肌腱　C. 拇长屈肌肌腱
D. 尺侧腕屈肌肌腱　E. 肱桡肌肌腱

14. 既屈髋关节又屈膝关节的肌是（　　）

A. 缝匠肌　B. 股薄肌　C. 股直肌
D. 半膜肌　E. 股四头肌

15. 最强大的伸髋关节肌是（　　）

A. 股四头肌　B. 半腱肌　C. 半膜肌
D. 股二头肌　E. 臀大肌

16. 参与屈膝关节的肌是（　　）

A. 股四头肌　B. 腓骨长肌　C. 胫骨后肌
D. 腓肠肌　E. 大收肌

17. 既能屈髋关节又能伸膝关节的是（　　）

A. 大收肌　B. 股直肌　C. 髂腰肌
D. 股薄肌　E. 缝匠肌

18. 能使足外翻的肌是（　　）

A. 腓肠肌　B. 胫骨前肌　C. 胫骨后肌
D. 腓骨长肌　E. 比目鱼肌

19. 下面哪块肌不是鱼际肌（　　）

A. 拇短展肌　B. 拇短屈肌　C. 拇短伸肌
D. 拇对掌肌　E. 拇收肌

20. 小腿三头肌中位于深层者是（　　）

A. 跟腱　B. 趾长屈肌　C. 比目鱼肌
D. 腓肠肌　E. 胫骨后肌

（三）多项选择题

1. 能使肩关节外展的肌包括（　　）

A. 三角肌　B. 冈上肌　C. 冈下肌　D. 前锯肌　E. 肩胛下肌

2. 能使髋关节外旋的肌为（　　）

A. 髂腰肌　B. 臀大肌　C. 臀中肌
D. 梨状肌　E. 闭孔内肌

3. 关于股四头肌的描述，正确的是（　　）

A. 股前部最强大肌　B. 全部起自股骨　C. 肌腱形成髌韧带
D. 止于胫骨粗隆　E. 可伸膝关节

4. 经过梨状肌下孔的解剖结构是（　　）

A. 坐骨神经　B. 股神经　C. 隐神经
D. 臀下神经　E. 臀下动脉

5. 上肢的四边孔中经过的解剖结构为（　　）

A. 正中神经　B. 肱动脉　C. 腋动脉
D. 旋肱后动脉　E. 腋神经

6. 三角肌的起点位于（　　）
A. 锁骨外侧段　B. 锁骨内侧端　C. 肩胛骨的肩峰
D. 肩胛冈　E. 肱骨上端
7. 上肢的臂肌包括（　　）
A. 喙肱肌　B. 肱三头肌　C. 大圆肌
D. 小圆肌　E. 肩胛下肌
8. 下列属于前臂前群肌的是（　　）
A. 肱桡肌　B. 旋前圆肌　C. 旋前方肌
D. 桡侧腕屈肌　E. 指浅屈肌
9. 肱二头肌（　　）
A. 短头起自肩胛骨的肩胛切迹　B. 长头起自肩胛骨盂下结节
C. 止于桡骨粗隆　D. 止于尺骨鹰嘴
E. 可协助屈肩关节
10. 会合形成跟腱的肌有（　　）
A. 腓肠肌　B. 腓骨长肌　C. 比目鱼肌
D. 胫骨后肌　E. 腓骨短肌

（四）名词解释

1. 收肌腱裂孔
2. 跟腱

（五）填空题

1. 上肢肌包括上肢带肌、臂肌、________和________。
2. 三角肌止于________，其主要作用是________。
3. 三角肌起自于锁骨的外侧段、________和________。
4. 上肢的臂肌前群包括________、________和肱肌。
5. 肱三头肌的主要作用是________，其长头还可以________。
6. 前臂肌分为前、后两群，前群有________块，后群有________块。
7. 与前臂旋转功能有关的肌是旋前圆肌、________和________。
8. 鱼际肌有________块，能使拇指作对掌运动的肌是________。
9. 穿过上肢四边孔的解剖结构是________和________。
10. 下肢肌分为________、大腿肌、小腿肌和________。
11. 维持人体直立的下肢肌主要有________、臀大肌和________。
12. 大腿肌后群内侧为________和半膜肌；外侧为________。
13. 全身最长的肌肉是________，主要作用是________。
14. 髋肌中的髂腰肌是由________和________组成的。
15. 梨状肌穿坐骨大孔出骨盆，将坐骨大孔分为________和________两个间隙。
16. 股四头肌止点位于________，其主要功能是________。
17. 小腿三头肌是由________和________而组成的。

（六）综合应用题

1. 肱二头肌位于何处？有何作用？

2. 上肢前臂肌有哪些？
3. 臀大肌位于何处？有何作用？
4. 大腿肌前群和后群各有哪些？
5. 简述股四头肌的构成和作用。
6. 小腿三头肌包括哪些肌？有何作用？

（庞　磊）

第二章　内　脏　学

内脏（viscera）包括消化、呼吸、泌尿和生殖 4 个系统。研究内脏各器官形态结构和位置的科学，称为内脏学（splanchnology）。某些与内脏密切相关的结构，如胸膜、腹膜和会阴等，也归于内脏学范畴。内脏器官在形态结构、位置、功能和发生上都具有密切的联系和某些相似之处。

第一节　总论、消化系统

【目的和要求】

1. 掌握胸、腹部的标志线和腹部的分区。咽峡的构成；乳牙和恒牙的牙式；唾液腺的位置和导管开口部位；食管的起止、分部、位置及狭窄部位；胃、十二指肠、空肠、回肠、大肠的形态、分部及位置；肝的形态、位置、体表投影，肝蒂的组成及各结构的位置关系；肝外胆道的组成，胆囊的位置、形态、分部，胆囊底的体表投影、胆囊三角的组成，胆总管的位置、开口及胆汁排出途径。

2. 熟悉内脏的概念、内脏的范围及各系统的主要功能；牙的形态结构；舌的形态结构和黏膜特征，颏舌肌的起止、位置和作用；咽的位置、分部、各部的形态结构和交通，咽壁各扁桃体的位置和功能；胰的位置、形态和分部。

3. 了解内脏系统间及其与身体其他系统之间的关系，内脏的一般结构。消化系统的组成和功能，消化管的组成，食管壁、胃壁的结构，肝段的概念及肝的主要功能；胰的功能。

【实训教具】

1. 标本　大体标本（切开胸腹前壁，示消化器官）；头颈正中矢状切标本；带完整恒牙的整颅（包括下颌骨）；游离食管标本；胃游离标本；离体十二指肠带胰腺的标本；空、回肠标本；回盲部游离标本；直肠标本；男女性盆腔正中矢状切标本；肝脏标本。

2. 模型　消化系统模型；牙的模型；头颈正中矢状切模型；食管模型；胃的模型；十二指肠带胰腺模型；空回肠模型；回盲部模型；直肠模型；肝脏模型。

【实训内容及方法】

（一）总论

1. 内脏的一般结构

（1）中空性器官：取一段结肠标本观察，中空性器官由内向外依次为黏膜、黏膜下层、肌层和外膜。

（2）实质性器官：此类器官内部没有特定的空腔，多属腺组织，表面包以结缔组织的被膜或浆膜，如肝、胰、肾及生殖腺等。

2. 胸部标志线和腹部分区

（1）胸部的标志线：在自己身体上摸认下列标志线，前正中线、胸骨线、锁骨中线、胸骨旁线、腋前线、腋后线、腋中线、肩胛线和后正中线。

（2）腹部的分区：在自己身体上划分腹部的分区，通过脐各作一水平面和矢状面，将腹部分为左上腹、右上腹、左下腹和右下腹4个区。通过两侧肋弓最低点所做的肋下平面和通过两侧髂结节所做的结节间平面将腹部分成上腹部、中腹部和下腹部3部，再由经两侧腹股沟韧带中点所做的两个矢状面，将腹部分成9个区域，包括上腹部的腹上区和左、右季肋区，中腹部的脐区和左、右腹外侧（腰）区，下腹部的耻（腹下）区和左、右腹股沟（髂）区。

（二）消化系统

消化系统（alimentary system）由消化管和消化腺两部分组成。消化管（alimentary canal）是指从口腔到肛门的管道，包括口腔、咽、食管、胃、小肠和大肠。临床上把从口腔到十二指肠的一段称上消化道；空肠到肛门的一段称下消化道。消化腺（alimentary gland），包括大消化腺和小消化腺两种。

1. 口腔（oral cavity） 在头颈正中矢状切标本上观察口腔的境界、分部，唇、腭、牙、舌的构成。

（1）口唇（oral lips）：人中、口角、鼻唇沟。

（2）颊（cheek）：在上颌第二磨牙牙冠相对的颊黏膜上有腮腺管乳头，有腮腺管的开口。

（3）腭（palate）：是口腔的顶，腭分硬腭和软腭两部，硬腭位于腭的前2/3，软腭位于腭的后1/3，软腭后部向后下方下垂的部分称腭帆，后缘的正中部有垂向下方的突起，称腭垂（或悬雍垂）。腭垂、腭帆游离缘、两侧的腭舌弓及舌根共同围成咽峡（isthmus of fauces）。

（4）牙（teeth）

1）牙的种类和排列：人的一生中有两组牙先后发生，第一组称乳牙，第二组称恒牙，分为切牙、尖牙、前磨牙和磨牙。临床上，为了记录牙的位置，常以被检查者的方位为准，以“+”记号划分上、下颌及左、右两半，共4区，并以罗马数字Ⅰ～Ⅴ表示乳牙，用阿拉伯数字1～8表示恒牙。

2）牙的形态：外形上，每个牙均分为牙冠、牙颈和牙根三部。

3）牙组织：牙由牙质、釉质、牙骨质和牙髓组成。

4）牙周组织：包括牙周膜、牙槽骨、牙龈。

（5）舌（tongue）

1）舌的形态：舌分舌体和舌根两部分。

2）舌黏膜：丝状乳头、菌状乳头、叶状乳头、轮廓乳头、舌扁桃体、舌系带、舌下阜、舌下襞。

3）舌肌：分为舌内肌和舌外肌两部分。舌外肌起自舌周围各骨，止于舌内，共有4对，其中以颏舌肌在临床上较为重要，两侧颏舌肌同时收缩，拉舌向前下方，即伸舌；单侧收缩使舌伸向对侧。

（6）唾液腺（salivary gland）

1）腮腺（parotid gland）：腮腺管开口于与上颌第二磨牙相对的颊黏膜上的腮腺管乳头。

2）下颌下腺（submandibular gland）：下颌下腺导管开口于舌下阜。

3）舌下腺（sublingual gland）：舌下腺大管1条，与下颌下腺管共同开口于舌下阜，小管开口于舌下襞表面。

2. 咽（pharynx） 在头颈正中矢状切标本及模型上观察咽的位置、分部和交通。

（1）咽的位置：位于第1～6颈椎前方，上方固着于颅底，向下于第6颈椎下缘续于食管。

（2）咽的分部

1）鼻咽（nasopharynx）：是咽腔的上部，介于颅底与腭帆游离缘之间，经鼻后孔与鼻腔相通。在鼻咽的两侧壁距下鼻甲后端之后1 cm处，有咽鼓管咽口，咽口的前、上、后方的隆起称咽鼓管圆枕，咽鼓管圆枕后方与咽后壁之间有一凹陷称咽隐窝；上壁后部的黏膜内有丰富的淋巴组织称咽扁桃体。

2）口咽（oropharynx）：是咽腔的中部，介于腭帆游离缘与会厌上缘平面之间。舌会厌正中襞两侧的凹陷称会厌谷。口咽的侧壁上有腭扁桃体。

3）喉咽（laryngopharynx）：在喉口的两侧有梨状隐窝。

3. 食管（esophagus）

（1）食管的位置与分部：食管上端在第6颈椎体下缘与咽相接，下端平第11胸椎体高度与胃的贲门连接。食管分为颈部、胸部和腹部。

（2）食管的狭窄部：食管有3个狭窄部，第一狭窄为食管的起始处；第二狭窄为食管与左主支气管交叉处；第三狭窄为食管通过膈的食管裂孔处。

4. 胃（stomach） 结合胃的模型、胃游离标本观察胃的位置、形态、分部、胃黏膜特征及胃的毗邻。

（1）胃的形态和分部：胃有前、后壁，大、小弯，出、入口，并可分为四部。胃的入口称贲门，出口称幽门。胃的四部即贲门部、胃底、胃体与幽门部（又分为幽门窦、幽门管）。

（2）胃的位置：胃大部分位于左季肋区，小部分位于腹上区。

5. 小肠（small intestine） 分为十二指肠、空肠与回肠三部。

（1）十二指肠（duodenum）：结合十二指肠带胰腺的标本及模型观察十二指肠的位置、分部。十二指肠呈“C”形，包绕胰头，可分上部、降部、水平部和升部四部。

1）上部：十二指肠上部近幽门约2.5cm一段肠管称十二指肠球。

2）降部：后内侧壁上有十二指肠大乳头，是胆总管和胰管的共同开口。

3）水平部。

4）升部：十二指肠悬肌（又称Treitz韧带）。

（2）空肠（jejunum）与回肠（ileum）：在大体标本上观察空肠、回肠的大致位置，观察切开后的空回肠标本，注意两者的异同。空肠占空回肠全长的近侧2/5，占据腹腔的左上部；回肠占空回肠全长远侧3/5，在右髂窝续盲肠，回肠位于腹腔右下部。距回肠末端0.3～1m范围的回肠壁上，约2％的成人有Meckel 憩室。

6. 大肠（large intestine） 分为盲肠、阑尾、结肠、直肠和肛管。除直肠、肛管及阑尾外，结肠和盲肠具有三种特征结构，即结肠带、结肠袋和肠脂垂。

（1）盲肠（caecum）：位于右髂窝内，在沿盲肠长轴切开的回盲部标本上观察回盲瓣及盲肠内腔与阑尾开口的位置关系。

（2）阑尾（vermiform appendix）：沿结肠带在大体标本上找到附着于盲肠后内侧壁的阑尾，观察阑尾根部的体表投影（McBurney点或Lanz点）。

（3）结肠（colon）：观察结肠分为升结肠、横结肠、降结肠、乙状结肠。

（4）直肠（rectum）和肛管（anal canal）：在男女性盆腔正中矢状切标本上观察直肠的位置、弯曲等形态特征；在直肠矢状切标本上观察直肠黏膜纵襞、肛柱、肛窦、肛瓣、齿状线等形态结构。

7. 肝（liver） 在大体标本上观察肝脏位置，标识肝的体表投影；用离体肝标本观察肝外形、分叶，进出肝门的主要结构。

（1）肝的形态：脏面位于中间部的横沟称肝门。肝蒂、肝圆韧带、胆囊窝。肝分为 4 个叶，左叶、右叶、方叶、尾状叶。

（2）肝的位置：肝大部分位于右季肋区和腹上区，小部分位于左季肋区。

（3）肝外胆道：在大体标本上观察肝外胆道的组成，胆囊的位置、分部，胆囊底的体表投影。肝外胆道包括胆囊、胆囊管、肝左管、肝右管、肝总管与胆总管。

1）胆囊（gallbladder）：位于肝下面的胆囊窝内，分底、体、颈、管四部分，胆囊底的体表投影位置在右锁骨中线与右侧肋弓交点处。胆囊管、肝总管和肝的脏面围成的三角形区域称胆囊三角（Calot 三角）。

2）肝管与肝总管（common hepatic duct）：肝总管由肝左管与肝右管汇合而成。

3）胆总管（common bile duct）：由肝总管与胆囊管汇合而成，向下与胰管相合形成肝胰壶腹，开口于十二指肠大乳头。

8. 胰（pancreas） 观察胰腺的位置、分部（胰头、胰颈、胰体、胰尾）。

【常用歌诀】

1. 咽 咽部分三鼻口喉，前壁开口气食流；上通鼓室下通喉，吞咽闭气不用愁。

2. 食管与胃 食管三段颈胸腹，三个狭窄要记住；胃居剑下左上腹，二门二弯又三部。贲门幽门大小弯，胃底胃体幽门部；小弯胃窦易溃疡，及时诊断莫延误。

3. 小肠 小肠弯又长，盘曲在腹腔；上段十二指，中下空回肠。全长约五米，空回二三量。

4. 十二指肠 四部上降下和升，右包胰头“C”字形；降部后内有乳头，胆总胰管同开口。

5. 大肠 大肠四周围成框，空肠回肠框内藏；结肠袋带肠脂垂，三大特点记心上。盲肠位居右髂窝，阑尾根部连于盲；麦兰二氏两个点，升横降乙接直肠。

6. 阑尾 阑尾末端不固定，回肠前后下也行；盲肠后下较常见，三带集中阑尾根。

7. 肝 肝为消化腺，位于膈下面；其内三管系，胆汁产其间。若问最高点，五肋锁中线。

8. 肝下面“H”沟 右后下腔前胆囊，左后静脉前肝圆；横为肝门交通口，动脉神经肝管穿。下面分为四个叶，左右方叶和尾状。

9. 胰腺 胰腺头至体尾连，颜色灰红质地软；正副胰管通胰头，内外分泌功能全。

【复习思考题】

（一）判断题（正确答案用 A 表示，错误答案用 B 表示）

1. 胸骨旁线是沿胸骨最宽处的外侧缘所做的垂直线。（　　）
2. 临床上通常把十二指肠及以下的消化管称为下消化道。（　　）
3. 腮腺管开口于平对上颌第二磨牙牙冠颊黏膜上的腮腺管乳头。（　　）
4. 颏舌肌是一对强而有力的肌，如一侧颏舌肌瘫痪，当让患者伸舌时，舌尖偏向健侧。（　　）
5. 咽位于第 1～7 颈椎前方，分为鼻咽、口咽和喉咽三部。（　　）

6. 十二指肠上部近侧与幽门相连接的一段肠管称为十二指肠球，是十二指肠溃疡及其穿孔的好发部位。（ ）
7. 结肠和盲肠的三个特征性结构是：结肠带、结肠袋、肠脂垂。（ ）
8. 胆囊三角由胆囊管、胆总管和肝的脏面围成。（ ）
9. 胆总管由肝总管和胆囊管汇合而成，开口于十二指肠大乳头。（ ）
10. 肝大部分位于右季肋区，小部分位于腹上区和左季肋区。（ ）
11. 阑尾根部的体表投影点在髂前上棘与脐连线的中、外 1/3 交点处，该点称麦氏点。（ ）
12. 肛门外括约肌按其纤维所在部位分为皮下部、前部和深部。（ ）

（二）最佳选择题

1. 上消化道不包括（ ）
A. 口腔 B. 空肠 C. 十二指肠 D. 食管 E. 胃

2. 关于口腔的描述不正确的是（ ）
A. 向前经口裂通外界
B. 当上、下牙列咬合时，口腔前庭与固有口腔互不相通
C. 口腔两侧壁为颊
D. 口底由黏膜、肌和皮肤组成
E. 向后经咽峡与咽相通

3. 腭（ ）
A. 前 1/3 为硬腭
B. 软腭由横纹肌和黏膜构成
C. 自腭帆向两侧的弓形皱襞，前方一对称腭咽弓
D. 软腭又称腭帆
E. 腭垂位于腭咽弓与腭舌弓之间

4. 舌（ ）
A. 为肌性器官，表面被覆黏膜
B. 界沟之后为舌根，占舌的后 1/3
C. 丝状乳头不含味蕾
D. 舌扁桃体位于舌根部的黏膜内
E. 以上全对

5. 舌肌（ ）
A. 属于舌骨下肌群
B. 为舌外肌，受舌咽神经支配
C. 一侧瘫痪，伸舌时舌尖偏向患侧
D. 一侧收缩，舌尖偏向同侧
E. 受舌下神经支配，为舌内肌

6. 牙（ ）
A. 牙腔内有牙髓
B. 牙完全由牙本质构成
C. 可分为牙冠和牙根两部
D. 乳牙和恒牙均有前磨牙
E. 牙冠和牙根的表面均覆有釉质

7. |Ⅳ表示（ ）
A. 右上颌第一乳磨牙 B. 右上颌第一前磨牙 C. 左上颌第一乳磨牙
D. 左上颌第一前磨牙 E. 左上颌第二乳磨牙

8. 大唾液腺（ ）

A. 最大的一对为腮腺，腮腺管开口于舌下襞
B. 最小的一对为下颌下腺
C. 舌下腺小管也开口于舌下阜
D. 3 对大唾液腺均有导管开口于舌下阜
E. 腮腺管开口于平对上颌第二磨牙的颊黏膜处
9. 咽（　　）
A. 是消化道与呼吸道的共同通道　　B. 鼻咽有梨状隐窝，常为异物滞留处
C. 口咽经咽鼓管咽口，借咽鼓管通中耳鼓室　　D. 喉咽向下移行于喉腔
E. 咽隐窝为喉口两侧的深凹
10. 食管的第二个狭窄约距中切牙（　　）
A. 15cm　　B. 25cm　　C. 40cm　　D. 45cm　　E. 50cm
11. 胃（　　）
A. 中等度充盈时，大部分位于左季肋区和腹上区
B. 幽门窦又称幽门部
C. 胃底位于胃的最低部
D. 幽门管位于幽门窦的右侧部
E. 角切迹位于胃大弯的最低处
12. 小肠（　　）
A. 又称系膜小肠
B. 分为空肠和回肠两部
C. 包括十二指肠、空肠和回肠三部
D. 空肠黏膜有集合淋巴滤泡
E. 回肠黏膜环状襞高而密
13. 十二指肠（　　）
A. 呈“C”形包绕胰体
B. 上部又称球部
C. 降部前外侧壁有十二指肠大乳头
D. 降部于第 1～3 腰椎的右侧及右肾内侧缘前面下降
E. 水平部续于空肠
14. 大肠（　　）
A. 各部均有结肠带、结肠袋和肠脂垂
B. 盲肠为大肠的起始部，位于右髂窝
C. 结肠可分为升结肠、横结肠和乙状结肠三部
D. 直肠的会阴曲凸向后
E. 阑尾的末端连于盲肠
15. 不属于肛管的结构是（　　）
A. 肛窦　　B. 肛柱　　C. 肛瓣　　D.齿状线　　E. 直肠横襞
16. 肝（　　）
A. 位于右季肋区和腹上区　　B. 上界在右锁骨中线平第 5 肋

C. 上面凹凸不平，可分 4 叶
D. 前下缘（即下缘前部）钝圆
E. 肝静脉由肝门出肝

17. 胆囊（ ）
A. 为分泌胆汁的器官
B. 位于肝的胆囊窝内
C. 后端圆钝为胆囊底
D. 胆囊管和肝左、右管合成胆总管
E. 胆囊底的体表投影位于锁骨中线与左肋弓相交处

18. 胰（ ）
A. 兼有内、外两分泌部，分泌物全由胰管输送
B. 在第 1、2 腰椎水平横贴于腹后壁
C. 位于胃的前方
D. 可分头、颈、体三部分
E. 胰管与肝总管汇合后共同开口于十二指肠大乳头

19. 小网膜包括（ ）
A. 肝胃韧带和肝圆韧带
B. 肝胃韧带和胃结肠韧带
C. 肝胃韧带和肝十二指肠韧带
D. 肝十二指肠韧带和胃脾韧带
E. 肝胃韧带和胃脾韧带

20. 十二指肠球部（ ）
A. 又称十二指肠上部，约长 2.5cm
B. 其肠壁厚，管径大
C. 黏膜面有丰富的环行皱襞
D. 是溃疡和穿孔的好发部位
E. 以上都正确

（三）多项选择题

1. 属于下消化道的器官有（ ）
A. 回肠 B. 十二指肠 C. 阑尾 D. 结肠 E. 直肠

2. 含味蕾的结构有（ ）
A. 轮廓乳头 B. 叶状乳头 C. 丝状乳头 D. 菌状乳头 E. 舌扁桃体

3. 三对大的口腔腺（唾液腺）（ ）
A. 腮腺为最大的一对
B. 下颌下腺位于下颌体内面的下颌下腺凹处
C. 舌下腺为最小的一对
D. 腮腺管开口于平对上颌第 2 前磨牙的颊黏膜处
E. 舌下腺大管常与下颌下腺管共同开口于舌下阜

4. 咽（ ）
A. 位于颈椎前方
B. 上起自于起颅底
C. 下于第 6 颈椎体下缘平面移行于食管
D. 口咽部向前经咽峡通口腔
E. 咽隐窝和梨状隐窝均位于喉咽

5. 食管（　　）

A. 按其行程可分为颈、胸、腹 3 段
B. 上端于第 6 颈椎体下缘平面续于咽
C. 第 1 个狭窄在食管起始处
D. 第 2 个狭窄距中切牙约 25cm
E. 第 3 个狭窄位于食管裂孔处

6. 胃（　　）

A. 属于上消化道
B. 在中等充盈时，大部分位于腹上区，小部分位于左季肋区
C. 入口附近称贲门部
D. 胃的中间部分称胃体
E. 幽门部又分为幽门窦和幽门管

7. 小肠（　　）

A. 可分十二指肠、空肠、回肠和盲肠等部
B. 空肠和回肠又称系膜小肠
C. 十二指肠球部黏膜面光滑无环状襞
D. 空肠、回肠黏膜均有孤立淋巴滤泡
E. 回肠黏膜还有集合淋巴滤泡

8. 大肠（　　）

A. 结肠和盲肠具有结肠带、结肠袋和肠脂垂
B. 盲肠位于右髂窝，为大肠的起始部
C. 阑尾根部连于盲肠的后内侧壁
D. 结肠均为腹膜内位器官
E. 直肠骶曲凸向后方

9. 肛管（　　）

A. 上续乙状结肠，末端止于肛门
B.内面有纵行的黏膜皱襞，称肛柱
C. 肛瓣与肛柱下端共同围成的小隐窝称肛窦
D. 齿状线下方，宽约 1cm 微凸的环形带为痔环
E. 肛门括约肌为随意肌

10. 肝（　　）

A. 主要（或大部分）位于右季肋区和腹上区
B. 上界在右锁骨中线平第 4 肋
C. 出入肝门的结构中无肝静脉
D. 方叶位于肝门之后
E. 前下缘（或下缘前部）钝圆

11. 肝外胆道包括（　　）

A. 胆囊
B. 肝左管和肝右管
C. 胰管
D. 肝总管
E. 胆总管

（四）名词解释

1. 咽峡

2. McBurney 点
3. 幽门瓣
4. 十二指肠大乳头
5. 肝门
6. 肝蒂
7. Calot 三角
8. 肝胰壶腹
9. 上消化道
10. Treitz 韧带

（五）填空题

1. 临床上通常将口腔到十二指肠的这部分管道称为________；空肠以下的部分称为________。
2. 口腔借上下牙弓和牙龈分为前外侧的________和后内侧的________。
3. 腭的前 2/3 是________，后 1/3 是________。
4. 含味蕾的舌乳头是________、________和叶状乳头。
5. 两侧颏舌肌收缩，舌尖伸向________，一侧颏舌肌瘫痪，伸舌时舌尖偏向________。
6. 每个牙均可分为牙冠、________和________三部分。
7. 食管按行程可分颈、胸和腹三段，其第 2 个狭窄位于________处，距中切牙约________cm。
8. 小肠可分为三部，即________、________和回肠。
9. 结肠可分为四部，依次为升结肠、横结肠、________和________。
10. 直肠在矢状面上有凸向后的________曲和凸向前的________曲。
11. 肝大部分位于________区和________区，小部分位于左季肋区。
12. 胰横贴于腹后壁，约平第 1～2 腰椎，胰可分________、颈、________、尾四部。
13. 结肠和盲肠有 3 种特征性结构即________、________和肠脂垂。
14. 咽的分部，从上到下依次是鼻咽、________、________三部。
15. 阑尾的位置变化较大，最常见于________、________位。
16. 胆囊底的体表投影是在________和________的交点附近，胆囊病变时压痛点即在此处。
17. 肝内管道可分为________和________两个系统。
18. 肝脏面的“H”形沟，其右纵沟前部称________，左纵沟前部是________。横沟处称肝门。
19. 十二指肠大乳头位于十二指肠降部中分的________，为________开口处。

（六）综合应用题

1. 吃鱼时不小心将鱼刺卡在咽部，多停留于何处？
2. 人体有哪些唾液腺，它们各开口于何处？
3. 简述食管的狭窄。
4. 胆汁在何处产生？正常情况下如何排入十二指肠腔？
5. 胰头癌患者出现黄疸、肠梗阻等症状，请用解剖知识解释原因。

6. 某患者突然腹部剧痛、恶心、呕吐、巩膜黄染急诊来院检查，医生初步诊断为胆总管结石。为进一步确诊，医生采用胆道造影检查法，此法需将导管从口腔送至十二指肠大乳头处，向胆总管注造影剂。请问：此导管需经哪些器官、哪些生理狭窄（具体部位）才能到达十二指肠大乳头？

7. 腹膜炎症或腹部手术后的患者多采取半卧位，为什么？

8. 腹膜腔积液时在患者仰卧位和坐位时各自最易停留何处？

（七）创新分析题

患者，男，35 岁。患者上腹部疼痛，4～5 小时后固定于右下腹部，疼痛持续性加重，有恶心、轻度呕吐，呕吐物为食物。测体温为 38.4℃，脉搏和呼吸均快；体检：右下腹有明显压痛，腹肌紧张，并有反跳痛。结肠充气试验阳性；白细胞（WBC）总数 12×10^9/L，中性粒细胞 90%，尿常规正常。诊断：急性阑尾炎。

请思考下列问题：

（1）简述阑尾的形态、位置及阑尾异位，阑尾根部的体表投影，如何寻找阑尾？

（2）阑尾易发生炎症的形态学基础是什么？

（3）阑尾手术时腹壁的结构层次有哪些？

（4）查阅文献说明阑尾的功能。

（5）白细胞和中性粒细胞增高说明什么？

（王　军）

第二节　呼吸系统

呼吸系统（respiratory system）由呼吸道和肺组成，通常称鼻、咽、喉为上呼吸道，气管和各级支气管为下呼吸道。呼吸系统的主要功能是进行气体交换，即吸入氧，排出二氧化碳。肺还有内分泌功能。

【目的和要求】

1. 掌握鼻旁窦的位置及开口；喉软骨的名称，喉腔的分部、形态结构；左、右主支气管的形态差别；肺的位置、形态、分叶、肺根的组成及各结构的位置关系；胸膜和胸膜腔的概念、胸膜分部及胸膜隐窝的位置，胸膜和肺的体表投影；纵隔的位置、境界和分部。

2. 熟悉鼻腔的分部；声门裂的组成；气管的位置、毗邻；纵隔各部的结构。

3. 了解呼吸系统的组成、功能及呼吸道的结构特点；鼻的构成和形态、鼻腔黏膜的结构特点和功能意义；喉的组成及毗邻、喉的连接及喉肌；支气管树和支气管肺段的概念。

【实训教具】

1. 标本　头颈部正中矢状断面标本（示鼻、咽、喉）；颅骨正中矢状断面标本；游离颅骨标本；鼻旁窦及开口（鼻甲切除）标本；喉标本；气管和主支气管标本；游离肺标本；支气管树标本；胸腔脏器原位标本；胸膜与肺的体表投影（成人大体标本）；纵隔左侧面（成人大体标本）；纵隔右侧面（成人大体标本）。

2. 模型　头部正中矢状断面模型；喉软骨模型；喉软骨、喉连结、喉肌和喉腔模型；气管和主支气管模型；肺模型；支气管树和肺段模型。

【实训内容及方法】

呼吸系统器官的结构比较小，因此必须细心地观察，观察时动作要轻以免损坏标本。

（一）鼻

利用头颈部正中矢状断面标本、颅骨正中矢状断面标本、游离颅骨标本和头颈部正中矢状断面模型观察鼻腔的位置、形态及通路，辨认上、中、下鼻甲和鼻道及鼻旁窦的开口位置。在寻找和辨认鼻旁窦和鼻泪管在鼻腔外侧壁的开口部位时，利用探针仔细探察。

鼻（nose）可分为外鼻、鼻腔和鼻旁窦三部分。

1. 外鼻（external nose） 同学们之间可相互观察：鼻根、鼻背、鼻尖、鼻翼、鼻孔、鼻中隔。

2. 鼻腔（nasal cavity） 由骨和软骨作支架，内面覆以黏膜和皮肤，被鼻中隔分为左、右两个腔。每侧鼻腔以鼻阈为界，分为鼻前庭和固有鼻腔。鼻阈为皮肤与黏膜的交界处；鼻前庭内面衬以皮肤，生有鼻毛，有滤过和净化空气功能。固有鼻腔外侧壁上有上鼻甲、中鼻甲和下鼻甲，以及上鼻道、中鼻道和下鼻道。在上鼻甲后上方有蝶筛隐窝。下鼻道的前部有鼻泪管的开口。切除中鼻甲，可见半月裂孔，它是位于中鼻道中部凹向上方的弧形裂隙，该裂隙的前上方有筛漏斗，通额窦，上方圆形隆起为筛泡，其内为中筛窦。鼻腔顶壁的上方为颅前窝。左、右两侧鼻腔的共同内侧壁是鼻中隔，由筛骨垂直板、犁骨和鼻中隔软骨覆以黏膜而成，常偏向一侧或呈“S”状偏曲，使两侧鼻腔常不对称。鼻中隔的前下份黏膜内，具有丰富的血管吻合丛，是鼻出血的好发部位，称易出血区（又称 Little 区）。位于上鼻甲与其相对的鼻中隔及两者上方鼻腔顶部的鼻黏膜区域为嗅区，富有嗅细胞。鼻腔其余部分黏膜称为呼吸区，含有丰富的鼻腺。

3. 鼻旁窦（paranasal sinuses） 由骨性鼻旁窦衬以黏膜而成，共 4 对，上颌窦、额窦和筛窦的前、中群开口于中鼻道；筛窦的后群开口于上鼻道；蝶窦开口于蝶筛隐窝，下鼻道有鼻泪管的开口。

（二）喉

在活体上触摸喉结、环状软骨弓。观察头部正中矢状断面标本，喉标本和喉软骨、喉连结、喉肌和喉腔模型。说出喉软骨的名称、数目，辨认喉腔内的前庭襞、声襞及与皱襞之间形成的裂隙和喉腔分部。在喉的矢状断面标本上可以清楚地见到两条呈矢状位的皱襞，上方的一条为前庭襞，下方的为声襞。但声襞的变化与声门大小的关系，还得结合特制的模型深刻体会。

喉（larynx）位于颈前部中份，在第 3～6 颈椎，女性和小儿较高。喉借韧带和肌连于舌骨和胸骨，活动性较大，当吞咽和发声时，可上下移动。喉向上借喉口通咽，向下续于气管。

1. 喉的软骨 包括甲状软骨、环状软骨、杓状软骨和会厌软骨等。

甲状软骨（thyroid cartilage）：是最大的喉软骨，组成喉的前外侧壁，由左、右两个方形软骨板构成。两板前缘以直角（女性为钝角）相连形成前角。前角上端向前突出，成年男性特别明显，称喉结。两板后缘游离，向上、下各伸出一对突起，上方的一对称上角，借韧带连于舌骨，下方的一对称下角，与环状软骨构成关节。

环状软骨（cricoid cartilage）：前部低窄，称环状软骨弓；后部高阔，称环状软骨板。环状软骨是呼吸道中唯一完整的软骨环。

杓状软骨（arytenoid cartilage）：位于环状软骨板上缘之上，是一对略呈三棱锥形的软骨，尖向上，底朝下与环状软骨板相关节。底向前方的突起称声带突，有声韧带附着；向外侧较钝的突起称肌突，是喉肌的附着处。

会厌软骨（epiglottic cartilage）：形似树叶，上圆下尖。尖端借韧带连于甲状软骨中线的后面。

2. 喉的连结 包括喉软骨之间及喉软骨与舌骨、气管之间的连结。

环杓关节（cricoarytenoid joint）：由杓状软骨底和环状软骨板上缘的关节面构成。杓状软骨可沿此关节的垂直轴做旋转运动，使声带突向内、外侧转动，因而能缩小或开大声门。杓状软骨也可做左右滑动。

环甲关节（cricothyroid joint）：由甲状软骨下角和环状软骨侧方关节面构成。甲状软骨在冠状轴上可做前倾和复位运动，使声带紧张或松弛。

弹性圆锥（conus elasticus）：为弹性纤维组成的膜状结构，自甲状软骨前角的后面，向下向后附着于环状软骨上缘和杓状软骨声带突。此膜上缘游离，紧张于甲状软骨前角与杓状软骨声带突之间，称声韧带，是构成声带的基础。弹性圆锥前部较厚，系于甲状软骨下缘与环状软骨弓上缘之间，称环甲正中韧带。

甲状舌骨膜（thyrohyoid membrane）：连于甲状软骨上缘与舌骨之间的薄膜。

3. 喉肌 系横纹肌，是发音的动力器官，具有紧张或松弛声带、缩小或开大声门裂及缩小喉口的作用。

4. 喉腔 由喉软骨为支架围成的筒状腔隙，腔壁覆以黏膜，向上借喉口通喉咽部，向下与气管相通。

喉的入口称喉口，由会厌上缘、两侧的杓状会厌襞和杓间切迹等围成。

在喉腔中部的侧壁上，有上、下两对呈矢状位的黏膜皱襞突入腔内。上方的一对称前庭襞（vestibular fold），左右前庭襞之间的裂隙，称前庭裂；下方的一对称声襞（vocal fold），左右声襞之间的裂隙称声门裂，是喉腔最狭窄的部位。

喉腔：借前庭襞和声襞分为上、中、下三部分。喉口至前庭裂平面之间的部分，称喉前庭（laryngeal vestibule）；前庭裂平面至声门裂平面之间的部分是喉中间腔（intermedial cavity of larynx），其两侧向侧方突出至前庭襞与声襞之间的裂隙，称喉室（ventricle of larynx）；声门裂平面至环状软骨下缘平面之间的部分，称声门下腔（infraglottic cavity ），向下通气管。

（三）气管和主支气管

利用胸腔脏器原位标本，气管、主支气管标本和气管、主支气管模型观察气管及支气管位置及毗邻结构，辨认气管杈、气管隆嵴，比较左、右主支气管的区别。

1. 气管（trachea） 位于喉与气管杈（bifurcation of trachea）之间，上端平第 6 颈椎下缘，向下至胸骨角平面分为左、右主支气管，气管杈内面有一矢状位向上的半月状嵴称气管隆嵴，常略偏向左侧，是气管镜检查的重要标志。气管可分为颈、胸两部。气管均以“C”形的透明软骨为支架，以保持其开放状态。各透明软骨缺口向后，该缺口由平滑肌和结缔组织构成的膜壁封闭。相邻软骨间借韧带连接。气管切开术常在第 3～5 气管软骨处施行。

2. 主支气管（principal bronchus ） 由气管分出后，斜行向外下，进入肺门。左主支气管细长，平均长 4～5cm，男性左嵴下角为 36.4°，女性为 39.3°，走行较倾斜，经左肺门入左肺。右主支气管粗而短，平均长 2～3cm，男性右嵴下角为 22°，女性为 24.7°，走行较陡直，经右肺门入右肺。故临床上气管内异物多坠入右主支气管。左、右主支气管的区别：前者细而长，嵴下角大，斜行，通常有 7～8 个软骨环；后者短而粗，嵴下角小，走行相对较直，通常有 3～4 个软骨环，经气管坠入的异物多进入右主支气管。

（四）肺

利用游离肺标本、支气管树和肺段标本观察肺的形态（肺尖、肺门及进出的结构、心切迹、斜裂、水平裂）及分叶，比较左、右肺的异同点。利用胸腔脏器原位标本观察肺的位置，毗邻及肺根。

1. 肺（lung） 位于胸腔内，纵隔两侧，膈的上方，左、右各一。右肺较左肺短而宽，左肺扁窄而略长。胎儿和未曾呼吸的新生儿肺不含空气，密度大，幼儿肺呈淡红色，随年龄增长，由于吸入空气中尘埃的沉积，颜色逐渐变灰暗乃至蓝黑色。

肺一般呈圆锥形，具有一尖、一底、两面和三缘。

肺尖呈钝圆形，经胸廓上口突至颈根部，高出锁骨内侧 1/3 上方 2～3cm。肺底位于膈上面，向上凹，故又称膈面。外侧面隆凸，又称肋面，邻接肋和肋间肌。内侧面邻贴纵隔，亦称纵隔面，此面中部凹陷处，称肺门（hilum of lung），是主支气管、肺动脉、肺静脉、淋巴管和神经等进出之处。这些进出肺门的结构被结缔组织包绕，构成肺根（root of lung ）。肺根内结构由前向后依次为肺静脉、肺动脉、支气管。左肺根由上向下分别为肺动脉、左主支气管、下肺静脉；右肺根内结构由上向下依次为上叶支气管、肺动脉、中下叶支气管、肺静脉。

肺的前缘薄锐，左肺前缘下部有左肺心切迹，切迹下方的舌状突起，称左肺小舌。肺的后缘圆钝，肺的下缘亦较薄锐。

左肺由从后上斜向前下的一条斜裂分为上、下二叶。右肺除斜裂外，还有一条近于水平方向的右肺水平裂，将右肺分为上叶、中叶和下叶。

2. 左、右主支气管 在肺门附近分出肺叶支气管，肺叶支气管入肺叶后再分为肺段支气管。支气管在肺内反复分支，形成支气管树。肺叶支气管分出数个肺段支气管，每个肺段支气管及其分支和它所属的肺组织共同构成一个肺段（pulmonary segment）。

（五）胸膜

借助胸腔脏器原位标本观察胸膜。察看胸膜配布，区分脏胸膜、壁胸膜和壁胸膜的分部；辨认肋膈隐窝的位置及境界。胸膜概念的理解可以参照腹膜，但胸膜所形成隐窝特别是肋膈隐窝，可以在去除了胸前壁的标本上深刻体会到；请将手放入肺下缘，此间隙便是。

胸膜（pleura）为被覆于胸腔内面和肺表面的浆膜。胸膜可分为脏、壁两层。脏胸膜被覆在肺的表面；壁胸膜覆于胸壁内面、膈上面和纵隔两侧面。脏胸膜、壁胸膜之间密闭、狭窄、呈负压的腔隙称胸膜腔。壁胸膜、脏胸膜在肺根表面及下方互相移行，肺根下方相互移行的两层胸膜重叠形成三角形的皱襞称肺韧带（pulmonary ligament）。壁胸膜根据所在位置可分为四部分。突出于胸廓上口，包围肺尖上方的部分，称胸膜顶（cupula of pleura）；覆盖于胸壁内面的部分，称肋胸膜（costal pleura）；覆盖于膈上面的部分，称膈胸膜（mediastinal pleura）；呈矢状位衬覆于肺内侧面部分，称纵隔胸膜（diaphragmatic pleura）。胸膜腔在各部胸膜互相移行之处，当深吸气时肺缘也不能伸入其间，称胸膜隐窝（pleura recesses）。

胸膜与肺的体表投影：前界，两侧均起自胸膜顶，向内下斜行，约在第 2 胸肋关节水平，两侧互相靠拢，在正中线附近垂直下行。左侧在第 4 胸肋关节处斜向外下，沿胸骨左缘外侧 2～2.5cm 处下行，至第 6 肋软骨后方移行于胸膜下界；右侧在第 6 胸肋关节处右转，移行于胸膜下界。由于左、右胸膜前返折线上、下两端相互分开，所以在胸骨后面形成两个三角形间隙；

上方的间隙称胸腺区，内有胸腺；下方的间隙称心包区，其间显露心和心包。此区心包前方无胸膜遮盖，因此，左剑肋角处是临床进行心包穿刺术的安全区。肺的前界几乎与胸膜前界相同。肺尖与胸膜顶的体表投影一致，高出锁骨内侧 1/3 上方 2～3cm。下界，肋胸膜与隔胸膜的返折线。右侧起自第 6 胸肋关节处，左侧起自第 6 肋软骨后方，两侧均斜向外下方，在锁骨中线与第 8 肋相交，在腋中线与第 10 肋相交，并转向后内侧，在肩胛线与第 11 肋相交，在脊柱旁平第 12 胸椎棘突高度。肺下界体表投影比胸膜下界的返折线高出约两个肋骨，即在锁骨中线与第 6 肋相交，在腋中线与第 8 肋相交，在肩胛线与第 10 肋相交，在脊柱旁平第 10 胸椎棘突高度。

（六）纵隔

借助胸腔脏器原位标本观察纵隔位置、分区和内容。纵隔（mediastinum）是左、右纵隔胸膜之间的全部器官、结构与结缔组织的总称。前界为胸骨，后界为脊柱胸段，两侧界为纵隔胸膜，上达胸廓上口，下至膈。通常以胸骨角至第 4 胸椎体下缘的平面，将纵隔分为上纵隔和下纵隔两部分；下纵隔再以心包为界分为前、中、后三部。

上纵隔内主要含有胸腺、头臂静脉、上腔静脉、主动脉弓及其分支、迷走神经、膈神经、食管胸部、气管胸部和胸导管等。前纵隔内含有少量淋巴结和疏松结缔组织。中纵隔为纵隔下部最宽阔的部分，其内含有心包和心、升主动脉、上腔静脉、肺动脉干及其分支、左肺静脉和右肺静脉、膈神经和气管杈等。后纵隔内含有胸主动脉、奇静脉和半奇静脉、迷走神经、食管胸部和胸导管等（详细内容见《局部解剖学》纵隔部分）。

【常用歌诀】

1. 外鼻 外鼻犹如锥体形，根背尖下二只孔；呼吸困难细观察，两侧鼻翼会扇动。鼻根鼻背居上部，脂肪较少皮薄松；鼻尖鼻翼多皮脂，酒渣鼻子樱桃红。

2. 鼻腔外侧壁 泪管开口在最下，鼻涕一把泪一把；中道额窦上颌窦，筛窦前群莫丢下。筛窦后群上鼻道，蝶窦隐窝只有它。

3. 喉 甲环软骨杓会厌，喉结向交标志显；环甲环杓两关节，两组喉肌功能全。喉腔分为前中下，黏膜与咽相续连；中腔最窄下腔松，水肿阻塞很危险。环甲韧带掌握准，及时切开莫迟延。

4. 会厌软骨 会厌软骨树叶状，防止食物入喉腔；进食切莫谈和笑，误入气管可遭殃。

5. 支气管 主支气管左和右，各有特点要记住；左支细长右粗短，异物坠落多入右。

【复习思考题】

（一）判断题（正确答案用 A 表示，错误答案用 B 表示）

1. 鼻前庭由骨性鼻腔内衬黏膜构成，是鼻腔的主要部分。(　　)
2. 额窦开口于中鼻道，是容积最大的鼻旁窦。(　　)
3. 弹性圆锥上缘游离增厚，紧张于甲状软骨至声带突之间，称声韧带。(　　)
4. 喉口是由会厌软骨上缘、甲状软骨上缘和杓间切迹共同围成。(　　)
5. 喉前庭黏膜下组织疏松，感染时易发生喉水肿。(　　)
6. 声襞是喉黏膜覆盖声韧带和声带肌而成。(　　)
7. 气管切开术通常在第 2～5 气管软骨环处施行。(　　)

8. 肺根内的结构排列自前向后依次为肺动脉、上肺静脉、主支气管。( )
9. 胸膜腔是由脏胸膜、壁胸膜形成的潜在性间隙，内呈负压。( )
10. 纵隔是左、右纵隔胸膜之间所有器官、结构和结缔组织的总称。( )

（二）最佳选择题

1. 关于鼻腔的描述，不正确的是（ ）
A. 鼻腔被鼻中隔分为左、右两部分
B. 鼻腔可分为鼻前庭和固有鼻腔两部
C. 鼻中隔的前下部有一易出血区
D. 鼻黏膜均含嗅细胞
E. 下鼻道前部有鼻泪管的开口

2. 关于鼻腔的叙述，不正确的是（ ）
A. 由骨和软骨围成的腔，内衬黏膜
B. 以鼻后孔通鼻咽
C. 鼻中隔将鼻腔分为左、右对称的二半
D. 鼻阈是鼻前庭和固有鼻腔的分界
E. 鼻前庭皮肤富含皮脂腺和汗腺

3. Little 区位于（ ）
A. 鼻中隔前下方
B. 鼻中隔后下方
C. 鼻中隔后上方
D. 上鼻甲
E. 鼻腔顶部

4. 关于鼻旁窦的描述，不正确的是（ ）
A. 额窦开口于中鼻道
B. 上颌窦位于上颌骨体内
C. 筛窦前、中群开口于中鼻道
D. 蝶窦开口于蝶筛隐窝
E. 各鼻道均有鼻旁窦的开口

5. 喉（ ）
A. 位于颅底与第 6 颈椎之间
B. 既是呼吸道之一，又是发声器官
C. 喉软骨均为单块的
D. 可分喉前庭和固有喉腔两部
E. 甲状软骨上角的上端称喉结

6. 喉软骨中唯一完整的软骨环是（ ）
A. 甲状软骨
B. 杓状软骨
C. 环状软骨
D. 会厌软骨
E. 第 1 气管软骨环

7. 喉腔最狭窄的部位是（ ）
A. 喉前庭
B. 前庭裂
C. 喉口
D. 声门裂
E. 喉室

8. 婴幼儿最易发生急性喉水肿的部位是（ ）
A. 喉前庭
B. 喉中间腔
C. 声门下腔
D. 前庭裂
E. 喉口

9. 气管和主支气管（ ）
A. 气管位于食管后方
B. 气管于胸骨角平面分为左、右主支气管
C. 气管和支气管软骨环均呈“O”形
D. 左主支气管比右主支气管粗短
E. 右主支气管斜行

10. 气管切开术通常进行的部位是（ ）
A. 第 1～4 气管软骨环处
B. 第 2～3 气管软骨环处
C. 第 3～5 气管软骨环处
D. 第 5～7 气管软骨环处

E. 气管颈段的任何部位

11. 鼻旁窦积液最不易引流的是（　　）

A. 额窦　B. 上颌窦　C. 蝶窦　D. 筛窦前、中群　E. 筛窦后群

12. 支气管肺段（　　）

A. 是每一肺叶支气管及其分支分布区的全部肺组织

B. 呈圆锥形，尖朝向肺表面

C. 左肺通常有 10 个肺段

D. 右肺通常有 8 个肺段

E. 上述皆不正确

13. 右肺（　　）

A. 分上、中、下 3 叶

B. 最高处不超过胸廓上口

C. 前缘有肺小舌

D. 比左肺狭长

E. 右肺根结构排列从前向后依次为肺动脉、肺静脉、支气管

14. 左肺（　　）

A. 有斜裂和水平裂　B. 较右肺宽短　C. 前缘有左肺心切迹

D. 肺根前方有迷走神经通过　E. 左肺根结构中，支气管在前

15. 胸膜腔（　　）

A. 由脏胸膜围成　B. 由壁胸膜围成

C. 左、右肺分别位于左、右胸膜腔内　D. 左、右胸膜腔互不相通

E. 呼气时，腔内压力高于大气压

16. 胸膜顶的位置（　　）

A. 高于锁骨内 1/3 段上方 2.5cm　B. 高于锁骨中点上方 2.5cm

C. 高于第 1 肋上方 2.5cm　D. 高于锁骨外 1/3 段上方 2.5cm

E. 高于锁骨中 1/3 段上方 2.5cm

17. 壁胸膜不包括（　　）

A. 肋胸膜　B. 膈胸膜　C. 肺胸膜　D. 纵隔胸膜　E. 胸膜顶

18. 关于肋膈隐窝的叙述，正确的是（　　）

A. 由脏胸膜、壁胸膜构成　B. 位于肺根部　C. 呼气时可缩小

D. 吸气时可增大　E. 为胸膜腔最低处

19. 上呼吸道是指（　　）

A. 中鼻道以上的鼻腔　B. 口、鼻和咽　C. 鼻、咽和喉

D. 主支气管以上的呼吸道　E. 鼻、咽、喉和气管

20. 关于右主支气管的描述，错误的是（　　）

A. 长 2～3cm　B. 走行方向较垂直

C. 气管异物易经此入右肺　D. 较为细长

E. 约在第 5 胸椎体高度入右肺

（三）多项选择题

1. 上呼吸道包括（　　）

A. 气管　B. 主支气管　C. 喉　D. 咽　E. 鼻

2. 开口于中鼻道的鼻旁窦有（　　）

A. 额窦　B. 蝶窦　C. 筛窦后群　D. 上颌窦　E. 筛窦前、中群

3. 气管和主支气管（　　）

A. 均以“O”形的气管软骨为支架
B. 气管软骨缺口向后，由膜壁封闭
C. 气管杈内面的气管隆嵴偏向右侧
D. 在胸骨颈静脉切迹上方可触及气管颈部
E. 气管内异物多坠入右主支气管

4. 左、右主支气管（　　）

A. 左主支气管细长　B. 右主支气管粗短　C. 左主支气管走行倾斜　D. 右主支气管的嵴下角小　E. 气管异物易坠入右主支气管

5. 肺根内的结构包括（　　）

A. 支气管　B. 上、下肺静脉　C. 肺动脉　D. 神经和淋巴结　E. 支气管动脉

6. 胸膜和胸膜腔（　　）

A. 脏胸膜被覆于肺表面
B. 胸膜腔为密闭的腔隙，内为负压
C. 左、右胸膜腔互不相通
D. 胸膜顶覆盖于肺尖上方
E. 胸膜下界与肺下界平齐

7. 壁胸膜的分部包括（　　）

A. 肋胸膜　B. 膈胸膜　C. 纵隔胸膜　D. 肺胸膜　E. 胸膜顶

8. 胸膜前界体表投影（　　）

A. 上端起自锁骨内 1/3 段上方约 2.5cm 处的胸膜顶
B. 在第 2 胸肋关节水平左、右侧互相靠拢
C. 右侧于第 6 胸肋关节处移行于下界
D. 左侧在第 4 胸肋关节处转折向外，下行至第 6 肋软骨
E. 心包区在第 4 胸肋关节平面以下双侧返折线间的三角形区域

（四）名词解释

1. 上呼吸道
2. 易出血区（Little 区）
3. 肺根
4. 声门裂
5. 纵隔
6. 肋膈隐窝

（五）填空题

1. 呼吸系统由________和________组成。
2. 通常将________、咽、________称为上呼吸道。

3. 鼻腔是由________和________围成的腔，内衬黏膜，并被分为左、右两半。
4. 每侧鼻腔以鼻阈为界分为前部的________和后部的________两部分。
5. 鼻腔黏膜可分为两部，即________和________。
6. 鼻旁窦有 4 对，分别是额窦、上颌窦、________、________。
7. 开口于中鼻道的鼻旁窦有上颌窦、________和________。
8. 喉软骨包括甲状软骨、会厌软骨、________和成对的________。
9. 环状软骨前部低窄称________，后部高阔称________。
10. 喉腔上借喉口通________，下通________。
11. 喉腔借________和________，自上而下分为喉前庭、喉中间腔和喉室三部分。
12. 喉腔中两声襞之间的裂隙称________，是________的最狭窄处。
13. 环甲关节的功能________，环杓关节的功能________。
14. 气管镜检查的重要标志是________，炎症易引起水肿的部位是________。
15. 右肺由________和________分为上、中、下三叶。
16. 壁胸膜按贴附部位不同可分为四部分，即胸膜顶、肋胸膜、________和________。
17. 胸膜下界的体表投影：在锁骨中线与________相交；在肩胛线与________相交。
18. 肺下界的体表投影：在锁骨中线与________相交；在腋中线与________相交。
19. 纵隔通常以________平面分为上、下纵隔。下纵隔又以________分为前纵隔、中纵隔和后纵隔三部分。
20. 胸膜腔最低点为________，临床上又称为________。

（六）综合应用题

1. 简述鼻旁窦的位置和开口部位。
2. 试述喉的位置和喉腔的分部。
3. 简述气管的位置及分部，气管内的异物常易坠入哪侧主支气管？为什么？
4. 鼻腔外侧壁有哪些结构？有什么作用？
5. 简述肺下界及胸膜下界的体表投影。
6. 用所学知识解释患者右肺上叶前段脓肿，自然咳脓痰经哪些途径？

（七）创新分析题

1. 患者，男，45 岁，体弱，一次在劳动时出现胸闷、胸痛和气促症状，被人送至医院急诊。经检查，可见伤侧胸部饱满，肋间隙增宽，呼吸幅度减低。叩诊呈鼓音。听诊呼吸音减弱或消失。胸部 X 线检查显示胸膜腔大量积气，肺部分萎陷。胸膜腔穿刺有高压空气向外冲出。诊断：闭合性气胸。

请回答：闭合性气胸和开放性气胸分别造成什么样的解剖学变化和生理后果？分别怎样急救，才能恢复其正常的呼吸功能？

2. 患儿，男，4 岁。3 天前开始发热、流涕、鼻塞，之后发热症状加重，并开始出现阵发性咳嗽，咳嗽声如破竹，痰多，为白色黏稠泡沫痰，同时伴声音嘶哑，今日早晨，因气急，吸气性喘鸣，口唇发绀，呼吸困难而急送入院。诊断：上呼吸道感染伴喉头水肿。

请问：患儿为什么易在感冒后出现呼吸困难等症状？

（王 军）

第三节 泌 尿 系 统

泌尿系统（urinary system）由肾、输尿管、膀胱和尿道组成。其主要功能是排出机体新陈代谢中产生的废物和多余的水，保持机体内环境的平衡和稳定。肾生成尿液，输尿管将尿液输送至膀胱，膀胱为储存尿液的器官，尿道将尿液排出体外。

【目的和要求】

1. 掌握肾的形态、位置、被膜，肾蒂的组成、各结构的位置关系；输尿管的形态、分部、行径和狭窄的部位；膀胱的位置、形态，膀胱三角的位置和黏膜特点；女性尿道的形态特点和开口位置。

2. 熟悉肾的毗邻，肾的结构；输尿管的主要毗邻（特别是盆部）。

3. 了解泌尿系统的组成及基本功能；肾段的概念、肾的变异概况；膀胱壁的构造、位置与年龄变化的关系。

【实训教具】

1. 标本 打开腹前壁、保留腹腔及腹后壁脏器的大体标本；游离男、女性泌尿系统全套标本；男、女性盆部正中矢状切标本。

2. 模型 男、女性泌尿生殖系统模型（各脏器可拆装）；男、女性盆腔浮雕模型（示男、女性盆腔结构）；男、女性泌尿系统各脏器模型；男、女性骨盆及盆底肌模型。

【实训内容及方法】

将男、女性泌尿系统标本，按照在人体中的位置在托盘中复位，观察泌尿系统（urinary system）依次由肾、输尿管、膀胱和尿道组成。

（一）肾

大体标本（已经打开腹腔）取仰卧位，打开腹壁，将小肠翻向上方，暴露出腹后壁。在大体标本上观察肾的位置、形态、毗邻及肾的被膜层次，配合肾游离标本及模型，进一步观察肾的外形及构造。

1. 肾（kidney）的形态 肾是实质性器官，左、右各一，形似蚕豆，分为内、外两缘，前、后两面及上、下两端。内侧缘中部的凹陷称肾门，为肾的血管、神经、淋巴管及肾盂出入之门户。肾门诸结构为结缔组织包裹称肾蒂。肾蒂内各结构的排列关系，自前向后顺序为肾静脉、肾动脉和肾盂末端；自上而下顺序是肾动脉、肾静脉和肾盂。由肾门伸入肾实质的凹陷称肾窦（renal sinus），肾门是肾窦的开口。肾的前面凸向腹外侧，后面紧贴后腹壁，上端宽而薄，下端厚而窄。肾的毗邻：肾上腺位于两肾的上方，二者虽共为肾筋膜包绕，但其间被疏松的结缔组织所分隔。故肾上腺位于肾纤维膜之外，肾下垂时，肾上腺可不随肾下降。左肾前上部与胃底后面相邻，中部与胰尾和脾血管相接触。下部邻接空肠和结肠左曲。右肾前上部与肝相邻，下部与结肠右曲相接触，内侧缘邻接十二指肠降部。两肾后面的上 1/3 与膈相邻，下部自内向外与腰大肌、腰方肌及腹横肌相毗邻。

2. 肾的位置 肾位于脊柱的两侧，腹膜后间隙内，属腹膜外位器官。左肾在第 11 胸椎体下缘至第 2～3 腰椎间盘之间；右肾则在第 12 胸椎体上缘至第 3 腰椎体上缘之间。左右两侧的第 12 肋分别斜过左肾后面中部和右肾后面上部。肾门约在第 1 腰椎体平面，相当于第 9 肋软骨前端附近，在正中线外侧约 5cm。在腰背部，肾门的体表投影点在竖脊肌外缘与第 12 肋的夹角处，称肾区（renal region）。肾病患者触压和叩击该处可引起疼痛。

3. 肾的被膜 肾皮质表面由平滑肌纤维和结缔组织构成的肌织膜包被，它与肾实质紧密粘连，不可分离。除肌织膜外，肾的被膜由内向外依次为纤维囊、脂肪囊和肾筋膜。①纤维囊（fibrous capsule）由致密结缔组织和弹性纤维构成。肾破裂或部分切除时需缝合此膜。纤维囊与肌织膜连结疏松，易于剥离。②脂肪囊（fatty renal capsule）又名肾床，是位于纤维囊外周、包裹肾脏的脂肪层。肾的边缘部脂肪丰富，并经肾门进入肾窦。③肾筋膜（renal fascia）位于脂肪囊的外面，包被肾上腺和肾的周围，由它发出的一些结缔组织小梁穿脂肪囊与纤维囊相连，有固定肾脏的功能。位于肾前、后面的肾筋膜分别称为肾前筋膜和肾后筋膜，二者在肾上腺的上方和肾外侧缘处均互相愈着，在肾的下方则互相分离，并分别与腹膜下组织和髂筋膜移行，其间有输尿管通过。在肾的内侧，肾前筋膜被覆肾血管的表面，并与腹主动脉和下腔静脉表面的结缔组织及对侧的肾前筋膜相移行。肾后筋膜向内侧经肾血管和输尿管的后方，与腰大肌及其筋膜汇合并向内附着于椎体筋膜。

4. 肾的结构 取一对肾窦软组织未清理和两对肾窦软组织已清理的肾脏冠状切面标本放置于托盘中，观察肾的冠状切面，可见肾实质可分位于表层的肾皮质（renal cortex）和深层的肾髓质（renal medulla）。继续观察，肾髓质内可见 15～20 个肾锥体（renal pyramid）。2～3 个肾锥体尖端合并成肾乳头，并突入肾小盏，肾乳头端有许多小孔称乳头孔，肾产生的终尿就是经乳头孔流入肾小盏内。伸入肾锥体之间的皮质称肾柱。在肾窦内，2～3 个肾小盏合成一个肾大盏，再由 2～3 个肾大盏汇合形成肾盂。肾盂离开肾门向下弯行，约在第 2 腰椎上缘水平，逐渐变细与输尿管相移行。

（二）输尿管

在大体标本，男、女性泌尿系统标本及盆部正中矢状切标本上观察输尿管的起止、行程、毗邻及狭窄部位。

输尿管（ureter）是成对的、位于腹膜外位的肌性管道。约平第 2 腰椎上缘起自肾盂末端，止于膀胱。全长分为三部。①输尿管腹部（abdominal part of the ureter）：起自肾盂下端，经腰大肌前面下行至其中点附近，与睾丸血管（男性）或卵巢血管（女性）交叉，通常血管在其前方走行，达小骨盆入口处。在此处，左输尿管越过左髂总动脉末端前方；右输尿管则经过右髂外动脉起始部的前方。②输尿管盆部（pelvic part of the ureter）：自小骨盆入口处，经盆腔侧壁和髂内血管、腰骶干和骶髂关节前方下行，跨过闭孔神经血管束，达坐骨棘水平。男性输尿管走向前、内、下方，经直肠前外侧壁与膀胱后壁之间，在输精管后方并与之交叉，从膀胱底外上角向内下穿入膀胱壁。两侧输尿管达膀胱后壁时相距约 5cm。女性输尿管经子宫颈外侧约 2.5cm 处，从子宫动脉后下方绕过，行向下内至膀胱底穿入膀胱壁内。③输尿管壁内部（intramural part of the ureter）：位于膀胱壁内，长约 1.5cm 斜行的输尿管部分。在膀胱空虚时，膀胱三角区的两输尿管口间距约 2.5cm。输尿管全程有 3 处狭窄：上狭窄位于肾盂输尿管移行处；中狭窄位于骨盆上口，输尿管跨过髂血管处；下狭窄在输尿管的壁内部。

（三）膀胱

在大体标本，男、女性泌尿系统标本及男、女性盆部正中矢状切标本，游离膀胱标本、模型上观察膀胱的形态、位置与毗邻，膀胱内部结构。

1. 膀胱（urinary bladder）的位置、形态与毗邻 膀胱是储存尿液的肌性囊状器官，其形状、大小、位置和壁的厚度随尿液充盈程度而异。空虚的膀胱呈三棱锥体形，分为尖、体、底和颈四部。膀胱尖朝向前上方，由此沿腹前壁至脐之间有一皱襞为脐正中韧带。膀胱的后面朝向后下方，呈三角形，为膀胱底。膀胱尖与底之间为膀胱体。膀胱的最下部称膀胱颈，与前列腺底（男性）或与盆膈（女性）相接。膀胱前方为耻骨联合，后方与男性的精囊、输精管壶腹和直肠及女性的子宫和阴道相毗邻，两侧输精管壶腹间区称输精管壶腹三角。空虚时膀胱全部位于盆腔内，充盈时膀胱腹膜返折线可上移至耻骨联合上方，此时，可在耻骨联合上方行穿刺术，不会伤及腹膜和污染腹膜腔。新生儿膀胱的位置高于成年人，尿道内口在耻骨联合上缘水平。

2. 膀胱的内部结构 膀胱内面被覆黏膜，当膀胱壁收缩时，黏膜聚集或皱襞称膀胱襞。而在膀胱底内面，有一由两个输尿管口和尿道内口形成的三角区，此处膀胱黏膜与肌层紧密连接，缺少黏膜下层组织，无论膀胱扩张或收缩，始终保持平滑，称膀胱三角（trigone of bladder）。两个输尿管口之间的皱襞称输尿管间襞，膀胱镜下所见为一苍白带，是临床寻找输尿管口的标志。膀胱三角的尿道内口后方，受前列腺中叶推挤形成纵嵴状隆起称膀胱垂。

（四）尿道

结合大体标本、女性泌尿系统标本及盆部正中矢状切标本观察女性尿道的位置、形态及开口部位。女性尿道（female urethra）长 3～5cm，直径约 0.6cm，较男性尿道短而直。尿道内口约平耻骨联合起自于膀胱，走行向前下方，穿过尿生殖膈，开口于阴道前庭的尿道外口。尿道外口位于阴道口的前方、阴蒂的后方 2～2.5 cm 处。在尿道下端有尿道旁腺，其导管开口于尿道周围。发生感染时可形成囊肿，并可波及尿道腺。

【常用歌诀】

1. 肾形态与位置 形如蚕豆表面平，脊柱旁列八字形；被膜肾蒂腹内压，相邻器管都固定。左肾上平胸十一，右低半椎十二中；肾门约对一腰椎，病变肾区叩压疼。

2. 肾窦 肾门向内有间房，多种结构里面藏；动静肾盂大小盏，淋巴神经和脂肪。

3. 肾被膜 纤维衬衣脂肪袄，筋膜外罩厚又牢。

4. 输尿管 输尿管细又长，上起肾盂下连膀胱；三处狭窄要记住，起始越髂穿膀胱；结石下降易滞留，请君快喝排石汤。

5. 膀胱 外观膀胱锥体形，顶尖底大体膨隆；内面三角有特点，结核肿瘤好发生。

【复习思考题】

（一）判断题（正确答案用 A 表示，错误答案用 B 表示）

1. 输尿管向上经肾盂、肾大盏与肾小盏相续。（ ）
2. 腹膜在膀胱与腹前壁间的返折，在膀胱充盈时，不能上移，沿耻骨联合上缘行膀胱穿刺术需经腹膜腔。（ ）
3. 出入肾窦的诸结构，总称为肾蒂。（ ）
4. 左侧肾蒂较右侧短。（ ）
5. 肾被膜由内向外，为纤维囊、脂肪囊和肾筋膜。（ ）
6. 肾位于腹膜后隙内，为腹膜间位器官。（ ）

7. 膀胱排空时，膀胱三角区域内的黏膜有皱襞。(　　)
8. 膀胱呈四棱锥体形，分为尖、体、底和颈四部。(　　)
9. 女性尿道，较男性尿道短、宽、直。(　　)
10. 肾门约在第 1 腰椎体平面。(　　)

（二）最佳选择题

1. 关于泌尿系统，下列叙述正确的是（　　）
A. 男、女性该系统的组成和各部形态不同
B. 两肾为实质性器官，位置等高
C. 肾被膜最外层为肾纤维囊
D. 新生儿膀胱的位置比成人的低
E. 女尿道较男性者短而宽
2. 肾蒂内主要结构由前向后依次为（　　）
A. 肾动脉、肾静脉、肾盂
B. 肾动脉、肾盂、肾静脉
C. 肾静脉、肾动脉、肾盂
D. 肾静脉、肾盂、肾动脉
E. 肾盂、肾动脉、肾静脉
3. 膀胱（　　）
A. 膀胱三角的黏膜皱襞多而密
B. 膀胱尖朝向前下方
C. 膀胱底呈三角形，朝向后下方
D. 膀胱尖与膀胱底之间为膀胱颈
E. 形状、大小和位置不随尿液的充盈程度而变化
4. 肾蒂内主要结构由上向下依次为（　　）
A. 肾动脉、肾静脉、肾盂
B. 肾动脉、肾盂、肾静脉
C. 肾静脉、肾动脉、肾盂
D. 肾静脉、肾盂、肾动脉
E. 肾盂、肾动脉、肾静脉
5. 有关肾形态结构的描述，错误的是（　　）
A. 肾的长轴与脊柱平行
B. 肾是实质性器官
C. 右侧肾蒂较左侧短
D. 肾为腹膜外位器官
E. 肾蒂内的主要结构为肾动脉、肾静脉和肾盂
6. 肾（　　）
A. 左、右肾均位于腹后壁腹膜的前方
B. 右肾位置略高于左肾
C. 肾皮质由许多肾锥体构成
D. 肾蒂的主要结构中有肾盂
E. 肾锥体的尖端称肾柱
7. 关于肾的构造，错误的是（　　）
A. 可分为浅层的皮质和深层的髓质两部分
B. 肾髓质由许多小的管道组成
C. 肾锥体基底朝向皮质，尖朝向肾窦
D. 肾乳头开口于肾盂
E. 肾锥体之间的皮质为肾柱
8. 输尿管（　　）
A. 起自肾盂，止于膀胱
B. 按行程可分腹部（段）和盆部（段）
C. 第 2 个狭窄位于其盆部（段）穿膀胱壁处
D. 在女性，输尿管跨越子宫动脉的前上方
E. 其腹部（段）位于腹后壁腹膜之前方
9. 膀胱三角（　　）

A. 位膀胱颈内面
B. 膀胱三角由两个输尿管口和尿道外口围成
C. 输尿管间襞在膀胱镜检时，为一苍白带
D. 男、女性膀胱三角内均有膀胱垂
E. 膀胱三角的黏膜下层特别发达

10. 有关肾位置的描述，正确的是（　　）
A. 肾为腹膜间位器官
B. 肾的长轴与脊柱平行
C. 左肾比右肾位置略低
D. 竖脊肌外侧缘与第 12 肋的夹角处为肾区
E. 肾为腹膜内位器官

11. 肾的被膜由内向外依次为（　　）
A. 肾筋膜、脂肪囊、纤维囊　　B. 肾筋膜、纤维囊、脂肪囊
C. 纤维囊、脂肪囊、肾筋膜　　D. 纤维囊、肾筋膜、脂肪囊
E. 脂肪囊、肾筋膜、纤维囊

12. 有关肾段的描述，错误的是（　　）
A. 一个肾段动脉所分布的肾组织，称为一个肾段
B. 每个肾分为 5 个肾段
C. 各肾段动脉分支之间有广泛的吻合
D. 肾段对肾疾病的定位和部分切除有实用意义
E. 一个肾段动脉血流障碍时，相应肾段即可出现坏死

13. 关于肾被膜的描述，错误的是（　　）
A. 正常情况下，纤维囊与肌织膜结合紧密，不易剥离
B. 肾脂肪囊对肾起弹性垫的作用
C. 肾筋膜由腹膜外组织发育而来
D. 在肾下方，两层肾筋膜彼此分离，其间有输尿管通过
E. 肾破裂或肾部分切除时，应缝合纤维囊

14. 有关输尿管的描述，错误的是（　　）
A. 属腹膜外位器官
B. 左侧输尿管约过左髂总动脉末端前方
C. 右侧输尿管越过右髂外动脉起始部的前方
D. 在女性，距子宫颈外侧 1.5～2cm 处，输尿管由子宫动脉的前上方跨过
E. 在男性，输精管越过输尿管末端的前上方

15. 关于尿道的描述，错误的是（　　）
A. 男性尿道兼有排尿和排精的功能　　B. 女性尿道只有排尿的功能
C. 女性尿道开口于阴道前庭　　D. 女性尿道特点为宽、短、直
E. 女性尿道不容易被感染

16. 下列各结构不位于右肾前面的是（　　）
A. 右肾上腺　　B. 十二指肠　　C. 空肠

D. 结肠　　E. 肝

17. 维持肾位置的结构不包括（　　）

A. 腹膜　　B. 肾的毗邻器官　　C. 支配肾脏的神经

D. 肾被膜　　E. 肾血管

18. 女性输尿管进入膀胱前，从其前上方跨过的结构是（　　）

A. 髂内血管　　B. 卵巢血管　　C. 子宫动脉

D. 闭孔神经　　E. 闭孔血管

19. 关于输尿管的描述，正确是（　　）

A. 起于肾大盏，止于膀胱　　B. 分为腹、盆两部分　　C. 有两个狭窄

D. 管壁有较厚的横纹肌　　E. 女性在距子宫颈外侧缘 2cm 处交叉于子宫动脉的后方

20. 关于膀胱的描述，正确的是（　　）

A. 属于腹膜内位器官　　B. 空虚时全部位于盆腔内　　C. 底朝向后上方

D. 在男性，底与前列腺相邻　　E. 在女性，后方与直肠相邻

21. 关于女性尿道的叙述，错误的是（　　）

A. 较男性尿道短、宽、直　　B. 长约 5cm　　C. 仅有排尿功能

D. 开口与阴蒂前上方　　E. 穿经尿生殖膈时，有尿道阴道括约肌环绕

（三）多项选择题

1. 肾（　　）

A. 为实质性器官　　B. 为腹膜外位器官　　C. 分为皮质和髓质

D. 肾大盏 2～3 个　　E. 肾盂在肾门处移行为输尿管

2. 肾的毗邻（　　）

A. 两肾上端均毗邻肾上腺　　B. 两肾后面上 1/3 借膈与肋膈隐窝相邻

C. 右肾前面邻胃、胰等　　D. 左肾前面邻十二指肠等

E. 右肾前面邻肝右叶等

3. 输尿管（　　）

A. 起自肾盂下端，止于膀胱

B. 管径约 1.5cm

C. 输尿管腹部位于腹膜后方

D. 第 2 狭窄位于其跨越骨盆入口处（或与髂血管交叉处）

E. 第 3 狭窄为其穿过膀胱壁处

4. 膀胱（　　）

A. 可分为尖、底、颈三部

B. 膀胱三角位于膀胱底内面

C. 膀胱三角由两输尿管口和尿道内口围成

D. 膀胱三角缺少黏膜下层

E. 整个膀胱在空虚时形成许多皱襞

5. 膀胱的位置（　　）

A. 成人的膀胱位于小骨盆的前部　　B. 前方为耻骨联合

C. 后邻直肠　　D. 下邻前列腺

E. 上面有腹膜覆盖

6. 女性尿道（　　）

A. 起于膀胱的尿道内口

B. 以尿道外口开口于阴道前庭

C. 长 16～22cm

D. 有 3 个狭窄

E. 仅有排尿功能

7. 肾实质（　　）

A. 由浅层的肾皮质和深层的肾髓质构成

B. 肾皮质因富含血管而呈红褐色

C. 肾髓质主要由 15～20 个肾锥体构成

D. 肾锥体尖端圆钝，朝向肾窦，称肾小盏

E. 肾柱为肾皮质深入肾锥体之间的部分

8. 关于肾的位置，正确的说法是（　　）

A. 左肾略高于右肾

B. 肾门约平第 1 腰椎高度

C. 肾上端距正中线较远，而肾下端距中线较近

D. 第 12 肋斜越左肾后面的中部、右肾后面的上部

E. 肾的位置可随呼吸和体位变化而有一定程度的上、下移动

9. 关于肾被膜的叙述，正确的是（　　）

A. 由浅入深依次为脂肪囊、肾筋膜和纤维囊

B. 在正常情况下，纤维囊与肾实质易剥离，而病理情况下则因粘连不易剥离

C. 肾筋膜向下，前、后两层分离，其间有输尿管通过

D. 脂肪囊对肾具有缓冲振荡的作用

E. 肾筋膜对肾有固定作用

10. 可维持肾正常位置的结构有（　　）

A. 肾的被膜　　B. 肾的血管　　C. 腹内压　　D. 腹膜　　E. 肾的毗邻器官

（四）名词解释

1. 肾门

2. 肾蒂

3. 肾区

4. 膀胱三角

5. 肾窦

6. 输尿管间襞

（五）填空题

1. 泌尿系统是由________、输尿管、________和尿道四部分组成。

2. 在肾的纵切面（冠状面）上肾实质可分为________、________两部分。

3. 肾门大致平对第 1 腰椎，左肾上端平________，下端平________。

4. 右肾由于受肝的影响，位置较低，其上端平________，下端平________。

5. 第 12 肋分别斜越左肾后面的________部，右肾后面的________部。

6. 肾可分为皮质和髓质两部分，肾皮质则主要是由________和________构成。

7. 2～3 个肾锥体尖端合并成________，流入________内。
8. 肾脏的表面有三层被膜，由内向外依次是________、________和肾筋膜。
9. 肾位于腹膜后方，脊柱的________，属腹膜________器官。
10. 肾蒂主要结构的排列关系，由前向后依次为________、________、肾盂。
11. 根据输尿管的行程和位置，可将其分为腹段、________和________三段。
12. 输尿管的三个狭窄部分别位于起始处、________和________。
13. 左、右侧输尿管于小骨盆入口处分别跨过：①________；②________。
14. 女性输尿管经子宫颈外侧约 2.5cm 处有________横过其________方。
15. 膀胱在充盈时，其皱襞可完全消失，但是在膀胱底部的内面，有一个小三角区，由于缺少黏膜下层，无论在膀胱收缩或舒张时都保持平展状态，此区域称为________，是________易发区。
16. 膀胱三角是指位于膀胱底内面两侧________口与________三者连线之间的区域。
17. 女性膀胱的后方与________和________相邻。
18. 膀胱的后方在男性与精囊、________和________相邻。
19. 尿道穿经尿生殖膈处，男性有________环绕，女性有________肌环绕，控制排尿。

（六）综合应用题

1. 简述泌尿系统的组成及各部的功能。
2. 肾的冠状切面上可见到哪些构造？
3. 简述肾的被膜及其意义。
4. 肾蒂内各结构自前向后、自上而下的顺序如何？
5. 男性较小的肾盂结石随尿液排出体外，可能在哪些部位滞留？
6. 男性尿道分哪几部分？有什么特征？

（七）创新分析题

1. 患者，女，30 岁，2 天前突起畏寒、发热、腰部酸痛，有下坠感，尿急、尿频、尿痛，至入院时，已解小便 10 次，每次尿量不多，排尿时感下腹部疼痛及尿道口灼痛，伴恶心，无呕吐。2 年前曾有类似发作 1 次，经用“抗生素”治疗而愈。检查：右肾区有明显叩击痛；血白细胞 13.5×10^9/L，中性粒细胞 0.85，淋巴细胞 0.15；尿常规：蛋白（–），白细胞（+++），红细胞（+）。

诊断：急性肾盂肾炎。

请问：为什么女性较易患肾盂肾炎？尿液在何处产生，通过哪些途径排出体外？

2. 患者，女，45 岁，上班时突感腹部剧痛，疼痛呈阵发性，从右腰部放射至右腹股沟部和右大腿前面。排出的尿略呈红色。腹部 X 线片显示有尿路结石。

请问：尿路结石通常会停留在何处？如该结石嵌顿在输尿管第 3 狭窄处，能通过什么途径触知？如该结石嵌顿令尿液完全不能通过，你考虑其最终结果会怎样？

（刘幸卉）

第四节 生 殖 系 统

生殖系统（reproductive system）的功能是繁殖后代和形成并保持第二性征。男性生殖系统和女性生殖系统都包括内生殖器和外生殖器两部分。内生殖器由生殖腺、生殖管道和附属腺组成，外生殖器则以两性交接的器官为主。

一、男性生殖系统

【目的和要求】

1. 掌握男性生殖器的分部，各部所包括的器官；输精管的分部和行径；前列腺的位置、形态及主要毗邻；男性尿道的分部、三个狭窄、三个扩大和两个弯曲。

2. 熟悉睾丸及附睾的形态与位置；精索的位置及组成；前列腺的分叶、被膜及年龄变化。

3. 了解精囊腺的位置和形态；射精管的合成、行径和开口；尿道球腺的位置及腺管的开口；阴囊的形态和构造；阴茎的分部及构成、阴茎皮肤的特点。

【实训教具】

1. 标本 男性骨盆正中矢状切面标本（示男性生殖器各部）；游离男性生殖器全套标本；阴茎的解剖标本及阴茎横切面标本。

2. 模型 男性生殖系统解剖模型（各脏器可拆装）；男性盆腔浮雕模型（示男性盆腔结构）；男性生殖器各脏器模型。

【实训内容及方法】

（一）男性内生殖器

1. 睾丸 观察睾丸标本及模型，可见睾丸（testis）呈微扁的椭圆体，表面光滑，分为内、外两面，前、后两缘，上、下两端。内面较平，外侧面稍凸；前缘游离，后缘有血管、神经和淋巴管出入，并和附睾、输精管睾丸部相接触；上端有附睾头遮盖，下端游离。睾丸表面的被膜，称白膜（tunica albuginea）。在睾丸后缘，白膜增厚并突入睾丸实质内形成睾丸纵隔（mediastinum testis），由纵隔发出许多放射状的小隔，称睾丸小隔，把睾丸实质分隔成 100～200 个锥体形的睾丸小叶（lobules of testis），每个小叶内含 2～4 条精曲小管（contorted seminiferous tubules），精曲小管的上皮是产生精子的场所。精曲小管之间的结缔组织内有间质细胞，可分泌男性激素。精曲小管在睾丸小叶的尖端处汇合成精直小管（straight seminiferous tubules）在睾丸纵隔内交织成睾丸网，从睾丸网发出 12～15 条睾丸输出小管，出睾丸后缘上部进入附睾。睾丸鞘膜分为脏层和壁层，两层之间的间隙即鞘膜腔（vaginal cavity）。

2. 附睾 从男性生殖器标本及模型上，可见附睾（epididymis）紧贴睾丸的上端和后缘，可分为头、体、尾三部。头部由睾丸输出小管盘曲而成，贴于睾丸的上端；睾丸输出小管的末端形成一条附睾管，盘曲构成体部和尾部，附于睾丸后缘。附睾管的末端垂直向下后急转向上延续成输精管。附睾除储存精子外，还能分泌附睾液，有助于精子的成熟。附睾为结核好发部位。

3. 输精管、射精管和精索 从游离泌尿生殖系全套标本模型观察输精管（ductus deferens）长约 50cm，管径约 3mm，于活体触摸时，呈坚实的圆索状。输精管行程较长，分为四部：①睾丸部，最短，始于附睾尾，在睾丸后缘走行。②精索部，介于睾丸上端与腹股沟管皮下环之间，位于皮下，易于触诊，又称皮下部，是输精管结扎的良好部位。③腹股沟管部，输精管位于腹股沟管的精索内的部分。④盆部，为最长的一段，输精管穿过腹股沟管腹环，沿盆侧壁行向后下，经输尿管末端前方至膀胱底的后面，在此处两侧逐渐接近并扩大成输精管壶腹（ampulla ductus deferentis）。输精管末端变细，与精囊的排泄管汇合成射精管（ejaculatory duct）。射精管长约 2cm，向前下穿前列腺实质，开口于尿道的前列腺部。精索（spermatic cord）是一对扁圆形条索状结构，由睾丸上端延至腹股沟管深环。以输精管、睾丸血管、输精管血管、神经、淋巴管和腹膜鞘突的残余（鞘韧带）等为主体，外包三层被膜构成。由外向内，依次包有精索外筋膜、提睾肌、精索内筋膜。

4. 精囊腺（seminal vesicle） 是位于膀胱底之后，输精管壶腹下外侧的扁椭圆形囊状器官，其排泄管与输精管末端合成射精管。精囊分泌液体参与构成精液。

5. 前列腺（prostate） 由腺组织和平滑肌组织构成。表面包有筋膜鞘，称为前列腺囊。前列腺的分泌物是精液的主要组成部分。①形态：前列腺呈前后稍扁的栗子形，上端宽大称前列腺底，邻接膀胱颈。下端尖细，位于尿生殖膈上，称前列腺尖。底与尖之间的部分称前列腺体。体的后面正中线有前列腺沟，前列腺增生时可消失或变浅。近底的后缘处. 有一对射精管穿入前列腺,开口于尿道前列腺部后壁的精阜上。前列腺的排泄管开口于尿道前列腺部的后壁。前列腺一般分为 5 个叶：前叶、中叶、后叶和两侧叶。前列腺增生症常发生于中叶和侧叶，后叶是前列腺肿瘤易发部位。②位置及毗邻：位于膀胱颈和尿生殖膈之间。前列腺底和膀胱颈、精囊腺和输精管壶腹相邻。前方为耻骨联合，后方为直肠壶腹。

6. 尿道球腺（bulbourethral gland） 是埋藏在尿生殖膈内的一对豌豆形小腺体，导管开口于尿道球部，其分泌物参与精液的组成。

（二）男性外生殖器

1. 阴囊（scrotum） 是由皮肤构成的囊袋，囊壁由皮肤和肉膜构成。皮肤薄而柔软，皮下组织（浅筋膜）内含有大量平滑肌纤维，故名肉膜（dartos coat），肉膜在正中线上形成阴囊中隔（septum of scrotum）将两侧睾丸和附睾隔开。肉膜可随温度变化而舒缩以调节阴囊内的温度，利于精子的产生和生存。肉膜与腹前壁的浅筋膜深层 Scarpa 筋膜及会阴部的浅筋膜会阴浅(Colles)筋膜相延续。睾丸和精索表面的被膜由外向内有：①精索外筋膜(external spermatic fascia)，是腹外斜肌腱膜的延续；②提睾肌（cremaster muscle），来自腹内斜肌和腹横肌，肌束呈袢状，排列稀疏，可反射性地提起睾丸；③精索内筋膜（internal spermatic fascia），来自腹横筋膜，较薄弱；④睾丸鞘膜（tunica vaginalis of testis）：只包睾丸和附睾，来源于腹膜，分为脏层和壁层。脏层贴附于睾丸和附睾的表面、于睾丸后缘处返折移行为壁层，壁层贴附于精索内筋膜内面，脏壁两层之间形成鞘膜腔（vaginal cavity），内有少量浆液。由于种种原因造成的腔内液体增多，称为鞘膜腔积液。

2. 阴茎（penis） 可分为阴茎头、阴茎体和阴茎根三部分。阴茎头为阴茎前端的膨大部分，尖端有尿道外口，头后稍细的部分称阴茎颈。后端阴茎根藏在皮肤的深面，固定于耻骨下支和坐骨支上。根、颈之间的部分为阴茎体。阴茎由两个阴茎海绵体和一个尿道海绵体，外面包以筋膜和皮肤而构成。两个阴茎海绵体（cavernous body of penis）紧密结合，并列于阴茎的背侧部，前端嵌入阴茎头后面的凹陷中，后端分离，称阴茎脚，分别附着于两侧的耻骨下支和坐骨支。尿道海绵体（cavernous body of urethra）位于阴茎海绵体腹侧中央，有尿道贯穿其全长，前端膨大即阴茎头，后端膨大形成尿道球，固定于尿生殖膈下方。每个海绵体外面包有坚厚的白膜，内部由结缔组织和平滑肌构成海绵状支架，其腔隙与血管相通（当腔隙内充满血液时，阴茎变粗变硬而勃起。阴茎皮肤薄而软，皮下组织疏松，易于伸展。但阴茎头的皮肤无皮下组织，不能活动）。阴茎体部的皮肤至阴茎颈游离向前，形成包绕阴茎头的双层环形皱襞称阴茎包皮（prepuce of penis）。在阴茎头腹侧正中线上，包皮与尿道外口相连的皮肤皱襞称包皮系带（frenulum of prepuce），包皮环切术时注意勿损伤此系带。

（三）男性尿道

1. 行程 男性尿道（male urethra）起于尿道内口，止于阴茎头尖端的尿道外口，成人长16～22cm，全程可分为三部：①前列腺部，是尿道中最宽和最易扩张的部分。后壁上有一纵行隆起，称尿道嵴，嵴中部隆起的部分称精阜（seminal colliculus）。精阜中央有小凹陷，称为前列腺小囊，其两侧有细小的射精管口。尿道嵴两侧的尿道黏膜上有许多前列腺排泄管的开口。②膜部，为尿道穿过尿生殖膈的部分，其周围有尿道外括约肌环绕，是三部中最短的一段，骨盆骨折时，易损伤此部。③海绵体部，是尿道最长的一段。在后端尿道球部，有尿道球腺开口于此。在前端，阴茎头内的尿道扩大成尿道舟状窝（navicular fossa of urethra）。尿道的黏膜下层有许多黏液腺，称尿道腺。其排泄管开口于尿道黏膜。临床上将前列腺部和膜部合称后尿道，海绵体部称前尿道。

2. 狭窄、扩大和弯曲 3个狭窄：尿道内口、膜部和尿道外口，以外口最窄。3个扩大：前列腺部、尿道球部和尿道舟状窝。2个弯曲：一个弯曲为耻骨下弯，凸向后下，包括前列腺部、膜部和海绵体部的起始部。此弯曲恒定无变化。另一个弯曲为耻骨前弯，在耻骨联合的前下方，凸向前上，位于阴茎根和体之间。如将阴茎向上提起，此弯曲可以消失。当向男性尿道插入导尿管或器械时，便采取这种位置。

【常用歌诀】

1. 前列腺 前列腺居膀胱下，形态重要粟子大；五个分叶围尿道，前后左右中叶峡。老年男性排尿难，首先把它来检查；直肠前壁仔细摸，前列腺沟有变化。

2. 尿道 男性尿道长狭弯，女性尿道短直宽。

3. 男性尿道 男性尿道有特点，耻骨前下二个弯；耻骨前曲可消失，耻骨下曲不改变。尿道膜部内外口，三个狭窄有危险；结石下降易滞留，导尿插管莫戳穿。

【复习思考题】

（一）判断题（正确答案用A表示，错误答案用B表示）

1. 男性结扎的部位在输精管睾丸部。（ ）
2. 射精管由输精管末端与精囊的输出管汇合而成。（ ）
3. 前列腺是由腺组织和平滑肌组织构成的中空性器官。（ ）
4. 前列腺的前方为膀胱，后方为直肠壶腹。（ ）
5. 男性尿道兼有排精和排尿的功能。（ ）

6. 男性尿道的耻骨下弯是不恒定的。(　　)
7. 前列腺肿瘤好发于中叶和后叶。(　　)
8. 附睾分为附睾头、附睾体和附睾尾三部分。(　　)
9. 男性生殖系统的生殖腺是睾丸和附睾。(　　)
10. 临床上将男性尿道前列腺部和膜部合称为后尿道。(　　)

（二）最佳选择题

1. 关于男性生殖系统，下列叙述正确的是（　　）
A. 内生殖器由生殖腺和输精管道两部分组成　B. 睾丸产生的精子先储存于附睾内
C. 精囊腺为储存精子的囊　D. 男性激素由精曲小管上皮产生
E. 阴茎由一个海绵体包以皮肤构成
2. 睾丸和附睾（　　）
A. 睾丸上端和后缘有附睾附着
B. 睾丸表面因多次排精而形成许多瘢痕
C. 附睾除可产生精子外，还可供精子营养
D. 附睾可分为根、体、头三部
E. 睾丸和附睾均为生殖腺
3. 输精管结扎术常选取的部位是（　　）
A. 输精管壶腹　B. 输精管腹股沟管部　C. 皮下（精索）部
D. 睾丸部　E. 盆部
4. 男性生殖器附属腺包括（　　）
A. 前列腺、尿道球腺　B. 输精管壶腹、精囊、前列腺
C. 附睾、前列腺、尿道球腺　D. 精囊、前列腺、尿道球腺
E. 附睾、前列腺
5. 男性生殖腺为（　　）
A. 前列腺　B. 附睾和睾丸　C. 睾丸
D. 附睾　E. 精囊腺
6. 睾丸实质表面的一层纤维膜为（　　）
A. 肉膜　B. 精索内筋膜　C. 鞘膜壁层
D. 白膜　E. 鞘膜脏层
7. 形成阴囊中隔的是（　　）
A. 肉膜　B. 精索内筋膜　C. 鞘膜壁层
D. 白膜　E. 鞘膜脏层
8. Testis（　　）
A. 为男性生殖腺　B. 呈新月形　C. 分泌物是精液的主要组成部分
D. 是囊袋状结构　E. 以上全不对
9. 睾丸网（　　）
A. 位于阴囊中隔内　B. 位于睾丸前缘内部　C. 由精曲小管直接汇合而成
D. 由精直小管直接汇合而成　E. 由睾丸输出小管直接汇合而成

10. 关于附睾的叙述，不正确的是（ ）

A. 呈新月形
B. 位于睾丸后缘且略偏外侧
C. 可产生雄性激素
D. 为暂时储存精子的器官
E. 为结核好发部位

11. 产生雄性激素的是（ ）

A. 精曲小管
B. 精直小管
C. 睾丸小叶
D. 睾丸网
E. 睾丸间质细胞

12. 关于输精管精索部的叙述，错误的是（ ）

A. 介于睾丸上端与腹股沟管深环之间
B. 又称皮下部
C. 可经皮肤以手触知
D. 为输精管结扎的良好部位
E. 位于腹股沟管外的精索内

13. 关于射精管的叙述，正确的是（ ）

A. 只有一条
B. 穿经前列腺
C. 水平向前走行
D. 开口于前列腺小囊
E. 以上全不对

14. 精索内不含（ ）

A. 输精管腹股沟管部
B. 睾丸血管
C. 输精管血管
D. 鞘韧带
E. 射精管

15. 关于精囊的叙述，错误的是（ ）

A. 为一囊状腺体
B. 左右各一
C. 表面凹凸不平
D. 由迂曲的管道构成
E. 位于输精管壶腹的下内侧

16. 关于阴囊肉膜的叙述，错误的是（ ）

A. 为阴囊的浅筋膜
B. 因含平滑肌纤维故称肉膜
C. 与腹前壁 Camper 筋膜相续
D. 与会阴部 Colles 筋膜相续
E. 可调节阴囊内的温度

17. 鞘膜（ ）

A. 来源于腹横筋膜
B. 分为脏、壁两层
C. 两层于睾丸前缘相互移行
D. 脏层只包绕睾丸表面
E. 壁层紧贴精索外筋膜

18. 关于阴茎的叙述，错误的是（ ）

A. 分为头、体、根三部分
B. 由一条阴茎海绵体和一条尿道海绵体构成
C. 阴茎海绵体后端为阴茎脚
D. 阴茎脚附着于两侧耻骨下支和坐骨支上
E. 每条海绵体均包被有白膜

（三）多项选择题

1. 睾丸（ ）

A. 呈扁椭圆体，表面光滑
B. 其实质被睾丸小隔分成许多睾丸小叶
C. 间质细胞位于精曲小管内，能产生精子
D. 其下端有血管、神经和淋巴管出入
E. 其上端和后缘有附睾附着

2. 关于睾丸结构的叙述，错误的是（　　）
A. 精曲小管、精直小管上皮是精子的产生部位
B. 睾丸输出小管起于睾丸网
C. 睾丸纵隔将睾丸实质分割为许多睾丸小叶
D. 白膜在睾丸后缘增厚
E. 每个睾丸小叶内有 12～15 条精曲小管
3. 关于附睾的叙述，正确的是（　　）
A. 分为头、体、尾三部分
B. 贴覆于睾丸的上端和后缘而略偏内侧
C. 附睾头由睾丸输出小管盘曲而成
D. 附睾管始于附睾头部末端
E. 附睾体、尾由附睾管迂曲盘回而成
4. 输精管（　　）
A. 为附睾管的直接延续
B. 活体触摸时，呈坚实的圆索状
C. 其盆部又称输精管壶腹
D. 其皮下（精索）部位于精索其他结构的后内侧
E. 输精管盆部为其最长的一段
5. 关于男性生殖系统的附属腺，下列叙述正确的是（　　）
A. 精囊腺位于前列腺的后方
B. 尿道球腺位于尿道球部内
C. 前列腺由腺组织和肌组织组成
D. 前列腺位于膀胱与尿生殖膈之间
E. 直肠指诊可触及所有附属腺
6. 关于前列腺的叙述，正确的是（　　）
A. 由腺组织和平滑肌组织构成
B. 其分泌物是精液的主要组成部分
C. 前列腺囊与前列腺之间有前列腺静脉
D. 其排泄管开口于精阜之上
E. 一般可分为 5 叶
7. 男性尿道（　　）
A. 兼具排尿和排精功能
B. 尿道前列腺部有尿道球腺的开口
C. 尿道膜部有射精管的开口
D. 前列腺排泄管开口于尿道前列腺部后壁
E. 耻骨前弯恒定无变化
8. 有关男性尿道的叙述，正确的是（　　）
A. 尿道球腺位于尿道球内
B. 前尿道即尿道的海绵体部
C. 耻骨下弯凸向后下方
D. 耻骨前弯可随体位而改变
E. 尿道舟状窝位于阴茎头内
9. 关于阴囊的叙述，正确的是（　　）
A. 阴囊的浅筋膜即肉膜
B. 阴囊的皮肤较厚
C. 肉膜的作用是可以调节阴囊内的温度
D. 阴囊内分左、右两腔，两侧的睾丸不直接接触
E. 阴囊中隔由肉膜发出

10. 下列叙述错误的是（　　）
A. 早产儿阴囊内可能没有睾丸　B. 精索内筋膜来源于腹横肌
C. 阴茎分为头、体、脚三部　D 阴茎脚附着于耻骨联合前方
E. 尿道外口处是男尿道最狭窄处
11. 关于阴茎的叙述，错误的是（　　）
A. 阴茎皮肤厚而柔软　B. 海绵体白膜即阴茎的深筋膜
C. 阴茎的浅筋膜与阴囊肉膜相连　D. 阴茎悬韧带将阴茎悬吊于耻骨联合前方
E. 包皮环切术时注意勿伤及包皮系带

（四）名词解释

1. 鞘膜腔
2. 睾丸小叶
3. 精索
4. 精囊
5. 肉膜

（五）填空题

1. 男性的生殖腺是________，为产生________和分泌男性激素的器官。
2. 输精管按行程可分为四部，其最表浅，为结扎输精管良好部位的是________。最长的一部是________。
3. 位于膀胱底的后方，输精管壶腹外侧的附属腺为________，分泌液体组成________的一部分。
4. 呈前后稍扁的栗子形的附属腺是________，由________组织构成。
5. 前列腺一般分 5 叶，其中，位于尿道与射精管之间的是________，此叶肥大可压迫________，引起排尿困难。
6. 男性的外生殖器包括________和________。
7. 前列腺位于________之间，其形态自上而下可分________三部。
8. 男性尿道具有________功能。其穿过前列腺的部分称________部。
9. 阴茎主要由两条________和一条________构成。
10. 前列腺上端宽大称为前列腺底，下端尖细称前列腺尖，两者之间称为________，其后面中份有一纵行浅沟称________。
11. 睾丸鞘膜来源于________，其脏、壁两层在睾丸后缘相互返折移行，共同围成密闭的腔隙称________。
12. 阴茎皮肤在阴茎头处返折包绕阴茎头称为________，在阴茎头腹侧中线上连于尿道外口下端与包皮之间的皮肤皱襞称________。
13. 临床上将男性尿道海绵体部称为________，前列腺部和膜部称为________。
14. 男性尿道有________处狭窄和________处扩大。
15. 男性尿道的两个弯曲是________和________。

（六）综合应用题

1. 简述睾丸的形态。
2. 简述输精管的行程、分部。

3. 简述前列腺的形态、位置及毗邻关系。
4. 简述男性尿道的行程、分部及三处狭窄、三处扩大、两个弯曲。
5. 精子在何处产生？经何途径将精液排出体外？

（刘幸卉）

二、女性生殖系统

【目的和要求】

1. 掌握卵巢的位置、形态及固定装置；输卵管的形态和分部；子宫的位置、形态、分部和固定装置；女性乳房的形态和结构特点。

2. 熟悉女性生殖器的分部、各部分所包括的器官；阴道的位置、形态及阴道穹的毗邻。

3. 了解卵巢的毗邻；女性外生殖器的形态结构、阴道前庭、阴道口和尿道外口的位置；乳房的位置；会阴的界限和区分、会阴的概念；尿生殖三角的组成；肛提肌及尾骨肌的位置、形态和作用。

【实训教具】

1. 标本 女性盆部正中矢状切面标本（示子宫、阴道、阴道穹）；卵巢、输卵管、子宫、阴道标本；完整女外阴标本。

2. 模型 女性内、外生殖器解剖模型（各脏器可拆装）；女盆腔浮雕模型（示女盆腔结构）；女性内生殖器各器官模型。

【实训内容及方法】

（一）女性内生殖器

1. 卵巢（ovary） 为女性生殖腺，是产生女性生殖细胞和分泌女性激素的器官，位于小骨盆侧壁的卵巢窝，左右各一。

（1）形态：呈扁卵圆形，略呈灰红色，被子宫阔韧带后层包绕，分为内、外两面，前、后两缘和上、下两端。外侧面依卵巢窝；内侧面朝向盆腔，邻小肠；后缘游离，称独立缘；前缘借卵巢系膜连于子宫阔韧带，称系膜缘，其中部有血管、神经等出入，称卵巢门（hilum of ovary）；上端与输卵管伞相接触，并有卵巢悬韧带相连；下端借卵巢固有韧带连于子宫。

（2）固定装置：①卵巢悬韧带（suspensory ligament of ovary）是由腹膜形成的皱襞，起自小骨盆侧缘，向内下至卵巢的上端，其内含有卵巢动、静脉，淋巴管、神经等结构，是寻找卵巢动、静脉的标志，临床上又称骨盆漏斗韧带。②卵巢固有韧带（proper ligament of ovary）由结缔组织和平滑肌纤维构成，表面覆以腹膜，自卵巢下端连至输卵管与子宫结合处的后下方。

2. 输卵管（uterine tube） 位于子宫两侧、子宫阔韧带游离缘内的一对弯曲的肌性管道，其内侧端连结子宫，外侧端邻近卵巢。在标本上辨认输卵管的分部：贯穿子宫壁内的一段为输卵管子宫部；毗邻子宫壁、较短而细的部分为输卵管峡（isthmus of uterine tube）；由峡部向外延伸、变粗而弯曲的部分为输卵管壶腹部（ampulla of uterine tube）；最外端呈漏斗状膨大的部分为输卵管漏斗部（infundibulum of uterine tube）。漏斗底有一极小的孔即输卵管腹腔口，注意观察和体会该口与腹膜腔的通连关系；口的周围有许多指样突起，即输卵管伞（fimbriae of uterine tube），其中一条较大的突起连于卵巢，称卵巢伞。

3. 子宫（uterus） 是壁厚腔小的肌性器官，胎儿在此发育生长。

（1）形态：成人未孕子宫呈前后稍扁倒置的梨形，分为底、体、颈三部。其中子宫颈由突入阴道的子宫颈阴道部和阴道以上的子宫颈阴道上部组成。子宫颈为肿瘤的好发部位。子宫与输卵管相接处称子宫角。子宫体与子宫颈阴道上部的上端之间较为狭细的部分称子宫峡（isthmus of uterus）。非妊娠时，子宫峡长约 1cm，妊娠期子宫峡伸展变长，形成“子宫下段”，至妊娠末期可延长至 7～11cm，且壁变薄，产科常在此处进行剖宫产，可避免进入腹膜腔，减少感染的机会。子宫内腔狭窄，分为子宫腔和子宫颈管两部分。

（2）位置：位于骨盆中央，膀胱与直肠之间，下接阴道，两端有输卵管和卵巢，临床上把输卵管和卵巢统称子宫附件。未妊娠时子宫底位于小骨盆入口平面以下，子宫颈下端在坐骨棘平面稍上方。膀胱空虚时，成人子宫呈轻度的前倾前屈位。子宫位置异常，是女性不孕的原因之一，常见为后倾后屈。腹膜在子宫和膀胱、直肠之间的移行处，分别形成膀胱子宫陷凹（vesicouterine pouch）和直肠子宫陷凹（rectouterine pouch），直肠子宫陷凹是女性腹膜腔最低的部位，有较大的临床意义。

（3）固定装置：子宫借韧带、阴道、尿生殖膈和盆底肌等保持其正常位置。子宫的韧带：①子宫阔韧带（broad ligament of uterus）位于子宫两侧，略呈冠状位，由子宫前、后面的腹膜自子宫侧缘向两侧延伸至盆侧壁和盆底的双层腹膜构成，可限制子宫向两侧倾倒。②子宫圆韧带（round ligament of uterus）为一对扁索状韧带，由结缔组织和平滑肌构成，起于子宫体前面的上外侧，子宫角的下方，经由腹环进入腹股沟管，止于阴阜和大阴唇皮下，对维持子宫的前倾位有一定作用。③子宫主韧带（cardinal ligament of uterus）从子宫颈两侧缘延至盆侧壁，是维持子宫颈正常位置，防止向下脱垂的重要结构。④子宫骶韧带（uterosacral ligament）从子宫颈后面的上外侧向后绕过直肠的两侧，止于第 2、3 骶椎前面的筋膜，向后上牵引子宫颈，与子宫圆韧带协同，维持子宫的前屈位。

4. 阴道（vagina） 为肌性管道，位于骨盆腔中央。在女性盆腔正中矢状切面标本上观察阴道前后壁的毗邻关系。阴道上端环抱子宫颈阴道部，二者之间形成环行间隙即阴道穹（fornix of vagina）。在女性生殖器的解剖标本上观察阴道穹的两侧部，在盆腔正中矢状断面上观察阴道穹的前后两部，比较阴道穹的前后两部的深浅并注意它们的毗邻。

（二）女性外生殖器

女性外生殖器即女阴，在女外阴标本上辨认阴阜（mons pubis）、大阴唇（greater lips of pudendum）、小阴唇（lesser lips of pudendum）、阴蒂（clitoris）和阴道前庭（vaginal vestibule）等结构。阴道前庭是位于两侧小阴唇之间的裂隙，其中央部较大的开口为阴道口，口周围附着处女膜（或处女膜痕）。阴道口前方较小的开口为尿道外口。

（三）乳房

在女性大体标本上观察乳房（mamma）的位置，乳房中央部的突起为乳头，乳头周围的色素沉着区即乳晕。乳房的表面为皮肤，内部主要为乳腺和脂肪组织。辨认乳腺叶及输乳管，注意观察输乳管的方向及开口部位。乳房悬韧带是许多结缔组织小束，观察它们的位置。

（四）会阴

盆膈以下封闭骨盆下口的所有软组织称会阴（perineum），在会阴标本上查看广义及狭义会阴的范围。观察会阴及会阴肌标本。在两侧坐骨结节连线的前后两个三角区分别为尿生殖区和肛区。辨认穿过两区的器官，并注意其性别差异。

【常用歌诀】

1. 子宫 前膀胱后直肠，子宫位于正中央；倒置梨形盆中央，前倾前屈是正常。上下三部底体颈，梭形颈管三角腔；上通卵管下阴道，卵管卵巢列两旁。

2. 子宫附件 卵巢输卵管，二者称附件；若有罹患时，两者皆受难。

【复习思考题】

（一）判断题（正确答案用 A 表示，错误答案用 B 表示）

1. 子宫颈的下端平对坐骨棘水平。（ ）
2. 卵子受精的部位通常在输卵管漏斗。（ ）
3. 卵巢是产生卵子和分泌女性激素的器官。（ ）
4. 子宫分为子宫底、子宫体和子宫颈三部分，子宫颈是肿瘤的好发部位。（ ）
5. 阴道穹后部与直肠子宫陷凹仅隔有阴道后壁和一层腹膜。（ ）
6. 子宫圆韧带的主要作用是维持子宫前屈位。（ ）
7. 尿生殖三角女性有尿道和阴道通过，男性有尿道通过。（ ）
8. 未产妇的子宫口为横裂状、边缘光滑整齐，经产妇子宫口为圆形。（ ）
9. 子宫位于小骨盆的中央，在膀胱与直肠之间。（ ）
10. 盆膈上、下筋膜及其间的肛提肌和尾骨肌共同组成盆膈。（ ）

（二）最佳选择题

1. 不属于女性内生殖器的是（ ）
A. 卵巢 B. 子宫 C. 阴道 D. 前庭球 E. 前庭大腺

2. 卵巢（ ）
A. 内侧面与卵巢窝相依 B. 外侧面与小肠相邻
C. 上端称子宫端 D. 下端称输卵管端
E. 除产生卵子外，还分泌女性激素

3. 关于卵巢的形态，下列叙述正确的是（ ）
A. 呈前后略扁的卵圆形 B. 幼女卵巢表面凹凸不平
C. 被子宫阔韧带的前层所包绕 D. 分为内、外两面，上、下两端，前、后两缘
E. 其内侧面有卵巢门

4. 关于输卵管，下列叙述正确的是（ ）
A. 是输送卵子的膜性管道 B. 走行平直 C. 由卵巢前缘连至子宫
D. 位于子宫体的两侧 E. 位于子宫阔韧带的上缘内

5. 卵子受精的部位通常在（ ）
A. 子宫 B. 输卵管子宫部 C. 输卵管峡
D. 输卵管壶腹 E. 输卵管漏斗

6. 输卵管结扎术常选部位在（ ）
A. 输卵管腹腔口 B. 输卵管子宫部 C. 输卵管峡
D. 输卵管壶腹 E. 输卵管漏斗

7. 关于成人未孕子宫的形态，下列叙述不正确的是（　　）
A. 呈前、后稍扁的梨形　B. 长 7～9cm
C. 厚 2～3cm　D. 分为底、体、颈三部分
E. 子宫峡明显

8. 关于子宫内腔的叙述，不正确的是（　　）
A. 较狭窄　B. 分为子宫腔和子宫颈管两部分
C. 子宫腔呈梭形　D. 其下口称子宫口
E. 最宽处 2.5～3.0cm

9. 子宫颈的下端平对（　　）
A. 坐骨棘水平　B. 坐骨棘平面稍上方
C. 耻骨联合下缘　D. 坐骨结节水平
E. 坐骨结节平面稍上方

10. 维持子宫颈正常位置的主要韧带是（　　）
A. 子宫阔韧带　B. 子宫圆韧带　C. 子宫主韧带
D. 子宫骶韧带　E. 以上全正确

11. 膀胱子宫陷凹的腹膜转折处约在（　　）
A. 子宫底水平　B. 子宫体水平　C. 子宫口水平
D. 子宫峡水平　E. 子宫颈管上口水平

12. 产科腹膜外剖宫术常切开（　　）
A. 子宫底　B. 子宫体　C. 子宫峡　D. 子宫下段　E. 子宫颈

13. 关于子宫峡的叙述，正确的是（　　）
A. 位于子宫颈阴道部和子宫颈阴道上部之间
B. 非妊娠时长约 3cm
C. 妊娠期伸展变长
D. 妊娠称“子宫颈上段”
E. 妊娠末期峡壁逐渐变厚

14. 对广义会阴的描述，不正确的是（　　）
A. 在肛门和外生殖器之间　B. 呈菱形　C. 前方为耻骨联合下缘
D. 后方为尾骨尖　E. 肛门三角有肛管通过

15. 尿生殖三角（　　）
A. 后界为尾骨尖　B. 前界为两侧坐骨结节前缘的连线
C. 有肛管和尿道通过　D. 女性有尿道和阴道通过
E. 只有尿道通过

16. 肛门三角（　　）
A. 前界为耻骨联合下缘　B. 两侧界为耻骨下支　C. 有肛管通过
D. 后界为两侧坐骨结节前缘的连线　E. 其下方为盆膈

17. 关于女性乳房位置，下列叙述错误的是（　　）
A. 位于胸大肌和胸肌筋膜的表面　B. 上起第 2～3 肋　C. 下至第 6～7 肋
D. 内侧至胸骨线　E. 外侧可达腋中线

18. 乳腺手术开口的方向为（ ）
A. 水平 B. 垂直 C. 斜行
D. 环行 E. 以乳头为中心呈放射状
19. 坐骨肛门窝的内侧壁为（ ）
A. 肛提肌和盆膈上筋膜 B. 肛提肌和盆膈下筋膜 C. Colles 筋膜
D. 会阴浅横肌和尿生殖膈上筋膜 E. 会阴浅横肌和尿生殖膈下筋膜
20. 盆膈的构成为（ ）
A. 盆膈上、下筋膜及其间的肛提肌、尾骨肌和肛门外括约肌
B. 盆膈上、下筋膜及其间的肛提肌和肛门外括约肌
C. 盆膈上、下筋膜及其间的肛提肌和尾骨肌
D. 盆膈上、下筋膜及其间的肛提肌、尾骨肌和尿道括约肌
E. 盆膈上、下筋膜及其间的肛提肌、尾骨肌和会阴深横肌
21. 尿生殖膈的构成为（ ）
A. 尿生殖三角的浅、深筋膜及其间的会阴深横肌和尿道括约肌
B. 尿生殖三角的浅、深筋膜及其间的会阴浅横肌和尿道括约肌
C. 尿生殖膈上、下筋膜及其间的会阴深横肌和尿道括约肌
D. 尿生殖膈上、下筋膜及其间的会阴浅横肌和尿道括约肌
E. 尿生殖膈上筋膜与 Colles 筋膜及其间的会阴浅横肌和尿道括约肌

（三）多项选择题

1. 关于女性内生殖器的叙述，正确的是（ ）
A. 包括生殖腺、输送管道及附属腺 B. 生殖腺为卵巢
C. 输送管道包括输卵管、子宫和阴道 D. 卵巢是产生卵子和分泌女性激素的器官
E. 卵子在子宫内受精后，植入子宫内膜发育成胎儿
2. 关于输卵管漏斗的叙述，正确的是（ ）
A. 为输卵管外侧端是漏斗状膨大的部分 B. 向后下弯曲覆盖在卵巢的后缘和内侧面
C. 中央有输卵管腹腔口开口于腹腔 D. 末端边缘的指状突起称输卵管伞
E. 卵细胞通常都在此受精
3. 关于子宫的形态的叙述，正确的是（ ）
A. 分为底、体、颈三部分 B. 子宫底为两侧输卵管子宫口之间的部分
C. 成人子宫颈长 2.5～3.0cm D. 子宫颈为肿瘤的好发部位
E. 子宫与输卵管相接处称子宫角
4. 子宫（ ）
A. 自下而上可分为底、体、颈三部分 B. 子宫颈全插入阴道上端
C. 子宫内的腔即子宫腔 D. 未产妇子宫口为圆形
E. 子宫腔为底在上的前后扁三角形，两端通输卵管
5. 子宫的固定装置（ ）
A. 盆膈、尿生殖膈等也起很大的作用 B. 子宫圆韧带有穿经腹股沟管的一段
C. 子宫主韧带限制子宫向两侧移动 D. 子宫阔韧带对固定子宫颈有重要作用
E. 防止子宫向下脱垂的是子宫骶韧带

6. 阴道（ ）
A. 上端包绕子宫颈阴道部
B. 前壁邻耻骨联合
C. 后方邻直肠
D. 下部穿经尿生殖膈
E. 阴道穹以前部最深
7. 子宫阔韧带包括（ ）
A. 子宫系膜
B. 卵巢系膜
C. 卵巢固有韧带
D. 卵巢悬韧带
E. 输卵管系膜
8. 子宫（ ）
A. 在膀胱和直肠之间
B. 两侧有输卵管和卵巢
C. 子宫底位于小骨盆入口平面以下
D. 子宫颈的下端在坐骨棘平面下方
E. 成人子宫为轻度前倾前屈位
9. 阴道（ ）
A. 由黏膜、肌层和外膜组成
B. 上端包绕整个子宫颈
C. 阴道穹前部最深
D. 后方邻直肠
E. 阴道口开口于阴道前庭
10. 女性乳房（ ）
A. 位于胸前壁，胸大肌和胸筋膜深面
B. 乳头和乳晕有输乳管的开口
C. 结构中无脂肪组织
D. 输乳管在近乳头处膨大成输乳管窦
E. 乳腺手术应尽可能以乳头为中心做放射状切口
11. 广义会阴的境界包括（ ）
A. 耻骨联合上缘
B. 两侧坐骨结节前缘的连线
C. 耻骨下支和坐骨支
D. 尾骨尖
E. 坐骨结节和骶结节韧带
12. 盆膈（ ）
A. 对托持盆腔脏器有重要作用
B. 为盆腔的底
C. 组成中有会阴深横肌
D. 组成中有盆膈上、下筋膜
E. 有直肠通过
13. 尿生殖膈（ ）
A. 有直肠通过
B. 组成中有肛提肌
C. 组成中有会阴浅横肌
D. 封闭尿生殖三角
E. 女性有尿道和阴道穿过

（四）名词解释

1. 子宫峡
2. 阴道穹
3. 输卵管峡
4. Cooper 韧带
5. 尿生殖膈
6. 坐骨肛门窝

（五）填空题

1. 输卵管由内侧向外侧分为四部，依次为子宫部、峡部、________和________。
2. 子宫可分为三部，即子宫体、________和________。

3. 临床上将________和________称为子宫附件。
4. 限制子宫向两侧移位的韧带是________，防止子宫下垂的韧带是________。
5. 子宫颈可分________和________两部。
6. 子宫的内腔可分两部，上部称________，下部称________。
7. 子宫位于盆腔中央，前为________，后为________。
8. 输卵管结扎的部位是________，输卵管受精的部位是________。
9. 卵巢（ovary）的功能是________和________。
10. 广义会阴可借两侧坐骨结节的连线分为前部的________三角和后部的________三角。
11. 尿生殖三角在男性有________通过，女性有________通过。
12. 临床上常将________和________之间的区域称为狭义会阴。
13. 盆膈由盆膈上筋膜、盆膈下筋膜及其间的________肌和________肌组成。
14. 尿生殖膈由尿生殖膈上筋膜、尿生殖膈下筋膜及其间的________肌和________肌组成。
15. 坐骨肛门窝位于________与________之间。
16. 输卵管内侧端以________与子宫腔相通，外侧端以________开口于腹膜腔。
17. 固定卵巢的韧带主要有________和________。
18. 在乳腺与表面的皮肤之间连有许多纤维结缔组织小束称________，对________起支持作用。
19. 参与维持子宫前倾前屈位的韧带包括________和________。

（六）综合应用题

1. 简述子宫的形态、位置及固定装置。
2. 简述输卵管的分部，并回答卵子受精和输卵管结扎的部位各在何处。
3. 何为阴道穹？可分几部？有何临床意义？
4. 简述乳房的形态及结构。
5. 何为广义的会阴？试述其界线、分部及各部通过的主要结构。

（七）创新分析题

患者，男，29 岁，阴囊突发疼痛，来急诊室就医。检查发现：①阴囊内有肿块，偏右，鸭蛋大，边缘平滑，硬度中等；②与腹股沟无联系，并非精索肿胀向下续连所致；③用手电筒透照发现能清楚透光呈红色；④对侧睾丸大小正常，患侧没发现另有睾丸。请考虑此肿物属何结构？

（陈秀英）

第五节 腹 膜

【目的和要求】

1. 掌握腹膜与腹盆腔脏器的关系；小网膜的位置和分部；各系膜的名称、位置和附着；肝肾隐窝、直肠膀胱陷凹和直肠子宫陷凹的位置。

2. 熟悉腹膜和腹膜腔的概念和功能；肝、脾、胃韧带的位置、名称。

3. 了解大网膜的位置、构成和功能；网膜囊、网膜孔的位置；腹膜腔的分区。

【实训教具】

1. 标本 已打开腹腔的大体标本（示腹膜及其与腹腔器官的关系）；男、女性盆腔正中矢状切面标本；腹盆腔内脏标本。

2. 模型 腹膜与内脏关系模型；腹膜（矢状切面）模型；腹腔横断面模型；男性盆腔（矢状切面）模型；女性盆腔（矢状切面）模型。

【实训内容及方法】

腹膜（peritoneum）是人体中最广阔的浆膜，覆盖于腹、盆腔壁内和腹、盆腔脏器的表面。衬于腹、盆腔壁内的腹膜称为壁腹膜或腹膜壁层；覆盖于腹、盆腔脏器表面的腹膜称为脏腹膜或腹膜脏层，可视为该器官的外膜。壁腹膜和脏腹膜互相延续、移行，形成一完整的浆膜囊，称为腹膜腔（peritoneal cavity），是一不规则的潜在性腔隙，控内有少量浆液。腹腔和腹膜腔是两个不同的概念。前者是指膈以下，盆膈以上腹前壁和腹后壁之间由肌肉和骨所围成的腔。后者是指腹膜壁层和脏层之间的腔，腹内脏器和血管神经等都是在腹腔之内，但在腹膜腔之外。

（一）腹膜与腹盆腔脏器的关系

腹、盆腔内脏器按其被腹膜所覆盖的程度，可大致分为三类：即腹膜内位、间位和外位器官。只有小部分被腹膜覆盖的属于外位器官，如肾、肾上腺、输尿管；大部分被腹膜覆盖的属于间位器官，如肝、升结肠、降结肠、子宫；几乎全部被腹膜覆盖的属于内位器官，如胃、空回肠。了解脏器与腹膜的关系，有着重要的临床意义。

（二）腹膜形成的结构

壁腹膜和脏腹膜之间，或脏腹膜之间相互转折移行，形成了网膜、系膜和韧带等结构。这些结构不仅对器官起着连接和固定的作用，也是血管、神经、淋巴管等进入脏器的途径。

1. 网膜（omentum） 是腹膜在肝与胃和十二指肠起始部之间，以及胃与结肠之间的腹膜结构，前者称小网膜（lesser omentum），后者称大网膜（greater omentum）。大网膜连于胃大弯和横结肠之间，形似围裙覆盖于空回肠和横结肠的前方，结构疏松，富于血管和脂肪。大网膜由四层腹膜组成，前两层由胃的前后壁的脏腹膜在胃大弯的下缘汇合而成，降至脐平面稍下方的高度，然后向后返折向上，形成大网膜的后两层，附着于横结肠。将肝稍向上翻，可见连于肝门与胃及十二指肠之间的双层腹膜结构，即小网膜。网膜囊是小网膜和胃后壁与腹后壁的腹膜之间的一个扁窄间隙。它的前界是小网膜、胃的后面和大网膜的前两层，它的后界是大网膜的后两层、横结肠、横结肠系膜、覆盖在胰腺、左肾等前面的腹膜。从肝十二指肠韧带游离缘向后向左有一能容纳 1～2 指通过的孔即网膜孔（omental foramen）（又称 Winslow 孔）。由此孔进入网膜囊（omental bursa），或称小腹摸腔。

2. 系膜 是由壁腹膜、脏腹膜相互移行，形成将器官固定于腹、盆腔壁的双层腹膜结构，或者说是腹膜由腹盆壁延至肠管的双层腹膜结构，其内含有出入该器官的血管、神经及淋巴管和淋巴结等。将大网膜和横结肠提起向上翻，可见横结肠系膜（trans verse mesocolon）连于腹后壁。再将空回肠向上翻起，可见肠系膜附着于腹后壁。其附着于腹后壁的部分肠系膜称为肠系膜根（radix of mesentery）长约 15cm，起自第 2 腰椎左侧，斜向右下跨过脊柱，止于右骶髂关节前方。乙状结肠借乙状结肠系膜（sigmoid mesocolon）附着于盆腔。找到阑尾，并将其提起，观察阑尾系膜，阑尾系膜（mesoappendix）呈三角形，将阑尾连于肠系膜下方。

3. 韧带（ligament）　腹膜形成的韧带指连接腹、盆壁与脏器之间或连接相邻脏器之间的腹膜结构，这种结构有双层和单层之分，对脏器起固定作用。在矢状面上，由腹前壁及膈返折至肝的上面的腹膜为镰状韧带（falciform ligament of liver），其游离缘增厚，内含肝圆韧带。沿镰状韧带后缘间两侧延续部分，由膈返折至肝上面的腹膜呈冠状位，称为冠状韧带（coronary ligament）。该韧带左、右两端，前后两层彼此黏合增厚形成左、右三角韧带（left and right triangular ligament）。连于胃大弯和横结肠之间的大网膜前两层形成胃结肠韧带。胃的前、后两层腹膜由胃底到脾门形成胃脾韧带（gastrosplenic ligament），由脾门到肾的双层腹膜形成脾肾韧带（splenorenal ligament），小网膜右侧的游离部，由肝门至十二指肠上部的部分称肝十二指肠韧带（hepatoduodenal ligament），其两层之间有门静脉、肝动脉和胆总管经过。

4. 腹膜襞、腹膜隐窝和陷凹　腹膜襞是腹、盆壁与脏器之间或脏器与脏器之间腹膜形成的隆起。腹膜隐窝在腹膜皱襞与皱襞之间或皱襞与壁腹膜之间所形成的潜在小间隙，其间隙较大都为陷凹，小的为隐窝。腹膜在小骨盆内除覆盖直肠外，向前覆盖膀胱上面，在女性还覆盖位于膀胱与直肠之间的子宫，在男性腹膜在直肠与膀胱之间形成的陷凹称直肠膀胱陷凹（rectovesical pouch），在女性形成子宫后方的直肠子宫陷凹（rectouterine pouch）及子宫前方的膀胱子宫陷凹（vesicouterine pouch）。

【常用歌诀】

腹膜与腹盆腔脏器的关系：空回横盲乙状阑，胃脾卵巢输卵管。子宫膀胱胆囊肝，升降结肠直上段。外位器官盖一面，输尿管肾肾上腺，十二指肠下三段，直肠中下和胰腺。

【复习思考题】

（一）判断题（正确答案用 A 表示，错误答案用 B 表示）

1. 结肠均为腹膜内位器官。（　　）
2. 女性腹膜腔是一个封闭的腔隙，男性腹膜腔是一个开放的腔隙。（　　）
3. 腹膜衬于腹、盆壁的内面和腹、盆腔脏器的表面，分为脏层和壁层。（　　）
4. 小网膜移行于肝门与十二指肠上部和胃小弯之间，右部称肝十二指肠韧带。（　　）
5. 乙状结肠系膜较长，故乙状结肠活动度较大，易发生肠扭转。（　　）
6. 腹、盆腔脏器均位于腹膜腔之外。（　　）
7. 肾的手术可不经腹膜腔进行。（　　）
8. 仰卧位时，肝肾隐窝是腹膜腔的最低位置。（　　）
9. 肝上间隙借肝圆韧带分为左肝上间隙和右肝上间隙。（　　）
10. 左肠系膜窦为肠系膜根与降结肠之间的间隙，向下与盆腔相通，如有积液可沿乙状结肠向下流入盆腔。（　　）

（二）最佳选择题

1. 关于腹膜的叙述，错误的是（　　）
A. 衬于腹、盆壁的内面和腹、盆腔脏器的表面
B. 分为脏层和壁层
C. 壁腹膜和脏腹膜互相延续移行，共同围成腹膜腔
D. 呈半透明为一层薄而光滑的纤维膜
E. 是一层光滑的浆膜

2. 关于脏腹膜的叙述，正确的是（　　）
A. 附于所有腹、盆腔脏器的表面　B. 与壁腹膜在结构上有明显差异
C. 不紧贴脏器表面　D. 与壁腹膜不相延续
E. 可视为脏器的一部分

3. 关于腹膜腔的叙述，错误的是（　　）
A. 由脏、壁腹膜相互移行而成　B. 是一密闭的腔隙　C. 是一潜在性腔隙
D. 是一不规则的腔隙　E. 腔内有少量浆液

4. 下列叙述错误的是（　　）
A. 腹、盆腔脏器均位于腹膜腔之内　B. 腹、盆腔脏器均位于腹膜腔之外
C. 腹、盆腔脏器均位于腹腔之内　D. 腹膜腔和腹腔是两个不同的概念
E. 腹膜腔套在腹腔之内

5. 为缓解腹膜炎症和腹部术后患者腹膜对有害物质的吸收，采取的体位一般是（　　）
A. 平卧位　B. 俯卧位　C. 右侧卧位　D. 左侧卧位　E. 半卧位

6. 必须经腹膜腔才能手术的脏器为（　　）
A. 输尿管　B. 膀胱　C. 阑尾　D. 肾　E. 直肠下段

7. 关于腹膜腔内位器官的说法正确的是（　　）
A. 表面几乎全被腹膜覆盖的器官　B. 腹腔内所有的器官
C. 位于腹膜腔内的器官　D. 由脏、壁腹膜共同覆盖的腔
E. 表面大部分被腹膜覆盖的器官

8. 属于腹膜内位器官的是（　　）
A. 肝　B. 胆囊　C. 肾上腺
D. 胃　E. 十二指肠降部

9. 属腹膜间位器官的是（　　）
A. 升结肠　B. 横结肠　C. 输尿管
D. 十二指肠上部　E. 十二指肠升部

10. 属腹膜外位器官的是（　　）
A. 胃　B. 盲肠　C. 十二指肠上部
D. 十二指肠降部　E. 结肠

11. 关于小网膜的叙述，正确的是（　　）
A. 移行于肝门与胃小弯之间
B. 移行于肝门与胃大弯之间
C. 移行于肝门与十二指肠上部和胃小弯之间，右部称肝十二指肠韧带

D. 移行于肝门与十二指肠上部和胃小弯之间，右部称肝胃韧带
E. 连于肝门与十二指肠上部和胃大弯之间，右部称肝十二指肠韧带

12. 关于大网膜的构成，错误的是（　　）
A. 是连于肝门与十二指肠上部和胃小弯之间的双层腹膜结构
B. 前两层自十二指肠上部和胃大弯下垂
C. 前两层的下端向后反折形成后叶，连于横结肠
D. 大网膜前两层和后两层常粘连愈着
E. 前两层愈着后，连于胃大弯和横结肠之间的大网膜的前两层形成胃结肠韧带

13. 关于网膜囊的叙述，正确的是（　　）
A. 位于小网膜和胃后壁与腹后壁的腹膜之间
B. 位于大网膜的前、后层之间
C. 是一不规则的密闭间隙
D. 前壁是胃前壁的腹膜
E. 位于腹膜腔之外

14. 网膜囊的后壁是（　　）
A. 小网膜、胃后壁的腹膜
B. 大网膜的前层、胃后壁的腹膜
C. 小网膜、胃后壁的腹膜、胃结肠韧带
D. 大网膜、胃后壁的腹膜
E. 横结肠及其系膜，以及覆盖在胰、左肾、左肾上腺等处的腹膜

15. 关于 Winslow 孔的叙述，错误的是（　　）
A. 约在第 12 胸椎至第 2 腰椎体的前方
B. 位于小网膜右缘的前方
C. 成人可容 1～2 指
D. 经此孔可进入网膜囊
E. 其上界为肝尾叶

16. 关于肠系膜的叙述，正确的是（　　）
A. 是将十二指肠、空肠、回肠系连固定于腹后壁的双层腹膜结构
B. 肠系膜根长约 20cm
C. 其附着于腹后壁的部分称肠系膜根
D. 其肠缘长 2～4m
E. 内含肠系膜上、下血管及其分支

17. 结肠上、下区分界的标志是（　　）
A. 大网膜
B. 小网膜
C. 肠系膜根
D. 胃结肠韧带
E. 横结肠及其系膜

18. 关于乙状结肠系膜的叙述，错误的是（　　）
A. 是将乙状结肠固定于左下腹的双层腹膜结构
B. 有乙状结肠血管、神经等
C. 较长，乙状结肠的活动度大
D. 根部附着于左髂窝和骨盆左后壁
E. 有直肠上、下血管，淋巴结，神经丛等

19. 关于肠系膜根的说法正确的是（　　）
A. 斜向左下跨过脊柱及其前方的结构
B. 长 5～7m
C. 起于第 12 胸椎体的右侧
D. 为空肠、回肠、结肠系膜附着于腹后壁的部分
E. 止于右骶髂关节的前方

20. 分隔左、右肝下间隙的是（　　）
A. 肝圆韧带和镰状韧带　B. 镰状韧带　C. 冠状韧带
D. 肝十二指肠韧带　E. 肝胃韧带

（三）多项选择题

1. 下列关于小网膜的叙述，正确的是（　　）
A. 是由肝门移行于胃和十二指肠上部的双层腹膜结构
B. 肝门连于胃小弯的部分为肝胃韧带
C. 肝门连于十二指肠上部的部分为肝十二指肠韧带
D. 小网膜右缘游离，后方为网膜孔
E. 两层腹膜间有血管、神经、淋巴管和结缔组织等
2. 腹膜的功能是（　　）
A. 分泌　B. 吸收　C. 保护　D. 支持　E. 修复
3. 下列属于腹膜内位器官的是（　　）
A. 横结肠　B. 胃　C. 盲肠　D. 阑尾　E. 肝
4. 腹膜间位器官包括（　　）
A. 升结肠　B. 胆囊　C. 横结肠　D. 子宫　E. 盲肠
5. 腹膜外位器官包括（　　）
A. 肾　B. 肾上腺　C. 输尿管　D. 直肠上段　E. 胰
6. 下列关于网膜囊的叙述，正确的是（　　）
A. 为一扁窄间隙　B. 位于小网膜和胃后壁与腹后壁的腹膜之间
C. 右侧界为网膜孔　D. 左侧界为脾、胃脾韧带、脾肾韧带
E. 又称小腹膜腔
7. 关于网膜孔的叙述，正确的是（　　）
A. 高度约在第 12 胸椎至第 2 腰椎体的前方　B. 上界为肝尾叶
C. 下界是十二指肠上部　D. 前界是肝十二指肠韧带
E. 后界为覆盖在右肾和右肾上腺前面的腹膜
8. 与胃相关的韧带包括（　　）
A. 肝胃韧带　B. 胃脾韧带　C. 胃结肠韧带　D. 胃膈韧带　E. 胃肾韧带
9. 关于结肠上区的叙述正确的是（　　）
A. 位于膈与横结肠及其系膜之间　B. 右肝上间隙以冠状韧带为界分为两个间隙
C. 以肝为界分为肝上、下间隙　D. 又称膈下间隙
E. 左肝上间隙以冠状韧带为界分为两个间隙
10. 腹膜腔（　　）
A. 由脏、壁两层腹膜相互转折移行而成　B. 在男性，为一完全密闭的腔隙
C. 在女性，可经输卵管道与外界相通　D. 此腔的最低部位为膀胱子宫陷凹
E. 腔内有少许浆液，起润滑和减少器官间摩擦的作用

（四）名词解释

1. 腹膜腔
2. 大网膜

3. 网膜囊
4. Douglas 腔
5. 肝肾隐窝
6. 网膜孔

（五）填空题

1. 小网膜是由肝门向下移行至胃小弯和________的双层腹膜结构，从肝门连于胃小弯的部分又称________。
2. 腹膜的脏、壁两层相互延续移行，形成一个不规则的腔称________，男性是密闭的，而在女性则借________与外界相通。
3. 脏腹膜与壁腹膜相互转折移行，形成许多将器官系连固定于________的双层腹膜结构称系膜，主要的系膜有肠系膜、阑尾系膜、________和乙状结肠系膜。
4. 网膜囊是小网膜和胃后壁与________的腹膜之间的扁窄间隙又称________。
5. 网膜囊的前壁为________和胃后壁的腹膜及________。
6. 网膜孔的上界为肝尾状叶，下界为________，前界为________，后界为覆盖在下腔静脉表面的腹膜。
7. 肠系膜根长约________cm，起自第 2 腰椎左侧，斜向右下跨过脊柱及其前方结构，止于________前方。
8. 肝的韧带在肝上方有________、冠状韧带及左、右三角韧带，前方有________。
9. 胃脾韧带是连于________和________之间的双层腹膜结构。
10. 仰卧位时，腹膜腔最低的部位是________。站立或坐位时，腹膜腔最低的部位，男性为直肠膀胱陷凹，女性为________。
11. 腹膜腔借横结肠及其系膜分为________和________两区。
12. 结肠旁沟位于左、右结肠的外侧，右结肠旁沟向上通________，向下经________通盆腔。
13. 肝下间隙位于________和________及其系膜之间。
14. 右肠系膜窦为________与________之间的三角形间隙。
15. 肝下间隙借肝圆韧带分为________和________，后者即肝肾隐窝。
16. 根据脏器被腹膜覆盖的范围大小，可将腹、盆腔脏器分为三类，即________、________和腹膜外位器官。

（六）综合应用题

1. 在临床上为什么对腹膜炎患者一般多采取半卧位？根据腹膜的生理功能和特性，分析这样做的原因。
2. 简述小网膜的位置、组成及各部内所通过的结构。
3. 简述腹膜腔的分区和间隙。
4. 简述网膜囊的位置及界限。
5. 简述网膜孔的位置、界限及临床意义。
6. 简述大网膜的形态、构成及临床意义。

（七）创新分析题

1. 患者，男，24 岁。某日爬树时不慎坠落，骑跨在一粗树枝上，阴囊处受压伤肿胀，随后即解不出小便，直至第 3 天才到医院就诊。检查发现耻骨联合上方腹壁膨隆，叩诊为一浊音区，靠近脐部，导尿因会阴部肿胀而失败。

请问应于何处急行穿刺放尿，以避免膀胱破裂？穿刺针是否通过腹膜腔？

2. 患者，男，64 岁。因解不出小便就诊。诉说 2 年前渐觉小便需站一会才能解出，尿流射不远并变细，近年小便出现断续，有时要稍停 2 次才能解完，夜尿次数增加，每次小便总似未解完。就诊前一天晚上赴宴，喝酒较多，睡得较晚，夜无小便，晨起自觉尿胀但解不出。医生检查后诊断为前列腺肥大。

请问：（1）前列腺肥大为何会影响排尿？

（2）前列腺可从何处触诊？触及何征象可判断其肥大？

（3）手术切除前列腺肥大部分，你认为要不要打开腹膜腔？可有哪些手术入路？

（陈秀英）

第三章　脉 管 系 统

脉管系统是封闭的管道系统，分布于人体各部，包括心血管系统和淋巴系统。心血管系统由心、动脉、毛细血管和静脉组成，血液在其中循环流动。淋巴系统包括淋巴管道、淋巴器官和淋巴组织。淋巴液沿淋巴管道向心流动，最后汇入静脉，故淋巴管道可视为静脉的辅助管道。脉管系统的主要功能是物质运输，将消化系统吸收的营养物质和呼吸系统吸入的氧运送到全身各器官的组织细胞，同时将组织细胞的代谢产物、多余的水和二氧化碳运送到肾、肺及皮肤等，排出体外，以保证机体新陈代谢的正常进行。

第一节　心血管系统

一、总论、心

【目的和要求】

1. 掌握体循环和肺循环的途径；心的位置、外形和心各腔的形态结构；心传导系的组成、位置和功能；左、右冠状动脉的起始、行径和主要分支的分布范围；心包的构成。

2. 熟悉脉管系统的组成；心血管系统的组成；房间隔和室间隔的形态结构和临床意义；冠状窦的位置和开口；心包横窦、心包斜窦、心包前下窦的位置和临床意义。

3. 了解动脉、静脉和毛细血管的结构特点；血管吻合和侧支循环的概念；心纤维支架、心壁的构造；心大、中、小静脉的行径和注入；心的体表投影。

【实训教具】

1. 标本　切开胸腹腔前壁及心包的大体标本；离体心的解剖（切开心壁，暴露心腔）标本；显示心血管的标本。

2. 模型　心脏模型。

【实训内容及方法】

（一）总论

在大体标本上观察心血管系统的组成。理解大、小循环的组成及循环途径。

1. 心血管系统的组成

（1）心（heart）：主要由心肌组成，是连接动、静脉的枢纽和心血管系统的“动力泵”。结合离体心的解剖标本，观察心的4个腔：左心房、左心室、右心房和右心室。

（2）动脉（artery）：是运送血液离心的管道。在大体标本上触摸动脉，体会动脉管壁较厚，弹性大。

（3）毛细血管（capillary）：是连接动、静脉末梢间的管道，管径为 6～8μm，肉眼观察不到。

（4）静脉（vein）：是引导血液回心的血管。在大体标本上触摸静脉，体会静脉管壁较薄，管腔大，弹性小。

2. 血管吻合 结合图谱观察人体的血管除经动脉—毛细血管—静脉相通连外，动脉与动脉之间，静脉与静脉之间甚至动脉与静脉之间，可借血管支彼此连结，形成血管吻合。

（二）心

1. 心的位置、外形和毗邻 在切开胸腹腔前壁及心包的大体标本上观察心的位置、毗邻，可见心斜位于胸腔中纵隔内。前方对向胸骨体和第2～6肋软骨；后方平对第5～8胸椎；两侧与胸膜腔和肺相邻；上方连出入心的大血管；下方邻膈。

在心的模型及标本上观察心表面的形态结构，心的外形近似倒置的、前后稍扁的圆锥体，心可分为一尖、一底、两面、三缘，表面尚有4条沟。

心尖（cardiac apex）圆钝、游离，由左心室构成，在左侧第5肋间隙锁骨中线内侧1～2cm处可扪及心尖冲动。

心底（cardiac base）大部分由左心房构成，小部分由右心房构成。

胸肋面朝向前上方，大部分由右心房和右心室构成，小部分由左心耳和左心室构成。膈面几乎呈水平位，大部分由左心室构成，小部分由右心室构成。

心的下缘由右心室和心尖构成；左缘绝大部分由左心室构成；右缘由右心房构成。心表面4条沟：冠状沟（coronary sulcus）几乎呈额状位，近似环形，前方被肺动脉所中断。前室间沟（anterior interventricular groove）和后室间沟（posterior interventricular groove）分别在心室的胸肋面和膈面，从冠状沟走向心尖的右侧，前、后室间沟在心尖右侧的会合处稍凹陷，称心尖切迹（cardiac apical incisure）。后房间沟在心底，右心房与右上、下肺静脉交界处。

2. 心腔 在打开房室壁的标本及模型上观察，心有四个腔：左、右心房与左、右心室。有房间隔和室间隔分别分隔心房和心室，房、室之间有房室口相通。

（1）右心房（right atrium）：位于心的右上部，可分为前、后两部，前部为固有心房，其前上部的锥体形盲囊突出部称右心耳（right auricle）；后部为腔静脉窦，前、后部在心表面以界沟（sulcus terminalis）为界。固有心房有梳状肌（pectinate muscles）、右房室口。腔静脉窦内有三个入口：上、下腔静脉口和冠状窦口。上腔静脉口（orifice of superior vena cava）开口于腔静脉窦的上部；下腔静脉口（orifice of inferior vena cava）开口于腔静脉窦的下部；冠状窦口（orifice of coronary sinus）位于下腔静脉口与右房室口之间。一个出口：右房室口（right atrioventricular orifice）。卵圆窝（fossa ovalis）位于房间隔右侧中下部。Koch 三角在右心房的冠状窦口前内缘、三尖瓣隔侧尖附着缘和Todaro腱之间。

（2）右心室（right ventricle）：位于右心房的前下方。右心室腔被室上嵴分为流入道（窦部）和流出道（漏斗部）。流入道室壁有肉柱（trabeculae carneae）、乳头肌（papillary muscles）、隔缘肉柱（septomarginal trabecula），入口为右房室口，三尖瓣环、瓣尖、腱索和乳头肌称为三尖瓣复合体（tricuspid valve complex）。流出道又称动脉圆锥（conus arteriosus），有肺动脉口（orifice of pulmonary trunk）、肺动脉环、肺动脉瓣（pulmonary valve）和肺动脉窦。

（3）左心房（left atrium）：位于右心房的左后方，构成心底的大部，分为左心耳和左心房窦。左心耳（left auricle）突向左前方，覆盖于肺动脉干根部左侧及左冠状沟前部。左心房窦有5个开口：后壁两侧分别有左、右各一对肺静脉开口，前下部借左房室口（left atrioventricular orifice）通左心室。

（4）左心室（left ventricle）：位于右心室的左后方，分为流入道和流出道。流入道又称左心室窦部，有二尖瓣复合体（mitral complex），包括二尖瓣环、二尖瓣、腱索和乳头肌，左房室口（left atrioventricular orifice）。流出道又称主动脉前庭（aortic vestibule），有主动脉口（aortic orifice）、主动脉瓣（aortic valve）。

3. 心的构造

（1）心纤维骨骼（fibrous skeleton）：包括左、右纤维三角，4 个瓣纤维环，圆锥韧带，室间隔膜部和瓣膜间隔。

（2）心壁：由心内膜、心肌层和心外膜组成。

（3）心间隔：包括房间隔、室间隔和房室隔。在打开房室壁的标本及模型上，寻认观察房间隔、室间隔的结构。房间隔（interatrial septum）位于左、右心房之间，由两层心内膜中间夹心房肌纤维和结缔组织构成，卵圆窝是房间隔最薄弱处。室间隔（interventricular septum）位于左、右心室之间，分为肌部和膜部，膜部是室间隔缺损的常见部位。房室隔（atrioventricular septum）为房间隔和室间隔之间的过渡、重叠区域。

4. 心传导系 传导系诸结构在人心的解剖标本上不易辨认，可借助牛心标本或心模型观察。

（1）窦房结（sinuatrial node）：是心的正常起搏点。位于上腔静脉与右心房交界处的界沟上 1/3 的心外膜下。

（2）结间束：有前结间束、中结间束和后结间束。

（3）房室结区：由房室结、房室结的心房扩展部及房室束的近侧部组成。房室结（atrioventricular node）位于 Koch 三角的尖端。

（4）房室束（atrioventricular bundle）：又称 His 束，分为左、右束支，进一步分支，在心膜下交织成 Purkinje 纤维网。

5. 心的血管 在心的血管标本及模型上，结合图谱观察寻认左、右冠状动脉的起始、行程及其分支。

（1）冠状动脉：左冠状动脉（left coronary artery）起自左冠状动脉窦，经左心耳与肺动脉干之间入冠状沟，左行分为前室间支和旋支。前室间支沿前室间沟下行分布于左室前壁、前乳头肌、心尖、右室前壁一小部分、室间隔的前 2/3。旋支沿冠状沟左行，绕心左缘至左心室膈面，分布于左房、左室前壁一小部分、左室侧壁、左室后壁大部。右冠状动脉（right coronary artery）起自右冠状动脉窦，行于右心耳与肺动脉干之间入冠状沟，右行分为后室间支和右旋支，分布于右房、右室前壁大部分、右室侧壁和后壁，左室后壁的一部分和室间隔后 1/3。

（2）心的静脉：可分为浅静脉和深静脉两个系统。浅静脉最后大部分由冠状窦汇入右心房，深静脉直接汇入心腔。冠状窦（coronary sinus）位于心膈面，冠状沟内。冠状窦的主要属支有心大、中、小静脉。心大静脉（great cardiac vein）在前室间沟内与前室间支伴行；心中静脉（middle cardiac vein）在后室间沟内与后室间支伴行；心小静脉（small cardiac vein）与右冠状动脉伴行注入冠状窦右端。心前静脉（anterior cardiac vein）起于右室前壁，跨过冠状沟直接注入右心房。心最小静脉（smallest cardiac veins）直接注入心各腔。

6. 心的神经 包括交感神经、副交感神经和感觉神经。

7. 心包 在切开胸腹腔前壁及心包的大体标本上观察理解，心包（pericardium）是包裹心和出入心的大血管根部的圆锥体形纤维浆膜囊，分内、外两层，外层称纤维心包（fibrous pericardium），内层称浆膜心包（serous pericardium）。纤维心包为坚韧的结缔组织囊，与大血管外膜相延续。浆膜心包又分脏、壁两层。壁层贴于纤维心包的内面，脏层包于心肌的表面。

脏、壁两层之间的腔隙称心包腔（pericardial cavity）。在心包腔内，浆膜心包脏、壁两层返折处的间隙称心包窦，观察心包横窦（transverse pericardial sinus）、心包斜窦（oblique pericardial sinus）、心包前下窦（anterior inferior sinus of pericardium）的位置。

8. 心的体表投影 在切开胸腔前壁并保留胸腔脏器原位的大体标本上观察心的体表投影。

【常用歌诀】

1. 体循环的静脉 体循终点右心房，三个入口回收忙；三个派系收全身，心静脉系上下腔。

2. 心位置 心居胸腔纵隔间，三分之二在左边；心内注射药物时，胸骨左缘四肋间。

3. 心脏的结构 一套房子十一个门，迎来送去不停神；请你猜猜它是啥，每间房子几个门？

【复习思考题】

（一）判断题（正确答案用 A 表示，错误答案用 B 表示）

1. 动脉韧带是肺动脉分叉处稍左侧连于主动脉弓下缘的纤维性结构，由动脉导管闭锁形成。（ ）
2. 在左侧第 4 肋间隙胸骨左缘处进行心内注射，一般不会伤及胸膜和肺。（ ）
3. 主动脉前庭由二尖瓣后尖和室间隔上部组成。（ ）
4. 主动脉隆凸是主动脉窦向右心房凸起而成，是心导管术的一个标志。（ ）
5. 室间隔膜部分为室间部和房室部，室间隔缺损多发生于房室部。（ ）
6. 心血管系统是封闭的管道系统，其功能只是物质运输和物质交换。（ ）
7. 房室交界区的作用之一是使心房和心室肌依次先后顺序分开收缩。（ ）
8. 左冠状动脉前室间支分布于左室前壁及室间隔前 1/3。（ ）
9. 心包前下窦是心包穿刺比较安全的部位。（ ）
10. 窦房结是心的正常起搏点，位于上腔静脉和右心房交界处的心内膜下。（ ）
11. 三尖瓣复合体的损伤将导致血流动力学的改变。（ ）
12. 心包腔是位于纤维心包和浆膜心包之间的潜在性腔隙。（ ）
13. Todaro 腱是位于左心房心内膜深面的结缔组织束。（ ）

（二）最佳选择题

1. 关于脉管系统的组成叙述正确的是（ ）

A. 心、动脉、毛细血管和静脉　　B. 心、动脉、静脉和循环中的血液

C. 心血管系和淋巴管　　D. 心血管系统和淋巴系统

E. 心血管系和淋巴器官

2. 动脉是（ ）

A. 运送动脉血的血管　　B. 具有明显搏动的血管

C. 运送血液离心的管道　　D. 与左半心相连的血管

E. 压力高，管壁厚，容量大的血管

3. 肺循环起于（ ）

A. 肺泡周围的毛细血管　B. 左心房　C. 左心室
D. 右心房　E. 右心室

4. 体循环终止于（　　）
A. 全身各部毛细血管　B. 左心房　C. 左心室
D. 右心房　E. 右心室

5. 心（　　）
A. 斜位于胸腔中纵隔内　B. 长轴与身体中线基本一致
C. 左、右心房分别位于左、右心室上方　D. 左半心和右半心分别列于中线两侧
E. 无上述情况

6. 心（　　）
A. 心尖朝向左前下方　B. 心底与膈相贴
C. 房间隔分为肌部和膜部　D. 右冠状动脉前室间支行于前室间沟内
E. 右心房、右心室分别位于左心房、左心室的左前方

7. 心尖（　　）
A. 朝向前下方　B. 平对第 6 肋间隙　C. 由左心室构成
D. 由左、右心室构成　E. 稍左侧的凹陷称心尖切迹

8. 参与心底构成的有（　　）
A. 左心房和左心室　B. 右心房和右心室
C. 左心房和右心房　D. 左心室和右心室
E. 左右心房、左右心室的一部分

9. 构成心右缘的是（　　）
A. 右心房和右心室　B. 右心房　C. 右心室和下腔静脉
D. 右心房和下腔静脉　E. 上腔静脉、右心房和右心室

10. 构成心左缘的是（　　）
A. 主动脉弓、肺动脉和左心室　B. 左心室
C. 肺动脉和左心房　D. 左心耳和左心室
E. 升主动脉、肺动脉、左心房和左心室

11. 界嵴（　　）
A. 是心房和心室的分界　B. 是左心室流入道和流出道的分界
C. 是右心室流入道和流出道的分界　D. 是腔静脉窦和固有心房的分界
E. 为卵圆窝前上方的嵴

12. 右心房有（　　）
A. 4 个肺静脉入口　B. 肺动脉口　C. 心大静脉开口
D. 上、下腔静脉口　E. 心中静脉开口

13. 卵圆窝位于（　　）
A. 左心房房间隔下部　B. 右心室室间隔上部　C. 左心室室间隔上部
D. 右心房房间隔下部　E. 以上都不对

14. 右心室（　　）
A. 位于右心房的前下方　B. 室壁比左心室壁略厚　C. 构成心右缘

D. 内面平滑，无肌性隆起　　E. 有冠状窦开口

15. 右心室流入道和流出道的分界是（　　）

A. 隔缘肉柱（节制带）　　B. 室上嵴　　C. 三尖瓣隔侧尖

D. 前乳头肌　　E. 三尖瓣前尖

16. 关于左心室的描述，错误的是（　　）

A. 位于右心室的左后方　　B. 流出道又称为主动脉前庭

C. 流入道入口有二尖瓣环　　D. 壁比右心室薄

E. 二尖瓣前尖是流入道和流出道的分界

17. 左心室流入道和流出道的分界是（　　）

A. 二尖瓣前尖　　B. 二尖瓣后瓣　　C. 前乳头肌

D. 后乳头肌　　E. 二尖瓣后瓣、腱索和乳头肌

18. 二尖瓣位于（　　）

A. 上腔静脉口　　B. 下腔静脉口　　C. 主动脉口

D. 肺动脉口　　E. 左房室口

19. 窦房结位于（　　）

A. 房间隔下部的心内膜深面　　B. 右肺上静脉入口处

C. 上腔静脉前方心内膜深面　　D. 上腔静脉与右心房交界处心外膜深面

E. 无上述情况

20. 心肌正常收缩的起搏点是（　　）

A. 窦房结　　B. 房室结　　C. 房室束

D. 房室结和房室束　　E. 无上述情况

21. 房室结（　　）

A. 位于上腔静脉与右心房交界处心内膜深面

B. 位于 Koch 三角的尖端、心内膜深面

C. 位于房间隔下部，冠状窦口后方心内膜深面

D. 是心室收缩的起搏点

E. 通常由左冠状动脉旋支供血

22. 左冠状动脉前室间支（　　）

A. 沿前室间沟下行，终于心尖

B. 分布于左心室前壁和侧壁

C. 沿前室间沟下行，绕心尖分布于整个心膈面和室间隔

D. 营养左心室前壁，部分右心室前壁和室间隔前 2/3

E. 通常分支到窦房结

23. 心的静脉（　　）

A. 全部注入冠状窦　　B. 注入冠状窦和直接注入右心室

C. 全部注入右心房　　D. 注入冠状窦和直接注入各心腔

E. 无上述情况

24. 冠状窦注入（　　）

A. 左心房　　B. 右心房　　C. 右心室　　D. 上腔静脉　　E. 下腔静脉

25. 纤维性心包（　　）

A. 分为壁层和脏层　　B. 下方与膈胸膜相贴

C. 与出入心的大血管外膜相续　　D. 与心外膜之间的窄隙称心包腔

E. 后壁与左心房、下腔静脉之间为心包斜窦

26. 心包横窦位于（　　）

A. 心包腔前下部　　B. 升主动脉和肺动脉干后方

C. 下腔静脉和心包后壁之间　　D. 上腔静脉和右肺血管之间

E. 无上述情况

（三）多项选择题

1. 心的位置（　　）

A. 位于中纵隔内　　B. 约 1/3 在正中面的左侧

C. 约 2/3 在正中面的右侧　　D. 前面全部被胸膜所覆盖

E. 前方对向胸骨体和第 2～6 肋软骨

2. 右心室（　　）

A. 心肌比左心室发达，肉柱较细小

B. 有隔缘肉柱

C. 流入道和流出道的分界是室上嵴

D. 流出道又称动脉圆锥

E. 入口周缘有三尖瓣环

3. 开口于右心房的结构是（　　）

A. 上腔静脉口　　B. 主动脉口　　C. 下腔静脉口

D. 肺动脉口　　E. 冠状窦口

4. 心室收缩时（　　）

A. 二尖瓣关闭　　B. 主动脉瓣开放　　C. 三尖瓣关闭

D. 三尖瓣开放　　E. 肺动脉瓣开放

5. 左心房（　　）

A. 是心腔最后方的部分　　B. 左心耳内面肉柱发达，交织成网

C. 隔心包后壁与食管毗邻　　D. 后部两侧各有两条肺静脉通入

E. 前方有升主动脉和肺动脉

6. 主动脉口（　　）

A. 为右心室的出口　　B. 周缘有主动脉瓣　　C. 为左心室的出口

D. 周缘有二尖瓣　　E. 周缘有三尖瓣

7. 心的传导系包括（　　）

A. 腱索　　B. 窦房结　　C. 房室束　　D. 纤维环　　E. 房室结

8. 直接汇入冠状窦的静脉（　　）

A. 心大静脉　　B. 心中静脉　　C. 心小静脉　　D. 心前静脉　　E. 心最小静脉

9. 房间隔（　　）

A. 呈矢状位

B. 由两层心内膜中间夹心房肌纤维和结缔组织而构成

C. 为一肌性结构
D. 分隔左、右心房
E. 房间隔右侧面中下部可见卵圆窝

10. 左心室（　　）
A. 出口为主动脉口　B. 入口为冠状窦口　C. 有两组乳头肌
D. 内腔有隔缘肉柱　E. 内容动脉血

11. 左冠状动脉（　　）
A. 起于主动脉左窦　B. 分为前室间支和旋支
C. 分布于室间隔前 1/3　D. 分布于室间隔前 2/3
E. 分布于右心室前壁的一部分

12. 右心房有（　　）
A. 上腔静脉口　B. 下腔静脉　C. 冠状窦口
D. 肺静脉口　E. 卵圆窝

13. 右心房（　　）
A. 分为固有心房和腔静脉窦　B. 内侧壁后部有卵圆窝　C. 有三个入口
D. 内面有界嵴　E. 外面有界沟

14. 心的出入口（　　）
A. 右心房有三个入口
B. 左心房有四个入口
C. 心房的出口即心室的入口称房室口
D. 右心室的出口为肺动脉口
E. 出入口均有瓣膜

15. 心传导系（　　）
A. 由特殊分化的心肌细胞组成
B. 窦房结是心的正常起搏点
C. 房室结位于冠状窦口与右房室口之间的心内膜深面
D. 房室束把窦房结冲动传至房室结
E. 不受神经系统的调控

16. 心脏（　　）
A. 右心房有冠状窦口　B. 左心房有左房室口　C. 心室内有梳状肌
D. 主动脉口有三个袋状的半月瓣　E. 左房室口有二尖瓣

（四）名词解释

1. 体循环
2. 肺循环
3. 房室交点
4. 卵圆窝
5. Koch 三角
6. 三尖瓣复合体
7. 主动脉窦

8. 心包横窦
9. 心包斜窦

（五）填空题

1. 心血管系统由心、________、________和毛细血管组成。
2. 淋巴系统包括________、________和淋巴组织。
3. 肺循环起于________，终于________。
4. 体循环起于________，终于________。
5. 体循环的途径是动脉血由________射入________，经其各级分支至全身毛细血管，进行物质交换后变成静脉血。
6. 肺循环的途径是静脉血自________经________及其分支入肺。
7. 心位于胸腔________纵隔内，约________在身体正中线的左侧。
8. 在________侧第________肋间隙锁骨中线内侧 1～2cm 处可扪及心尖冲动。
9. 心的胸肋面大部分隔心包被________和________遮盖。
10. 心的胸肋面小部分隔心包与________和________邻近。
11. 常在左侧第________间隙旁胸骨________侧缘处进行心内注射。
12. 左、右心室表面的分界标志是________和________。
13. 右心房前后两部的分界线，外面为________，内面为________。
14. 右房室口附着有________瓣，左房室口附着有________瓣。
15. 左心室出口称________，口的周缘附着有________瓣。
16. 左右心房之间有________隔，左右心室之间有________隔。
17. 室间隔分为________和________。
18. 窦房结位于________，房室结位于________。
19. 左冠状动脉两大分支分别称________和________。
20. 冠状窦位于心膈面，左心房与左心室之间的________内，注入________。
21. 心包由________心包和________心包两部分构成。

（六）综合应用题

1. 大循环的途径如何？
2. 心位于何处？
3. 心底部与哪些大血管干相连？临床在何处进行心内注射？
4. 区分心腔各部有哪些表面标志？在这些标志内各有什么重要结构通行？
5. 左、右心房有哪些入口和出口？
6. 心的传导系包括哪些？
7. 简述左冠状动脉的起始、走行、主要分支和分布。
8. 冠状窦位于何处?有哪些属支？开口于何处?
9. 心包是如何构成？心包窦有哪些？各有何意义？

（姚柏春）

二、动　　脉

【目的和要求】

1. 掌握主动脉的分部，升主动脉和主动脉弓的起止、位置和分支；颈总动脉和锁骨下动脉及其主要分支；腋动脉、肱动脉、桡动脉、尺动脉的起止、行径和分布范围；掌浅弓和掌深弓的组成、位置、主要分支、分布和体表投影。掌握腹主动脉的起止和主要分支；腹腔干、肠系膜上动脉、肠系膜下动脉，以及它们分支的起始、行径和分布范围；股动脉、腘动脉、胫前动脉、胫后动脉、足背动脉的起止、行径和分布范围。

2. 熟悉肺动脉干和左、右肺动脉的行径及动脉韧带的位置；颈外动脉的起始、行径、分支、分布及临床意义；颈动脉窦和颈动脉小球的位置和功能；胸主动脉及其分支肋间后动脉的起止、行径、分支和分布范围。熟悉肾上腺中动脉、肾动脉、睾丸或卵巢动脉的行径和分布范围；子宫动脉的行径、分布及其与输尿管的关系；髂外动脉分支腹壁下动脉的起始、行径和分布范围。

3. 了解腋动脉主要分支的行径和分布范围；支气管、食管和心包的动脉供应来源。了解膈下动脉、腰动脉和骶正中动脉的分布范围；髂总动脉的起止和行径；髂内动脉分支的行径和分布范围。

【实训教具】

1. 标本　大体标本；胸腔解剖标本；躯干后壁的血管标本；头颈血管标本；胸部血管标本；游离上肢血管标本。躯干后壁的血管标本；腹部血管标本；盆部正中矢状切血管标本；游离下肢血管标本。

2. 模型　出入心大血管的心脏模型。腹腔干模型。

【实训内容及方法】

（一）肺循环的动脉

在大体标本及心的模型上观察肺动脉的起止、行径，在心的模型、标本上观察动脉韧带。

肺动脉干（pulmonary trunk）起自右心室，在升主动脉前方向左后上方斜行，至主动脉弓下方分为左、右肺动脉。左肺动脉（left pulmonary artery）分 2 支进入左肺上、下叶。右肺动脉（right pulmonary artery）至右肺门处分为 3 支进入右肺上、中、下叶。在肺动脉干分叉处稍左侧与主动脉弓下缘之间有一结缔组织索，称动脉韧带（arterial ligament）。

（二）体循环的动脉

在大体标本及心的模型上观察主动脉（aorta）由左心室发出，先斜向右上，再弯向左后，沿脊柱左前方下行，穿膈的主动脉裂孔入腹腔，至第 4 腰椎下缘处分为左、右髂总动脉。依其行程分为升主动脉（ascending aorta）、主动脉弓（aorta arch）、胸主动脉（thoracic aorta）和腹主动脉（abdominal aorta）。主动脉凸侧从右向左发出头臂干（brachiocephalic trunk）（分为右颈总动脉和右锁骨下动脉）、左颈总动脉（left common carotid artery）和左锁骨下动脉（left subclavian artery）。

1. 头、颈部的动脉　颈总动脉（common carotid artery）是头颈部的主要动脉干，在大体标本和头颈正中矢状切标本上观察左颈总动脉发自主动脉弓，右颈总动脉起于头臂干。颈总动脉至甲状软骨上缘分为颈内动脉和颈外动脉。颈总动脉末端和颈内动脉起始部的膨大部分为颈动脉窦（carotid sinus）。借结缔组织连于颈动脉杈后方的扁椭圆形小体为颈动脉小球（carotid glomus）。

（1）颈外动脉（external carotid artery）：自颈总动脉分出，位于颈内动脉前内侧，经其前方转至外侧。在头颈正中矢状切标本上自下往上依次寻认颈外动脉的主要分支，甲状腺上动脉、舌动脉、面动脉、颞浅动脉和上颌动脉。

1）甲状腺上动脉（superior thyroid artery）：起自颈外动脉的起始处，行向前下方，至甲状腺侧叶上端。

2）舌动脉（lingual artery）：在甲状腺上动脉的稍上方，平舌骨大角处发自颈外动脉。

3）面动脉（facial artery）：自舌动脉稍上方发出，经下颌下腺深面，绕下颌骨下缘咬肌前缘至面部，沿口角和鼻翼的外侧，向上至内眦，改称为内眦动脉。

4）上颌动脉（maxillary artery）：平下颌颈深面入颞下窝，在翼内、外肌之间向前内走行至翼腭窝。

（2）颈内动脉（internal carotid artery）：由颈总动脉发出后，垂直上升至颅底，经颈动脉管入颅腔，在颈部无分支。

2. 上肢的动脉　左侧锁骨下动脉起于主动脉弓，右侧起自头臂干，穿斜角肌间隙，至第1肋外缘延续为腋动脉。在大体标本及游离上肢标本上观察寻认锁骨下动脉的分支：起于锁骨下动脉穿第6～1颈椎横突孔的椎动脉（vertebral artery）；在椎动脉起始点的相对侧发起，向下入胸腔，沿第1～6肋软骨后面下降的胸廓内动脉（internal thoracic artery）；在椎动脉外侧，前斜角肌内侧缘附近起始的甲状颈干（thyrocervical trunk），甲状颈干的主要分支有甲状腺下动脉、肩胛上动脉。

（1）腋动脉（axillary artery）：在大体标本及游离上肢标本上观察腋动脉的主要分支有胸肩峰动脉、胸外侧动脉、肩胛下动脉（分为胸背动脉及旋肩胛动脉）、旋肱后动脉。

（2）肱动脉（brachial artery）：沿肱二头肌内侧下行至肘窝，平桡骨颈高度分为桡动脉和尺动脉。肱动脉主要分支是肱深动脉、尺侧上副动脉、尺侧下副动脉。

（3）桡动脉（radial artery）：先经肱桡肌和旋前圆肌之间，继而在肱桡肌肌腱和桡侧腕屈肌肌腱之间下行，绕桡骨茎突至手背，穿第1掌骨间隙至手掌。主要分支是掌浅支、拇主要动脉。

（4）尺动脉（ulnar artery）：在尺侧腕屈肌与指浅屈肌之间下行，经豌豆骨桡侧至手掌。主要分支有骨间总动脉、掌深支。

（5）掌浅弓和掌深弓：掌浅弓（superficial palmar arch）由尺动脉末端与桡动脉掌浅支吻合而成。掌深弓（deep palmar arch）由桡动脉末端和尺动脉的掌深支吻合而成。

3. 胸部的动脉　胸主动脉（thoracic aorta）是胸部的动脉主干，其分支有壁支和脏支。壁支有肋间后动脉、肋下动脉和膈上动脉。脏支包括支气管支、食管支和心包支。

4. 腹部的动脉　腹主动脉（abdominal aorta）是腹部动脉的主干。在大体标本上观察腹主动脉的起止、行程和分支。腹主动脉沿脊柱左前方下降，至第4腰椎体下缘处分为左、右髂总动脉。腹主动脉分支有壁支和脏支。壁支包括腰动脉（lumbar arteries）、膈下动脉（inferior phrenic artery）、骶正中动脉（middle sacral artery）。脏支分为成对和不成对两种。成对脏支有肾上腺中动脉（middle suprarenal artery）、肾动脉（renal artery）、睾丸动脉（testicular artery）（男性）或卵巢动脉（ovarian artery）（女性）；不成对脏支有腹腔干（celiac trunk）、肠系膜上动脉（superior mesenteric artery）和肠系膜下动脉（inferior mesenteric artery）。注意观察腹腔干、肠系膜上动脉、肠系膜下动脉的起止、行程和分支分布。

- 腹腔干
  - 胃左动脉 →食管腹段、贲门和胃小弯附近的胃壁
  - 肝总动脉
    - 肝固有动脉
      - 左支→肝左叶
      - 右支→胆囊动脉→胆囊
      - 胃右动脉→十二指肠上部和胃小弯的胃壁
    - 胃十二指肠动脉
      - 胃网膜右动脉→胃和大网膜
      - 胰十二指肠上动脉→胰头和十二指肠
  - 脾动脉
    - 胃网膜左动脉→胃和大网膜
    - 胃短动脉→胃底
    - 胰支→胰体和胰尾
    - 脾支→脾
    - 胃后动脉→胃体后壁上部

- 肠系膜上动脉
  - 胰十二指肠下动脉→胰、十二指肠
  - 空肠动脉和回肠动脉→空肠和回肠
  - 回结肠动脉→回肠末端、盲肠、升结肠，发出阑尾动脉→阑尾
  - 右结肠动脉→升结肠
  - 中结肠动脉→横结肠

- 肠系膜下动脉
  - 左结肠动脉→降结肠
  - 乙状结肠动脉→乙状结肠
  - 直肠上动脉→直肠上部

5. 盆部的动脉 在盆部正中矢状切标本上观察髂内动脉的起止、行程和分支分布。

壁支：闭孔动脉、臀上动脉、臀下动脉、髂腰动脉、骶外侧动脉

- 髂内动脉
  - 壁支：闭孔动脉、臀上动脉、臀下动脉、髂腰动脉、骶外侧动脉
  - 脏支
    - 膀胱上动脉、膀胱下动脉→膀胱、前列腺、阴道
    - 子宫动脉→子宫、阴道、输卵管、卵巢
    - 阴部内动脉→肛门、会阴、外生殖器
    - 直肠下动脉→直肠下部

6. 下肢的动脉 在大体标本及游离下肢标本上观察髂外动脉、股动脉、胫前动脉、胫后动脉、腓动脉、足背动脉的起止、行程、分支和分布。 髂外动脉沿腰大肌内侧缘下降，经腹

股沟韧带中点深面至股前部，移行为股动脉。髂外动脉在腹股沟韧带稍上方发出腹壁下动脉和旋髂深动脉。

（1）股动脉（femoral artery）：在股三角内下行，经收肌管，出收肌腱裂孔到腘窝，移行为腘动脉。股动脉的主要分支为股深动脉，股深动脉发出旋股内侧动脉、旋股外侧动脉、穿动脉。

（2）腘动脉（popliteal artery）：在腘窝深部下行，至腘肌下缘分为胫前动脉和胫后动脉。

（3）胫后动脉（posterior tibial artery）：沿小腿后群浅、深屈肌之间下行，经内踝后方至足底，分为足底内侧动脉和足底外侧动脉。胫后动脉主要分支为腓动脉，腓动脉起于胫后动脉上部，沿腓骨内侧下行。

（4）胫前动脉（anterior tibial artery）：由腘动脉发出后，穿小腿骨间膜至小腿前面，至踝关节前方移行为足背动脉。

（5）足背动脉（dorsal artery of foot）：足背动脉位置表浅，在踝关节前方，内、外踝连线中点、踇长伸肌肌腱的外侧可触知其搏动。

【常用歌诀】

1. 主动脉的起始、行程和分段 主动脉，似拐杖，穿过膈入腹腔，4 腰椎下分髂总，全程 3 段升弓降；弓上分支头臂干、左颈左锁头颈上；膈分降部成胸腹，分支供应壁和脏。

2. 主动脉弓分支排列 从右至左依次为头臂干、左颈总动脉和左锁骨下动脉。上述诸血管的关系可用右手指表示：右掌心对躯干前面，小指和无名指屈曲，拇指代表头臂干，示指代表左颈总动脉，中指代表左锁骨下动脉。

3. 颈外动脉 颈外动脉要记清，甲上舌面枕后行；颞浅穿行腮腺内，上颌下牙脑膜中。面脉终支叫内眦，上颌终支眶下行；还有二支别忘记，耳后动脉加咽升。

4. 锁骨下动脉 锁骨动脉要记好，椎脉上行进大脑；胸廓内有四支兵，腹壁上面肌膈跑。不要忘记心包膈。肋间前支有六条；甲状颈干二支兵，肩上甲下要记牢。锁脉还有肩胛背。肋劲干往二肋找。

5. 腋动脉歌诀 腋动脉登胸肩峰，胸外还有四支兵；肩下胸背旋肩胛，旋肱后往山上冲。旋肱前去肩关节，胸上一二肋间攻。

6. 掌动脉弓 尺桡吻合两个弓，各弓组成要记清；浅弓尺终桡掌浅，深弓尺深连桡终。

7. 腹主动脉 膈下腹腔十二胸，肠与肾上腰一生；肾与精索平腰二，肠系膜下腰三平。

8. 髂内动脉 髂内动脉分壁脏，壁支闭孔臀下上；脏支阴部内子宫，直肠下面膀下上。

9. 子宫动脉与输尿管的位置关系 将输卵管比喻成一条“河流”，子宫动脉比喻成一座“小桥”，称之为“桥下流水”。

10. 股动脉 股动脉，要记真，一大分支叫股深；旋股内、走向内，旋股外，走前群。千万别忘穿动脉，穿出四条进后群；二三分支上面跟，旋髂浅，腹壁浅，一外一内不可分。

【复习思考题】

（一）判断题（正确答案用 A 表示，错误答案用 B 表示）

1. 左、右颈总动脉均发自主动脉弓。（ ）
2. 面动脉在咬肌前缘绕下颌骨下缘处位置表浅，当面部出血时，可在该处压迫止血。（ ）
3. 椎动脉经枕骨大孔入颅，分支分布于脑和视器。（ ）

4. 颞部骨折时易损伤脑膜中动脉后支而引起硬膜外血肿。( )
5. 掌浅弓由桡动脉终支和尺动脉掌浅支合成，位于掌腱膜的深方。( )
6. 腹壁下动脉发自髂外动脉，经腹股沟腹环内侧进入腹直肌鞘。( )
7. 直肠上动脉是肠系膜下动脉的分支。( )
8. 子宫动脉在子宫颈外侧 2cm 处从输尿管的后方跨过，再沿子宫侧缘迂曲上升至子宫底。( )
9. 空回肠动脉发自肠系膜上动脉的左侧，先反复分支吻合成多级动脉弓后，再发出直行小支入肠壁。( )
10. 下肢出血时可在腹股沟韧带稍下方将股动脉压向耻骨上支进行压迫止血。( )

（二）最佳选择题

1. 肺动脉干起自( )
A. 左心房 B. 左心室 C. 右心房 D. 右心室 E. 主动脉前庭
2. 动脉韧带( )
A. 连于肺动脉干与升主动脉之间 B. 由肌纤维束构成
C. 来源于动脉圆锥 D. 是动脉导管闭锁的遗迹
E. 以上均不是
3. 主动脉小球( )
A. 位于主动脉弓壁内 B. 位于主动脉弓上方
C. 在主动脉弓与气管之间 D. 在主动脉弓下方
E. 属压力感受器
4. 升主动脉只发出( )
A. 左、右冠状动脉 B. 头臂干 C. 锁骨下动脉
D. 颈总动脉 E. 椎动脉
5. 颈总动脉( )
A. 平甲状软骨上缘分为颈内、外动脉 B. 起于主动脉弓
C. 分叉处稍膨大形成颈动脉小球 D. 与迷走神经及颈外静脉伴行
E. 是头部唯一的动脉干
6. 颈总动脉压迫止血点位于( )
A. 在颈总动脉下段 B. 甲状软骨平面
C. 胸锁乳头肌后缘中点 D. 胸锁乳头肌前缘，平环状软骨侧方
E. 无上述情况
7. 颈动脉小球( )
A. 在颈总动脉壁内 B. 在颈内动脉起始处壁内
C. 借结缔组织连于颈动脉杈的后方 D. 属压力感受器
E. 无上述情况
8. 颈外动脉( )
A. 初段位于颈内动脉外侧 B. 行经腮腺浅面
C. 在下颌颈处分为颞浅动脉和上颌动脉 D. 分布于甲状腺侧叶上下部
E. 可分布于颅内结构

9. 在咬肌前缘绕过下颌骨下缘的动脉是（　　）
A. 面动脉　B. 舌动脉与枕动脉　C. 舌动脉
D. 脑膜中动脉　E. 大脑前动脉
10. 不属于颈外动脉直接分支的是（　　）
A. 咽升动脉　B. 脑膜中动脉　C. 甲状腺上动脉
D. 耳后动脉　E. 上颌动脉
11. 颞区硬脑膜外血肿的出血来自（　　）
A. 大脑中动脉　B. 下矢状窦　C. 颞深动脉
D. 脑膜中动脉　E. 大脑前动脉
12. 脑膜中动脉直接起于（　　）
A. 颈内动脉　B. 颈外动脉　C. 颞深动脉
D. 上颌动脉　E. 大脑中动脉
13. 下列不是颈外动脉分支的是（　　）
A. 甲状腺下动脉　B. 甲状腺上动脉　C. 面动脉
D. 舌动脉　E. 颞浅动脉
14. 颈内动脉（　　）
A. 起于平对舌骨大角处的颈总动脉
B. 颈内动脉下段位置表浅，未被胸锁乳突肌覆盖
C. 根据行程分为颈部、海绵窦部和虹吸部
D. 在颈部无分支
E. 无上述情况
15. 锁骨下动脉分支中没有（　　）
A. 椎动脉　B. 胸肩峰动脉　C. 甲状颈干
D. 胸廓内动脉　E. 肋颈干
16. 椎动脉（　　）
A. 起于颈总动脉　B. 穿过第 7～1 颈椎横突孔
C. 经枕骨大孔入颅　D. 直接参加大脑动脉环
E. 发出大脑后动脉
17. 胸廓内动脉错误的是（　　）
A. 起于锁骨下动脉　B. 在 1～6 肋软骨后前方下行
C. 向上 6 个肋间隙发出一条肋间前动脉　D. 发分支至心、膈、胸前壁等处
E. 其终支肌膈动脉穿至腹直肌
18. 甲状颈干的分支有（　　）
A. 甲状腺下动脉　B. 咽升动脉　C. 肩胛下动脉
D. 甲状腺上动脉　E. 颈深动脉
19. 肱动脉（　　）
A. 行经桡神经沟　B. 沿肱二头肌内侧下行　C. 与肌皮神经伴行
D. 与桡神经伴行　E. 与尺神经伴行

20. 桡动脉（　　）
A. 其主干是掌浅弓的主要组成动脉
B. 常与桡神经伴行，经桡神经沟
C. 行于肱桡肌肌腱与桡侧腕屈肌肌腱之间
D. 绕桡骨茎突，经拇指三个肌腱浅面至手背
E. 发出骨间前动脉
21. 桡动脉的摸脉位置在（　　）
A. 腕部桡侧腕屈肌肌腱与掌长肌肌腱之间
B. 掌长肌肌腱内侧
C. 拇长伸肌肌腱外侧
D. 桡侧腕屈肌肌腱外侧
E. 肱骨外上髁前方
22. 掌浅弓（　　）
A. 由桡动脉掌浅支和尺动脉末端组成
B. 由桡动脉掌深支和尺动脉掌深支组成
C. 由尺动脉掌深支和桡动脉末端组成
D. 由桡尺动脉末端组成
E. 位于指浅屈肌深面
23. 胸主动脉发出的脏支（　　）
A. 食管动脉、支气管动脉
B. 肋间后动脉
C. 膈上动脉
D. 肋下动脉
E. 冠状动脉
24. 腹主动脉（　　）
A. 为腹膜间位器官
B. 脏支远较壁支粗大
C. 平第5腰椎下缘分为左右髂总动脉
D. 后方有胰、脾、十二指肠水平部和小肠系膜根
E. 无上述情况
25. 肾动脉（　　）
A. 起于腹主动脉
B. 只分布到肾
C. 左肾动脉起始部位高于右侧，长度较右侧略长
D. 经肾静脉、肾盂后方入肾门
E. 在肾实质内不按节段分布
26. 腹腔干和肠系膜上动脉的分支不包括（　　）
A. 胃左动脉
B. 脾动脉
C. 回结肠动脉
D. 左结肠动脉
E. 肝总动脉
27. 营养胃底的动脉是（　　）
A. 脾动脉
B. 胃短动脉
C. 胃左动脉
D. 胃右动脉
E. 胃网膜右动脉
28. 不属于肠系膜上动脉分支的是（　　）
A. 胰十二指肠上动脉
B. 回结肠动脉
C. 胰十二指肠下动脉
D. 中结肠动脉
E. 空回肠动脉
29. 肠系膜上动脉起始处闭塞，引起肠管血运障碍的范围包括（　　）
A. 全部小肠
B. Treitz 韧带以下的小肠
C. 升结肠与横结肠
D. 部分十二指肠、空回肠、盲肠、升结肠和横结肠
E. 全部大、小肠
30. 肠系膜上动脉起始处闭塞，不引起肠管血运障碍的部位是（　　）

A. 十二指肠和胰　B. 空回肠　C. 阑尾
D. 升结肠和横结肠　E. 降结肠和乙状结肠

31. 阑尾动脉起自（　　）
A. 肠系膜上动脉　B. 肠系膜下动脉　C. 右结肠动脉
D. 回结肠动脉　E. 左结肠动脉

32. 乙状结肠动脉起于（　　）
A. 腹腔干　B. 腹主动脉　C. 肠系膜下动脉
D. 髂内动脉　E. 肠系膜上动脉

33. 肠系膜下动脉起始部闭塞出现完全血运障碍的器官是（　　）
A. 升结肠和横结肠　B. 降结肠和横结肠　C. 乙状结肠
D. 直肠和肛管　E. 盲肠和阑尾

34. 子宫动脉在距子宫颈外侧 2cm 处行于（　　）
A. 输尿管的后下方　B. 输尿管的前上方　C. 输尿管的外侧
D. 输卵管系膜内方　E. 子宫阔韧带前方

35. 子宫动脉起于（　　）
A. 髂内动脉　B. 髂外动脉　C. 闭孔动脉
D. 阴部内动脉　E. 臀上动脉

36. 下述不属于髂内动脉分支的是（　　）
A. 子宫动脉　B. 膀胱下动脉　C. 直肠下动脉
D. 卵巢动脉　E. 阴部内动脉

37. 股动脉（　　）
A. 是髂内动脉的直接延续　B. 续于髂外动脉　C. 外侧有股静脉伴行
D. 浅面有肌肉覆盖　E. 在其末段发出股深动脉

38. 体表最易摸到股动脉的部位是（　　）
A. 腹股沟韧带中外 1/3 交点处　B. 腹股沟韧带中点稍下方
C. 股静脉与股管之间　D. 股神经外侧
E. 无上述情况

39. 胫后动脉经过（　　）
A. 内踝前方　B. 内踝后方　C. 外踝前方
D. 外踝后方　E. 与腓深神经伴行

40. 触摸足背动脉搏动的位置在（　　）
A. 胫骨前肌肌腱外侧　B. 胫骨前肌肌腱内侧　C. 拇长伸肌肌腱外侧
D. 趾长伸肌肌腱外侧　E. 拇长伸肌肌腱内侧

41. 直接起于腹主动脉的有（　　）
A. 胃左动脉　B. 肝总动脉　C. 肠系膜上动脉
D. 胃右动脉　E. 脾动脉

42. 空、回肠动脉的来源（　　）
A. 肠系膜下动脉　B. 腹腔干　C. 脾动脉
D. 肠系膜上动脉　E. 胃网膜左动脉

43. 下述属于髂外动脉分支的是（　　）

A. 子宫动脉　　B. 膀胱下动脉　　C. 直肠下动脉

D. 腹壁下动脉　　E. 阴部内动脉

（三）多项选择题

1. 不属于颈外动脉分支的是（　　）

A. 甲状腺上动脉　　B. 甲状腺下动脉　　C. 面动脉

D. 上颌动脉　　E. 眼动脉

2. 甲状腺的动脉来自（　　）

A. 颈外动脉的甲状腺上动脉　　B. 甲状颈干的甲状腺下动脉　　C. 颈总动脉

D. 锁骨下动脉　　E. 腋动脉

3. 属于锁骨下动脉分支的是（　　）

A. 甲状颈干　　B. 椎动脉　　C. 甲状腺上动脉

D. 胸廓内动脉　　E. 胸肩峰动脉

4. 组成掌浅弓的血管是（　　）

A. 桡动脉的掌浅支　　B. 桡动脉的末端　　C. 尺动脉的末端

D. 骨间前动脉　　E. 尺动脉的掌深支

5. 胸主动脉的壁支包括（　　）

A. 胸廓内动脉　　B. 肋间后动脉　　C. 支气管动脉

D. 肋下动脉　　E. 食管动脉

6. 属于颈外动脉分支的是（　　）

A. 甲状腺上动脉　　B. 舌动脉　　C. 上颌动脉

D. 尺动脉　　E. 腋动脉

7. 主动脉弓（　　）

A. 前方有胸骨柄　　B. 壁内有压力感受器　　C. 下缘有主动脉小球

D. 在第 4 胸椎体高度移行为主动脉胸部　　E. 后方有食管

8. 颈总动脉（　　）

A. 左右都起于主动脉弓　　B. 经胸锁关节后方

C. 平甲状软骨上缘分为颈内、外动脉　　D. 前方有迷走神经

E. 内侧有气管

9. 锁骨下动脉（　　）

A. 右侧起于头臂干　　B. 左侧起于主动脉弓　　C. 椎动脉为其最大分支

D. 末端移行为肱动脉　　E. 向下发出胸廓内动脉

10. 腋动脉的分支有（　　）

A. 胸肩峰动脉　　B. 肱深动脉　　C. 旋肱前、后动脉

D. 肩胛下动脉　　E. 甲状腺下动脉

11. 腹腔干的直接分支是（　　）

A. 肝总动脉　　B. 胃右动脉　　C. 脾动脉

D. 胃左动脉　　E. 肠系膜上动脉

12. 腹腔干的分支分布于（　　）

A. 肝　B. 胆囊　C. 胰　D. 肾　E. 脾

13. 分布到胃的动脉是（　　）

A. 胃短动脉　B. 胃右动脉　C. 胃左动脉

D. 胃网膜右动脉　E. 胃网膜左动脉

14. 属于肠系膜上动脉分支的是（　　）

A. 回肠动脉　B. 中结肠动脉　C. 空肠动脉

D. 右结肠动脉　E. 回结肠动脉

15. 肠系膜下动脉的分支有（　　）

A. 左结肠动脉　B. 右结肠动脉　C. 中结肠动脉

D. 乙状结肠动脉　E. 直肠上动脉

16. 属于髂内动脉分支的是（　　）

A. 直肠下动脉　B. 子宫动脉　C. 直肠上动脉

D. 卵巢动脉　E. 阴部内动脉

17. 股动脉（　　）

A. 在股三角内下行　B. 经收肌管

C. 出收肌肌腱裂孔至腘窝　D. 向下延续为腘动脉

E. 在腹股沟韧带下方 2～5cm 处分出股深动脉

18. 在下肢可以触及搏动的动脉是（　　）

A. 足背动脉　B. 腘动脉　C. 股动脉

D. 胫后动脉　E. 胫前动脉

19. 腹主动脉（　　）

A. 有成对和不成对脏支　B. 腰动脉是壁支　C. 腹腔干是不成对脏支

D. 肠系膜上、下动脉是成对脏支　E. 肾动脉是成对脏支

20. 直肠的动脉（　　）

A. 直肠上动脉起于肠系膜上动脉　B. 直肠下动脉起于髂内动脉

C. 直肠下动脉左、右各一支　D. 直肠上动脉是肠系膜下动脉的分支

E. 直肠上、下动脉在直肠壁内互相吻合

21. 股动脉主要直接分支（　　）

A. 腹壁浅动脉　B. 腹壁下动脉　C. 旋髂深动脉

D. 股深动脉　E. 旋髂浅动脉

（四）名词解释

1. 动脉韧带
2. 颈动脉窦
3. 颈动脉小球
4. 掌浅弓
5. 掌深弓
6. 腹腔干

（五）填空题

1. 动脉韧带位于________和________之间。

2. 升主动脉发出________和________动脉。
3. 头臂干分为________和________动脉。
4. 颈动脉窦是________感受器，颈动脉小球是________感受器。
5. 甲状腺上动脉起于________，甲状腺下动脉起于________。
6. 颈外动脉两个终支是________和________。
7. 锁骨下动脉经________间隙，至第 1 肋外缘延续为________。
8. 甲状颈干的主要分支有________和________。
9. 肩胛下动脉分为________和________动脉。
10. 肱动脉沿________内侧下行，平________高度分为桡、尺动脉。
11. 掌浅弓由________的末端与________掌浅支吻合而成。
12. 掌浅弓发出 3 支________和 1 支________。
13. 掌深弓由________的末端与________掌深支吻合而成。
14. 主动脉弓的凸侧发出三条较大的动脉，由左向右依次发出________、左颈总动脉和________。
15. 主动脉弓的壁内有________，具有调节血压的作用，弓的下方有________，属化学感受器。
16. 主动脉降部分为________和________。
17. 颈总动脉在平甲状软骨上缘水平分为________和________。
18. 椎动脉起于________，向上穿第 6～1 颈椎横突孔，经________入颅腔。
19. 左、右锁骨下动脉分别来源于________和________。
20. 胸主动脉壁支有________、肋下动脉和________。
21. 腹主动脉自________处续于胸主动脉，相当于________水平分为左、右髂总动脉。
22. 腹主动脉成对的脏支有________、________和睾丸动脉（男）或卵巢动脉（女）。
23. 腹主动脉不成对的脏支有________、________和肠系膜下动脉。
24. 肾上腺上动脉起于________，肾上腺下动脉起于________。
25. 腹腔干由________发出，迅即分为________支。
26. 肝总动脉在十二指肠上部上方分为________和________。
27. 分布于胃小弯处的动脉有________和________。
28. 分布于胃大弯处的动脉有________和________。
29. 营养胃的动脉主要有________条，分布于胃底的是________。
30. 营养结肠的动脉主干来自________和________。
31. 阑尾动脉源于________，胆囊动脉起于________。
32. 子宫动脉起于________，在子宫颈外侧约 2cm 处，跨过________的前上方达子宫。
33. 直肠上动脉起于________，直肠下动脉起于________。
34. 出梨状肌下孔的动脉有________和________。
35. 股动脉在________位置表浅，发出最粗大的动脉称________。
36. 分布于升结肠和降结肠的动脉分别是________和________。
37. 肠系膜下动脉的主要分支有________、________和直肠上动脉。
38. 髂总动脉至骶髂关节的前方附近分为________和________。

39. 股动脉是________的延续，它的主要分支为________。

40. 旋股内外侧动脉和足底内外侧动脉分别来源于________和________。

（六）综合应用题

1. 主动脉的起止及分段如何？
2. 主动脉弓凸侧自右向左发出哪几个分支？头臂干有哪两个分支？
3. 一侧头部出血，向何处压迫颈总动脉可止血？翼点处骨折会损伤何动脉？
4. 颈外动脉有哪些主要分支？锁骨下动脉的主要分支包括哪些？
5. 掌浅弓和掌深弓的位置和构成如何？
6. 腹主动脉的成对脏支有哪些？它们分别供应哪些脏器的血液？
7. 分布于胃的动脉有哪些？它们分别起自什么动脉？
8. 肠系膜上、下动脉各有哪些分支？
9. 肠系膜上、下动脉各供应哪些器官？
10. 结肠分哪几部分？分布于各部的动脉及其来源如何？
11. 直肠分别由哪几条血管供应，分别源于何动脉？
12. 全身哪些动脉在体表可摸到其搏动？足背部出血，在何处压迫止血？
13. 试述腹腔干的分支及分布。

（唐　杰）

三、静　　脉

【目的和要求】

1. 掌握上腔静脉、下腔静脉的组成、起止和行径；头静脉、贵要静脉、肘正中静脉的起始、行径、注入部位及临床意义；大、小隐静脉的起止、行径及临床意义；肝门静脉的组成、行径和属支，肝门静脉系结构特点及与上、下腔静脉的交通途径和临床意义。

2. 熟悉髂总静脉、髂内静脉、髂外静脉的起止和行径，下腔静脉的属支。

3. 了解静脉的概念、结构和配布特点及几种特殊静脉（硬脑膜窦、板障静脉和导静脉）结构特点；左、右肺静脉的行径与归宿；上肢深静脉与动脉伴行情况；奇静脉、半奇静脉和副半奇静脉的起止和行径及椎静脉丛的位置和交通；下肢深静脉与动脉伴行情况。

【实训教具】

1. 标本　大体标本（示全身血管）；心标本；显示浅静脉的游离上、下肢标本；显示头颈静脉的标本；胸腔解剖标本；躯干后壁的静脉标本；腹部的静脉标本；肝标本；盆部、下肢的静脉标本。

2. 模型　心模型；显示头颈部静脉的模型；门腔静脉吻合模型；脊柱模型。

【实训内容及方法】

（一）肺循环的静脉

在心标本和模型上观察肺循环的静脉，肺静脉（pulmonary vein）每侧两条，分别为左上、左下肺静脉和右上、右下肺静脉，起自肺门，穿纤维心包，注入左心房后部。

（二）体循环的静脉

1. 上腔静脉系

（1）头颈部静脉：在大体标本和显示头颈部静脉的标本、模型上观察面静脉、下颌后静脉、颈外静脉、颈前静脉、颈内静脉和锁骨下静脉。

1）面静脉（facial vein）：起于内眦静脉（angular vein）。在面动脉的后方下行，在下颌角下方跨过颈内、外动脉的表面，下行至舌骨大角高度注入颈内静脉。面静脉通过眼上静脉和眼下静脉与颅内的海绵窦交通，并通过面深静脉（deep facial vein）与翼静脉丛交通，继而与海绵窦交通。

2）下颌后静脉（retromandibular vein）：由颞浅静脉与上颌静脉在腮腺内汇合而成。上颌静脉起自翼静脉丛（pterygoid venous plexus）。下颌后静脉下行至腮腺下端处分为前、后两支，前支注入面静脉，后支与耳后静脉和枕静脉汇合成颈外静脉。

3）颈外静脉（external jugular vein）：由下颌后静脉的后支与耳后静脉和枕静脉在下颌角处汇合而成，沿胸锁乳突肌表面下行，在锁骨上方穿深筋膜，注入锁骨下静脉或静脉角。

4）颈前静脉（anterior jugular vein）：沿颈前正中线两侧下行，注入颈外静脉或锁骨下静脉。左、右颈前静脉在胸骨柄上方常吻合成颈静脉弓（jugular venous arch）。

5）颈内静脉（internal jugular vein）：属支分颅内、颅外两种，重点观察颅外属支：面静脉、舌静脉、咽静脉、甲状腺上静脉、甲状腺中静脉。

6）锁骨下静脉（subclavian vein）：在第1肋外侧续于腋静脉，至胸锁关节后方与颈内静脉汇合成头臂静脉。两静脉汇合部称静脉角（venous angle），是淋巴导管的注入部位。

（2）上肢静脉：分为浅静脉和深静脉两种。在大体标本及游离上肢标本上辨认起自手背静脉网桡侧的头静脉（cephalic vein）和起自手背静脉网尺侧的贵要静脉（basilic vein）及在肘窝连接头静脉和贵要静脉的肘正中静脉（median cubital vein）。观察头静脉在臂部肱二头肌外侧沟上行，再沿三角肌与胸大肌间沟行至锁骨下窝穿深筋膜注入腋静脉或锁骨下静脉。贵要静脉在臂部肱二头肌内侧沟上行，至臂中点穿深筋膜注入肱静脉或伴肱静脉上行注入腋静脉。上肢的深静脉与同名动脉伴行，且多为两条。两条肱静脉在大圆肌下缘处汇合成腋静脉（axillary vein），位于腋动脉的前内侧。

（3）胸部静脉：在胸腔解剖标本和躯干后壁的静脉标本上观察胸部静脉，主要有头臂静脉、上腔静脉、奇静脉及其属支。

1）头臂静脉（brachiocephalic vein）：在胸锁关节的后方由锁骨下静脉和颈内静脉汇合而成。

2）上腔静脉（superior vena cava）：由左、右头臂静脉在右侧第1胸肋结合处后方汇合而成。沿升主动脉右侧下行，至第3胸肋关节下缘处注入右心房。

3）奇静脉（azygos vein）：在胸腔后壁及腹后壁上观察奇静脉，在右膈脚处起自右腰升静脉，沿食管后方和胸主动脉右侧上行，至第4胸椎体高度向前勾绕右肺根上方，注入上腔静脉。

4）半奇静脉（hemiazygos vein）：在左膈脚处起自左腰升静脉，沿胸椎体左侧上行，约达第8胸椎体高度经胸主动脉和食管后方向右跨越脊柱，注入奇静脉。

5）副半奇静脉（accessory hemiazygos vein）：沿胸椎体左侧下行，注入半奇静脉或向右跨过脊柱前面注入奇静脉。

6）脊柱静脉：在脊柱模型上观察椎内静脉丛（internal vertebral plexus）位于椎骨骨膜和硬脊膜之间，椎外静脉丛（external vertebral plexus）位于椎体前方、椎弓及其突起的后方。

2. 下腔静脉系

（1）下肢静脉：在大体标本及游离下肢标本上观察，大隐静脉（great saphenous vein）起自足背静脉弓的内侧端，沿小腿内面、膝关节内后方、大腿内侧上行，至耻骨结节外下方穿隐静脉裂孔注入股静脉（femoral vein），辨认其注入股静脉前的5条属支（腹壁浅静脉、旋髂浅静脉、阴部外静脉、股内侧浅静脉、股外侧浅静脉）。观察小隐静脉（small saphenous vein）起自足背静脉弓的外侧，经外踝后方沿小腿后面上行，至腘窝下角穿深筋膜注入腘静脉。观察足和小腿的深静脉与同名动脉伴行，均为两条。胫前、后静脉汇合成腘静脉。腘静脉穿收肌肌腱裂孔移行为股静脉，在股三角位于股动脉的内侧。

（2）腹盆部静脉：在大体标本及盆部标本上观察髂内静脉（internal iliac vein）、髂外静脉（external iliac vein）、髂总静脉（common iliac vein）、下腔静脉的合成、行径。髂总静脉在骶髂关节前方由髂内、髂外静脉汇合而成。下腔静脉（inferior vena cava）于第4～5腰椎体右前方由左、右髂总静脉汇合而成，沿腹主动脉右侧和脊柱右前方上行，经肝的腔静脉沟，穿膈的腔静脉裂孔进入胸腔注入右心房。下腔静脉的属支分为壁支和脏支，壁支包括膈下静脉和腰静脉；脏支包括睾丸静脉（卵巢静脉）、肾静脉（renal vein）、肾上腺静脉、肝静脉（hepatic vein）。观察左睾丸静脉（testicular vein）以直角汇入左肾静脉，右睾丸静脉以锐角汇入下腔静脉。肾静脉经肾动脉前面向内行，汇入下腔静脉。肝左、肝中、肝右静脉在腔静脉沟处注入下腔静脉。

（3）肝门静脉系：在门、腔静脉吻合模型及大体标本上观察肝门静脉的组成、行径、属支，结合教材体会肝门静脉的结构特点，通过观察进一步理解肝门静脉与上、下腔静脉的交通吻合。

组成：肝门静脉（hepatic portal vein）由肠系膜上静脉和脾静脉在胰颈后方汇合而成。在肝十二指肠韧带内行于肝固有动脉和胆总管的后方。

特点：起始端和末端都与毛细血管相连，无静脉瓣。

属支：肠系膜上静脉（superior mesenteric vein）、肠系膜下静脉（inferior mesenteric vein）、脾静脉（splenic vein）、胃左静脉（left gastric vein）、胃右静脉（right gastric vein）、胆囊静脉（cystic vein）、附脐静脉（paraumbilical vein）。

肝门静脉系与上、下腔静脉系之间的交通途径：①通过食管腹段黏膜下的食管静脉丛形成肝门静脉系的胃左静脉与上腔静脉系的奇静脉之间的交通；②通过直肠静脉丛形成肝门静脉系的直肠上静脉与下腔静脉系的直肠下静脉和肛静脉之间的交通；③通过脐周围静脉网形成肝门静脉系的附脐静脉与上腔静脉系的胸腹壁静脉和腹壁上静脉或与下腔静脉系的腹壁浅静脉和腹壁下静脉之间的交通。

【常用歌诀】

1. 头臂静脉 头臂静脉六支队，颈内锁下来汇聚；肋间最上甲状下，椎脉上行胸廓内。

2. 四肢浅静脉 桡头尺贵肘正中，采血输液经常用；危急抢救剖大隐，内踝前方要记清。大隐入股隐裂孔，属支名称有五个；腹部旋髂和阴部，还有股内股外侧。

3. 奇静脉 奇静脉起右腰升，穿右膈脚平胸4，跨右肺根入上腔。胸8水平接半奇，食支气管右肋后。

4. 门静脉引流范围 食管腹段大小肠，胃脾胰腺和胆囊。

【复习思考题】

(一)判断题(正确答案用 A 表示，错误答案用 B 表示)

1. 浅静脉位于浅筋膜内，与动脉伴行，最后注入深静脉。(　　)
2. 奇静脉至第 4 胸椎体高度向后勾绕右肺根上方，注入头臂静脉。(　　)
3. 头静脉注入肱静脉，收集手和前臂桡侧半的静脉血。(　　)
4. 锁骨下静脉在第 1 肋外侧续于腋静脉，行于腋动脉的后上方，与颈内静脉汇合成头臂静脉。(　　)
5. 半奇静脉收集左侧下部肋间后静脉、食管静脉和副半奇静脉的血液。(　　)
6. 下腔静脉系中收集腹腔内不成对器官(肝除外)静脉血液的血管组成肝门静脉系。(　　)
7. 通过直肠静脉丛形成肝门静脉系的直肠上静脉和直肠下静脉与下腔静脉系的肛静脉之间的交通。(　　)
8. 大隐静脉收集足、小腿和大腿的内侧部及大腿前部和臀部浅层结构的静脉血。(　　)
9. 小隐静脉起自足背静脉弓内侧，最后注入腘静脉。(　　)
10. 幽门前静脉是手术中辨认幽门和十二指肠上部的标志。(　　)

(二)最佳选择题

1. 静脉(　　)

A. 均有动脉伴行　　B. 体循环静脉分浅、深两类

C. 皆有静脉瓣　　D. 壁较动脉厚

E. 是运送血液离心的血管

2. 缺乏静脉瓣的是(　　)

A. 头静脉　　B. 面静脉　　C. 贵要静脉

D. 大隐静脉　　E. 小隐静脉

3. 面静脉(　　)

A. 起于内眦静脉，伴行于面动脉前方　　B. 直接与海绵窦相通

C. 与上颌静脉，舌静脉合成下颌后静脉　　D. 注入颈外静脉

E. 在口角平面以上通常无静脉瓣

4. 颈外静脉(　　)

A. 由颞浅静脉和上颌静脉合成　　B. 与颈外动脉伴行

C. 沿胸锁乳突肌深面下行　　D. 有瓣膜，能防止血液逆流

E. 注入锁骨下静脉或静脉角

5. 颈内静脉(　　)

A. 是直窦的直接延续

B. 在颈动脉鞘内位于颈内动脉和颈总动脉的内侧

C. 管壁附着于颈动脉鞘，管腔常处于开放状态

D. 与头臂静脉合成上腔静脉

E. 与头臂静脉汇合处的夹角称静脉角

6. 静脉角的形成(　　)

A. 左、右头臂静脉 B. 颈内静脉和颈外静脉 C. 颈外静脉和锁骨下静脉
D. 锁骨下静脉和颈内静脉 E. 头臂静脉和锁骨下静脉

7. 行经三角肌与胸大肌间沟的静脉是（ ）
A. 锁骨下静脉 B. 贵要静脉 C. 肱静脉
D. 头静脉 E. 腋静脉

8. 头静脉（ ）
A. 起自手背静脉网尺侧 B. 注入肱静脉 C. 沿肱二头肌内侧沟上行
D. 延续为肱静脉 E. 在肘窝处通过肘正中静脉与贵要静脉交通

9. 贵要静脉（ ）
A. 起于手背静脉网桡侧 B. 汇入头静脉并延续为腋静脉
C. 注入肱静脉或腋静脉 D. 行于三角肌与胸大肌间沟内
E. 无上述情况

10. 肘正中静脉（ ）
A. 为上肢的深静脉 B. 位于肘窝处 C. 起自手背静脉网
D. 注入肱静脉 E. 注入腋静脉

11. 上腔静脉（ ）
A. 左、右各一 B. 注入右心房
C. 由头静脉和腋静脉汇合成 D. 由颈内静脉和锁骨下静脉汇合成
E. 注入左心房

12. 奇静脉起于（ ）
A. 左腰升静脉 B. 附脐静脉 C. 半奇静脉
D. 右腰升静脉 E. 肋间后静脉

13. 小隐静脉（ ）
A. 起自足背静脉弓的内侧缘 B. 经外踝后方 C. 沿小腿内侧上行
D. 注入股静脉 E. 经内踝后方

14. 大隐静脉（ ）
A. 起于足背静脉弓的外侧 B. 行于内踝前方 C. 末端没有属支
D. 注入股深静脉 E. 有 6 条属支

15. 左睾丸静脉一般注入（ ）
A. 下腔静脉 B. 肠系膜下静脉 C. 左肾静脉
D. 脾静脉 E. 右肾静脉

16. 肾静脉（ ）
A. 右肾静脉较长
B. 注入肝门静脉
C. 左肾静脉收纳左睾丸静脉
D. 经肾动脉后方横行注入下腔静脉
E. 只收集肾的静脉血

17. 下腔静脉的直接属支是（ ）
A. 肝门静脉 B. 肝静脉 C. 脾静脉

D. 胃左静脉　　E. 胃右静脉

18. 下腔静脉（　　）

A. 由左、右髂内静脉合成　　B. 直接收纳肝门静脉血　　C. 沿腹主动脉左侧上行

D. 注入右心房　　E. 由左、右髂外静脉合成

19. 肝门静脉（　　）

A. 多由肠系膜上、下静脉合成

B. 多由肠系膜上静脉和脾静脉合成

C. 多由肠系膜下静脉和脾静脉合成

D. 与胆囊管、肝总动脉伴行于肝十二指肠韧带内

E. 收纳腹腔全部脏器的静脉血

20. 下列属于肝门静脉属支的是（　　）

A. 肝静脉　　B. 肾静脉　　C. 肠系膜下静脉

D. 卵巢静脉　　E. 直肠下静脉

（三）多项选择题

1. 静脉（　　）

A. 内含静脉血　　B. 分布到全身各处　　C. 与动脉伴行

D. 深静脉与动脉伴行　　E. 体循环的静脉多有瓣膜

2. 属于浅静脉的是（　　）

A. 颈内静脉　　B. 颈外静脉　　C. 头静脉

D. 大隐静脉　　E. 贵要静脉

3. 面静脉（　　）

A. 起自内眦静脉　　B. 在面动脉的后方下行　　C. 注入颈外静脉

D. 缺乏静脉瓣　　E. 直接与颅内海绵窦相交通

4. 颈外静脉由下列静脉合成（　　）

A. 下颌后静脉的后支　　B. 颈前静脉　　C. 耳后静脉

D. 枕静脉　　E. 下颌后静脉的前支

5. 头静脉（　　）

A. 起于手背静脉网桡侧　　B. 无静脉瓣　　C. 行于胸大肌与三角肌间沟

D. 与动脉伴行　　E. 注入腋静脉或锁骨下静脉

6. 奇静脉（　　）

A. 起于左腰升静脉　　B. 起于右腰升静脉　　C. 注入右心房

D. 注入上腔静脉　　E. 收集左侧肋间后静脉、食管静脉血

7. 大隐静脉的属支有（　　）

A. 腹壁下静脉　　B. 腹壁浅静脉　　C. 阴部外静脉

D. 旋髂浅静脉　　E. 股内侧浅静脉

8. 下腔静脉（　　）

A. 由左、右髂总静脉汇合而成　　B. 伴腹主动脉右侧上行

C. 有肝静脉注入　　D. 有肝门静脉注入

E. 注入右心房

9. 下腔静脉直接收纳的静脉（　　）

A. 肝静脉　　B. 肾静脉　　C. 胃左静脉

D. 右睾丸静脉　　E. 脾静脉

10. 肝门静脉的属支（　　）

A. 肠系膜上静脉　　B. 肝静脉　　C. 胃左静脉

D. 脾静脉　　E. 胆囊静脉

（四）名词解释

1. 静脉
2. 危险三角
3. 静脉角
4. 椎内静脉丛
5. 椎外静脉丛

（五）填空题

1. 面静脉注入________，颈外静脉注入________。
2. 上肢的浅静脉于肱二头肌外侧上行的是________，于肱二头肌内侧上行的是________。
3. 头静脉起自手背静脉网的________侧，注入________。
4. 肘正中静脉在肘窝处连接________和________。
5. 上腔静脉由________和________汇合而成。
6. 静脉角是________和________汇合处的夹角。
7. 大隐静脉起自________，经内踝前方上行，注入________。
8. 大隐静脉有股内侧浅静脉、股外侧浅静脉、________、________及旋髂浅静脉五条属支。
9. 肝门静脉由________和________合成。
10. 肝门静脉与下腔静脉之间的吻合丛有________和________。

（六）综合应用题

1. 试述面静脉与颅内海绵窦的交通途经。
2. 上、下肢有哪几条浅静脉干？
3. 颈外静脉由哪几条静脉合成？注入何处？有何临床意义？
4. 大隐静脉有哪几条属支？注入何静脉？
5. 试述肝门静脉的组成、特点、属支及与上、下腔静脉的吻合部位。

（七）创新分析题

患者，女，22 岁，突然发生上腹部疼痛，10 小时后局限于右下腹，伴有呕吐、发热和白细胞增高，右下腹部压痛明显。诊断为急性阑尾炎。

请问：（1）首先采取保守疗法，在手背静脉网输注青霉素液治疗阑尾炎，药物须经过哪些途径到达阑尾？

（2）保守疗法无效，需立即手术，行右下腹麦氏点切口，打开腹腔，寻找阑尾最可靠的标志是什么？

（3）在手术中，必须结扎阑尾动脉，叙述其动脉来源？

（冯　娜）

第二节 淋巴系统

【目的和要求】

1. 掌握淋巴系统的组成、各部的结构和配布特点；局部淋巴结的概念；胸导管的起始、行径、注入和收集范围，右淋巴导管的组成、注入和收集范围；腋淋巴结分群、各群的位置和收集范围；腹股沟浅、深淋巴结的分布和收集范围；脾的形态和位置。

2. 熟悉乳糜池的位置、组成和引流范围；下颌下、颏下、颈浅和颈深淋巴结群的位置；肺门淋巴结的位置和收集范围；髂内淋巴结、骶淋巴结的位置和收集范围；肺、食管、胃、肝、子宫、直肠、乳房等器官的淋巴回流。

3. 了解淋巴回流因素和淋巴侧支循环；头颈部淋巴结群的位置；上肢其他淋巴结的位置、锁骨下干的形成和收集范围；胸壁和胸腔内的主要淋巴结群的位置；支气管纵隔干的形成和收集范围；腰淋巴结、主动脉各淋巴结、肠系膜上淋巴结、肠系膜下淋巴结群的位置和收集范围，腰淋巴干和肠干的形成和收集范围；髂外淋巴结群的位置和收集范围；腘深淋巴结的位置和收集范围；胸腺的形态和位置；脾的功能。

【实训教具】

1. 标本 大体标本（示部分淋巴器官）；胸导管及右淋巴导管解剖标本；胸、腹、盆腔的淋巴结标本；小儿胸腔解剖标本（示胸腺）；游离脾标本。

2. 模型 淋巴系模型；脾模型；胸、腹、盆腔的淋巴结模型。

【实训内容及方法】

（一）总论

在标本、模型上观察淋巴系统由淋巴管道（毛细淋巴管、淋巴管、淋巴干、淋巴导管）、淋巴组织和淋巴器官构成，理解其分布特点及局部淋巴结的概念。

（二）淋巴导管

在大体标本和模型胸腔后壁的下部，食管后方，奇静脉和主动脉之间寻认似结节样的胸导管（thoracic duct），其起于乳糜池（cisterna chyli），由左、右腰干和肠干汇合而成。经膈主动脉裂孔入胸腔，沿脊柱右前方和奇静脉与胸主动脉之间上行，至第5胸椎高度向左斜行，然后沿脊柱左前方上行，经胸廓上口至颈根部，注入左静脉角。在注入静脉角处接受左锁骨下干、左颈干和左支气管纵隔干。在右侧颈根部，寻认注入右静脉角的右淋巴导管（right lymphatic duct）。右淋巴导管由右颈干、右锁骨下干和右支气管纵隔干汇合而成。

（三）淋巴结的位置和淋巴引流范围

1. 头颈部的淋巴结

（1）头部淋巴结：在显示头颈淋巴结的模型上，寻认枕淋巴结、耳后淋巴结、腮腺淋巴结、下颌下淋巴结和颏下淋巴结，观察其位置，大致收集范围。枕淋巴结（occipital lymph node）分为浅、深两群，分别位于斜方肌起点的表面和头夹肌的深面，引流枕部和颈部的淋巴。耳后淋巴结（retroauricular lymph node）又称乳突淋巴结，位于胸锁乳突肌止点的表面。腮腺淋巴结（parotid lymph node）分为浅、深两群，分别位于腮腺表面和腮腺实质内。下颌下淋巴结

（submandibular lymph node）位于下颌下腺的附近和下颌下腺实质内。颏下淋巴结（submental lymph node）位于颏下部。

（2）颈部淋巴结：①颈前淋巴结（anterior cervical lymph node）分为颈前浅淋巴结和颈前深淋巴结，颈前浅淋巴结沿颈前静脉排列；颈前深淋巴结包括喉前淋巴结（prelaryngeal lymph node）、甲状腺淋巴结（thyroid lymph node）、气管前淋巴结（pretracheal lymph node）和气管旁淋巴结（paratracheal lymph node），分别位于喉的前面、甲状腺峡部的前面、气管颈部的前面及气管和食管之间的沟内沿喉返神经排列。②颈外侧淋巴结（lateral cervical lymph node）分为颈外侧浅淋巴结（superficial lateral cervical lymph node）和颈外侧深淋巴结（deep lateral cervical lymph node），颈外侧浅淋巴结沿颈外静脉排列；颈外侧深淋巴结主要沿颈内静脉排列，部分淋巴结沿副神经和颈横血管排列。其中沿颈横血管排列的淋巴结称锁骨上淋巴结（supraclavicular lymph node）；左侧斜角肌淋巴结位于左斜角肌的前方，又称为 Virchow 淋巴结；咽后淋巴结（retropharyngeal lymph node）位于咽后壁和椎前筋膜之间。

2. 上肢的淋巴结

（1）肘淋巴结（cubital lymph node）：在淋巴系模型上观察位于肘窝和肱骨内上髁附近的肘淋巴结。

（2）锁骨下淋巴结（infraclavicular node）：位于锁骨下，三角肌与胸大肌间沟内，沿头静脉排列。

（3）腋淋巴结（axillary lymph node）：位于腋窝疏松结缔组织内，沿血管排列，按位置分为 5 群：①胸肌淋巴结（pectoral lymph node）位于胸小肌下缘处，沿胸外侧血管排列；②外侧淋巴结（lateral lymph node）沿腋静脉远侧端排列；③肩胛下淋巴结（subscapular lymph node）沿肩胛下血管排列；④中央淋巴结（central lymph node）位于腋窝中央；⑤尖淋巴结（apical lymph node）沿腋静脉近侧端排列。观察乳房的淋巴引流，乳房的淋巴主要注入腋淋巴结，引流方向有三个：外侧部和中央部的淋巴管注入胸肌淋巴结；上部的淋巴管注入尖淋巴结和锁骨上淋巴结；内侧部的淋巴管注入胸骨旁淋巴结。内侧部的浅淋巴管与对侧乳房淋巴管交通，内下部的淋巴管通过腹壁和膈下的淋巴管与肝的淋巴管交通。

3. 胸部的淋巴结

（1）胸壁淋巴结：包括胸骨旁淋巴结（parasternal lymph node）、肋间淋巴结（intercostal lymph node）及膈上淋巴结（superior phrenic lymph node）等。在胸部的淋巴结模型上观察胸骨旁淋巴结沿胸廓内血管排列。

（2）胸腔器官淋巴结：包括纵隔前淋巴结、纵隔后淋巴结及气管、支气管和肺的淋巴结。在肺的标本和模型上观察位于肺门处的支气管肺淋巴结（bronchopulmonary lymph node），又称肺门淋巴结。

4. 下肢淋巴结　在淋巴系模型上观察下肢淋巴结。

（1）腘淋巴结（popliteal lymph node）：位于腘窝，分为浅、深两群，分别沿小隐静脉末端和腘血管排列，输出淋巴管注入腹股沟深淋巴结。

（2）腹股沟淋巴结：腹股沟浅淋巴结（superficial inguinal lymph node）位于腹股沟韧带下方，分为上、下两群，上群沿腹股沟韧带排列，下群沿大隐静脉末端分布。腹股沟深淋巴结（deep inguinal lymph node）位于股静脉周围和股管内。

5. 盆部淋巴结　在盆部的淋巴结模型上观察盆部淋巴结。

（1）髂内淋巴结（internal iliac lymph node）：沿髂内动脉及其分支和髂内静脉及其属支排列。

（2）骶淋巴结（sacral lymph node）：沿骶正中血管和骶外侧血管排列。

（3）髂外淋巴结（external iliac lymph node）：沿髂外血管排列。

（4）髂总淋巴结（common iliac lymph node）：沿髂总血管排列。

6. 腹部淋巴结 在腹部的淋巴结模型上观察腹部淋巴结。

（1）腹壁淋巴结：腰淋巴结（lumbar lymph node）位于下腔静脉和腹主动脉周围。

（2）腹腔器管淋巴结：沿腹腔干及其分支排列的淋巴结有胃左、右淋巴结，胃网膜左、右淋巴结，幽门上、下淋巴结，肝淋巴结，脾淋巴结和胰淋巴结，引流相应动脉分布范围的淋巴，其输出淋巴管注入腹腔干周围的腹腔淋巴结（celiac lymph node）。沿肠系膜上动脉及其分支排列的淋巴结有肠系膜淋巴结、回结肠淋巴结、右结肠淋巴结和中结肠淋巴结等，其输出淋巴管注入位于肠系膜上动脉根部周围的肠系膜上淋巴结（superior mesenteric lymph node）。沿肠系膜下动脉分布的淋巴结有左结肠淋巴结、乙状结肠淋巴结和直肠上淋巴结等，其输出淋巴管注入位于肠系膜下动脉根部周围的肠系膜下淋巴结（inferior mesenteric lymph node）。

（四）胸腺

在小儿胸腔解剖标本上观察胸腺（thymus）位于胸骨柄的后方。

（五）脾

在大体标本上观察脾（spleen）的位置，对照游离标本，观察其脏面的脾门，有脾动、静脉出入，上缘有脾切迹。

【常用歌诀】

1. 淋巴干 淋巴系统九大干，三三见九极好算；乳糜池处有三条，左右腰干和肠干。支纵锁下加颈干，静脉角处两侧同。

2. 胸导管 胸导管起乳糜池，肠干腰干会合齐；穿膈胸五颈左去，静脉角接颈锁支。

3. 腋窝淋巴结分群 胸肌肩胛下、外侧中央尖；乳腺疾患时，胸肌群肿大先。

4. 乳房的淋巴回流 外中入胸肌，上入尖锁上，二者皆属腋；内侧胸骨旁，吻合入对侧。内下入膈上，吻合腹前上膈下，联通肝上面。深入胸肌间或尖。

【复习思考题】

（一）判断题（正确答案用A表示，错误答案用B表示）

1. 淋巴液向心流动，最后流入静脉。（　　）
2. 毛细淋巴管以膨大的盲端起始，汇入淋巴管。（　　）
3. 全身各处均分布有毛细淋巴管。（　　）
4. 淋巴管内有瓣膜。（　　）
5. 淋巴结凹陷处中央为淋巴门，有输入淋巴管、神经和血管出入。（　　）
6. 胸导管起自乳糜池，注入右静脉角。（　　）
7. 右淋巴导管由右颈干、右锁骨下管和右支气管纵隔干汇合而成。（　　）
8. 尖淋巴结的输出淋巴结注入中央淋巴结。（　　）
9. 脾属于淋巴器官。（　　）

10. 脾大时，脾切迹是触诊脾的标志。(　　)

（二）最佳选择题

1. 淋巴系统（　　）

A. 由淋巴结和淋巴管组成
B. 由淋巴管、淋巴干和淋巴导管组成
C. 由淋巴管道、淋巴器官和淋巴组织组成
D. 由淋巴管、脾组成
E. 是动脉的辅助系统

2. 淋巴管（　　）

A. 由毛细淋巴管汇集而成
B. 管腔无瓣膜
C. 无浅、深之分
D. 最后注入同名静脉
E. 浅、深淋巴管之间无交通

3. 淋巴结（　　）

A. 常单一分布
B. 与淋巴管不相连
C. 凹侧有淋巴结门
D. 门处有输入淋巴管
E. 无浅、深之分

4. 右淋巴导管收集（　　）

A. 右半身的淋巴
B. 右侧上半身的淋巴
C. 右下半身的淋巴
D. 下半身加右上半身
E. 左侧上半身的淋巴

5. 乳糜池（　　）

A. 通常位于第 2～3 腰椎前方
B. 多为胸导管起始部的膨大
C. 由左右腰干和左右肠干合成
D. 由左右肠干和一条腰干合成
E. 无上述情况

6. 右淋巴导管（　　）

A. 由右腰干和右肠干汇合而成
B. 穿膈脚入胸腔
C. 接受右锁骨下干、右颈干及左右支气管纵隔干的注入
D. 收纳身体右侧半淋巴
E. 注入右静脉角

7. 胸导管注入（　　）

A. 左静脉角
B. 右静脉角
C. 乳糜池
D. 右颈干
E. 左颈干

8. 右淋巴导管注入（　　）

A. 左静脉角
B. 右静脉角
C. 乳糜池
D. 右颈干
E. 左颈干

9. 肠干注入（　　）

A. 左静脉角
B. 右静脉角
C. 乳糜池
D. 右颈干
E. 左颈干

10. 汇入胸导管的是（　　）

A. 左静脉角
B. 右静脉角
C. 右锁骨下干
D. 右颈干
E. 左颈干

11. 颈外侧深淋巴结（　　）

A. 主要沿颈内静脉排列
B. 大部分沿颈外静脉排列
C. 大部分沿锁骨下动脉排列
D. 主要沿腋静脉排列
E. 主要沿头臂静脉排列

12. 锁骨上淋巴结（　　）

A. 沿锁骨下静脉排列　B. 沿颈横血管排列
C. 沿头静脉排列　D. 沿锁骨下动脉和臂丛排列
E. 无上述情况

13. 下列称为 Virchow 淋巴结的是（　　）
A. 右锁骨上淋巴结　B. 左锁骨上淋巴结　C. 斜角肌淋巴结
D. 左斜角肌淋巴结　E. 中斜角肌淋巴结

14. 腋中央淋巴结位于（　　）
A. 腋静脉周围　B. 腋腔后壁　C. 胸外侧血管周围
D. 前锯肌表面　E. 腋腔中央脂肪组织内

15. 乳房外侧和中央部的淋巴注入的淋巴结是（　　）
A. 胸肌淋巴结　B. 外侧淋巴结　C. 肩胛下淋巴结
D. 中央淋巴结　E. 尖淋巴结

16. 沿腋静脉近端排列的淋巴结是（　　）
A. 锁骨上淋巴结　B. 尖淋巴结　C. 外侧淋巴结
D. 胸肌淋巴结　E. 中央淋巴结

17. 一患者乳房肿物半年，肿物表面皮肤有橘皮样改变，检查发现乳房外侧部有肿物，固定，诊为乳腺癌，如癌通过淋巴管转移，首先可转移的部位是（　　）
A. 外侧淋巴结　B. 中央淋巴结　C. 胸肌淋巴结
D. 肩胛下淋巴结　E. 胸骨旁淋巴结

18. 脾（　　）
A. 位于腹上区和左季肋区　B. 长轴与第 10 肋一致
C. 脏面后方与十二指肠、胰尾相邻　D. 前缘下部有脾切迹
E. 为重要淋巴器官，其实质内有丰富的淋巴管

（三）多项选择题

1. 淋巴器官有（　　）
A. 淋巴结　B. 胸腺　C. 扁桃体　D. 脾　E. 淋巴组织

2. 淋巴管（　　）
A. 内有瓣膜　B. 有浅、深之分
C. 有广泛的吻合　D. 借毛细淋巴管连于毛细血管网
E. 沿途穿经一个或多个淋巴结

3. 淋巴干（　　）
A. 尖淋巴结的输出管汇成锁骨下干
B. 腰淋巴结的输出管汇合成左、右腰干
C. 全身共有七条淋巴干
D. 左、右颈干汇入右淋巴导管
E. 左支气管纵隔干汇入胸导管

4. 乳糜池（　　）
A. 位于第 1 腰椎体前方　B. 由左、右肠干合成
C. 由左、右腰干和肠干合成　D. 为胸导管末端的膨大

E. 为胸导管起始部的膨大

5. 胸导管（　　）

A. 由左、右腰干和肠干汇合而成

B. 穿主动脉裂孔上行

C. 注入左静脉角

D. 收纳下半身和右上半身的淋巴

E. 注入右静脉角

6. 注入右淋巴导管的淋巴干是（　　）

A. 左颈干　B. 右颈干　C. 左支气管纵隔干

D. 右支气管纵隔干　E. 右锁骨下干

7. 头部的淋巴结有（　　）

A. 枕淋巴结　B. 乳突淋巴结　C. 腮腺淋巴结

D. 下颌下淋巴结　E. 颏下淋巴结

8. 腋淋巴结有（　　）

A. 胸肌淋巴结　B. 外侧淋巴结　C. 尖淋巴结

D. 中央淋巴结　E. 肩胛下淋巴结

9. 乳房淋巴引流（　　）

A. 乳房上部的淋巴管注入中央群淋巴结　B. 乳房外侧部淋巴管注入胸肌淋巴结

C. 乳房内侧的淋巴管注入胸骨旁淋巴结　D. 乳房下部的淋巴管注入腹股沟淋巴结

E. 乳房深部的淋巴管注入肩胛下淋巴结

10. 脾（　　）

A. 参与消化　B. 后缘较锐，有 2～3 个脾切迹

C. 位于胃底与膈之间，质软而脆　D. 正常在左肋弓下不能触及

E. 脾静脉注入肝门静脉

（四）名词解释

1. 淋巴

2. 淋巴结门

3. 局部淋巴结

4. 乳糜池

5. Virchow 淋巴结

（五）填空题

1. 淋巴系统由________、淋巴组织和________组成。

2. 与淋巴结凸侧相连的淋巴管称________，与凹侧相连的则称________。

3. 两条淋巴导管分别称________和________。

4. 胸导管起于________，注入________。

5. 在胸腔内胸导管沿脊柱右前方在________和________之间上行。

6. 乳糜池由________和________合成。

7. 右淋巴导管收集右颈干，右锁骨下干和________，注入________。

8. 颈外侧浅淋巴结沿________排列，颈外侧深淋巴结沿________排列。

9. 锁骨上淋巴结沿________排列，左侧斜角肌淋巴结又称________。
10. 颈外侧下深淋巴结的输出管合成________，腋淋巴结尖群的输出管合成________。
11. 咽后淋巴结位于________和________之间。
12. 胸肌淋巴结沿________排列，肩胛下淋巴结沿________排列。
13. 外侧淋巴结沿________排列，胸骨旁淋巴结沿________排列。
14. 支气管肺淋巴结位于________处，又称________。
15. 腹股沟浅淋巴结上群与________平行排列，下群沿________末端分布。
16. 腰淋巴结沿________和________分布。
17. 乳房外侧部和中央部的淋巴管注入________，内侧部的淋巴管注入________。
18. 乳房上部的淋巴管注入________和________。
19. 脾位于________区，其长轴与________一致。
20. 脾的脏面凹陷，有________，上缘有________。

（六）综合应用题

1. 淋巴系由哪几部分组成?
2. 全身有哪些淋巴干？各汇入什么淋巴导管?
3. 简述右淋巴导管的组成和注入部位?
4. 乳糜池如何形成？位于何处?
5. 试述胸导管的起始、行程和注入部位。
6. 腋淋巴结分为哪几群?
7. 简述乳房的淋巴回流。
8. 女性乳腺癌患者，拟行乳腺癌根治术，请问：
（1）详述乳腺的淋巴回流途径。
（2）术后若患者出现同侧上肢顽固性水肿，试分析其原因?

（田宗滢）

第四章　感　觉　器

第一节　视　　器

视器由眼球和眼副器共同构成。眼球的功能是接受光波的刺激，将感受的光波刺激转变为神经冲动，经视觉传导通路传至大脑视觉中枢，产生视觉。眼副器是对眼球起支持、保护和运动作用的结构，包括眼睑、结膜、泪器、眼球外肌、眶脂体和眶筋膜等。

【目的和要求】

1. 掌握眼球壁的层次、各部的形态结构；眼球内容物各结构的名称和功能；房水循环的途径；运动眼球和眼睑的肌肉名称、位置和作用。

2. 熟悉结膜的形态及分布；泪器的组成、位置、形态和功能；视网膜中央动脉的起终、行程和分支。

3. 了解眼睑的形态结构；眶脂体和眶筋膜；眼的静脉和神经。

【实训教具】

1. 标本　眼球（带眼外肌新鲜牛眼或猪眼、甲醛固定后人眼）；经眼球视交叉水平切面；眼眶矢状切；颅底。

2. 模型　眼球放大模型；眼球与眼眶附着血管神经放大模型。

【实训内容及方法】

（一）眼球

取眼球（eyeball）标本，首先观察它的外形和眼外肌的附着部位，视神经的走向及眼球表面的血管。

位置：位于眼眶前部，借筋膜与眼眶相连，后方借视神经连于间脑。

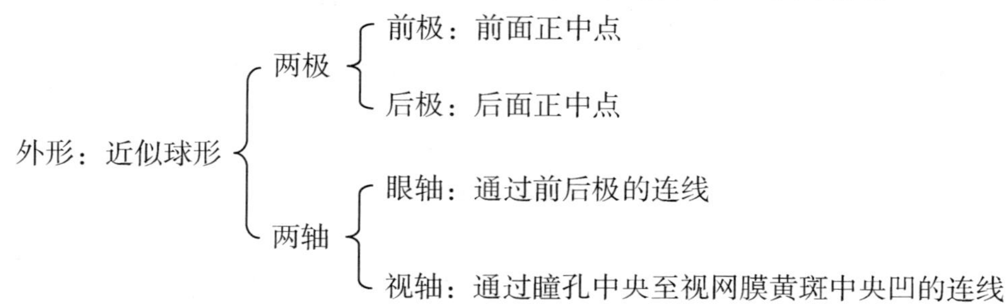

1. 眼球壁　纵向切开眼球，观察眼球壁及眼球内容物，结合眼球模型观察理解眼球壁各层的形态结构和色泽，以及各层眼球壁形成的结构：眼房、前房角、巩膜静脉窦等。

2. 眼球内容物　包括房水、晶状体、玻璃体。

房水的生理功能是为角膜和晶状体提供营养并维持正常的眼内压。

房水循环途径：由睫状体产生，进入眼后房，经瞳孔至眼前房，然后由虹膜角膜角进入巩膜静脉窦，借睫前静脉汇入眼上、下静脉。

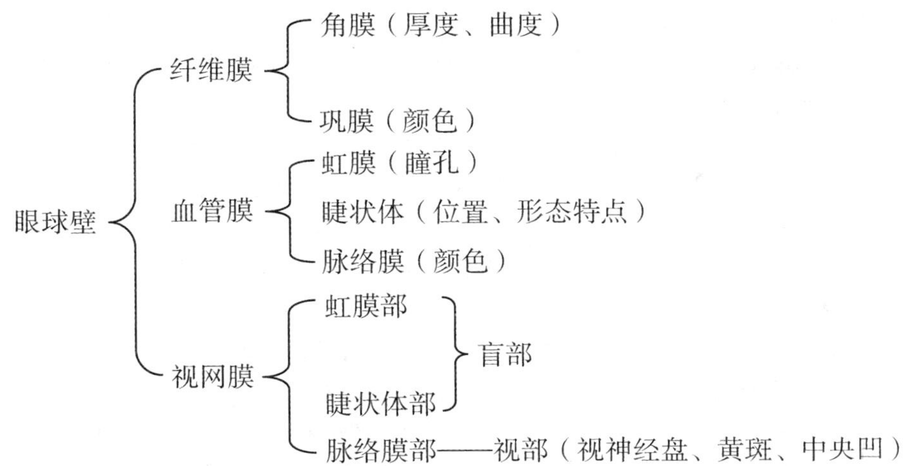

（1）取眼球冠状切面的前半部标本，由后向前依次观察以下结构。充满于眼球内的透明凝胶状物为玻璃体（vitreous body）。移除玻璃体，可见其前方正中透明的晶状体（lens）。晶状体周围的黑色环形增厚部为睫状体（ciliary body）。在睫状体前份的后面，呈放射状排列的皱襞即睫状突。用镊子轻轻提起晶状体，可见其与睫状突之间有纤细的纤维相连，这些纤维为睫状小带。移除晶状体，即见到位于其前方的虹膜（iris），虹膜中央的孔为瞳孔（pupil）。眼球壁外层前部的透明薄膜是角膜（cornea）。角膜与晶状体之间的间隙被虹膜分为前、后两部分，即眼球的前房和后房。

（2）取眼球冠状切面的后半部标本，由内向外观察。玻璃体充满于眼球内，透过玻璃体可见到乳白色（活体时为透明的橘红色）视网膜（retina），它是眼球壁的最内层，易从眼球壁剥离。在视网膜上所见到的红色细线状分支是视网膜中央动脉（central artery of retina）的分支，各分支的主干都向后集中于一白色圆盘状隆起，此隆起即视神经盘（optic disc），它与眼球外表视神经附着部位相对。移除玻璃体和视网膜，可见到一层呈黑褐色的薄膜，即脉络膜（choroid）。脉络膜外周的一层乳白色结构即巩膜（sclera）。

（3）在新鲜眼球标本的矢状切面标本上先观察眼球的前房、后房、晶状体和玻璃体；然后再由内向外辨认眼球壁的 3 层膜：将最内层的乳白色不透明视网膜用尖镊轻轻剥起，其外侧呈黑褐色薄膜即含色素的眼球血管膜，最外面是坚韧的眼球纤维膜，呈乳白色。

（4）洗净双手，在活体上辨认角膜、巩膜、虹膜、瞳孔和眼球前房等结构。

（二）眼副器

1. 眼睑（eyelids） 位于眼球前方，构成保护眼球的屏障。同学之间相互观察上、下睑和睫毛，注意睫毛的方向；睑裂，内、外眦；轻轻翻起上、下睑，在上、下睑缘近内眦处辨认泪湖、泪阜、泪点，并轻轻挤压上下眼睑内外部，感受睑板。

2. 结膜（conjunctiva） 掀开眼睑观察覆盖于眼睑内表面的睑结膜；以及覆盖于巩膜表面的球结膜；和位于眼球后部，眼睑、巩膜两者之间的穹窿结膜。

3. 泪器（lacrimal apparatus） 由泪腺和泪道组成。泪道包括泪点、泪小管、泪囊和鼻泪管。

（1）泪腺（lacrimal gland）：位于眶上壁前外侧部的泪腺窝内，有 10～20 条排泄管开口于结膜上穹的外侧部。泪腺在白天大约分泌少量的泪液，起湿润眼球的结膜和角膜的作用，而在人睡觉时，则停止分泌泪液。

（2）泪小管（lacrimal ductile）：在内眦附近有一较圆钝微凹陷的空隙，称泪湖（lacrimal lacus）。泪湖的底部有蔷薇色隆起，称泪阜（lacrimal caruncle）。在上、下睑缘近内侧端处各有一小隆起称泪乳头（lacrimal papilla），其顶部有一小孔称泪点（lacrimal punctum），是泪小管的开口。泪小管为连结泪点与泪囊的小管，分上泪小管和下泪小管。它们分别垂直向上、下行，继而几乎成直角转向内侧汇合一起，开口于泪囊上部。泪点变位常引起溢泪症。

（3）泪囊（lacrimal sac）：位于眶内侧壁前部的泪囊窝内，为一膜性的盲囊。上端为盲端，高于内眦，下部移行为鼻泪管。

（4）鼻泪管（nasolacrimal duct）：为膜性管道。鼻泪管上部包埋于骨性鼻泪管中；下部在鼻腔外侧壁黏膜深面，末端开口于下鼻道外侧壁的前部。

在大体标本上寻找泪点，用注射器推注带色水溶液，观察液体流出途径；在眼球的外上方检查泪腺的形态；在泪囊窝内观察泪囊的形态及其与上、下泪小管和鼻泪管的关系。

4. 眼球外肌 在眼球外肌的解剖标本和眼眶结构模型上观察上睑提肌，上、下、内、外直肌和上、下斜肌的位置和肌束的方向，推导和理解各块眼外肌的功能。

5. 眶脂体与眶筋膜 眼球筋膜鞘（fascial sheath of eyeball）：是眶脂体与眼球之间薄而致密的纤维膜，又称 Tenon 囊。此鞘包绕眼球大部，向前在角膜缘稍后方与巩膜融合在一起，向后与视神经硬膜鞘结合。

（三）眼的血管

在眼球模型上观察，视网膜中央动脉从视神经盘穿出，分为四支：视网膜鼻侧上、下小动脉和视网膜颞侧上、下小动脉。在带血管眼球标本观察睫后短动脉，又称脉络膜动脉，有很多支，在视神经周围垂直穿入巩膜，分布于脉络膜。睫后长动脉，又称虹膜动脉，有 2 支，分别位于眼球内、外侧，在视神经内、外侧穿入巩膜，在巩膜与脉络膜间前行直达睫状体。睫前动脉由眼动脉的各肌支发出，共 7 支，在眼球前部距角膜缘 5～8mm 处穿入巩膜，在巩膜静脉窦的后面穿入睫状肌本部，发出分支与虹膜动脉大环吻合，营养巩膜前部、虹膜和睫状体。睫状前动脉在进入巩膜前，分出小支至球结膜。

【常用歌诀】

1. 眼球壁 球壁三层内中外，角膜透明巩膜白；中膜棕黑富血管，名称又分虹睫脉；内膜又叫视网膜，组织结构层次多；锥杆双极节细胞，视锥强光视杆弱。

2. 房水 房水来自睫状突，后房前房必经路；前房角入静脉窦，稳压折光养眼球。

3. 屈光系统 屈光系统有四个，角膜房水晶状玻；视远晶薄小带紧，看近晶厚睫肌缩。

4. 眼底 颜色橘红真鲜艳，乳头中凹像圆盘；血管由此分支走，动静比例二比三；乳头缺乏视细胞，正常生理是盲点；乳头颞侧三点五，视觉灵敏在黄斑。

5. 房水循环 房水生自睫状体，后房瞳孔前房隙；渗入巩膜静脉窦，涓涓流回发源地。

【复习思考题】

（一）判断题（正确答案用 A 表示，错误答案用 B 表示）

1. 视器由眼球和眼副器共同构成。（ ）

2. 眼球的血管膜包括巩膜、睫状体和脉络膜三部分。( )
3. 眼球壁的外膜包括角膜和巩膜两部分，均有屈光作用。( )
4. 视神经盘的中央有视神经和视网膜中央动静脉穿过。( )
5. 视网膜的黄斑中央凹是感光最敏锐的部位。( )
6. 眼球的屈光系统包括角膜、房水、晶状体和玻璃体。( )
7. 近视、远视和白内障均是晶状体的原因导致。( )
8. 房水的循环障碍会导致青光眼。( )
9. 泪液由泪囊产生，可经鼻泪管流至下鼻道。( )
10. 眼球的上斜肌收缩可使瞳孔转向上外方。( )

（二）最佳选择题

1. 视轴( )
A. 眼球前后极连线称视轴
B. 眼表面前后极相等的各点连线
C. 经瞳孔中央至视网膜黄斑中央凹的连线
D. 眼球前极与视神经盘中点的连线
E. 眼球前极与视神经盘和黄斑间连线中点的连线

2. 视网膜( )
A. 色素层与神经层不易分离
B. 视网膜剥离症是在视网膜与脉络膜两层之间
C. 睫状体部和虹膜部也有感光作用
D. 内层由 3 层神经细胞组成，都有感光作用
E. 以上都不是

3. 睫状肌收缩时( )
A. 睫状小带紧张，晶状体变平，适于看近物
B. 睫状小带紧张，晶状体变平，适于看远物
C. 睫状小带紧张，晶状体变凸，适于看近物
D. 睫状小带松弛，晶状体变凸，适于看近物
E. 睫状小带松弛，晶状体变平，适于看近物

4. 虹膜( )
A. 呈矢状位的圆盘形薄膜
B. 虹膜游离缘肥厚围成瞳孔
C. 虹膜将眼房分为较小的前房和较大的后房
D. 虹膜与巩膜交界处构成前房角
E. 虹膜内的环行肌称瞳孔开大肌

5. 眼睑层次特点( )
A. 皮肤薄而柔软
B. 皮下组织紧密
C. 肌层能开大眼裂
D. 睑板为圆形致密结缔组织板
E. 睑结膜与睑板结合多疏松

6. 泪腺( )
A. 位于眶上壁内侧部的泪腺窝内
B. 泪腺的分泌液中有溶菌酶
C. 有 10～20 条排泄管开口于结膜上穹的内侧部
D. 一般情况多见泪液自睑裂流出
E. 以上都不是

7. 结膜( )
A. 与睑板及巩膜均紧密相连
B. 为一层薄而不透明的黏膜

C. 覆盖于眼睑的内面与眼球的前面
D. 无血管而又丰富的感觉神经末梢
E. 结膜囊为一密闭的囊

8. 黄斑（　　）
A. 位于视神经盘鼻侧 3.5cm 处
B. 其中央凹陷称中央凹
C. 中央凹血管丰富，感光最敏锐
D. 中央凹由密集的视杆细胞构成
E. 中央凹有视网膜中央动脉穿过

9. 眼房（　　）
A. 位于角膜和虹膜之间
B. 位于角膜和视网膜之间
C. 位于角膜和玻璃体之间
D. 位于角膜和晶状体之间
E. 位于虹膜和晶状体之间

10. 关于玻璃体的叙述，错误的是（　　）
A. 为无色透明的胶状物质
B. 位于晶状体和视网膜之间
C. 表面被覆玻璃体膜
D. 邻近视神经盘处凹陷称玻璃体凹
E. 对视网膜起支撑作用

11. 能使眼球向下外方转的肌是（　　）
A. 上直肌
B. 下直肌
C. 外直肌
D. 下斜肌
E. 上斜肌

12. 上直肌的作用是（　　）
A. 使眼球向上外转
B. 使眼球向上内转
C. 使眼球向内下转
D. 使眼球向外下转
E. 使眼球转向正上方

13. 关于角膜的叙述，错误的是（　　）
A. 眼球外膜的前 1/3
B. 无色透明
C. 后缘接巩膜
D. 无血管，但神经末梢丰富
E. 富有弹性，外凸内凹

14. 属于眼球外膜的结构有（　　）
A. 虹膜、角膜
B. 巩膜、脉络膜
C. 结膜、巩膜
D. 巩膜、角膜
E. 结膜、角膜

15. 有关房水循环的描述，错误的是（　　）
A. 房水由睫状体产生
B. 由眼后房经瞳孔流至眼前房
C. 经虹膜角膜角渗透进入巩膜静脉窦
D. 有维持眼内压作用
E. 无折光作用

16. 晶状体（　　）
A. 位于角膜和玻璃体之间
B. 前面曲度大，后面曲度小
C. 晶状体实质周围部称晶状体囊
D. 晶状体实质中央部称晶状体核
E. 借睫状小带连于睫状环

17. 关于视神经的叙述，正确的是（　　）
A. 起于眼球正后方
B. 经眶上裂入颅腔

C. 视神经外膜与脉络膜相延续　　D. 视神经外膜为硬脑膜外层
E. 视神经外膜由脑的三层被膜延续而来

18. 视网膜中央动脉（　　）
A. 发自眼动脉在视神经下方穿入视神经鞘内
B. 沿视神经盘边缘穿入　　C. 与虹膜动脉吻合
D. 在视网膜内分支间有丰富的吻合　　E. 黄斑区内有丰富的血管分支

19. 鼻泪管末端开口于（　　）
A. 下鼻道　　B. 上鼻道　　C. 中鼻道
D. 泪囊　　E. 泪湖

20. 眼眶结构的一般感觉神经来自（　　）
A. 三叉神经　　B. 动眼神经　　C. 滑车神经
D. 外展神经　　E. 面神经

（三）多项选择题

1. 视器（　　）
A. 由眼球和眼副器两部分组成　　B. 眼球为视器主要部分，位于眶内
C. 眼球后方借动眼神经连于间脑　　D. 眼球对所有波长的光线敏感
E. 眼球内分布有外感受器

2. 黄斑（　　）
A. 活体呈黄色　　B. 位于视神经盘鼻侧约 3.5mm 稍偏下方处
C. 其中央凹陷称中央凹　　D. 中央凹由密集的视锥细胞构成
E. 中央凹处感光最敏锐

3. 眼球壁包括（　　）
A. 纤维膜　　B. 结膜　　C. 血管膜
D. Tenon 囊　　E. 视网膜

4. 泪道包括（　　）
A. 泪小管　　B. 泪腺　　C. 泪囊
D. 鼻泪管　　E. 泪点

5. 角膜的营养物质来自（　　）
A. 角膜周围的毛细血管　　B. 前房水
C. 泪液　　D. 脉络膜内的血管
E. 视网膜的血管

6. 眼球血管膜包括（　　）
A. 视网膜盲部　　B. 虹膜　　C. 睫状体
D. 视网膜视部　　E. 脉络膜

7. 眼球内容物包括（　　）
A. 眼房水　　B. 视网膜　　C. 血管膜
D. 晶状体　　E. 玻璃体

8. 视近物时，下列结构的变化是（　　）
A. 睫状肌收缩　　B. 睫状体后移　　C. 睫状小带松弛

D. 晶状体凸度变大　　E. 瞳孔开大

9. 结膜包括（　　）

A. 睑结膜　　B. 球结膜　　C.穹窿结膜

D. 角结膜　　E. 巩结膜

10. 晶状体（　　）

A. 呈双凸透镜状　　B. 不含血管和神经　　C. 看远物时变厚

D. 周缘借睫状小带连于睫状体　　E. 发生混浊时称白内障

（四）名词解释

1. 眼房

2. 视神经盘

3. 结膜

4. 巩膜静脉窦

5. 泪器

6. 屈光系统

（五）填空题

1. 眼球外膜的前 1/6 部分称________，后 5/6 部分称________。

2. 眼球壁中膜由前向后分为虹膜、________和________三部分。

3. 眼球的虹膜内具有两种平滑肌，呈环形排列的________，收缩时使瞳孔________。

4. 眼球虹膜内呈放射状排列的平滑肌是________，收缩时使瞳孔________。

5. 视网膜盲部是指________、________，它们无感光作用。

6. 黄斑位于视神经盘的颞侧稍下方，其中央凹陷称________。此处有丰富________细胞。

7. 眼的屈光装置包括角膜、________、________、玻璃体。

8. 眼睑的结构层次由外向内分别为皮肤、________、肌层、________和睑结膜五层。

9. 睑板内呈麦穗状分支的腺体称________，其导管开口于________。

10. 覆盖于眼睑内面的光滑薄膜称________，覆盖于眼球前面的部分称________，两部分的移行返折处形成的结构称穹窿结膜。

11. 泪道由________、________、泪囊和鼻泪管四部分构成。

12. 泪腺位于________泪腺窝内，其排泄管开口于________。

13. 上睑提肌起自________，前端止于上眼睑皮肤及上睑板，作用是________。

14. 上斜肌起于________，其作用是________。

15. 视近物时睫状肌收缩，睫状小带________，晶状体变________。

16. 晶状体位于虹膜与玻璃体之间，其周围部较软称________；中央部称________。

17. 眼动脉来源于________，其中最重要的分支为________。

18. 眼底镜检查主要可见视神经盘、黄斑、________、________。

（六）综合应用题

1. 简述眼房的位置，房水的产生与循环途径及生理功能。

2. 简述泪器的构成及泪液排出途径。

3. 简述眼球外肌的名称、作用及神经支配。

4. 简述视网膜的形态及分部。

5. 简述眼球壁的层次及各层的分部。
6. 简述远视眼和近视眼屈光系统折光和正常眼屈光系统折光的区别。
7. 眼球的屈光装置有哪些？为什么正常眼视近物或远物均很清晰？

（王配军）

第二节 前 庭 蜗 器

前庭蜗器（vestibulocochlear organ）又称耳（ear），包括前庭器（vestibular apparatus）和听器（auditory apparatus）两部分。按部位可分为外耳、中耳和内耳三部分。外耳和中耳是声波的收集和传导装置。听觉感受器（听器）和位置觉感受器（位觉器）位于内耳。

【目的和要求】

1. 掌握外耳道的形态、位置、分部；中耳的组成，鼓室的位置、鼓室六个壁主要结构；小儿咽鼓管的特点，骨迷路与膜迷路的分部；位觉和听觉感受器。

2. 熟悉鼓膜的形态、位置和分部；鼓室六个壁交通。

3. 了解前庭蜗器的组成和各部的作用；鼓室内结构，乳突窦和乳突小房的位置；声波的传导途径、内耳道。

【实训教具】

1. 标本 前庭蜗器（示外耳、中耳、内耳的组成及位置）标本；鼓室外侧壁（示鼓膜方位）标本；鼓室内侧壁（示内侧壁上的结构）标本；听小骨（示听小骨形态结构）标本；中耳（示鼓室六壁、听小骨的位置）标本；听小骨链（示听小骨连接）标本；颅底骨（示鼓室上壁、外耳门）标本；切开的颞骨（示外耳、中耳、内耳的位置及外耳道形态）标本。

2. 模型 耳（外、中、内）解剖模型；耳（外、中、内）解剖放大模型；听小骨放大模型；中耳解剖放大模型；内耳迷路模型；内耳解剖放大模型。

【实训内容及方法】

（一）外耳

外耳（external ear）包括耳郭、外耳道和鼓膜三部分。

1. 耳郭（auricle） 取耳的解剖标本结合活体（同学之间）观察耳郭的形态结构。

2. 外耳道（external acoustic meatus） 外侧 1/3 为软骨部，内侧 2/3 为骨性部。在切除外耳道前壁的模型上观察外耳道的弯曲。

3. 鼓膜（tympanic membrane） 构成中耳鼓室外侧壁大部分。

（二）中耳

中耳（middle ear）包括鼓室、咽鼓管、乳突窦和乳突小房。在颞骨的锯开标本和耳的模型上，先观察中耳各部分的位置和毗邻关系（注意方位，坚持位置第一原则），然后观察以下内容。

1. 鼓室（tympanic cavity）

（1）鼓室壁：观察鼓室六个壁及其与周围结构的关系。①外侧壁：是鼓膜壁。鼓膜位于鼓室和外耳道之间。鼓膜分为鼓膜脐、松弛部和紧张部。紧张部前下方有一三角形反光区称光锥。②上壁：又称鼓室盖，注意与颅中窝的关系。③下壁：为颈静脉壁，注意其下方有颈静脉球。④前壁：为颈动脉壁。在前壁寻认咽鼓管半管、鼓膜张肌半管的开口部位。⑤内侧壁：为迷路壁。在内侧壁辨认岬、前庭窗、蜗窗、面神经管凸等结构。⑥后壁：为乳突壁。在后壁观察乳突窦的开口。

（2）鼓室内的结构：①听小骨，有三块，即锤骨、砧骨和镫骨。②听小骨链，观察听小骨的位置和连接关系。③运动听小骨的肌，鼓膜张肌、镫骨肌。④鼓索和鼓室丛（见第五章神经系统）。⑤鼓室的黏膜，观察鼓室各壁和鼓室内各结构表面黏膜与咽鼓管、乳突窦、乳突小房等处黏膜的连续关系。

2. 咽鼓管（auditory tube）　连通鼻咽部和鼓室。幼儿的咽鼓管短、宽、平。

3. 乳突窦（mastoid antrum）和乳突小房（mastoid cells）　观察其位置、形态和连通关系。

（三）内耳

内耳（internal ear）由骨迷路和膜迷路组成。取耳的解剖标本和内耳模型观察，明确内耳在颞骨中位置，以及骨迷路和膜迷路的位置关系。

1. 骨迷路（bony labyrinth）　可分为三部分：耳蜗、前庭和骨半规管。观察骨半规管、前庭、耳蜗的位置和相互关系。

（1）前庭（vestibule）：是位居骨迷路中部的椭圆形腔隙，内藏膜迷路的椭圆囊和球囊。前庭的前部有一孔，连通耳蜗；其后上部有 5 个小孔与 3 个半规管相通。再观察前庭外侧壁上的前庭窗和蜗窗。

（2）骨半规管（bony semicircular canals）：为 3 个半环形、相互垂直排列的骨性小管，分别称为前骨半规管、后骨半规管和外骨半规管。观察 3 个骨半规管的位置关系及每个骨半规管上膨大的骨壶腹。

（3）耳蜗（cochlea）：位于前庭的前方，形如蜗牛壳，耳蜗由蜗轴和蜗螺旋管构成。观察蜗轴的位置，以及环绕蜗轴的骨螺旋板和蜗螺旋管。辨认蜗螺旋管的 3 个组成部分即近蜗顶侧的管腔为前庭阶，中间是膜性的蜗管，近蜗底侧者为鼓阶。观察前庭阶和鼓阶的位置，寻认两者在蜗顶相通的部位，以及它们与前庭窗、蜗窗的关系。

2. 膜迷路（membranous labyrinth）

（1）椭圆囊（utricle）和球囊（saccule）：在椭圆囊的底和前壁上有椭圆囊斑，在球囊的前壁上有球囊斑，它们是位置觉感受器，能感受直线变速运动的刺激。注意两囊与膜半规管、蜗管的通连关系。

（2）膜半规管（membranous semicircular ducts）：在各骨壶腹内寻找膜壶腹，在膜壶腹内辨认壶腹嵴，壶腹嵴是位置觉感受器，能感受头部旋转变速运动的刺激。

（3）蜗管（cochlear duct）：位于蜗螺旋管内，盘绕蜗轴两圈半。在耳蜗内寻认蜗管。在蜗管的水平断面上，观察蜗管上壁（前庭膜）、外侧壁和下壁（骨螺旋板和蜗管鼓壁即基底膜），以及蜗管与骨螺旋板、前庭阶和鼓阶的位置关系。寻认位于基底膜上的螺旋器，螺旋器又称 Corti 器，是听觉感受器。

声音的传导：声波传入内耳的感受器有两条途径，一是空气传导；二是骨传导。正常情况下以空气传导为主。

3. 内耳的血管、淋巴和神经

4. 内耳道　内耳道自内耳门到内耳道底，内有前庭蜗神经、面神经和迷路动脉通过。

【常用歌诀】

1. 鼓室 中耳鼓室六个壁，名称结构要牢记；前后上下外内侧，按照顺序记仔细；咽管孔窦鼓室盖，骨板鼓膜内侧迷；中耳炎症互蔓延，及早治疗莫大意。

2. 内耳 内耳迷路藏颞岩，耳蜗前庭半规管；听觉耳蜗螺旋器，前庭直线半规旋。

【复习思考题】

（一）判断题（正确答案用 A 表示，错误答案用 B 表示）

1. 听觉感受器和位置觉感受器位于中耳。（ ）
2. 成人鼓膜检查时应将耳郭向后下方牵拉使外耳道变直从而可观察到鼓膜。（ ）
3. 鼓室的前壁为颈动脉壁，后壁为颈静脉壁。（ ）
4. 鼓室的内侧壁上有面神经管凸，中耳的炎症或手术易伤及管内的面神经。（ ）
5. 小儿咽鼓管短、宽、平，故咽部感染易经咽鼓管侵入鼓室。（ ）
6. 内耳位于颞骨岩部的骨质内，可分为骨迷路和膜迷路两部分。（ ）
7. 位置觉感受器有壶腹嵴、椭圆囊斑和球囊斑。（ ）
8. 听觉感受器为螺旋器，位于前庭的基底膜上。（ ）
9. 咽鼓管为连通口咽部和鼓室的通道。（ ）
10. 声波的传导途径包括空气传导和骨传导两个途径。（ ）

（二）最佳选择题

1. 关于外耳道的叙述，错误的是（ ）
A. 外耳道是从外耳门至鼓膜的管道
B. 成人外耳道长 2.0～2.5cm
C. 外耳道外侧 1/3 为软骨部，内侧 2/3 为骨性部
D. 婴儿外耳道几乎由软骨支持，长而弯曲，鼓膜近于水平位，检查时须拉耳郭向后下方
E. 当发生外耳道皮肤疖肿时疼痛难以忍受

2. 关于中耳鼓室壁的描述，错误的是（ ）
A. 外侧壁大部分由鼓膜构成 B. 上壁又称盖壁 C. 下壁称颈静脉壁
D. 前壁称颈动脉壁 E. 内侧壁称乳突壁，而后壁称迷路壁

3. 不属于鼓室内侧壁结构的是（ ）
A. 乳突窦入口的下方有锥隆起
B. 内侧壁中部有圆形隆起，称岬
C. 岬的后上方有一卵圆形小孔，称前庭窗
D. 岬的后下方有一圆形小孔，称蜗窗
E. 在前庭窗后上方有一弓形隆起，称面神经管凸

4. 关于咽鼓管的叙述，错误的是（ ）
A. 咽鼓管连通鼻咽与鼓室
B. 咽鼓管使鼓室的气压与外界的大气压相等
C. 小儿咽鼓管细长而狭窄，接近水平位
D. 咽鼓管咽口开口于鼻咽侧壁，仅在吞咽运动或张口时暂时开放
E. 咽鼓管可分为软骨部和骨部

5. 鼓室内的结构没有（　　）

A. 听小骨有 3 块，即跗骨、跖骨和趾骨　　B. 锤骨借柄连于鼓膜，镫骨底封闭前庭窗

C. 运动听小骨的肌有鼓膜张肌和镫骨肌　　D. 鼓索和鼓室丛

E. 鼓室各壁和鼓室内各结构表面黏膜与咽鼓管、乳突窦、乳突小房等处的黏膜相连续

6. 关于鼓膜的描述，错误的是（　　）

A. 鼓室外侧壁大部分由鼓膜构成

B. 鼓膜位于外耳道与鼓室之间，小儿鼓膜几乎呈水平位

C. 鼓膜中心向内凹陷，称鼓膜脐

D. 鼓膜上 1/4 的三角形区为紧张部，下 3/4 为松弛部

E. 紧张部前下方有一个三角形的反光区，称光锥

7. 关于迷路的描述，错误的是（　　）

A. 迷路由外耳和中耳两部分组成

B. 骨迷路可分为耳蜗、前庭和骨半规管

C. 膜迷路由椭圆囊和球囊、膜半规管和蜗管组成

D. 膜迷路内充满内淋巴，膜迷路与骨迷路之间充满外淋巴，内、外淋巴互不相通

E. 内耳又称迷路，是前庭蜗器的主要部分

8. 关于耳蜗的叙述，错误的是（　　）

A. 耳蜗在前庭前方，由蜗轴和蜗轴螺旋管构成

B. 蜗轴伸出骨螺旋板，后者基部有蜗轴螺旋管

C. 蜗螺旋管围绕蜗轴盘曲约两圈半，以盲端终于蜗顶

D. 骨螺旋板未达蜗螺旋管外侧壁，其空缺处由蜗管填补封闭

E. 蜗螺旋管分为前庭阶、蜗管和鼓阶

9. 下列结构中，听觉感受器是指（　　）

A. 椭圆囊斑　　B. 壶腹嵴　　C. 球囊斑

D. Corti 器　　E. 鼓膜

10. 不属于位置觉感受器的是（　　）

A. 球囊斑　　B. 壶腹嵴　　C. 螺旋器

D. 椭圆囊斑　　E. 椭圆囊斑、球囊斑、壶腹嵴

11. 关于蜗管的描述，错误的是（　　）

A. 蜗管盘绕蜗轴两圈半，终于蜗顶，为盲端

B. 在蜗管的水平断面上，有上壁、外侧壁和下壁

C. 蜗管上壁为前庭壁（前庭膜）

D. 蜗管外侧壁为蜗螺旋管内表面骨膜的增厚部分

E. 在蜗管下壁的基底膜上有壶腹嵴

12. 膜迷路的四个直接组成部分是（　　）

A. 椭圆囊、球囊、壶腹嵴和蜗管　　B. 椭圆囊、球囊、膜半规管和蜗管

C. 椭圆囊、壶腹嵴、膜半规管和螺旋器　　D. 椭圆囊、膜壶腹、蜗管和螺旋器

E. 椭圆囊斑、壶腹嵴、膜半规管和蜗管

13. 螺旋器位于（　　）

A. 骨螺旋板　　B. 蜗轴螺旋管　　C. 蜗管前庭壁
D. 蜗管鼓壁　　E. 蜗管外侧壁

14. 关于内耳动脉的叙述，错误的是（　　）
A. 迷路动脉多发自小脑下前动脉或基底动脉
B. 前庭支分布于椭圆囊、球囊和半规管
C. 蜗支经蜗轴内的小管分布于蜗螺旋管
D. 由耳后动脉发出的茎乳动脉尚分布到部分半规管
E. 前庭支、蜗支和茎乳动脉均不是终动脉

15. 关于内耳道的叙述，错误的是（　　）
A. 内耳道位于颞骨岩部后面中部
B. 内耳道底有前庭蜗神经、面神经和迷路动脉穿行
C. 内耳道底被横嵴分隔为上、下两部
D. 上部的前份为面神经区；下部的前份为蜗区
E. 上、下部的后份有前庭上区、前庭下区和单孔，分别有蜗神经 3 个分支通过

16. 关于内耳神经叙述，错误的是（　　）
A. 内耳神经即前庭蜗神经
B. 蜗神经分布于内耳道
C. 前庭神经上支称椭圆囊壶腹神经，分布于椭圆囊斑和上膜半规管、外膜半规管的壶膜嵴
D. 前庭神经下支称球囊神经，分布至球囊斑
E. 前庭神经后支称后壶腹神经，分布至后膜半规管的壶腹嵴

（三）多项选择题

1. 关于鼓膜的叙述，正确的是（　　）
A. 位于外耳道与鼓室之间　　B. 前下方有一三角形反光区称光锥
C. 鼓膜中心向外突起，称鼓膜脐　　D. 上 1/4 的三角区称为松弛部
E. 与外耳道底成 45°～50°的倾斜角

2. 关于外耳道的描述，正确的是（　　）
A. 外侧 1/3 为骨性部，内侧 2/3 为软骨部
B. 是从外耳门至鼓膜的管道
C. 软骨部可被牵动，将耳郭向后上方牵拉，可使外耳道变直
D. 婴儿外耳道几乎由软骨支持，短而直，鼓膜近于水平位，检查时须拉耳郭向后下方
E. 外耳道皮肤发生疖肿时疼痛难以忍受

3. 关于中耳鼓室壁的描述，正确的是（　　）
A. 外侧壁又名鼓膜壁　　B. 下壁称颈静脉壁
C. 上壁又称盖壁，分隔鼓室与颅后窝　　D. 前壁称颈动脉壁，即颈动脉管后壁
E. 内侧壁称迷路壁，后壁也称乳突壁

4. 关于咽鼓管的描述，正确的是（　　）
A. 连通鼻咽与鼓室
B. 保持鼓膜内、外两面的压力平衡
C. 可分为前内侧份的软骨部和后外侧份的骨部

D. 咽鼓管咽口在吞咽运动或张口时处于关闭状态
E. 小儿咽鼓管短而宽，接近水平位，故咽部感染易经咽鼓管侵入鼓室

5. 关于内耳的叙述，正确的是（　　）
A. 内耳又称迷路，是前庭蜗器的主要部分
B. 迷路由骨迷路和膜迷路两部分组成
C. 骨迷路分为耳蜗、前庭和骨半规管
D. 膜迷路由椭圆囊和球囊、膜半规管和蜗管组成
E. 膜迷路内充满内淋巴，膜迷路与骨迷路之间充满外淋巴，内、外淋巴互相连通

6. 关于中耳的叙述，正确的是（　　）
A. 由鼓室、咽鼓管、乳突窦和乳突小房组成
B. 为含气的不规则的小腔道，大部分在颞骨岩部内
C. 中耳向外借鼓膜与外耳道相隔，向内与内耳相毗邻，向前借咽鼓管通向鼻咽部
D. 有三块听小骨位于中耳鼓室内
E. 中耳是声波的收集和传导装置

7. 属于位置觉感受器的是（　　）
A. 螺旋器　B. 壶腹嵴　C. 椭圆囊斑　D. 球囊斑　E. 蜗管

8. 骨迷路包括（　　）
A. 前庭　B. 骨半规管　C. 蜗管　D. 耳蜗　E. 内耳道

（四）名词解释

1. 光锥
2. 鼓室
3. 咽鼓管
4. 骨迷路
5. 膜迷路

（五）填空题

1. 外耳道外侧 1/3 为________部，内侧 2/3 为________部，在外耳道检查时需将耳郭拉向后上方，即可拉直外耳道。
2. 中耳由________、________、乳突窦和乳突小房组成。
3. 鼓膜周缘较厚，中心向内凹陷，称________，其内容为________附着处。
4. 鼓室前壁为________，此壁上部有两个小管的开口，上方的是鼓膜张肌半管口，下方为________。
5. 鼓室上壁为________，分隔鼓室与________。
6. 鼓室内侧壁中部有圆形隆起，称________；其后上方有一卵圆形小孔，称前庭窗或卵圆窗，通向前庭，在活体，由________将前庭窗封闭。
7. 咽鼓管连通________和________。
8. 骨迷路包括________、________和骨半规管三部分。
9. 前庭内侧壁可见一倒置“Y”形的________，该结构的后上方有________，前下方有球囊隐窝。
10. 每个半规管有两个骨脚连于前庭，一个骨脚膨大称________，其膨大部称________。

11. 椭圆囊的后壁上有5个孔与________相通，向前以________连接球囊和内淋巴管。
12. 球囊向前以________连蜗管，向后借________连椭圆囊和内淋巴管。
13. 乳突窦位于鼓室上隐窝的后方，为________和________之间的交通要道。
14. 蜗管位于蜗螺旋管内，其前庭端借连合管与________相连通，顶端细小，终于蜗顶，为________。
15. 在蜗管的水平断面上，呈三角形，其上壁为________，其下壁由骨螺旋板和蜗管鼓壁（蜗管鼓壁，又称基底膜）组成，在蜗管鼓壁上有________，是听觉感受器。
16. 内耳由________和________组成，二者间隙内充满外淋巴。
17. 听觉感受器为________，位置觉感受器有椭圆囊斑、球囊斑和________。

（六）综合应用题

1. 简述鼓室各壁的结构及其交通。
2. 简述鼓膜的位置、形态和分部。
3. 简述咽鼓管的位置、连通和生理功能；为什么儿童较易患化脓性中耳炎？
4. 简述耳蜗的形态结构。
5. 试述声波传入内耳感受器的途径。

（王配军）

第五章　神 经 系 统

神经系统（nervous system）由脑、脊髓及附着于脑和脊髓的周围神经组成。神经系统是人体结构和功能最为复杂的系统，在人体九大系统中起主导作用。其功能：①控制和调节其他系统的活动，使人体成为一个有机的整体。②维持机体与外环境间的统一。神经系统通过与它相连的各种感受器，接受内、外环境的各种刺激，经传入神经传至中枢（脊髓和脑）的不同部位，经过整合后发出相应的神经冲动，经传出神经将冲动传至相应的效应器，以产生各种反应。因此，神经系统既能使机体感受到外环境和机体内环境的变化，也能调节机体内环境和内、外环境的相互平衡，以保证生命活动的正常进行。

中枢神经系统（central nervous system）包括位于椎管内的脊髓和位于颅腔内的脑。脑又分为端脑、间脑、中脑、脑桥、延髓和小脑六部分。中脑、脑桥、延髓合称为脑干。

第一节　总论、中枢神经系统

一、总论、脊髓

【目的和要求】

1. 掌握神经系统的区分；神经系统的常用术语；脊髓的位置、外形及脊髓节段与椎骨的对应关系；脊髓主要纤维束的位置、起止和功能。

2. 熟悉神经元的构造、分类；神经纤维和突触的概念，神经系统的活动方式；脊髓灰质、白质的配布及名称；脊髓灰质主要核团（前角运动细胞、胶状质、后角固有核、中间外侧核）的位置、功能。

3. 了解脊髓小脑前、后束、红核脊髓束、前庭脊髓束、顶盖脊髓束、内侧纵束和脊髓固有束的位置和功能；脊髓的反射和损伤表现；脊髓的功能及脊髓损伤后的症状。

【实训教具】

1. 标本　全身神经系统离体概观（童尸）；脊髓整体观（离体）；保留脊神经根标本（显示中枢神经系统组成）；脊髓位置标本（段）；游离脊髓（硬脊膜作前正中矢状切开）；保留脊神经前根、后根的标本。

2. 模型　脑模型（示脑外形、内部结构及灰白质）；脊髓横断面放大模型；脊髓和脊神经模型（示脊髓三层被膜）；脊髓与椎骨关系模型（示椎骨与脊髓、脊神经关系、马尾、终丝、脊髓被膜等）；腰骶椎解剖与脊神经关系模型（示腰椎、骶骨与脊髓、脊神经关系、马尾、终丝、脊髓被膜等）。

【实训内容及方法】

（一）总论

1. 神经系统的区分　取全身神经系统离体概观（童尸）标本观察和理解：神经系统由两

部分组成即中枢神经系统(central nervous system)和周围神经系统(peripheral nervous system),同时还可观察到前者包括脑和脊髓;后者包括脑神经、脊神经和内脏神经。

2. 神经系统的组成 神经系统的基本组织是神经组织，神经组织由神经元（neuron）和神经胶质（neuroglia）组成。神经元是神经系统结构和功能的基本单位，具有感受刺激和传导神经冲动的功能。神经胶质细胞是中枢神经系统的间质或支持细胞，对神经元起着支持、营养、保护和修复作用，并对调节神经系统活动起着十分重要的作用。

3. 神经系统的常用术语 在中枢和周围神经系统中，神经元胞体和突起在不同部位有不同的组合编排方式，故用不同的术语表示。取脑模型（示脑外形、内部结构及灰白质）和脊髓横断面放大模型可观察以下结构。

（1）灰质与白质：在中枢部，神经元胞体及其树突的聚集部位，色泽灰暗，称灰质（gray matter）。配布在大脑和小脑表面的灰质，称皮质（cortex）。神经纤维在中枢部聚集的部位，因多数轴突具有髓鞘，色泽白亮，称白质（white matter）。位于大脑和小脑皮质深部的白质称髓质（medulla）。

（2）神经核与纤维束：在中枢部，形态和功能相似的神经元胞体在深部聚集成团或柱，称神经核。在中枢部，凡起止、行程和功能基本相同的神经纤维聚集在一起称纤维束。

（3）神经节与神经：在周围部，神经元胞体聚集处形状略膨大，称神经节。神经纤维在周围部聚集为粗细不等的神经。

（二）脊髓

1. 脊髓的位置和外形 取脊髓整体观标本（离体），脊髓位置标本（段）和脊髓与椎骨关系模型，并结合腰骶椎解剖与脊神经关系模型观察：脊髓（spinal cord）位于椎管内，上端平枕骨大孔处与延髓相连，下端在成人平第1腰椎体下缘（新生儿可达第3腰椎下缘平面）。取游离脊髓标本观察，见脊髓呈前、后稍扁的圆柱形，全长粗细不等，有两个梭形的膨大，即颈膨大（cervical enlargement）和腰骶膨大（lumbosacral enlargement），这两个膨大的形成是因为内部的神经元数量相对较多，与四肢的出现有关。脊髓末端变细，称为脊髓圆锥（conus medullaris），自此处向下延为细长的无神经组织的终丝（filum terminale）。取脊髓和脊神经模型可见脊髓表面的6条纵行的浅沟：前正中裂、后正中沟、一对前外侧沟和一对后外侧沟，并可观察脊神经前根、后根根丝附着的部位。

取保留脊神经根的游离脊髓标本可见脊髓在外形上没有明显的节段性，但每一对脊神经及其前根、后根根丝附着范围的脊髓即构成一个脊髓节段，因为有31对脊神经，故脊髓也可分为31个节段：即8个颈节（C）、12个胸节（T）、5个腰节（L）、5个骶节（S）和1个尾节（Co）。成人脊髓与脊柱的长度不相等，脊柱的长度与脊髓的节段并不完全对应。脊髓节段与椎骨的对应关系大致如下（表5-1）。

表5-1 脊髓节段与椎骨的对应关系

脊髓节段	对应椎骨	推算举例
上颈髓节 C_1～C_4	与同序数椎骨对应	如第2颈髓节对第2颈椎
下颈髓节 C_5～C_8	与同序数椎骨的上1节椎体平对	如第7颈髓节对第6颈椎
上胸髓节 T_1～T_4	与同序数椎骨的上1节椎体平对	如第4胸髓节对第3胸椎
中胸髓节 T_5～T_8	与同序数椎骨上2节椎体平对	如第7胸髓节对第5胸椎

续表

脊髓节段	对应椎骨	推算举例
下胸髓节 T_9～T_{12}	与同序数椎骨上 3 节椎体平对	如第 12 胸髓节对第 9 胸椎
腰髓节 L_1～L_5	平对第 10～12 胸椎	
骶、尾髓节 S_1～S_5、Co	平对第 1 腰椎	

与脊髓相连的脊神经前根、后根汇合形成脊神经，经相应的椎间孔离开椎管。因为脊髓比脊柱短，腰部、骶部、尾部的脊神经前根、后根要在椎管的硬膜囊内下行一段距离，才能到达各自相应的椎间孔，这些在脊髓末端平面以下下行的脊神经根称马尾（cauda equina）。临床上常选择第 3、4 或第 4、5 腰椎棘突之间进针行脊髓蛛网膜下隙穿刺或麻醉术，以避免损伤脊髓。

2. 脊髓的内部结构 取脊髓横断面放大模型观察，可见脊髓正中央有中央管，中央管纵贯脊髓全长，管内含脑脊液，向上通第四脑室，向下在脊髓圆锥内扩大形成终室。围绕中央管的周围可见“H”形或蝶形的灰质，在新鲜标本上色泽灰暗。灰质可分为前部扩大的前角和后部狭细的后角，在胸髓和上部腰髓还可见向外伸出的侧角。前角、后角之间为中间带。白质位于灰质的外周，新鲜标本上颜色发亮。白质借脊髓的纵沟分为三个索，前正中裂与前外侧沟之间为前索，前外侧沟、后外侧沟之间为外侧索，后外侧沟与后正中沟之间为后索。在灰质后角基部外侧与白质之间，灰质、白质混合交织，形成网状结构（reticular formation）。

（1）灰质：脊髓灰质是神经元胞体、树突、神经胶质和血管等的复合体。灰质内含有各种不同大小、形态和功能的神经元，其中大多数神经元的胞体往往集聚成群或成层，称神经核或板层。

1）前角（anterior horn）：也称前柱，主要由运动神经元组成，分为内、外两侧群。内侧群支配躯干肌，外侧群支配四肢肌。也可根据形态和功能分为大型的运动神经元，支配骨骼肌运动，以及小型的运动神经元，调节肌张力。

2）后角（posterior horn）：也称后柱，主要由中间神经元组成，接受后根传入纤维。由后角基部向后角尖依次可分为胸核、后角固有核、胶状质和缘层四群核团，其中胸核位于后角基部内侧。

3）侧角（lateral horn）：称侧柱，由中、小型细胞组成，仅见于胸 1～腰 3 脊髓节段，是交感神经的低级中枢。

4）板层：灰质的细胞构筑从后角尖到前角分为十个板层。Ⅰ层相当于后角边缘层；Ⅱ层相当于胶状质；Ⅲ～Ⅳ层相当于后角固有核；Ⅴ～Ⅵ层位于后角基部；Ⅶ层相当于中间带；Ⅷ层位于前角基部；Ⅸ层相当于前角运动神经元；Ⅹ层在脊髓中央管周围。

（2）白质：脊髓白质位于脊髓灰质的周围，主要由许多纵行排列的纤维束组成。这些纤维束可分为长的上行纤维束、下行纤维束和短的固有束。

1）上行传导束（又称感觉传导束）：①薄束（fasciculus gracilis）和楔束（fasciculus cuneatus），这两个束是脊神经后根内侧部的粗纤维在同侧后索的直接延续。两者均由起自同侧脊神经节内的中枢突组成，其中，第 5 胸节以下的纤维组成薄束，第 4 胸节以上的纤维组成楔束。在脊髓后索内上行，分别止于薄束核和楔束核。其功能是传导来自同侧躯体的本体感觉（位置觉、运动觉和震动觉）及皮肤的精细触觉。②脊髓小脑后束（posterior spinocerebellar tract），位于外侧索周边的后部，主要起自同侧的脊髓板层Ⅶ的背核，上行经小脑下脚入小脑，止于小脑皮质。

向小脑传递来自躯干下部和下肢的非意识性本体感觉和触、压觉信息，可能与肢体个别肌的精细运动和姿势的协调有关。③脊髓小脑前束（anterior spinocerebellar tract），位于脊髓小脑后束的前方，主要起自腰骶膨大节段板层Ⅴ～Ⅶ的外侧部，大部分交叉到对侧，小部分在同侧上行，经小脑上脚进入小脑皮质。功能同脊髓小脑后束，但所传递的信息则与整个肢体的运动和姿势有关。④脊髓丘脑束（spinothalamic tract），主要起自脊髓灰质Ⅰ层和Ⅳ～Ⅶ层，经白质前连合交叉到对侧同节或上 1～2 节段的外侧索和前索内上行，止于背侧丘脑。脊髓丘脑束分为脊髓丘脑侧束和脊髓丘脑前束，分别位于脊髓外侧索的前半部和前索。其功能是传导对侧躯干皮肤的痛、温觉及粗触觉。

2）下行传导束（又称运动传导束）：①皮质脊髓束（corticospinal tract），是脊髓内最大的纤维束，起自大脑皮质中央前回和其他一些皮质区域，下行至延髓锥体交叉，大部分纤维交叉至对侧形成皮质脊髓侧束，止于同侧脊髓前角运动细胞；少量未交叉纤维在同侧下行为皮质脊髓前束，大部分经白质前连合交叉终于对侧的前角细胞，部分纤维始终不交叉止于同侧前角；另有少量不交叉的纤维沿同侧外侧索下行为 Bame 前外侧束，大部分终于颈髓前角，小部分可达腰骶髓前角。皮质脊髓束的功能是支配骨骼肌运动，特别是肢体远端的灵巧运动。②红核脊髓束（rubrospinal tract），位于皮质脊髓侧束的腹侧，起自中脑红核，纤维交叉至对侧，至Ⅴ～Ⅶ板层，投射至上 3 个颈髓节段。其功能与兴奋屈肌的运动神经元有关。

还有其他下行纤维束，如前庭脊髓束、网状脊髓束、内侧纵束和顶盖脊髓束等。

【常用歌诀】

1. 脊髓末端位置　脊髓何处定末端，男一女二小儿三；终池底部对骶二，终丝尾骨背侧攀。

2. 脊髓　柱状两膨大，下部是圆锥；沟内前后根，向下成马尾。

3. 脊髓横切面　白质包外灰居中，灰质断面似蝶形；前角运动后感觉，侧角交感在腰胸；前侧后索传导束，联络颈节上下行；后索薄楔内外位，深感精触较固定；前侧索内上下全，冷热触压和运动。

4. 脊髓节段与椎骨对应关系　颈节一四相齐，颈五胸四节高一；下胸高三中高二，腰节平胸十十一；骶尾腰一胸十二，定位诊断是依据。

【复习思考题】

（一）判断题（正确答案用 A 表示，错误答案用 B 表示）

1. 中枢神经系统是指脑和脊髓。（　　）
2. 脊髓下端变细称为脊髓圆锥。（　　）
3. 成人脊髓下端平第 3 腰椎体下缘。（　　）
4. 后正中沟是薄束和楔束在脊髓表面的分界标志。（　　）
5. 在中枢部，神经元胞体及其树突的集聚部位称神经核。（　　）
6. 自胚胎 4 个月起，脊柱的生长速度快于脊髓。（　　）
7. 薄束和楔束是脊神经后根内侧部的粗纤维在同侧脊髓后索的直接延续。（　　）
8. 脊髓丘脑前束主要传递由后根细纤维传入的痛温觉信息。（　　）
9. 支配躯干肌的前角运动神经元接受对侧皮质脊髓束的支配。（　　）
10. 红核脊髓束对支配伸肌的运动神经元有较强兴奋作用。（　　）

（二）最佳选择题

1. 脊髓（　　）

A. 前正中裂有前根穿出　B. 颈膨大发出到颈部的神经

C. 末端逐渐变细，称脊髓圆锥　D. 仅占据椎管的上 2/5

E. 后角的神经元发出纤维组成后根

2. 关于脊髓灰质的描述，错误的是（　　）

A. 由神经元胞体和轴突组成　B. 前角含躯体运动神经元

C. 后角接受后根的传入纤维　D. Ⅲ、Ⅳ层内稍大的细胞群称后角固有核

E. 围绕中央管周围

3. 关于楔束的描述，错误的是（　　）

A. 占据后索　B. 位于薄束的外侧　C. 来自第 5 胸髓节以下的后根

D. 传递本体感觉和精细触觉　E. 终于楔束核

4. 脊髓丘脑侧束（　　）

A. 位于外侧索后部　B. 位于后索前半部

C. 位于前索内　D. 传递精细触觉

E. 传递痛、温觉信息

5. 皮质脊髓侧束（　　）

A. 多数纤维经白质前联合交叉至对侧前角细胞

B. 起源于大脑中央后回　C. 属于椎体外系

D. 终于同侧灰质Ⅳ～Ⅸ层　E. 在脊髓侧索前部下行

6. 薄束（　　）

A. 由第 4 胸节以上的脊神经节细胞的轴索构成

B. 是后根内侧部的粗纤维在同侧后索内的延续

C. 传导来自同侧上半身的本体感觉

D. 传导来自同侧下半身的本体感觉

E. 传导对侧下半身的精细感觉

7. 关于脊髓小脑后束的叙述，错误的是（　　）

A. 位于外侧索周边的后部　B. 经小脑下角终于小脑皮质

C. 主要起自同侧的背侧核　D. 起自对侧后角固有核

E. 仅见于第 2 腰节以上的脊髓节

8. 骶副交感核（　　）

A. L_1～S_1 节段，Ⅶ层外侧部　B. S_2～S_4 节段，Ⅶ层外侧部

C. S_1～S_3 节段，Ⅶ层外侧部　D. S_3～C_0 节段，Ⅶ层外侧部

E. T_{12}～S_5 节段，Ⅶ层外侧部

9. 不属于脊髓前索内纤维束的是（　　）

A. 皮质脊髓前束　B. 顶盖脊髓束　C. 红核脊髓束

D. 内侧纵束　E. 前庭脊髓束

10. 脊髓内交感神经节前神经元胞体所在部位是（　　）

A. 后角固有核　B. 骶中间外侧核　C. 中间外侧核

D. 中间内侧核　　E. 胸核

11. 经白质前连合交叉至对侧形成的纤维束是（　　）

A. 皮质核束　　B. 皮质脊髓前束　　C. 皮质脊髓侧束

D. 脊髓丘脑束　　E. 红核脊髓束

12. 脊髓灰质中支配四肢的下运动神经元是（　　）

A. 前角内侧核　　B. 前角外侧核　　C. Renshaw 细胞

D. 中间内侧核　　E. 中间外侧核

13. 腰椎穿刺抽取脑积液的部位是（　　）

A. 第 1 腰椎与第 2 腰椎棘突间隙　　B. 第 2 腰椎与第 3 腰椎棘突间隙

C. 第 3 腰椎与第 4 腰椎棘突间隙　　D. 第 5 腰椎与第 1 骶椎棘突间隙

E. 骶管裂孔处

14. 经白质前连合进行左右交叉的传导束是（　　）

A. 脊髓丘脑束　　B. 皮质脊髓前束和脊髓丘脑束

C. 皮质脊髓前束　　D. 薄束和楔束　　E. 皮质脊髓束

15. 关于皮质脊髓束的描述，错误的是（　　）

A. 皮质脊髓束在延髓的锥体交叉处大部分进行交叉、越边形成皮质脊髓侧束

B. 没有交叉的纤维形成皮质脊髓前束

C. 皮质脊髓前束在下行过程中，主要经白质前连合交叉到对侧

D. 皮质脊髓束完全控制对侧的前角运动细胞

E. 皮质脊髓侧束损伤时，可出现同侧损伤平面以下肢体痉挛性瘫痪

16. 第 6 颈脊髓节平对（　　）

A. 第 3 颈椎　　B. 第 4 颈椎　　C. 第 5 颈椎

D. 第 6 颈椎　　E. 第 7 颈椎

17. 第 8 胸脊髓节平对（　　）

A. 第 5 胸椎　　B. 第 6 胸椎　　C. 第 7 胸椎

D. 第 8 胸椎　　E. 第 9 胸椎

18. 第 10 胸脊髓节平对（　　）

A. 第 7 胸椎　　B. 第 8 胸椎　　C. 第 9 胸椎

D. 第 10 胸椎　　E. 第 11 胸椎

（三）多项选择题

1. 关于脊髓灰质的描述，错误的是（　　）

A. 灰质由神经细胞体和轴突构成　　B. 侧角仅见于胸髓节段

C. 后角固有核细胞发出轴突组成后根　　D. 灰质为脊髓中央部分

E. 前角运动神经元损伤，其支配的骨骼肌瘫痪及感觉消失

2. 关于脊髓的叙述，正确的是（　　）

A. 31 对脊神经相连　　B. 上端于枕骨大孔处与延髓相连

C. 脊髓全长粗细不等　　D. 其颈膨大发出支配颈部的神经

E. 脊髓灰质的前角为运动性

3. 脊髓内上行传导束是（　　）

A. 内侧纵束　　B. 薄束　　C. 楔束
D. 脊髓丘脑侧束　　E. 脊髓小脑前、后束

4. 脊髓半横断损伤出现（　　）
A. 对侧损伤平面 1～2 节段以下痛、温觉丧失　　B. 损伤对侧感觉正常
C. 伤侧以下精细触觉消失　　D. 伤侧以下痉挛性瘫痪
E. 对侧腱反射亢进

5. 关于脊髓节段的描述，正确的是（　　）
A. 脊髓共有 31 个节段
B. 第 3 颈髓节段约平第 3 颈椎高度
C. 颈髓有 7 节、胸髓有 12 节，与相应的椎骨一致
D. 第 6 胸髓节段约平第 4 胸椎高度
E. 第 10 胸髓节段约平第 7 胸椎高度

6. 脊髓后索内的主要传导束有（　　）
A. 脊髓小脑后束　　B. 薄束　　C. 楔束
D. 红核脊髓束　　E. 皮质脊髓侧束

7. 薄束（　　）
A. 在胸节段以上，位于楔束的内侧；在 T_4 节段以下则占据整个后索
B. 向上终止与延髓的薄束核
C. 主要传导对侧下肢意识性的本体感觉和精细触觉
D. 其纤维来自同侧胸节段以下，管理非意识性深感觉的脊神经节细胞的中枢突
E. 损伤后可致患侧下肢意识性的本体觉和精细触觉丧失

8. 楔束（　　）
A. 向上终止于延髓的楔束核
B. 其纤维来自同侧胸节段以上，管理对侧非意识性深感觉和精细触觉的脊神经节细胞的中枢突
C. 主要传导同侧非意识性本体觉和精细触觉
D. 位于胸节段以上的脊髓后索薄束的内侧
E. 损伤后可致患侧上肢意识性的本体觉和精细触觉丧失

9. 脊髓丘脑束（　　）
A. 经脊髓和脑干上行后，止于背侧丘脑的腹后内侧核
B. 纤维来自对侧 Ⅰ、Ⅳ、Ⅴ、Ⅶ、Ⅷ层的细胞（主要为后角固有核）
C. 损伤后可致对侧平面 1～2 节以下的全部深感觉、浅感觉障碍
D. 传导对侧肢体的痛觉、温度觉和触觉
E. 大部分位于外侧索的前部，脊髓小脑前索的内侧部，小部分位于前索内

（四）名词解释

1. 灰质
2. 白质
3. 髓质
4. 纤维束

5. 马尾
6. 脊髓圆锥

（五）填空题

1. 脊髓上端于________处与延髓相连，下端以脊髓圆锥终于________水平。
2. 均起自脊神经节细胞的中枢突的上行纤维束是________和________。
3. 脊髓每侧的灰质，前部扩大为________，后部细狭为________。
4. 脊髓后索内的上行纤维束居内侧的是________，居外侧的是________。
5. 脊髓丘脑侧束位于________前部，脊髓丘脑前束位于________内侧。
6. 脊髓后根的粗纤维主要传导________和________。
7. 管理骨骼肌的下行纤维束分为________和________。
8. 脊髓全长有两个膨大，分别为________、________。
9. 脊髓灰质的运动神经元有________和________两种。
10. 脊髓后中间沟是________和________的分界线。
11. 神经系统包括________和________两部分。
12. 中枢神经系统包括位于颅腔内的________和椎管内的________。
13. 成人脊髓圆锥末端平齐________的下缘，新生儿平________。
14. 脊髓的表面有6条沟，前面正中的沟称为________，后面正中的沟称为________。
15. 脊髓分为31个节段，颈髓有________个节段，腰髓有________个节段。

（六）综合应用题

1. 简述脊髓的位置和外形。
2. 简述脊髓和椎骨的对应关系。
3. 简述脊髓的内部结构及功能。
4. 试述脊髓上行纤维束的起止、走行及功能。
5. 脊髓半横断时损伤了哪些传导束？有哪些临床表现？为什么？

（吴建清）

二、脑　　干

【目的和要求】

1. 掌握脑干的组成及其位置；脑干外部主要结构与内部结构的关系及其主要特点；第四脑室的位置、构成及交通；脑神经核的位置及与脑神经的联系；薄束核、楔束核、红核及黑质的位置及功能概况。

2. 熟悉各主要上、下行纤维束（内侧丘系、脊髓丘脑束、外侧丘系、三叉丘系、锥体束）在脑干各部的位置。

3. 了解脑干网状结构概念及位置；脑干内部结构概况；脑干内除薄束核、楔束核、红核及黑质外其余非脑神经核的名称、位置；脑干网状结构概念及位置。

【实训教具】

1. 标本　脑外形；保留脑神经根的脑干标本；脑正中矢状切面标本；脑水平切标本；脑

冠状切标本；脑水平切染色（8 片）脑皮质功能能定位标本；脑干外形标本。

2. 模型 脑干放大模型（示脑干外形及脑神经位置）；脑干横切面模型（示脑干外形、脑神经、神经核团断面，8 个断面）；脑干矢状切面模型（示脑干外脑神经、脑干作矢状切面）；第四脑室脉络丛组织和脉络丛模型（示第四脑室脉络组织、脉络丛等）；脑干及下丘脑核团模型；脑干内部结构的模型（示核团、纤维束）；脑神经核模型；透明脑干电动模型；脑干脑神经核脑传导束放大模型（示深浅感觉、锥体系、锥体外系、视传导、位听传导等）。

【实训内容及方法】

脑干（brain stem）自下而上由延髓、中脑和脑桥组成。取脑正中矢状切面可观察各组成部分的位置。

（一）脑干的外形

1. 脑干的腹侧面 取保留脑神经根的脑干标本，结合脑干放大模型观察。

（1）延髓（medulla oblongata）：位于脑干的最下部，上部略膨大，借延髓脑桥沟（bulbopontine sulcus）与脑桥分隔，下部较细，通过枕骨大孔与脊髓相连续，延髓腹侧面正中线上有前正中裂，裂的两侧有前外侧沟，均与脊髓同名沟裂相连续。在前正中裂两侧与前外侧沟之间有锥体（pyramid），由皮质脊髓束构成。在锥体下端可见到左侧、右侧的纤维在前正中裂深部相互交叉的锥体交叉（decussation of pyramid）。在前外侧沟的后外侧有橄榄（olive），内含下橄榄核。在锥体与橄榄间可见有舌下神经根由前外侧沟出脑。在橄榄后外侧由上而下依次是舌咽、迷走和副神经的根丝，观察三者根丝往往难以区分。

（2）脑桥（pons）：腹侧面中部宽阔隆起，称脑桥基底部（basilar part of pons），其正中线上的纵行浅沟称基底沟（basilar sulcus），容纳基底动脉。基底部向两侧逐渐变窄，称小脑中脚（middle cerebellar peduncle）。基底部与小脑中脚交界处有三叉神经根相连。脑桥腹侧下缘与延髓之间为深而明显的、横行的延髓脑桥沟，沟内自中线向外依次有展神经、面神经和前庭蜗神经根穿出。沟的外侧部，延髓、脑桥和小脑的结合处，临床上称为脑桥小脑三角，此部位的肿瘤常可侵及面神经和前庭蜗神经而出现相应的症状。

（3）中脑（midbrain）：上界为间脑的视束，下界为脑桥上缘。两侧粗大的纵行柱状隆起为大脑脚。两侧大脑脚之间的凹陷称脚间窝，动眼神经由此穿出。

2. 脑干的背侧面

（1）延髓：背面的上部构成菱形窝的下半；下部形似脊髓，正中线的纵形浅沟为脊髓后正中沟的延伸。脊髓后索内的薄束、楔束向上延伸至延髓下部时，分别扩展为膨隆的薄束结节（gracile tubercle）和楔束结节（cuneate tubercle），二者深面分别含有薄束核及楔束核。楔束结节外上方的隆起为小脑下脚。

（2）脑桥：背面的中部为菱形窝上半部，其两侧为小脑上脚和小脑中脚，连于小脑。

（3）中脑：背面有上、下两对圆形的隆起，上方者称上丘（superior colliculus），下方者称下丘（inferior colliculus）。其深面分别含上丘核和下丘核。在上、下丘的外侧，各有一横行的隆起称上丘臂和下丘臂，分别与间脑的外侧膝状体和内侧膝状体相连。下丘下方有滑车神经出脑。

（4）菱形窝（rhomboid fossa）：位于延髓上部及脑桥的背面，由延髓和脑桥内的中央管后壁开放形成。在脑干模型上观察菱形窝的境界：外上界为小脑上脚，外下界自内下向外上依次为薄束结节、楔束结节和小脑下脚。在菱形窝的正中有纵贯全长的正中沟，将菱形窝分为对称的左、右两半。由正中沟中部向外至外侧角的横行纤维束，称髓纹，可作为脑桥和延髓在脑干背面的分界线。正中沟的两侧，各有一条大致与之平行的界沟。界沟和正中沟之间的部分轻微隆起称内侧隆起，其紧靠髓纹上方的部位，有一较明显的圆形隆凸称为面神经丘，其深面含展神经核及面神经膝；在髓纹下方，则可见两个小的三角形区域，内上方者为舌下神经三角，内含舌下神经核，外下方者为迷走神经三角，深面含迷走神经背核。界沟的外侧是较宽阔的三角形区，称前庭区，其深面含有前庭神经核。前庭区外侧角有一小隆起称听结节，内含蜗神经背核。

3. 第四脑室 取脑正中矢状切面在其上观察。可见第四脑室（fourth ventricle）位居脑桥、延髓和小脑之间，底朝前下由菱形窝构成。第四脑室顶形似帐篷，尖顶向后上指向小脑，其前上部主要由上髓帆构成，后下部主要由第四脑室脉络组织构成，在此部有第四脑室正中孔通至蛛网膜下腔（在标本上往往难以看到）。第四脑室向上通中脑水管，向下通脊髓中央管，两侧角形成外侧隐窝，隐窝尖端的开口称为第四脑室外侧孔，亦通蛛网膜下腔。

（二）脑干内部结构

脑干的内部结构由灰质、白质和网状结构构成。

1. 脑干的灰质

（1）脑神经核：在脑干模型上，按6个功能柱自上而下辨认观察脑神经核的名称及在脑干内的排列顺序和立体位置。联系脑神经，理解脑神经核团的功能性质。

1）一般躯体运动核：此柱邻近正中线，共4对，自上而下依次为动眼神经核、滑车神经核、展神经核及舌下神经核。动眼神经核位于中脑上丘高度、中脑水管的腹侧。滑车神经核位于中脑下丘高度，中脑水管腹侧。展神经核位于脑桥中下部，面神经丘的深面。舌下神经核位于延髓上部，舌下神经三角的深面。

2）特殊内脏运动核：此柱位于一般躯体运动柱腹外侧，共4对，自上而下依次为三叉神经运动核、面神经核、疑核和副神经核。三叉神经运动核位于脑桥中部；面神经核位于脑桥下部；疑核位于延髓上部的网状结构中；副神经核位于特殊内脏运动柱的最尾端，锥体交叉至上5～6颈髓节段的前角外侧区。

3）一般内脏运动核：此柱位于躯体运动柱的外侧，靠近界沟，共4对，自上而下依次为动眼神经副核、上泌涎核、下泌涎核和迷走神经背核。动眼神经副核，位于上丘高度，在动眼神经核的背内侧。上泌涎核位于脑桥最下端面神经核尾侧部附近的网状结构内。下泌涎核位于延髓上部，迷走神经背核和疑核上方的网状结构内。迷走神经背核在迷走三角深面位于舌下神经核的背外侧。

4）一般内脏和特殊内脏感觉核：仅1对，即孤束核构成，位于界沟外侧，内邻迷走神经背核。

5）一般躯体感觉核：1对，即三叉神经感觉核，位于内脏感觉柱的腹外侧，纵贯脑干的全长，根据其功能和位置可分为三部分，自上而下依次为三叉神经中脑核、三叉神经脑桥核和三叉神经脊束核。

6）特殊躯体感觉核：2对，即蜗神经核和前庭神经核。此柱位于内脏感觉柱外侧，延髓上部至脑桥下部平面，菱形窝前庭区的深面。其中蜗神经核分为蜗腹侧核和蜗背侧核，前庭神经核由若干核团所组成。

（2）中继核

1）延髓的中继核：①薄束核与楔束核，分别位于延髓中下部背侧的薄束结节和楔束结节的深面，接受来自薄束和楔束的终止。由此二核发出的轴突绕中央灰质，在中线上左右交叉，称内侧丘系交叉，交叉后的纤维在中线两侧转折上行，形成内侧丘系。②下橄榄核，位于延髓上部橄榄的深面，发出橄榄小脑纤维到小脑。③楔束副核，埋于楔束内。其功能与脊髓的背核相当。

2）脑桥的中继核：①脑桥核，由若干群神经元细胞构成，散在地分布于双侧脑桥基底中。接受大脑皮质的纤维，发出脑桥小脑纤维到小脑。②上橄榄核，位于脑桥中下部，内侧丘系的外侧，脊髓丘脑束的背侧，接受蜗腹侧核的纤维的终止，发出纤维加入外侧丘系。③外侧丘系核，自脑桥中下部至中脑尾侧，伴随外侧丘系分布。④蓝斑核，位于菱形窝界沟的上端，三叉神经中脑核的腹外侧。

3）中脑的中继核：①下丘，在中脑下部背侧。②上丘，在中脑上部背侧。③红核，位于中脑上丘至间脑尾侧平面，横切面上呈一对边界明显的卵圆形核团。传入纤维来自小脑核和大脑皮质。传出纤维主要为红核脊髓束。④黑质，位于中脑被盖与大脑脚底之间，分为黑质网状部和黑质致密部。震颤性麻痹或帕金森（Parkinson）病常是由于黑质多巴胺神经元变性所致。⑤顶盖前区，位于中脑与间脑交界部。

2. 脑干的白质　主要由长的上、下行纤维束和出入小脑的纤维组成。

（1）长的上行纤维束：①内侧丘系（medial lemniscus），来自双侧薄束核及楔束核，由此二核发出的纤维在中央管腹侧交叉后上行，即称内侧丘系。内侧丘系传递来自对侧躯干和上、下肢的意识性本体感觉和精细触觉。其中传递躯干下部和下肢感觉的纤维由薄束核发出。传递躯干上部和上肢感觉的纤维由楔束核发出。②脊髓丘脑束（spinothalamic tract），又称脊丘系，脊髓丘脑束纤维进入脑干后，终止于丘脑腹后外侧核。脊髓丘脑束传递对侧躯干，上、下肢的痛、温觉和粗略触压觉。③三叉丘系（trigeminal lemniscus），由对侧三叉神经脊束核和大部分三叉神经脑桥核发出的二级感觉纤维，越边至对侧上行，组成三叉丘系，止于丘脑腹后内侧核。三叉丘系传导对侧头面部皮肤、牙及口、鼻黏膜的痛、闻觉，也传递双侧同区域的触压觉。④外侧丘系（later lemniscus），起于双侧上橄榄核及双侧蜗神经核的听觉纤维上行组成外侧丘系。在形成外侧丘系以前，在脑桥被盖腹侧部横行越边的纤维中有一部分穿过上行的内侧丘系，这部分纤维组成斜方体（trapezoid body）。外侧丘系在中脑尾侧端止于下丘，一侧外侧丘系传导双侧耳的听觉冲动。⑤脊髓小脑前、后束（ventral and dorsal spinocerebellar tract），脊髓小脑前束经小脑上脚进入小脑，脊髓小脑后束经小脑下脚进入小脑。此二束参与非意识性本体感觉的反射活动。⑥内侧纵束（medial longitudinal fasciculus），是兼有上、下行纤维组成的复合纤维束，贯穿脑干全长，位于中脑水管周围灰质、第四脑室室底灰质和延髓中央灰质的腹侧。

（2）长的下行纤维束：①锥体束（pyramidal tract），起自大脑皮质中央前回和中央旁小叶前部，经内囊到达脑干腹侧，由皮质脊髓束（corticospinal tract）和皮质核束（corticonuclear tract）构成；②其他起自脑干的下行纤维束，从中脑发出的有红核脊髓束和顶盖脊髓束。

3. 脑干的网状结构　在脑干中，除了脑神经核，境界明确的一些非脑神经核团和长的上、下行纤维束以外，还能看到有分布相当宽广、胞体和纤维交错排列成“网状”的区域，称网状结构（reticular formation of brain stem）。

【常用歌诀】

1. 脑神经根与脑干相连部位　中脑连三四，脑桥五至八；九至十二对，要在延髓查。

2. 脑神经根与脑相连部位

（1）一嗅额下嗅球中，二视离球间脑通；脚间窝内三动眼，下丘下方滑车行；桥腹两侧连三叉，桥延沟内展面听；橄榄后沟上至下，舌咽迷走副神经；锥体橄榄之间处，舌下神经看得清。

（2）Ⅰ端Ⅱ间ⅢⅣ中，ⅤⅥⅦⅧ脑桥峰，其余都在延髓中。

【复习思考题】

（一）判断题（正确答案用A表示，错误答案用B表示）

1. 脑桥基底部向后外逐渐变窄，移行为小脑下脚。（　　）
2. 靠近髓纹下方的内侧隆起有一圆形隆凸，为面神经丘，内含面神经膝和展神经核。（　　）
3. 上丘和下丘合称为四叠体，分别与听觉和视觉反射功能有关。（　　）
4. 薄束核与楔束核发出的纤维经脑干中线的腹侧交叉至对侧，称为内侧丘系。（　　）
5. 一侧的外侧丘系损伤会导致双耳听力的完全丧失。（　　）
6. 一侧的三叉丘系损伤会导致同侧头面部的皮肤、牙齿，以及口、鼻腔黏膜的痛温觉和触压觉丧失。（　　）
7. 由延髓、脑桥与小脑之间围成的腔室为第四脑室。（　　）
8. 在脚间窝的下部，大脑脚的内侧有动眼神经根出脑。（　　）
9. 与孤束核有关的脑神经为副神经、舌咽神经核迷走神经。（　　）
10. 帕金森病与黑质多巴胺能神经元的变性有关。（　　）

（二）最佳选择题

1. 面神经丘深面隐藏的是（　　）
A. 面神经核　B. 滑车神经核　C. 展神经核
D. 迷走神经背核　E. 舌下神经核

2. 唯一一对自脑干背面出脑的脑神经是（　　）
A. 舌下神经　B. 动眼神经　C. 滑车神经
D. 面神经　E. 迷走神经

3. 下列不属于脑神经核的是（　　）
A. 动眼神经核　B. 孤束核　C. 疑核
D. 红核、黑质　E. 上泌涎核

4. 下列核团受损可引起帕金森病的是（　　）
A. 薄束核　B. 黑质　C. 红核
D. 上泌涎核　E. 脑桥核

5. 上泌涎核发出的纤维加入的脑神经是（　　）
A. 动眼神经　B. 舌咽神经　C. 面神经
D. 舌下神经　E. 展神经

6. 第四脑室正中孔位于（　　）
A. 菱形窝下角尖正上方的脉络组织上　B. 第四脑室外侧隐窝尖端
C. 第四脑室脉络丛　D. 上髓帆　E. 下髓帆

7. 脑桥核（　　）

A. 位于脑桥基底部 B. 位于脑桥被盖部
C. 接收来自小脑皮质的运动信息 D. 发出纤维参与形成小脑上脚
E. 接收锥体束的纤维传递来的信息

8. 顶盖前区（ ）
A. 发纤维支配双侧眼球外直肌
B. 发纤维支配同侧的 E-W 核
C. 接受来自内侧丘系的纤维
D. 位于中脑和间脑交界处，导水管周围灰质的背外侧
E. 接受外侧丘系的纤维

9. 出脚间窝的脑神经是（ ）
A. 展神经 B. 动眼神经 C. 滑车神经
D. 三叉神经 E. 面神经

10. 下列属一般内脏运动核的是（ ）
A. 黑质 B. 迷走神经背核 C. 孤束核
D. 副神经核 E. 面神经核

11. 脑干内的非脑神经核是（ ）
A. 三叉神经运动核 B. 展神经核 C. 红核
D. 动眼神经核 E. 滑车神经核

12. 脑桥内与迷走神经背核属于同一功能的核团是（ ）
A. 上泌涎核 B. 下泌涎核 C. 三叉神经脑桥核
D. 展神经核 E. 面神经核

13. 经白质前连合交叉到对侧形成的纤维束是（ ）
A. 皮质脊髓前束 B. 皮质脊髓侧束 C. 皮质核束
D. 脊髓丘脑束 E. 网状脊髓束

14. 属脑桥内的脑神经核是（ ）
A. 上橄榄核 B. 面神经核 C. 脑桥核
D. 下泌涎核 E. 迷走神经背核

15. 下列何纤维不是脊髓前索内的纤维束（ ）
A. 内侧纵束 B. 顶盖脊髓束 C. 皮质脊髓束
D. 红核脊髓束 E. 前庭脊髓束

（三）多项选择题

1. 第四脑室（ ）
A. 位于延髓上部，脑桥和中脑后方与小脑间的室腔
B. 腔内只有无色透明的脑脊液
C. 借两个外侧孔和一个正中孔与蛛网膜下隙相通
D. 向下与脊髓的中央管相通
E. 向上经中脑水管与第三脑室相通

2. 属躯体运动性的脑神经核有（ ）
A. 动眼神经核 B. 滑车神经核 C. 孤束核

D. 舌下神经核　　E. 展神经核

3. 内侧丘系（　　）

A. 纤维起自对侧的薄束核、楔束核

B. 经脑干上行后，止于背侧丘脑腹后内侧核

C. 传导对侧四肢和躯干意识性的本体觉和精细触觉

D. 在延髓走行于锥体后方，与顶盖脊髓束伴行

E. 损伤后可致同侧下肢和躯干本体觉及精细触觉障碍

4. 属于一般或特殊躯体感觉性的脑神经核为（　　）

A. 薄束核、楔束核　　B. 蜗神经核　　C. 前庭神经核

D. 三叉神经脑桥核　　E. 三叉神经脊束核

5. 属特殊内脏运动性的脑神经核有（　　）

A. 面神经核　　B. 疑核　　C. 三叉神经运动核

D. 副神经核　　E. 动眼神经核

6. 孤束核（　　）

A. 内侧邻迷走神经背核　　B. 上部为味觉核

C. 下部为心—呼吸核　　D. 下端达锥体交叉平面

E. 位于界沟外侧

7. 三叉神经脊束核（　　）

A. 发出纤维形成三叉丘系　　B. 位于三叉神经脊束的外侧

C. 发出纤维至三叉神经节　　D. 自上而下分为颅侧亚核、极间亚核和尾侧亚核

E. 受来自面神经和舌咽神经束的一般内脏感觉纤维

8. 延髓内与迷走神经有关的核团（　　）

A. 疑核　　B. 孤束核　　C. 薄束核

D. 三叉神经脊束核　　E. 前庭核

9. 与疑核有关的脑神经有（　　）

A. 展神经　　B. 舌咽神经　　C. 迷走神经

D. 舌下神经　　E. 面神经

（四）名词解释

1. 内侧丘系

2. 锥体

3. 髓纹

4. 脑桥小脑三角

5. 锥体束

（五）填空题

1. 脑干包括延髓、________和________三部分。

2. 在延髓脑桥沟中，由内侧向外侧依次排列有展神经、________和________三对脑神经。

3. 第四脑室的顶朝向小脑，前部由小脑上脚及上髓帆构成，后部由________和________构成。

4. 疑核发出纤维分别加入________、________和副神经三对脑神经中，控制咽喉部肌肉的运动。

5. 薄束结节和楔束结节的深方分别为________和________核。
6. 中脑的背侧有两对圆形隆起，上方的一对称________，下方的一对称________。
7. 中脑的腹侧有一对粗大纵行的________，由大量皮质下行纤维构成，该结构内侧的凹陷称________。
8. 特殊内脏运动核支配由鳃弓衍化来的骨骼肌，包括________、面神经核、副神经核和________。
9. 脑干内一般躯体运动核包括四对核、支配自肌节衍化来的骨骼肌。它们是滑车神经核、展神经核、________和________。
10. 一般内脏运动核包括________、上泌涎核、下泌涎核和________。
11. 红核尾侧大细胞部发出向脊髓的投射纤维在上丘下部平面，被盖腹侧中线上左右交叉称________，越边后形成下降纤维束称________。
12. 下丘中央核接受________纤维的终止，发出的纤维组成________到达内侧膝状体。
13. 黑质位于中脑被盖和脚底之间，分为二部，靠近脚底的是________，靠近被盖的称________，主要由多巴胺能神经元构成。
14. 脑桥核接受________纤维，发出________纤维越过中线，组成粗大的小脑中脚入小脑。
15. 延髓内薄束核和楔束核发出轴突，绕中央灰质在其腹侧形成内弓状纤维，在中线上左右交叉称________，形成上升的纤维束称________。

（六）综合应用题

1. 脑干中主要的纤维束交叉有哪些?
2. 简述菱形窝的位置、边界及窝底的结构。
3. 简述内侧丘系的组成和功能。
4. 简述三叉丘系的组成和功能。

（陈龙菊）

三、小脑、间脑

【目的和要求】

1. 掌握小脑的位置、分部及小脑扁桃体的位置和其临床意义；小脑的分叶及内部结构；间脑的位置和分部，第三脑室的位置和交通；背侧丘脑的位置和分部，丘脑腹后核的纤维联系；下丘脑和后丘脑的组成，主要核团的名称，位置和功能。

2. 熟悉绒球小结叶（原小脑）、旧小脑、小脑后叶的划分及小脑的功能。

3. 了解三对小脑脚的名称、位置及纤维成分；下丘脑与垂体的关系、上丘脑的组成及功能概况，底丘脑的功能概况。

【实训教具】

1. 标本 头颈正中矢状切标本（示小脑、间脑位置、小脑扁桃体）；全脑标本；小脑外形标本；小脑水平切标本；小脑脚标本；脑正中矢状切标本；连带间脑的脑干标本。

2. 模型 脑解剖模型、小脑放大模型；连带间脑的脑干模型；背侧丘脑核团模型、脑干及下丘脑核团模型、间脑直观模型、头解剖附脑模型、丘脑放大模型、小脑纤维联系模型。

【实训内容及方法】

（一）小脑

在全脑标本、头颈正中矢状切标本上观察小脑及小脑扁桃体的位置，理解小脑扁桃体疝形成的解剖学基础。在游离的小脑标本、模型上观察小脑的外形、分部、主要沟和分叶。在小脑脚和对应的脑干标本上，观察小脑三对脚。在水平切面的小脑标本上，观察小脑皮质及小脑核的位置和形态。

1. 小脑的位置和外形　小脑（cerebellum）位于颅后窝，其背侧面平坦，贴近由硬脑膜形成的小脑幕，腹侧面为脑桥和延髓，并借小脑上、中、下脚分别与中脑、脑桥和延髓相连。小脑两侧的隆起为小脑半球（tonsil of cerebellum），中间的狭窄部为小脑蚓（vermis）。小脑半球下面的前内侧的突出部为小脑扁桃体，毗邻延髓和枕骨大孔的两侧，当颅内压增高时，小脑扁桃体有可能被挤压入枕骨大孔，形成枕骨大孔疝或称小脑扁桃体疝，压迫延髓，危及生命。小脑蚓的上面略高出小脑半球之上。下面凹陷于两半球之间，从前向后依次为小结（nodule）、蚓垂（uvula of vermis）、蚓锥体（pyramid of vermis）和蚓结节（tuber of vermis）。小结向两侧以绒球脚（peduncle of flocculus）与位于小脑半球前缘的绒球（flocculus）相连。

（1）小脑分叶：在小脑上面前、中 1/3 交界处有一略呈“V”字形的深沟为原裂（primary fissure）；小脑下面绒球和小结的后方有一深沟，为后外侧裂（posterolateral fissure）；在小脑半球后缘，有一明显的水平裂（horizontal fissure）。根据原裂和后外侧裂及小脑的发生，可将小脑分成三个叶，前叶（anterior lobe）、后叶（posterior lobe）和绒球小结叶（flocculonodular lobe），前叶和后叶又合称小脑体（corpus of cerebellum）。在小脑上面，原裂将小脑分成前叶和后叶。在小脑下面，后叶与绒球小结叶借后外侧裂分界。

（2）小脑的功能分区：小脑分为三个功能区，小脑前叶（脊髓小脑）、小脑后叶（大脑小脑）、前庭小脑。从种系发生上看，绒球小结叶出现最早，称原小脑（archicerebellum）。由于其主要和前庭神经及前庭神经核发生联系，所以又称前庭小脑（vestibulocerebellar）。小脑蚓部和小脑半球中间部进化上出现较晚，因此统称为旧小脑（paleocerebellum）。由于此叶主要接受脊髓小脑前束、后束的纤维，故又称脊髓小脑（spinocerebellar）。小脑半球外侧部出现最晚，与大脑皮质的高度发生有关，称新小脑（neocerebellum）。此叶主要和大脑皮质的广泛区域发生联系，故又称大脑小脑（cerebrocerebellum）。

2. 小脑的内部结构　小脑的浅表为灰质，称小脑皮质（cerebellar cortex）。小脑内部的白质称髓体（medullary center）。包埋于髓体的灰质核团，称小脑核（cerebellar nuclei），有 4 对，包括顶核（fastigial nucleus）、球状核（globose nucleus）、栓状核（emboliform nucleus）和齿状核（dentate nucleus）。球状核和栓状核合称为中间核（interposed nuclei）。

3. 小脑的纤维联系和功能　在小脑纤维联系模型上观察理解小脑的纤维联系和功能。

（1）前庭小脑：主要接受同侧前庭神经初级平衡觉纤维和前庭神经核经小脑下脚的传入纤维。其传出纤维经顶核中继或直接经小脑下脚终止于同侧前庭神经核和网状结构，在此中继后发出前庭脊髓束和内侧纵束至脊髓前角运动细胞和脑干的一般躯体运动核，控制躯干肌和眼外肌运动，维持身体平衡，协调眼球运动。

（2）脊髓小脑：主要接受脊髓小脑前束、后束经小脑上脚、下脚传入的本体感觉冲动。其传出纤维主要投射至顶核和中间核，中继后发出纤维到前庭神经核、脑干网状结构和红核，再经前庭脊髓束、网状脊髓束及红核脊髓束来影响脊髓前角运动细胞，以调节肌张力。

（3）大脑小脑：主要接受皮质脑桥束在脑桥核中继后经小脑中脚传入的纤维。发出纤维在齿状核中继后经小脑上脚进入对侧的红核和对侧背侧丘脑腹前核及腹外侧核又称腹中间核，后者再发出纤维投射到大脑皮质躯体运动区，最后经皮质脊髓束下行至脊髓，以调控骨骼肌的随意、精细运动。

（二）间脑

在正中矢状切的整脑标本、模型及游离的脑干标本、模型上观察间脑的位置、外形、分部和内部结构。间脑位于脑干与端脑之间，连接大脑半球和中脑，由于大脑半球高度发展而掩盖了间脑的两侧和背面，仅部分腹侧部露于脑底。间脑中间有一窄腔即第三脑室，分隔间脑的左右部分。间脑可分为五部：背侧丘脑、后丘脑、上丘脑、底丘脑和下丘脑。

1. 背侧丘脑（dorsal thalamus） 又称丘脑，位于下丘脑的背侧和上方，两者间以下丘脑沟为界。背侧丘脑由一对卵圆形的灰质团块组成，其前端的突出部为前结节，后端膨大称丘脑枕。灰质的内部有“Y”形内髓板，将背侧丘脑分为前核、内侧核和外侧核三大核群。外侧核分为背、腹两组，腹侧组由前向后分为腹前核、腹外侧核和腹后核，腹后核又分为腹后内侧核和腹后外侧核。

在丘脑放大模型上观察：背侧丘脑分为 3 类核团，非特异性投射核团，包括中线核、网状核和板内核；特异性中继核团，包括腹前核、腹外侧核和腹后核；联络性核团，包括前核、内侧核及外侧核的背侧组。腹后核包括腹后内侧核（ventral posteromedial nucleus）和腹后外侧核（ventral posterolateral nucleus）。在深、浅感觉传导束模型上观察腹后内侧核接受三叉丘系和由孤束核发出的味觉纤维，腹后外侧核接受内侧丘系和脊髓丘系的纤维。腹后核发出纤维投射至大脑皮质中央后回的躯体感觉中枢。

2. 后丘脑（metathalamus） 在脑干放大模型及视、听觉传导路模型上观察：后丘脑包括内侧膝状体和外侧膝状体。内侧膝状体发出纤维至颞叶的听觉中枢，外侧膝状体接受视束的传入纤维，发出纤维至枕叶的视觉中枢。

3. 上丘脑（epithalamus） 在脑干放大模型上观察：上丘脑包括松果体、缰三角、缰连合、丘脑髓纹和后连合。

4. 底丘脑（subthalamus） 在脑干放大模型上观察：底丘脑的位置，位于间脑和中脑的过渡区。

5. 下丘脑（hypothalamus） 在脑干放大模型、下丘脑核团模型及全脑标本上观察下丘脑的位置及核团。下丘脑上界为下丘脑沟，下面为灰结节、漏斗和乳头体，前为终板和视交叉，漏斗的下端与垂体相连。主要的核团有视上核、室旁核、漏斗核、视交叉上核、乳头体核。

在脑干放大模型和脑正中切面上观察，第三脑室是位于两侧背侧丘脑和下丘脑之间的狭窄腔隙。其前界为终板，后界为松果体和后连合，顶为两侧髓纹之间的脉络组织，底由视交叉、灰结节、漏斗和乳头体构成。第三脑室前方借室间孔与侧脑室相通，后下方借中脑水管与第四脑室相通。

【常用歌诀】

1. 小脑 小脑位于颅后窝，可分蚓部两半球；半球下面扁桃体，毗邻延髓背侧面；颅压升高成脑疝，内部结构神经核，最大一对齿状核，肌肉协调体平衡。

2. 间脑 间脑位于中脑顶，背后丘脑下丘脑。

（1）背侧丘脑：背侧丘脑灰质团，Y形髓板隔三部；内外侧核与前核，内核联系其他核；内脏活动前核管，外核感觉中继站。

（2）后丘脑：丘脑后下后丘脑，分内外侧膝状体；功能定位各不同，内听外视有分工。

（3）下丘脑：丘脑前下下丘脑，垂体漏斗连于它；视束相连视交叉，脑室侧壁神经核；副交感前交感后，内脏活动它调节。

【复习思考题】

（一）判断题（正确答案用A表示，错误答案用B表示）

1. 小脑是重要的运动调节中枢。（ ）
2. 绒球小结叶在进化上出现最晚，又称为大脑小脑。（ ）
3. 脊髓小脑损伤后患者可表现为平衡失调、站立不稳。（ ）
4. 新小脑损伤后患者可表现为指鼻试验阳性、不能作轮替运动和意向性震颤。（ ）
5. 腹后外侧核接受三叉丘系和脊髓丘系的纤维。（ ）
6. 内侧膝状体是视觉通路在丘脑的中继站。（ ）
7. 下丘脑的结节区的主要核团有视上核和室旁核。（ ）
8. 背侧丘脑的内髓板是由灰质构成的。（ ）
9. 松果体和乳头体均属于上丘脑的结构。（ ）
10. 腹前核和腹中间核属于特异性中继核团。（ ）

（二）最佳选择题

1. 不属于小脑核团的是（ ）

A. 栓状核　B. 齿状核　C. 尾状核　D. 顶核　E. 球状核

2. 具有神经内分泌功能的神经核是（ ）

A. 腹前核　B. 腹后内侧核　C. 视上核　D. 腹后外侧核　E. 底丘脑核

3. 松果体属于（ ）

A. 下丘脑　B. 丘脑　C. 后丘脑　D. 上丘脑　E. 底丘脑

4. 关于小脑的描述，错误的是（ ）

A. 小脑位于脑干的背面
B. 小脑受损后，可导致四肢随意运动丧失
C. 绒球小结叶，亦称古小脑
D. 小脑按其功能可分为前庭小脑、小脑前叶和小脑后叶
E. 小脑上面借小脑幕与大脑枕叶下面相邻

5. 由小脑上脚进入小脑的纤维束是（ ）

A. 前庭小脑纤维　B. 小脑前叶后束
C. 橄榄小脑纤维　D. 脑桥小脑纤维
E. 小脑前叶前束

6. 在背侧丘脑中，不属于特异性传导中继核团的是（ ）

A. 腹前核　B. 腹外侧核　C. 腹后内侧核

D. 腹后外侧核　　E. 板内核

7. 腹后内侧核接受的传导束的纤维是（　　）

A. 脊髓丘系　　B. 味觉纤维　　C. 内侧丘系

D. 三叉丘系和孤束核发出的味觉纤维　　E. 外侧丘系

8. 属前庭小脑的结构是（　　）

A. 小脑后叶　　B. 小脑体　　C. 小脑蚓

D. 绒球小结叶　　E. 前叶

9. 不属于上丘脑的结构是（　　）

A. 缰连合　　B. 缰三角　　C. 丘脑间黏合

D. 丘脑髓纹　　E. 松果体

10. 接受内侧丘系纤维的丘脑神经核是（　　）

A. 腹后内侧核　　B. 腹后外侧核　　C. 腹外侧核

D. 腹前核　　E. 内侧膝状体

11. 后丘脑（　　）

A. 位于背侧丘脑的后下方　　B. 位于中脑顶盖前区

C. 外侧膝状体接受听觉传导路的纤维　　D. 与丘脑前核有密切纤维联系

E. 内侧膝状体接受视觉传导路的纤维

（三）多项选择题

1. 小脑（　　）

A. 由两侧膨大的小脑半球和中间狭窄的小脑蚓构成

B. 腹侧面借三对小脑脚与脑干相连接

C. 绒球小结叶接受前庭神经核及前庭神经的纤维，维持身体平衡，协调眼球运动

D. 小脑后叶主要接受来自脊髓的信息，调节肌张力

E. 小脑后叶主要调控骨骼肌的随意、精细运动

2. 在背侧丘脑内，属于特异性的中继核团有（　　）

A. 中线核群　　B. 腹前核　　C. 网状核

D. 腹外侧核　　E. 腹后核

3. 属于下丘脑视上区的核团是（　　）

A. 内侧核　　B. 背内侧核　　C. 视上核

D. 室旁核　　E. 前核

4. 关于后丘脑的叙述，正确的是（　　）

A. 后丘脑包括内、外侧膝状体　　B. 属于特异性中继核

C. 内侧膝状体接受视觉纤维传入　　D. 外侧膝状体接受听觉纤维传入

E. 一侧外侧膝状体损伤会导致同侧眼视野全盲

5. 下丘脑的功能包括（　　）

A. 为神经内分泌中心　　B. 自主神经调节

C. 体温调节　　D. 食物摄入调节

E. 昼夜节律调节

（四）名词解释

1. 小脑扁桃体
2. 小脑后叶
3. 旧小脑
4. 原小脑
5. 小脑核
6. 后丘脑
7. 上丘脑
8. 下丘脑

（五）填空题

1. 小脑位于________，最大的小脑核是________。
2. 脊髓小脑由________构成，其功能为________。
3. 间脑可分为背侧丘脑、下丘脑、上丘脑________和________五部分。
4. 第三脑室是位于下丘脑和背侧丘脑之间的裂隙，借助________和________分别与侧脑室、第四脑室相通。
5. 背侧丘脑腹后核分为________和________核。
6. 小脑功能分区，前庭小脑由________构成，其功能为________。
7. 背侧丘脑中的特异性投射核团所接受三叉丘系和味觉纤维的是________，接受内侧丘系和脊髓丘系的是________。
8. 后丘脑包括________和________。
9. 下丘脑视上区的核团包括视交叉上核、________、________和前核。
10. 上丘脑包括松果体、丘脑髓纹、后连合及________和________。
11. 小脑是重要的________调节中枢，位于________。
12. 颅内压增高时，小脑扁桃体有可能被挤压入________，形成小脑扁桃体疝，压迫________，危及生命。
13. 小脑后叶由________构成，其功能为________。
14. 间脑位于脑干和________之间，中间的窄腔为________。

（六）综合应用题

1. 简述小脑扁桃体的位置和临床意义。
2. 简述小脑的功能分区及各部的功能。
3. 简述间脑的位置和分部。
4. 简述背侧丘脑特异性投射核团的纤维联系。

（陈龙菊）

四、端　　脑

【目的和要求】

1. 掌握大脑半球外形、分叶及各叶重要的沟回；大脑皮质的功能定位、各功能区的位置和功能；大脑半球内部的重要结构，特别是基底核，侧脑室的立体空间位置关系；内囊的位置、分部及各部通过的纤维束。

2. 熟悉端脑的连合系的内容，联系部位，理解胼胝体、前连合、穹窿的三维空间的位置关系；边缘系统的概念及功能。

3. 了解大脑皮质细胞构筑；大脑髓质的纤维分类。

【实训教具】

1. 标本 头颈部正中矢状切标本（示端脑）；脑正中矢状切标本、端脑水平切、冠状切标本；脑岛叶、海马结构、侧脑室、胼胝体、内囊纤维、大脑半球联络纤维标本。

2. 模型 脑解剖模型；端脑水平切、冠状切的模型；大脑皮质功能定位模型；大脑分叶模型；锥体系传导束模型；浅、深感觉传导束模型；视听觉和深感觉传导束模型；内囊与基底神经核立体解剖模型；脑干放大模型；脑室基底神经核模型；内囊位置、组成及分部模型；海马、穹窿、前连合模型；脑及脑室解剖模型；脑纤维束解剖模型；大脑半球连合纤维模型。

【实训内容及方法】

（一）端脑的外形和分叶

在完整端脑标本上观察，可见左、右大脑半球被大脑纵裂分开，在大脑纵裂底部连结两大脑半球的结构为胼胝体（corpus callosum）。在正中矢状切开的半球标本的内侧面可见被切断的胼胝体的断面。

在大脑半球标本或模型上观察大脑半球，分为上外侧面、内侧面及下面，半球表面起伏不平，凹陷处成沟，沟之间形成长短大小不一的隆起，为大脑回。半球内有 3 条恒定的沟，将每侧大脑半球分为 5 叶，分别为额叶、顶叶、枕叶、颞叶及岛叶。外侧沟（lateral sulcus）起于半球下面，行向后上方，至上外侧面。中央沟（central sulcus）起于半球上缘中点稍后方，斜向前下方，下端与外侧沟隔一大脑回，上端延伸至半球内侧面。顶枕沟（parietooccipital sulcus）位于半球内侧面后部，自距状沟起自下向上并略转至上外侧面。在外侧沟上方和中央沟以前的部分为额叶（frontal lobe），外侧沟以下的部分为颞叶（temporal lobe）；枕叶（occipital lobe）位于半球后部，其前界在内侧面为顶枕沟，在上外侧面的界限是顶枕沟至枕前切迹（在枕叶后端前方约 4cm 处）的连线；顶叶（parietal lobe）为外侧沟上方，中央沟后方，枕叶以前的部分；岛叶（insula）呈三角形岛状，位于外侧沟深面，被额叶、顶叶、颞叶所掩盖。

在大脑半球标本或模型上观察上外侧面的沟回：中央沟前方，有与之平行的中央前沟，自中央前沟有两条向前水平走行的沟，为额上沟和额下沟，由上述三沟将额叶分成四个大脑回，中央前回（precentral gyrus）居中央沟和中央前沟之间；额上回居额上沟之上方，沿半球上缘并转至半球内侧面，额中回居额上、下沟之间；额下回居额下沟和外侧沟之间。在中央沟后方，有与之平行的中央后沟，此沟与中央沟之间为中央后回（postcentral gyrus）。在中央后沟后方有一条与半球上缘平行的顶内沟，顶内沟的上方为顶上小叶，下方为顶下小叶，顶下小叶又分为包绕外侧沟后端的缘上回和围绕颞上沟末端的角回。在外侧沟的下方，有与之平行的颞上沟和颞下沟。颞上沟的上方为颞上回，自颞上回转入外侧沟的下壁上，有 2 个短而横行的脑回称颞横回。颞上沟与颞下沟之间为颞中回，颞下沟的下方为颞下回。

在大脑半球标本或模型上观察内侧面的沟回：中央前、后回自背外侧面延伸到内侧面的部分为中央旁小叶（paracentral lobule）。在中部有前后方向向上略呈弓形的胼胝体。胼胝体由连接左、右大脑半球的纤维构成，其前端尖细、后部肥厚，自前向后分为胼胝体的嘴、膝、干、压部。尖嘴向下与终板相连，后端压部游离。胼胝体下方的弓形纤维束为穹窿，两者间为薄层的透明隔，左右透明隔间的狭隙称透明隔腔。在胼胝体后下方，有呈弓形的距状沟（calcarine sulcus）向后至枕叶后端，此沟中部与顶枕沟相连。距状沟与顶枕沟之间称楔叶，距状沟下方为舌回。在胼胝体背面有胼胝体沟，此沟绕过胼胝体后方，向前移行于海马沟。在胼胝体沟上方，有与之平行的扣带沟，此沟末端转向背方，称缘支。扣带沟与胼胝体沟之间为扣带回。

在大脑半球标本或模型上观察下面的沟回：额叶内有纵行的嗅束，其前端膨大为嗅球，后者与嗅神经相连。嗅束向后扩大为嗅三角。嗅三角与视束之间为前穿质，内有许多小血管穿入脑实质内。颞叶下面有与半球下缘平行的枕颞沟，在此沟内侧并与之平行的为侧副沟，侧副沟的内侧为海马旁回（parahippocampal gyrus），后者的前端弯曲，称海马旁回钩。侧副沟与枕颞沟间为枕颞内侧回，枕颞沟下方为枕颞外侧回。在海马旁回的内侧为海马沟，在沟的上方有呈锯齿状的窄条皮质，称齿状回。从内侧面看，在齿状回的外侧，侧脑室下角底壁上有一弓形隆起，称海马（hippocampus），海马和齿状回构成海马结构。

（二）大脑皮质的功能定位

在大脑皮质功能定位模型上观察大脑皮质的功能定位。

1. 第一躯体运动区（first somatic motor area） 位于中央前回和中央旁小叶前部。

2. 第一躯体感觉区（first somatic sensory area） 位于中央后回和中央旁小叶后部。

3. 视觉区（visual area） 在距状沟上、下方的枕叶皮质，即上方的楔叶和下方的舌回。

4. 听觉区（auditory area） 在颞横回。

5. 平衡觉区（vestibular area） 一般认为在中央后回下端，头面部感觉区的附近。

6. 嗅觉区（olfactory area） 在海马旁回钩的内侧部及其附近。

7. 味觉区（gustatory area） 可能在中央后回下部，舌和咽的一般感觉区附近。

8. 内脏运动中枢 一般认为在边缘叶。

9. 语言中枢

（1）运动性语言中枢（motor speech area）：在额下回后部，又称 Broca 区。

（2）书写中枢（writing area）：在额中回的后部。

（3）听觉性语言中枢（auditory speech area）：在颞上回后部。

（4）视觉性语言中枢（visual speech area）：在顶下小叶的角回。

（三）端脑的内部结构

在大脑半球的整体标本、模型及切面标本、模型及脑室基底神经核模型上观察：大脑半球表层的灰质称大脑皮质，皮质下的白质称髓质。蕴藏在白质深部的为基底核。端脑的内腔为侧脑室。

1. 基底核（basal nuclei） 位于白质内，位置靠近脑底，包括纹状体、屏状核和杏仁体。

（1）纹状体（corpus striatum）：由尾状核和豆状核组成，其前端互相连接，尾状核（caudate nucleus）是由前向后弯曲的圆柱体，分为头、体、尾三部分，位于背侧丘脑背外侧，延伸于侧脑室前角、中央部和下角。豆状核（lentiform nucleus）位于岛叶深部，借内囊与内侧的尾状核和丘脑分开，此核在水平切面上呈三角形，并被两个白质板分隔成三部，外侧部最大称壳，内侧两部分合称苍白球，在种系发生上，尾状核和壳是较新的结构，合称新纹状体。苍白球为较古老的结构，称旧纹状体。

（2）屏状核（claustrum）：位于岛叶皮质与豆状核之间，屏状核与豆状核之间的白质称外囊，屏状核与岛叶皮质之间的白质称最外囊。

（3）杏仁体（amygdaloid body）：在侧脑室下角前端的上方，海马旁回钩的深面，与尾状核的末端相连。

2. 侧脑室（lateral ventricle） 在侧脑室标本、模型上观察侧脑室：位于大脑半球内，侧脑室左右各一，延伸至半球的各个叶内，分为四部分，中央部位于顶叶内，前角伸向额叶，后角伸入枕叶，下角伸至颞叶内。侧脑室经左、右室间孔与第三脑室相通。中央部和下脚的脑室腔内有脉络丛。

（四）大脑半球的髓质

在锥体系传导束模型，浅、深感觉传导束模型，视听觉和深感觉传导束模型，脑纤维束解剖模型，大脑半球连合纤维模型上观察：大脑半球的髓质主要由联系皮质各部和皮质与皮质下结构的神经纤维组成，可分为以下三类。

1. 联络纤维（association fibers） 是联系同侧半球内各部分皮质的纤维，其中短纤维联系相邻脑回称弓状纤维。长纤维联系本侧半球各叶，其中主要的有①钩束，呈钩状绕过外侧裂，连接额、颞两叶的前部；②上纵束，在豆状核与岛叶的上方，连接额叶、顶叶、枕叶、颞叶四个叶；③下纵束，沿侧脑室下角和后角的外侧壁行走，连接枕叶和颞叶；④扣带，位于扣带回和海马旁回的深部，连接边缘叶的各部。

2. 连合纤维（commissural fibers） 是连合左右半球皮质的纤维，包括胼胝体、前连合和穹窿连合。

（1）胼胝体：位于大脑纵裂底，由连合左、右半球新皮质的纤维构成。在正中矢状切面上，胼胝体很厚。前端呈钩形的纤维板，由前往后可分为嘴、膝、干和压部四部分。在经胼胝体的水平切面上，可见其纤维向两半球内部前、后、左、右辐射，广泛联系额叶、顶叶、枕叶、颞叶。胼胝体的下面构成侧脑室顶。

（2）前连合：是在终板上方横过中线的一束连合纤维，主要连接两侧颞叶，有小部分联系两侧嗅球。

（3）穹窿和穹窿连合：穹窿是由海马至下丘脑乳头体的弓形纤维束，两侧穹窿经胼胝体的下方前行并互相靠近，其中一部分纤维越至对边，连接对侧的海马，称穹窿连合。

3. 投射纤维（projection fibers） 由大脑皮质与皮质下各中枢间的上、下行纤维组成。它们大部分经过内囊。

在端脑水平切、冠状切标本及模型，内囊与基底神经核立体解剖模型，脑干放大模型，脑室基底神经核模型，内囊位置、组成及分部模型，脑纤维束模型上观察：内囊（internal capsule）位于背侧丘脑、尾状核和豆状核之间的白质板。在水平切面上呈向外开放的“V”字形，分为内囊前肢、内囊膝和内囊后肢三部。内囊前肢伸向前外，位于豆状核与尾状核之间。内囊后肢伸向后外，分为丘脑豆状核部（豆状核与丘脑之间）、豆状核后部和豆状核下部。内囊膝介于前肢、后肢之间，即“V”字形转角处。

（1）内囊前肢投射纤维：主要有额桥束和由丘脑背内侧核投射到额叶前部的丘脑前辐射。

（2）内囊膝的投射纤维：有皮质核束。

（3）内囊后肢的投射纤维：经丘脑豆状核部的下行纤维束为皮质脊髓束、皮质红核束和顶桥束等，上行纤维束是丘脑中央辐射和丘脑后辐射。其中皮质脊髓束是中央前回中上部和中央旁小叶前部发出的至脊髓前角运动核的纤维束。而丘脑中央辐射是丘脑腹后核至中央后回的纤维束，传递皮肤和肌肉、关节的感觉，如此区受损，则导致对侧半的躯体感觉障碍。经豆状核后部向后行的纤维有视辐射及枕桥束，前者由外侧膝状体到视皮质；后者由枕叶至脑桥核。经豆状核下部向外侧行的纤维有听辐射及颞桥束，前者由内侧膝状体至听皮质，后者由颞叶至脑桥核。因此，当内囊损伤广泛时，患者会出现偏身感觉丧失（丘脑中央辐射受损）、对侧偏瘫（皮质脊髓束、皮质核束受损）和偏盲（视辐射受损）的“三偏”症状。

【常用歌诀】

1. 大脑分叶　大脑左右半球成，三沟表面五叶分；额枕顶颞与脑岛，重要中枢在各叶。

2. 大脑皮质功能定位　旁小叶前与前回，运动中枢四六区；旁小叶后与后回，感觉中枢一二三；对侧管理要知道，倒立人影要记清。听中枢在颞横回，四十一二两区域；视中枢是十七区，枕叶内面距状沟；四十四区布洛卡，运动语言中枢区；大脑内面穹窿回，内脏活动切相关。

3. 基底核　尾豆屏状基底核，尾豆合称纹状体；尾状核壳新纹状，旧纹状体苍白球。

4. 内囊　尾背与豆夹内囊，投射纤维经此穿；水平切面侧 X 字，前脚后脚膝部分。后脚穿经束较多，前部皮质脊髓束；中部丘脑顶叶束，视听辐射最后通。膝部皮质脑干束，内囊损伤三偏症。

【复习思考题】

（一）判断题（正确答案用 A 表示，错误答案用 B 表示）

1. 包绕外侧沟后端的为角回，围绕颞上沟末端的为缘上回。（　　）
2. 侧副沟与枕颞沟间为枕颞内侧回，枕颞沟下方为枕颞外侧回。（　　）
3. 运动性语言中枢在额中回的后部，书写中枢在额下回的后部。（　　）
4. 钩束、上纵束、下纵束和扣带都属于连合纤维。（　　）
5. 边缘叶由隔区、扣带回、海马旁回、海马、齿状回、岛叶前部和颞极构成。（　　）
6. 基底核中的尾状核和苍白球属于新纹状体，壳属于旧纹状体。（　　）
7. 内囊前脚的上行纤维分别有听辐射和视辐射、丘脑中央辐射。（　　）
8. 如果一侧端脑皮质的视觉区受损后，可以引起病灶对侧眼视觉受损，而同侧眼功能不受影响。（　　）
9. 大脑皮质躯体运动区位于中央前回和中央旁小叶前部。（　　）
10. 胼胝体是连结两侧大脑半球的结构。（　　）

（二）最佳选择题

1. 位于大脑半球外侧沟深面的脑叶是（　　）

A. 额叶　　B. 颞叶　　C. 枕叶　　D. 岛叶　　E. 额叶

2. 缘上回位于大脑的（　　）

A. 额叶　　B. 颞叶　　C. 顶叶　　D. 岛叶　　E. 枕叶

3. 视觉区位于（　　）

A. 额上回　　B. 颞下回　　C. 颞横回

D. 缘上回　　E. 距状沟上下方的枕叶皮质

4. 听觉区位于（　　）

A. 颞上回　　B. 颞下回　　C. 颞横回　　D. 角回　　E. 缘上回

5. 听觉性语言中枢位于（　　）

A. 额上回上、下的皮质　　B. 额下回的后部　　C. 颞横回

D. 颞上回后部　　E. 角回

6. 书写中枢位于（　　）

A. 额中回后部　　B. 额下回后部　　C. 角回

D. 缘上回　　E. 颞上回后部

7. 阅读中枢位于（　　）

A. 额下回后部　　B. 中央后回　　C. 角回　　D. 缘上回　　E. 颞中回后部

8. 运动性语言中枢位于（　　）

A. 额上回上、下的皮质　　B. 额下回的后部　　C. 颞横回

D. 颞上回后部　　E. 角回

9. 不属于端脑基底核的是（　　）

A. 尾状核　　B. 栓状核　　C. 豆状核　　D. 屏状核　　E. 杏仁体

10. 关于侧脑室的描述，错误的是（　　）

A. 侧脑室左右各一，位于大脑半球内　　B. 侧脑室经左、右室间孔与第三脑室相通

C. 侧脑室可分为四部　　D. 侧脑室中央部位于额叶内

E. 侧脑室后角可延伸至枕叶

11. 关于胼胝体的描述，正确的是（　　）

A. 属投射纤维　　B. 属联络纤维　　C. 位于大脑纵裂底部

D. 位于大脑横裂底部　　E. 在大脑矢状面上呈圆形

12. 经过内囊膝的结构是（　　）

A. 丘脑前辐射　　B. 皮质核束　　C. 丘脑中央辐射

D. 枕桥束　　E. 皮质红核束

13. 一患者内囊出血出现右眼视野鼻侧半和左眼颞侧半偏盲，可能是下述何结构损伤所致（　　）

A. 左侧视辐射　　B. 右侧视辐射

C. 视交叉外侧部的不交叉纤维　　D. 视交叉内侧部的交叉纤维

E. 右侧视神经

14. 右侧内囊膝部出血可导致（　　）

A. 左侧舌肌瘫痪　　B. 右侧半身瘫痪　　C. 右眼颞侧视野偏盲

D. 右眼鼻侧视野偏盲　　E. 右眼全盲

15. 不经过内囊后肢的纤维束是（　　）

A. 额桥束　　B. 丘脑中央辐射　　C. 皮质脊髓束

D. 枕桥束　　E. 皮质红核束

16. 左侧内囊出血引起右侧肢体偏瘫是由于（　　）

A. 左侧皮质脊髓束　　B. 右侧皮质脊髓束　　C. 左侧丘脑中央辐射

D. 右侧丘脑中央辐射　E. 左侧皮质红核束

17. 右侧内囊出血引起左侧偏身感觉丧失是由于（　　）

A. 左侧丘脑中央辐射　B. 右侧丘脑中央辐射　C. 左侧皮质脊髓束

D. 右侧皮质核束　E. 左侧皮质红核束

18. 海马结构指（　　）

A. 海马旁回和海马旁回钩　B. 海马和齿状回　C. 海马旁回和齿状回

D. 海马和海马旁回钩　E. 海马旁回和海马

19. 患者劳动时突然昏倒，意识恢复后，发现右侧上下肢瘫痪，检查见右侧肢体张力增强，腱反射亢进，右半身深感觉和浅感觉丧失，右侧视野同向性偏盲，是损伤了（　　）

A. 左侧脑桥　B. 左大脑皮质　C. 左侧内囊

D. 左侧中脑　E. 右侧内囊

（三）多项选择题

1. 构成边缘叶的结构有（　　）

A. 隔区　B. 扣带回　C. 海马旁回

D. 海马　E. 齿状回

2. 侧脑室（　　）

A. 为位于两侧大脑半球内形状不规则的腔隙

B. 内含无色透明的脑脊液和侧脑室脉络丛

C. 可经中脑导水管与第三脑室相通

D. 可经外侧孔与第四脑室相通

E. 由位于额叶内的前角，枕叶内的后角，颞叶内的下角和顶叶内的中央部四部分构成

3. 关于第一躯体运动中枢的描述，正确的是（　　）

A. 中央旁小叶前部损伤后可致对侧上肢痉挛性瘫痪

B. 位于中央前回和中央旁小叶前部

C. 支配对侧肢体的运动（但与联合运动有关的肌肉除外）

D. 各部位在皮质代表区的大小与所支配对象的形体大小无关，而与功能的复杂程度一致

E. 身体各部在该区的投影宛如倒置的人形（但头部本身是正的）

4. 掩盖大脑岛叶的结构是（　　）

A. 额叶　B. 顶叶　C. 枕叶

D. 颞叶　E. 边缘叶

5. 属于端脑基底核的是（　　）

A. 尾状核　B. 栓状核　C. 豆状核

D. 屏状核　E. 杏仁体

6. 关于内囊的叙述，正确的是（　　）

A. 属于投射纤维　B. 皮质核束经过内囊前肢

C. 是位于丘脑、尾状核和豆状核之间的白质板

D. 丘脑中央辐射是丘脑腹后核至中央后回的纤维束

E. 在水平切面上呈向外开放的“V”字形，分为内囊前肢、内囊膝和内囊后肢三部分

7. 关于大脑半球髓质的叙述，正确的是（　　）

A. 联络纤维是联系同侧半球内各部分皮质的纤维
B. 胼胝体属于投射纤维
C. 连合纤维是连合左右半球皮质的纤维
D. 内囊属于连合纤维
E. 投射纤维由大脑皮质与皮质下各中枢间的上、下行纤维组成

（四）名词解释

1. 新纹状体
2. 边缘系统
3. 纹状体
4. 基底核
5. 联络纤维
6. 连合纤维
7. 投射纤维
8. 内囊

（五）填空题

1. 大脑皮质的视觉中枢位于________；听觉中枢位于________。
2. 第一躯体运动区位于________，第一躯体感觉区则位于________。
3. 额下回后部皮质为________中枢，角回则是________中枢。
4. 大脑半球的白质可分为三个系，即________、________和联络纤维。
5. 内囊是位于________、________与豆状核之间的白质纤维板，整体呈开口向外的“>”字形，可分为前肢、膝和后肢三部分。
6. 大脑背外侧面借沟可分为额叶、顶叶、枕叶________和________五个叶。
7. 海马结构由________、________构成。
8. 胼胝体从前向后可分为________、________及干和压部。
9. ________和________称新纹状体。
10. 基底核包括豆状核、尾状核、________和________。
11. 端脑由左右大脑半球借________连接而成，内部的腔隙称为________。
12. 左右大脑半球之间为纵行的________，大脑和小脑之间为________。
13. 顶下小叶分为包绕外侧沟后端的________和围绕颞上沟末端的________。
14. 书写中枢位于________，听觉性语言中枢位于________。
15. 纹状体由________和________组成。
16. 侧脑室中央部位于________内，下角最长伸到________。
17. 联系同侧大脑半球内各部分皮质的纤维是________，联系左右大脑半球皮质的纤维是________。
18. 通过内囊前肢的投射纤维主要有________和________。
19. 通过内囊后肢的上行纤维束是________和________。
20. 边缘系统是由________及与其相联系密切的________共同组成。

（六）综合应用题

1. 大脑半球借哪三条恒定的沟分为哪五叶？
2. 第一躯体运动区位于何处？其定位特点如何？
3. 第一躯体感觉区位于何处？其定位特点如何？

4. 简述大脑皮质语言中枢的功能定位。
5. 简述侧脑室的位置和分部。
6. 内囊分为哪几部分？有哪些重要纤维束通过？损伤后出现哪些临床症状？

（李国贵）

第二节 周围神经系统

周围神经系统分为三部分：①与脊髓相连的称脊神经，主要分布于躯干和四肢；②与脑相连的称脑神经，主要分布于头面部；③与脑和脊髓相连，主要分布于内脏、心血管、平滑肌和腺体的称内脏神经。

一、脊 神 经

脊神经共 31 对，每对脊神经借前根和后根与脊髓相连。前根、后根在椎间孔处合成一条脊神经干，后根在椎间孔附近有椭圆形膨大，称脊神经节（spinal ganglion）。31 对脊神经分为 8 对颈神经（cervical nerves），12 对胸神经（thoracic nerves），5 对腰神经（lumbar nerves），5 对骶神经（sacral nerves）和 1 对尾神经（coccygeal nerve）。由于脊髓短而椎管长，所以腰骶部的神经根较长，在椎管内近乎垂直下行，形成马尾。脊神经含有躯体感觉纤维、内脏感觉纤维、躯体运动纤维、内脏运动纤维 4 种纤维成分。脊神经干很短，出椎间孔后立即分为前支、后支、脊膜支和交通支。

【目的和要求】

1. 掌握脊神经的构成、区分；颈丛的组成、位置及浅出部位，膈神经的行径及分布；臂丛的组成和位置，胸长神经、胸背神经的行程和分布，正中神经、尺神经、桡神经、肌皮神经、腋神经的起始、行程、主要分支和分布；腰丛、骶丛的组成和位置；股神经、闭孔神经的行径、主要分支及其分布；坐骨神经、胫神经、腓总神经、腓浅神经、腓深神经的行径和分布。

2. 熟悉胸神经前支在胸腹壁的节段性分布。

3. 了解脊神经的纤维成分和分支，正中神经、尺神经、桡神经、腋神经等损伤后运动及感觉障碍的主要表现；胫神经、腓总神经损伤后运动及感觉障碍的主要表现。

【实训教具】

1. 标本 大体标本（示颈丛、臂丛分支、胸神经前支、腰丛、骶丛位置、分支）；头颈正中矢状切面标本（示颈丛皮支）；腋窝标本（示臂丛分支）；游离上肢标本（示正中神经、尺神经、桡神经、肌皮神经、腋神经）；胸、腹壁标本（胸神经前支在胸腹壁的节段性分布）；骨架标本；腰盆部正中矢状切面标本（示腰丛、骶丛的分支）；游离下肢标本（示坐骨神经、胫神经、腓总神经、腓浅神经、腓深神经）。

2. 模型 脊髓与椎骨关系模型（示椎骨与脊髓、脊神经关系、马尾、终丝等）；腰骶椎解剖与脊神经关系模型（示腰椎、骶椎与脊髓、脊神经关系，示马尾、终丝等）。

【实训内容及方法】

1. 颈丛（cervical plexus） 在整体标本和头颈正中矢状切标本上观察颈丛的组成、位置和分支。

（1）颈丛的组成和位置：颈丛由第 1～4 颈神经的前支构成，位于胸锁乳突肌上部的深面，中斜角肌和肩胛提肌起点的前方。

（2）颈丛的分支：在胸锁乳突肌后缘中点附近浅出的皮支如下。

1）枕小神经（lesser occipital nerve）：沿胸锁乳突肌后缘上行，分布于枕部及耳郭背面上部的皮肤。

2）耳大神经（great auricular nerve）：沿胸锁乳突肌表面上行，分布于耳郭及附近皮肤。

3）颈横神经（transverse nerve of neck）：横过胸锁乳突肌表面前行，分布于颈部皮肤。

4）锁骨上神经（supraclavicular nerves）：有 2～4 支辐射行向下外方，分布于颈侧区、胸壁上部和肩部皮肤。

膈神经（phrenic nerve），沿前斜角肌前面下降至其内侧，经胸廓上口进入胸腔，经过肺根前方，在纵隔胸膜与心包之间下行达膈。运动纤维支配膈肌，感觉纤维分布于胸膜、心包。右膈神经的感觉纤维尚分布到肝、胆囊和肝外胆道的浆膜。

2. 臂丛（brachial plexus） 在大体标本和腋窝标本上观察臂丛的组成、位置和分支。

（1）臂丛的组成和位置：臂丛是由第 5～8 颈神经前支和第 1 胸神经前支大部分纤维组成，先经斜角肌间隙穿出，行于锁骨下动脉后上方，再经锁骨后方进入腋窝。组成臂丛的神经根先合成上、中、下三个干，每个干在锁骨上方或后方又分为前、后两股，最后形成三束。

（2）臂丛的分支

1）锁骨上部分支：①胸长神经（long thoracic nerve），沿前锯肌表面伴随胸外侧动脉下降，支配此肌。损伤此神经可导致前锯肌瘫痪，出现“翼状肩”。②肩胛背神经（dorsal scapular nerve），分布于菱形肌和肩胛提肌。③肩胛上神经（suprascapular nerve），分布于冈上肌、冈下肌和肩关节。

2）锁骨下部分支：①肩胛下神经（subscapular nerve），发自臂丛后束，常分为上、下两支，进入肩胛下肌及大圆肌。②胸内侧神经（medial pectoral nerve），发自臂丛内侧束，支配胸小肌，部分纤维穿出该肌或在其下缘分布于胸大肌。③胸外侧神经（lateral pectoral nerve），发自臂丛外侧束，穿锁胸筋膜行于胸大肌深面支配该肌，同时发分支分布到胸小肌。④胸背神经（thoracodorsal nerve），支配背阔肌，在乳癌根治术中，清除腋淋巴结群时，应注意勿损伤此神经。⑤腋神经（axillary nerve），发自臂丛后束，穿四边孔，绕肱骨外科颈至三角肌深方。肌支支配三角肌和小圆肌。肱骨外科颈骨折，肩关节脱位或腋杖的压迫，都可能损伤腋神经而导致三角肌瘫痪，臂不能外展，三角肌区皮肤感觉丧失。⑥肌皮神经（musculocutaneous nerve），穿喙肱肌，经肱二头肌和肱肌间下行。⑦正中神经（median nerve），内、外侧根分别发自内、外侧束，在腋动脉前方汇合成正中神经干。穿旋前圆肌支配除肱桡肌、尺侧腕屈肌和指深屈肌尺侧半以外的所有前臂的屈肌及旋前肌。返支支配拇收肌以外的大鱼际肌。指掌侧总神经支配 1、2 蚓状肌又分为指掌侧固有神经分布桡侧半 2/3 掌面、桡侧三个半指掌面及其中节和远节指背面的皮肤。损伤后表现为“猿掌”。⑧尺神经（ulnar nerve），发自臂丛内侧束，在前臂上部发肌支支配尺侧腕屈肌和指深屈肌的尺侧半。手背支分布于手背尺侧半和小指、环指及中指尺侧半背面的皮肤。浅支分布于小鱼际、小指和环指尺侧半掌面的皮肤。深支支配小鱼际肌、拇收肌、骨间肌及第3、4蚓状肌。损伤后表现为“爪形手”。⑨桡神经（radial nerve），发自臂丛后束，在臂部发出的分支有皮支（分布于前臂背面皮肤）和肌支（支配肱三头肌、肱桡肌和桡侧腕长伸肌）。桡神经浅支分布于手背桡侧半和桡侧两个半手指近节背面的皮肤。深支穿旋后肌支配前臂的伸肌。损伤后表现为抬前臂时呈“垂腕”状。⑩臂内侧皮神经（medial brachial cutaneous nerve）。⑪前臂内侧皮神经。

3. 胸神经前支 在大体标本和胸腹部标本上观察，胸神经前支共12对，第1～11对各自位于相应的肋间隙中，称肋间神经（intercostal nerves）。第12对胸神经前支位于第12肋下方，故名肋下神经。胸神经前支，在胸、腹壁皮肤的分布具有明显的节段性。由上向下按神经序数依次排列，第2胸神经相当胸骨角平面，第4胸神经相当乳头平面，第6胸神经相当剑突平面，第8胸神经相当肋弓平面，第10胸神经相当脐平面，第12胸神经分布于耻骨联合与脐连线中点平面。

4. 腰丛

（1）腰丛的组成和位置：腰丛（lumbar plexus）由第12胸神经前支的一部分、第1～3腰神经前支和第4腰神经前支的一部分组成，腰丛位于腰大肌深面。

（2）腰丛的分支

1）髂腹下神经（iliohypogastric nerve）：自腰大肌外侧缘穿出，进入腹横肌和腹内斜肌之间，前行于腹内斜肌和腹外斜肌之间，最后在腹股沟管浅环上方约3cm处穿腹外斜肌腱膜达皮下。沿途发出分支支配腹壁各肌。皮支分布于臀外侧区、腹股沟区及下腹部的皮肤。

2）髂腹股沟神经（ilioinguinal nerve）：自髂腹下神经下方出腰大肌外缘，肌支分布于腹壁肌。皮支分布于腹股沟部、阴囊和大阴唇皮肤。

3）股外侧皮神经（lateral femoral cutaneus nerve）：从腰大肌外侧缘穿出，在髂前上棘下方5～6cm处穿出深筋膜，分布于大腿前外侧的皮肤。

4）股神经（femoral nerve）：在腹股沟韧带中点稍外侧，经韧带深面、股动脉外侧到达股三角，分为数支。①肌支：支配髂肌、耻骨肌、股四头肌和缝匠肌。②皮支：分布于大腿和膝关节前面的皮肤。最长的皮支称为隐神经，分布于髌下、小腿内侧面及足内侧的皮肤。

5）闭孔神经（obturator nerve）：穿闭膜管出小骨盆，分为前、后两支，分别经短收肌前、后面进入大腿内区。其肌支支配闭孔外肌、大腿内收肌群。皮支分布于大腿内侧面的皮肤。

6）生殖股神经（genitofemoral nerve）：在腹股沟韧带上方分为生殖支和股支，生殖支进入腹股沟管深环，分布于提睾肌和阴囊；股支穿过股鞘和阔筋膜分布到股三角的皮肤。

5. 骶丛

（1）骶丛的组成和位置：骶丛（sacral plexus）由腰骶干及全部骶神经和尾神经的前支组成。骶丛位于盆腔内、骶骨和梨状肌前面、髂血管的后方。

（2）骶丛的分支

1）臀上神经（superior gluteal nerve）：经梨状肌上孔出盆腔，支配臀中、小肌和阔筋膜张肌。

2）臀下神经（inferior gluteal nerve）：经梨状肌下孔出盆腔，支配臀大肌。

3）股后皮神经（posterior femoral cutaneous nerve）：经梨状肌下孔出盆腔。

4）阴部神经（pudendal nerve）：出梨状肌下孔，绕坐骨棘经坐骨小孔入坐骨直肠窝。

5）坐骨神经（sciatic nerve）：经梨状肌下孔出盆腔，在臀大肌深面，经坐骨结节与股骨大转之间至股后区，在股二头肌深面下行，至腘窝上方分为胫神经和腓总神经。胫神经（tibial nerve）在腘窝内与腘血管伴行，在小腿经比目鱼肌深面伴胫后动脉下降，经内踝后方屈肌支持带深面分为足底内侧神经和足底外侧神经。腓总神经（common peroneal nerve）自坐骨神经发出后沿股二头肌内侧走向外下，绕腓骨颈外侧向前，穿腓骨长肌分为腓浅神经和腓深神经。分布范围包括小腿前、外侧群肌，足背肌和小腿外侧、足背、趾背的皮肤。

【常用歌诀】

1. 手部神经分布 手掌正中三指半，剩下尺侧一指半；手背桡尺各一半，正中侵占三指半。

2. 腰丛组成及位置 腰丛组成较简单，前支腰一至腰三；胸末腰四各一半，腰大深方横突前。

【复习思考题】

（一）判断题（正确答案用 A 表示，错误答案用 B 表示）

1. 正中神经在手部分支分布于掌心、桡侧两个半手指掌面的皮肤。（ ）
2. 第 6 胸神经前支分布于肋弓平面，第 12 胸神经前支分布于脐平面。（ ）
3. 胫骨后肌收缩可屈踝关节，足内翻，由胫后神经支配。（ ）
4. 桡神经深支分布于前臂伸肌及桡侧腕屈肌。（ ）
5. 胸长神经分布于背阔肌，伤后可引起“翼状肩”。（ ）
6. 桡神经易在肱骨后方损伤，常造成“垂腕”。（ ）
7. 腋神经与旋肱后血管伴行，穿三边孔，分布于三角肌和小圆肌。（ ）
8. 坐骨神经经梨状肌下孔出盆，于腘窝上方分成胫神经和腓总神经两大终支。（ ）
9. 臀上神经经梨状肌上孔穿出，分布于臀大肌。（ ）
10. 股神经穿经腹股沟韧带深面，股动脉内侧，达股区分布。（ ）

（二）最佳选择题

1. 关于脊神经的描述正确的是（ ）

A. 共有 31 对
B. 不管理脊髓被膜
C. 后支只含躯体感觉纤维
D. 除第 4 ～11 胸神经前支外，其余各脊神经前支分别交织成丛
E. 各前支均借灰、白交通支与交感干相连

2. 脊神经前根的纤维成分是（ ）

A. 躯体运动纤维和内脏运动纤维　B. 感觉纤维和运动纤维
C. 躯体运动和副交感神经纤维　D. 感觉纤维和交感神经纤维
E. 躯体运动纤维和内脏感觉纤维

3. 含纯运动纤维成分的结构是（ ）

A. 脊神经前根　B. 脊神经后根　C. 脊神经前支
D. 脊神经后支　E. 脊神经脊膜支

4. 关于颈丛，哪一项正确（ ）

A. 由全部颈神经前支组成　B. 位于胸锁乳突肌表面　C. 无肌支
D. 发出混合性的膈神经　E. 发出肌支支配颈部诸肌
5. 组成臂丛的脊神经前支有（　　）
A. 颈 4～8，胸 1　B. 颈 5～7，胸 1　C. 颈 5～8，胸 1
D. 颈 5～8，胸 1～2　E. 颈 4～7，胸 1
6. 胸长神经支配（　　）
A. 背阔肌　B. 前锯肌　C. 菱形肌　D. 大圆肌　E. 肩胛下肌
7. 肱骨体发生骨折后，患者不能伸腕，这是因为损伤了（　　）
A. 尺神经　B. 腋神经　C. 正中神经　D. 桡神经　E. 肌皮神经
8. 穿四边孔的神经是（　　）
A. 旋肩胛神经　B. 桡神经　C. 腋神经　D. 肌皮神经　E. 胸背神经
9. 支配臂前群肌的是（　　）
A. 正中神经　B. 尺神经　C. 桡神经　D. 腋神经　E. 肌皮神经
10. 在肱骨中、下 1/3 交界处骨折而损伤桡神经时，可引起瘫痪的肌群（　　）
A. 臂及前臂后群肌　B. 前臂后群及前臂外侧群肌
C. 前臂后群及前臂内侧群肌　D. 前臂后群肌
E. 无上述情况
11. 正中神经（　　）
A. 支配骨间肌和鱼际肌　B. 起自臂丛后束
C. 支配肱二头肌　D. 支配指浅屈肌
E. 主干损伤后前臂不能旋前，拇指不能内收
12. 正中神经返支（　　）
A. 支配全部蚓状肌　B. 支配除拇收肌以外的大鱼际肌
C. 是正中神经的皮支　D. 支配第 1、2 骨间肌
E. 支配小鱼际肌
13. 支配第 1、2 蚓状肌的神经是（　　）
A. 尺神经深支　B. 正中神经　C. 肌皮神经　D. 桡神经　E. 尺神经
14. 支配旋后肌的是（　　）
A. 肌皮神经　B. 尺神经　C. 正中神经　D. 桡神经　E. 腋神经
15. 桡神经（　　）
A. 是内侧束发出的一条粗大神经　B. 支配臂、前臂后群肌和肱桡肌
C. 支配骨间背侧肌　D. 损伤后手背皮肤感觉障碍
E. 深支穿旋前圆肌至前臂背面
16. 尺神经损伤导致（　　）
A. “猿掌”畸形并伴有皮肤感觉障碍
B. “垂腕”畸形不伴有皮肤感觉障碍
C. “垂腕”畸形伴有皮肤感觉障碍
D. “爪形手”畸形不伴有皮肤感觉障碍
E. “爪形手”畸形伴有皮肤感觉障碍

17. 关于尺神经的描述，错误的是（　　）
A. 起自臂丛内侧束　B. 越过肱骨内上髁后方的尺神经沟
C. 在前臂发出较细的手背支　D. 在臂下份发出前臂内侧皮神经
E. 尺神经浅、深支未穿过腕管入掌
18. 支配拇收肌的是（　　）
A. 正中神经返支　B. 桡神经浅支　C. 肌皮神经
D. 尺神经深支　E. 尺神经浅支
19. 手掌刀伤后拇指不能内收，可能损伤的神经是（　　）
A. 正中神经返支　B. 尺神经浅支　C. 尺神经深支
D. 桡神经浅支　E. 桡神经深支
20. 一患者手掌内侧 1/3 皮肤感觉障碍，但拇指能对掌和内收，受损伤的神经是（　　）
A. 正中神经　B. 尺神经深支　C. 尺神经浅支
D. 桡神经　E. 尺神经手背支
21. 组成腰丛的脊神经前支有（　　）
A. 腰 1～5　B. 腰 1～4
C. 胸 12 前支一部分、腰 1～3、腰 4 前支一部分　D. 胸 12、腰 1～3
E. 腰 4～5
22. 股神经（　　）
A. 发自骶丛　B. 在股三角内位于股动脉的内侧
C. 支配大腿前群肌和内侧群肌　D. 支配大腿前群肌
E. 经腹股沟韧带中点稍内侧进入股部
23. 进入收肌管的神经是（　　）
A. 闭孔神经皮支　B. 股神经皮支　C. 生殖股神经
D. 胫神经　E. 隐神经
24. 闭孔神经不支配（　　）
A. 闭孔外肌　B. 闭孔内肌　C. 股薄肌
D. 耻骨肌　E. 大收肌
25. 以下描述正确的是（　　）
A. 坐骨神经支配外展髋关节的肌　B. 臀下神经支配外展髋关节的肌
C. 闭孔神经支配髋关节旋外的肌　D. 腓浅神经支配内翻足的肌
E. 胫神经支配足背屈的肌
26. 通过坐骨小孔的神经是（　　）
A. 臀下神经　B. 阴部神经　C. 股后皮神经
D. 臀上神经　E. 闭孔神经
27. 臀上神经不支配（　　）
A. 臀中肌　B. 臀大肌　C. 臀小肌
D. 髋关节　E. 阔筋膜张肌
28. 腘窝外侧角外伤易损伤（　　）
A. 隐神经　B. 股后皮神经　C. 胫神经

D. 腓总神经　　E. 坐骨神经

29. 关于腓总神经的描述，错误的是（　　）

A. 行经腘窝的外侧角　　B. 伴随胫前动脉至小腿前部

C. 发出腓肠外侧皮神经　　D. 绕腓骨颈而行至小腿前部

E. 不支配股后部肌和臀部肌

30. 腓总神经不分布于（　　）

A. 趾长伸肌　　B. 足内侧缘皮肤　　C. 足背肌

D. 胫骨前肌　　E. 第 1 趾间背面皮肤

31. 腓深神经（　　）

A. 支配小腿前群肌　　B. 不含感觉纤维　　C. 损伤后足不能外翻

D. 支配小腿外侧肌群　　E. 主要分布于足背和趾背皮肤

32. 腓深神经支配（　　）

A. 腘肌　　B. 腓肠肌　　C. 胫骨后肌

D. 胫骨前肌　　E. 腓骨长肌

33. 腓浅神经不分布于（　　）

A. 腓骨长肌　　B. 腓骨短肌　　C. 胫骨前肌

D. 趾背皮肤　　E. 无上述情况

34. 股神经支配（　　）

A. 股内侧群肌　　B. 股前群肌　　C. 股内侧群肌和股前群肌

D. 股前群肌和小腿前群肌　　E. 股内侧群肌和小腿内侧的皮肤

35. 腓总神经损伤后，可出现（　　）

A. 足外翻　　B. 足内翻　　C. 钩状足

D. 扁平足　　E. 马蹄内翻足

36. 支配大收肌的神经是（　　）

A. 胫神经　　B. 生殖股神经　　C. 髂腹股沟神经

D. 闭孔神经　　E. 臀下神经

37. 出现“钩状足”畸形，是因为损伤了（　　）

A. 胫神经　　B. 生殖股神经　　C. 股后皮神经

D. 股神经　　E. 臀下神经

38. 发出隐神经的神经是（　　）

A. 股外侧皮神经　　B. 大隐神经　　C. 胫神经

D. 股神经　　E. 臀下神经

39. 支配小腿外侧肌群的神经是（　　）

A. 隐神经　　B. 腓肠神经　　C. 胫神经

D. 腓浅神经　　E. 腓深神经

40. 下列不属于腰丛分支的是（　　）

A. 股神经　　B. 闭孔神经　　C. 生殖股神经

D. 臀上神经　　E. 髂腹股沟神经

（三）多项选择题

1. 关于胸腹壁皮肤神经支配节段性的描述，正确的是（　　）

A. 胸 2 相当胸骨角平面　B. 胸 6 相当剑突平面　C. 胸 8 相当肋弓平面　D. 胸 10 相当脐平面　E. 胸 12 相当耻骨联合上缘平面

2. 颈丛（　　）

A. 由上 4 对颈神经前支组成　B. 支配甲状舌骨肌　C. 发出耳大神经　D. 仅有运动神经　E. 发出皮支至颈部的皮肤

3. 尺神经（　　）

A. 发自臂丛后束

B. 在肱骨内上髁后方触及

C. 穿过旋前圆肌行于指浅、深屈肌之间

D. 经屈肌支持带的浅面进入手掌

E. 支配全部骨间肌和第 3、4 蚓状肌

4. 桡神经（　　）

A. 发自臂丛后束

B. 支配肱三头肌和前臂所有伸肌

C. 支配肱三头肌和除肱桡肌以外的所有伸肌

D. 神经干损伤后肘关节不能弯曲

E. 损伤后手部感觉障碍主要在“虎口”区皮肤

5. 在行程中有一段紧贴肱骨的神经有（　　）

A. 正中神经　B. 桡神经　C. 尺神经　D. 肌皮神经　E. 腋神经

6. 脊神经（　　）

A. 借前支和后支与脊髓相连　B. 由前根和后根在椎间孔处合并而成　C. 均为混合性神经　D. 脊神经不支配平滑肌、心肌和腺体　E. 共有 31 对

7. 由臂丛分支支配的肌肉是（　　）

A. 斜方肌　B. 三角肌　C. 膈肌　D. 胸锁乳突肌　E. 肱三头肌

8. 正中神经损伤（　　）

A. 前臂不能旋前　B. 鱼际肌萎缩拇指不能内收　C. 拇指不能对掌　D. 示指不能屈曲　E. 拇指、示指、中指掌侧面感觉障碍

9. 分布于手部皮肤的感觉神经有（　　）

A. 正中神经　B. 神经　C. 腋神经　D 肌皮神经　E. 尺神经

10. 支配前臂肌的神经有（　　）

A. 正中神经　B. 腋神经　C. 桡神经　D. 肌皮神经　E. 尺神经

11. 胫神经支配（　　）

A. 胫骨前肌　B. 腓肠肌　C. 腓骨长肌　D. 比目鱼　E. 胫骨后肌

12. 坐骨神经（　　）

A. 经梨状肌下孔出盆腔

B. 多在腘窝上角附近分为胫神经和腓总神经
C. 坐骨神经的分支均在小腿和足部
D. 胫神经是坐骨神经本干的直接延续
E. 由腰骶干延续而成

13. 下列属于腰丛分支的是（ ）
A. 股神经　B. 闭孔神经　C. 阴部神经
D. 臀上神经　E. 髂腹股沟神经

14. 坐骨神经（ ）
A. 经梨状肌下孔出盆腔
B. 为全身最粗大的神经
C. 位于臀大肌深面下行并支配该肌的运动
D. 在腘窝上角分为胫神经和腓总神经
E. 支配股二头肌的运动

15. 坐骨神经（ ）
A. 经梨状肌下孔出盆腔　B. 分为胫神经与腓总神经　C. 是人体最粗大的神经
D. 支配股四头肌　E. 支配臀大肌

16. 腹股沟疝修补术，常易损伤（ ）
A. 髂腹下神经　B. 髂腹股沟神经　C. 闭孔神经皮支
D. 股神经皮支　E. 生殖股神经

17. 从梨状肌下孔出盆腔的神经是（ ）
A. 臀上神经　B. 臀下神经　C. 股后皮神经
D. 阴部神经　E. 坐骨神经

18. 组成骶丛的是（ ）
A. 腰神经　B. 腰骶干　C. 骶神经
D. 腰丛　E. 尾神经

19. 关于腓总神经的描述，正确的是（ ）
A. 是坐骨神经在腘窝上方分支而来
B. 绕腓骨颈外侧向前
C. 分为腓浅神经和腓深神经
D. 损伤后会出现“马蹄内翻足”畸形
E. 以上说法全对

20. 关于股神经（ ）
A. 发自骶丛　B. 在股三角内位于股动脉的外侧
C. 支配大腿前群肌　D. 隐神经是其最长的皮支
E. 经腹股沟韧带中点稍内侧进入股部

（四）名词解释

1. 脊神经节
2. 肋下神经
3. 腰骶干

（五）填空题

1. 每对脊神经由与脊髓相连的________和________合并而成。
2. 脊神经出椎间孔后立即分为________、________、脊膜支和交通支。
3. 颈神经________对，腰神经________对。
4. 颈丛位于________肌上部深面，臂丛穿________间隙到腋窝。
5. 膈神经经________肌和________根前方下降至膈。
6. 右侧膈神经的感觉纤维分布于________、________和肝外胆道的浆膜。
7. 胸长神经支配________，胸背神经支配________。
8. 正中神经由两根合成，分别来自臂丛的________和________。
9. 支配三角肌的神经是________。
10. 腋神经支配________和________。
11. 桡神经发自臂丛________，与________动脉伴行。
12. 桡神经在肱桡肌和肱肌之间分为________和________。
13. 桡神经的浅支分布于手背________和________皮肤。
14. 臂部前群肌由________神经支配，后群肌由________神经支配。
15. 前臂前群肌由________和________神经支配。
16. 手背的皮肤由________和________神经分布。
17. 胸、腹部的皮肤平剑突平面由________神经分布，平脐平面由________神经分布。
18. 胸神经前支节段性分布明显，胸 8 相当________平面，胸 10 相当________平面。
19. “爪形手”是________神经损伤，而“猿掌”是________神经损伤的临床表现。
20. 膈神经是由________发出的肌支，其属于________性质的神经。
21. 能使前臂旋后的肌为________和________。
22. 股四头肌和肱三头肌的运动分别受________和________支配。
23. 正中神经支配除________、________和指深屈肌尺侧半以外的所有前臂前群肌。
24. 前臂前群肌由正中神经、________和________支配。
25. 管理手部皮肤感觉的神经有桡神经、________和________。
26. 腰丛支配大腿________和________肌群。
27. 大腿前群肌由________神经支配，内收肌群由________神经支配。
28. 支配小腿前群肌的神经是________，支配小腿后群肌的神经是________。
29. 隐神经与________伴行，分布于________皮肤。
30. 骶丛位于________前面和________后方。
31. ________是全身最大的神经丛，________是全身最粗大的神经。
32. 腓总神经在腓骨颈前面分为________和________。
33. 阴部神经起于骶丛，经________出盆腔，通过________进入坐骨直肠窝。
34. 坐骨神经在腘窝上方分为________和________。
35. “钩状足”畸形是损伤了________，“马蹄内翻足”畸形是损伤了________。
36. 支配臀大肌的是________，支配臀小肌的是________。
37. 腹股沟疝修补术，防止损伤________、________和生殖股神经。
38. 股神经在腹股沟韧带中点稍________侧，经韧带深面、股动脉外侧到达________。

39. 腰丛是由第 12 胸神经前支的一部分、________、________组成。
40. 骶丛是由腰骶干、________、________组成。
41. 生殖股神经在腹股沟韧带上方分为________和________。
42. 腓肠神经是由胫神经发出的________和腓总神经发出的________吻合形成。
43. 梨状肌下孔通过的神经，除了有臀下神经、股后皮神经，还有________、________。
44. 与胫前动脉伴行的神经是________，与胫后动脉伴行的神经是________。
45. 支配小腿外侧肌群的神经是________，支配大腿后群肌的神经是________。

（六）综合应用题

1. 简述颈丛的组成、位置及主要分支。
2. 简述臂丛的组成、位置及主要分支。
3. 简述膈神经的起止、行程、分支和分布。
4. 肱骨中段骨折会出现何症状？简述其原因。
5. 简述手部皮肤的神经分布。
6. 简述腰丛的组成、位置及主要分支名称。
7. 简述骶丛的组成及分支情况。
8. 梨状肌上下孔分别有哪些神经通过?
9. 简述大腿肌肉的分群及各群的神经支配。
10. 坐骨神经可分为哪几支？损伤后各有何症状？

（吴　刚）

二、脑　神　经

【目的和要求】

1. 掌握脑神经的名称、顺序、附脑和进出颅的部位及性质；视神经的性质、行径；动眼神经、滑车神经、展神经的纤维成分、行程及分布；三叉神经的纤维成分、三叉神经节的位置、三大主支在头面部的感觉分布区，眼神经、上颌神经、下颌神经的主要分支和分布；面神经、舌咽神经、迷走神经的纤维成分、行径、主要分支及其分布；左、右喉返神经的行径与分布；副神经、舌下神经的纤维成分、行径及分布。

2. 熟悉前庭蜗神经的行径、功能和性质。

3. 了解脑神经的纤维成分，嗅神经功能、性质和分布；舌下神经损伤后的主要表现。

【实训教具】

1. 标本　大体标本（示脑神经）；头颈正中矢状切面标本（示脑神经）；脑神经根穿颅底标本（示脑神经出颅部位）；保留脑神经根的全脑标本（示脑神经所连脑部位）；三叉神经（外面观）标本；三叉神经（内面观）标本；下颌神经标本；面神经标本；鼓索、翼腭神经节与耳神经节标本；舌咽神经与舌下神经标本；舌咽、迷走、副神经标本。

2. 模型　脑干放大模型（示脑神经位置）；脑神经颅外模型（示脑神经、三叉神经分支）。

【实训内容及方法】

对照教材记忆十二对脑神经的名称顺序，归纳Ⅰ、Ⅱ、Ⅷ为感觉性神经；Ⅲ、Ⅳ、Ⅵ、Ⅺ、Ⅻ为运动性神经；Ⅴ、Ⅶ、Ⅸ、Ⅹ为混合性神经。在教师指导下，在相应的标本、模型、大体标本上寻认、观察下述各对脑神经。

（一）嗅神经

嗅神经（olfactory nerve）为特殊内脏感觉纤维，由上鼻甲上部和鼻中隔上部黏膜内的嗅细胞中枢突聚集而成，穿筛孔入颅，进入嗅球，传导嗅觉。

（二）视神经

视神经（optic nerve）由特殊躯体感觉纤维组成，传导视觉冲动。穿视神经管入颅中窝，连于视交叉，再经视束连于间脑。

（三）动眼神经

动眼神经（oculomotor nerve）为运动性神经，含有一般躯体运动和一般内脏运动两种纤维。躯体运动纤维起于动眼神经核，一般内脏运动纤维起于动眼神经副核。两种纤维合并成动眼神经后，穿行于海绵窦外侧壁，经眶上裂入眶，立即分为上、下两支。上支支配上直肌和上睑提肌。下支支配下直肌、内直肌和下斜肌。内脏运动纤维进入睫状神经节交换神经元后，分布于睫状肌和瞳孔括约肌，参与调节反射和瞳孔对光反射。

（四）滑车神经

滑车神经（trochlear nerve）为运动性神经，起于滑车神经核，穿入海绵窦的外侧壁，经眶上裂入眶，支配上斜肌。

（五）三叉神经

三叉神经（trigeminal nerve）为混合性神经，含有一般躯体感觉和特殊内脏运动纤维。特殊内脏运动纤维始于三叉神经运动核，组成三叉神经运动根。躯体感觉纤维的胞体位于三叉神经节，其中枢突聚集成粗大的三叉神经感觉根，止于三叉神经脑桥核和三叉神经脊束核；其周围突组成三叉神经三大分支，即眼神经、上颌神经和下颌神经。

1. 眼神经（ophthalmic nerve）　穿海绵窦外侧壁，经眶上裂入眶。分支有泪腺神经、额神经、鼻睫神经。

2. 上颌神经（maxillary nerve）　上颌神经经圆孔出颅，主要分支有眶下神经、颧神经、上牙槽神经、翼腭神经。

3. 下颌神经（mandibular nerve）　为混合性神经，自卵圆孔出颅，主要分支有耳颞神经、颊神经、舌神经、下牙槽神经、咀嚼肌神经。

（六）展神经

展神经（abducent nerve）属躯体运动性神经，起于展神经核，入海绵窦内侧壁，经眶上裂入眶，支配外直肌。

（七）面神经

面神经（facial nerve）为混合性神经，含有 4 种纤维成分：特殊内脏运动纤维、一般内脏运动纤维、特殊内脏感觉纤维和一般躯体感觉纤维。

1. 面神经管内的分支

（1）鼓索：味觉纤维随舌神经分布于舌前 2/3 的味蕾，副交感纤维进入下颌下神经节，在节内交换神经元后，分布于下颌下腺和舌下腺，支配腺体分泌。

（2）岩大神经。

（3）镫骨肌神经。

2. 颅外的分支 面神经出茎乳孔后即发出数小分支，主干进入腮腺实质，在腺内分支组成腮腺内丛，由腮腺内丛发出分支至腮腺边缘，呈辐射状分布，分支有颞支、颧支、颊支、下颌缘支、颈支。

（八）前庭蜗神经

前庭蜗神经（vestibulocochlear nerve）由蜗神经和前庭神经组成，属特殊躯体感觉性神经。

1. 前庭神经（vestibular nerve） 传导平衡觉。神经元的胞体在前庭神经节，其周围突分布于内耳球囊斑、椭圆囊斑和壶腹嵴中的毛细胞，中枢突组成前庭神经，经内耳门入颅，终于前庭核群和小脑。

2. 蜗神经（cochlear nerve） 传导听觉。神经元的胞体在蜗神经节，其周围突分布至内耳螺旋器上的毛细胞，中枢突组成蜗神经，经内耳门入颅，终于蜗神经腹侧、背侧核。

（九）舌咽神经

舌咽神经（glossopharyngeal nerve）为混合性神经，含 5 种纤维成分：①特殊内脏运动纤维；②副交感纤维；③一般内脏感觉纤维；④特殊内脏感觉纤维；⑤一般躯体感觉纤维。其分支如下。

1. 舌支 经舌骨舌肌深面，分布于舌后 1/3 的黏膜和味蕾，传导一般感觉和味觉。

2. 咽支。

3. 鼓室神经 分布至鼓室、乳突小房和咽鼓管的黏膜。终支为岩小神经，含副交感纤维，出鼓室经卵圆孔入耳神经节，交换神经元后，经耳颞神经分布于腮腺，控制其分泌。

4. 颈动脉窦支。

（十）迷走神经

迷走神经（vagus nerve）为混合性神经，含有 4 种纤维成分：①副交感纤维；②一般内脏感觉纤维；③一般躯体感觉纤维；④特殊内脏运动纤维。迷走神经经颈静脉孔出颅，左迷走经在左颈总动脉与左锁骨下动脉间，越过主动脉弓的前方，经左肺根的后方至食管前面分成若干细支，构成左肺丛和食管前丛，在食管下端延续为迷走神经前干。右迷走神经越过右锁骨下动脉前方，沿气管右侧下行，经右肺根后方达食管后面，分支构成右肺丛和食管后丛，向下延为迷走神经后干。迷走神经前、后干再向下伴食管一起穿膈肌的食管裂孔进入腹腔，分布于胃前、后壁，其终支为腹腔支，参加腹腔丛。

1. 颈部的分支

（1）喉上神经：外支支配环甲肌。内支为感觉支，与喉上动脉一同穿甲状舌骨膜入喉，分布于咽、会厌、舌根及声门裂以上的喉黏膜。

（2）颈心支。

2. 胸部的分支

（1）喉返神经：右喉返神经在右迷走神经干经过右锁骨下动脉前方处发出，并勾绕此动脉，返回颈部。左喉返神经在左迷走神经干经过主动脉弓前方处发出，并绕主动脉弓下方返回颈部，终支称喉下神经。支配除环甲肌以外的所有喉肌和声门裂以下的喉黏膜。

（2）支气管支。

3. 腹部的分支 迷走神经前干分为胃前支、肝支；迷走神经后干分为胃后支、腹腔支。

（十一）副神经

副神经（accessory nerve）由脑根和脊髓根组成。脑根起自疑核，经颈静脉孔出颅，加入迷走神经支配咽喉部肌。脊髓根起自颈髓的副神经核，经枕骨大孔入颅腔，再与脑根一起经颈静脉孔出颅，支配胸锁乳突肌和斜方肌。

（十二）舌下神经

舌下神经（hypoglossal nerve）由躯体运动纤维组成，由舌下神经核发出，经舌下神经管出颅，支配全部舌内肌和大部分舌外肌。

【常用歌诀】

十二对脑神经名称：Ⅰ嗅Ⅱ视Ⅲ动眼，Ⅳ滑Ⅴ叉Ⅵ外展；Ⅶ面Ⅷ听Ⅸ舌咽，Ⅹ迷Ⅺ副舌下全。

【复习思考题】

（一）判断题（正确答案用 A 表示，错误答案用 B 表示）

1. 动眼神经支配所有的眼外肌。（　　）
2. 展神经损伤可引起外直肌瘫痪，产生内斜视。（　　）
3. 面神经分支管理舌前 2/3 黏膜的痛觉和味觉。（　　）
4. 舌咽神经分支管理舌后 1/3 黏膜的痛觉和味觉。（　　）
5. 支配表情肌神经是面神经，支配咀嚼肌的神经是三叉神经。（　　）
6. 迷走神经下神经节属一般内脏感觉神经节。（　　）
7. 一侧舌下神经损伤，伸舌时舌尖偏向对侧。（　　）
8. 蜗神经节周围突分布于内耳螺旋器毛细胞。（　　）
9. 下颌下神经节为副交感神经节，来自面神经的副交感纤维在此节更换神经元后控制所有的唾液腺分泌。（　　）
10. 眼神经分出的泪腺神经控制泪腺分泌。（　　）

（二）最佳选择题

1. 穿过眶上裂的结构为（　　）

A. 视神经　　B. 动眼神经　　C. 舌下神经
D. 下颌神经　　E. 无上述结构

2. 患者眼外上斜视是何神经受损所致（　　）

A. 动眼神经　　B. 滑车神经　　C. 展神经
D. 眼神经　　E. 鼻睫神经

3. 患者眼内斜视是何神经受损所致（　　）

A. 动眼神经　　B. 滑车神经　　C. 展神经
D. 眼神经　　E. 眶下神经

4. 患者左眼下外斜视可能是何神经受损所致（　　）

A. 左动眼神经　　B. 左滑车神经　　C. 左展神经
D. 右动眼神经　　E. 右滑车神经

5. 角膜反射消失是由于损伤了（　　）

A. 视神经　　B. 眼神经　　C. 滑车神经

D. 面神经　E. 下颌神经

6. 伴随颈内动脉通过海绵窦的神经是（　　）

A. 视神经　B. 动眼神经　C. 滑车神经

D. 眼神经　E. 展神经

7. 动眼神经不支配（　　）

A. 上直肌　B. 上睑提肌　C. 下斜肌

D. 内直肌　E. 上斜肌

8. 眼睑下垂是由于损伤了（　　）

A. 面神经　B. 动眼神经　C. 滑车神经

D. 眼神经　E. 展神经

9. 瞳孔散大是由于损伤了（　　）

A. 视神经　B. 迷走神经　C. 动眼神经

D. 三叉神经　E. 交感神经

10. 支配瞳孔开大肌的神经是（　　）

A. 动眼神经的躯体运动纤维　B. 耳神经节的交感节后纤维

C. 下颌下神经节的交感节后纤维　D. 睫状神经节的副交感节后纤维

E. 无上述情况

11. 支配颊肌的神经是（　　）

A. 颊神经　B. 面神经　C. 下颌舌骨肌神经

D. 下颌神经　E. 舌咽神经

12. 经过卵圆孔的结构（　　）

A. 脑膜中动脉　B. 岩大神经　C. 上颌神经

D. 下颌神经　E. 面神经

13. 上颌神经通过（　　）

A. 棘孔　B. 卵圆孔　C. 圆孔　D. 破裂孔　E. 茎乳孔

14. 左展神经损伤出现（　　）

A. 左瞳孔偏向内侧　B. 左瞳孔偏向外侧　C. 右瞳孔偏向内侧

D. 右瞳孔偏向外侧　E. 右瞳孔移向上方

15. 面神经不支配（　　）

A. 眼轮匝肌　B. 颈阔肌　C. 颊肌　D. 口轮匝肌　E. 颞肌

16. 与泪腺分泌有关的神经节是（　　）

A. 睫状神经节　B. 下颌下神经节　C. 翼腭神经节

D. 耳神经节　E. 星状神经节

17. 支配泪腺的副交感纤维来源于（　　）

A. 迷走神经　B. 面神经　C. 舌下神经

D. 舌咽神经　E. 动眼神经

18. 穿过茎乳孔的是（　　）

A. 舌咽神经　B. 面神经　C. 副神经

D. 舌下神经　E. 脑膜中动脉

19. 管理舌前 2/3 味觉的神经来自（　　）
A. 迷走神经　B. 三叉神经　C. 面神经
D. 舌咽神经　E. 舌下神经
20. 支配颏舌肌的神经是（　　）
A．舌咽神经　B．舌下神经　C．舌神经
D．颈神经　E．下颌神经
21. 舌的神经（　　）
A. 舌肌由舌神经支配　B. 舌前 2/3 的躯体感觉由上颌神经管理
C. 舌前 2/3 的味觉由舌咽神经管理　D. 舌后 1/3 的躯体感觉由迷走神经管理
E. 舌后 1/3 的味觉由舌咽神经管理
22. 喉返神经管理（　　）
A. 喉内肌　B. 环甲肌　C. 喉外肌和声门裂以下的黏膜
D. 环甲肌和声门裂以下的黏膜　E. 无以上情况
23. 喉返神经（　　）
A. 支配所有喉肌　B. 与甲状腺下动脉交叉
C. 与喉上神经喉内支性质相同　D. 勾绕锁骨下动脉
E. 属于副交感神经
24. 分布至声门裂以下喉黏膜的感觉神经是（　　）
A. 舌咽神经舌支　B. 鼓索　C. 舌神经
D. 副神经　E. 喉返神经
25. 声带麻痹是由于损伤了（　　）
A. 舌咽神经　B. 颈交感干支　C. 喉返神经
D. 喉上神经喉内支　E. 副神经
26. 一侧舌下神经受损表现为（　　）
A．伸舌时，舌尖偏向同侧　B．伸舌时，舌尖偏向对侧
C．同侧半舌的痛、温觉丧失　D．同侧半舌的味觉丧失
E．同侧的舌下腺分泌障碍
27. 副神经（　　）
A. 全部由疑核发出的纤维构成　B. 只支配胸锁乳突肌
C. 为单纯的运动性神经　D. 支配环甲肌
E. 以上都不对
28. 一侧舌下神经损伤时表现为（　　）
A. 不能伸舌　B. 伸舌时舌尖偏向患侧
C. 伸舌时舌尖偏向健侧　D. 伸舌时舌尖上卷
E. 伸舌时舌尖居中
29. 管理舌内肌和舌外肌运动的神经是（　　）
A. 舌神经　B. 舌咽神经　C. 舌下神经
D. 舌下神经和舌神经　E. 舌神经和舌咽神经

（三）多项选择题

1. 动眼神经损伤（ ）
A. 伤侧瞳孔扩大 B. 伤侧眼球感觉丧失 C. 伤侧眼球转动障碍
D. 伤侧瞳孔缩小 E. 伤侧睑裂变小
2. 与舌的感觉有关的神经是（ ）
A. 下颌神经的舌神经 B. 舌下神经的舌支 C. 面神经的鼓索
D. 舌咽神经的舌支 E. 迷走神经的咽支
3. 舌咽神经（ ）
A. 含有来自舌后 1/3 的味觉纤维 B. 是纯感觉纤维神经
C. 其主干上有两个感觉神经节 D. 管理腮腺的分泌活动
E. 由颈静脉孔出颅
4. 穿行海绵窦外侧壁的脑神经有（ ）
A. 上颌神经 B. 动眼神经 C. 视神经
D. 眼神经 E. 滑车神经
5. 三叉神经分布于（ ）
A. 头面部皮肤 B. 角膜 C. 口腔黏膜
D. 硬脑膜 E. 鼻腔黏膜
6. 受脑神经支配的肌有（ ）
A. 咬肌 B. 颞肌 C. 膈肌
D. 胸锁乳突肌 E. 斜方肌
7. 关于三叉神经的描述，正确的是（ ）
A. 为混合神经 B. 感觉根粗大，运动根细小 C. 眼神经为感觉性神经
D. 下颌神经为混合性神经 E. 泪腺神经支配泪腺分泌
8. 面神经（ ）
A. 为混合性神经 B. 支配表情肌 C. 分布于面部皮肤
D. 支配舌肌 E. 管理舌前 2/3 的味觉
9. 支配唾液腺分泌的神经有（ ）
A. 面神经 B. 舌咽神经 C. 三叉神经
D. 舌神经 E. 舌下神经
10. 通过眶上裂的神经是（ ）
A. 动眼神经 B. 滑车神经 C. 眼神经
D. 外展神经 E. 视神经
11. 通过颈静脉孔出颅的脑神经有（ ）
A. 面神经 B. 舌咽神经 C. 迷走神经
D. 副神经 E. 舌下神经
12. 与面神经有关的神经节有（ ）
A. 膝状神经节 B. 睫状神经节 C. 下颌神经节
D. 翼腭神经节 E. 耳神经
13. 面神经含有的纤维成分是（ ）

A. 副交感神经纤维　　B. 特殊内脏感觉纤维　　C. 特殊内脏运动纤维
D. 一般内脏感觉纤维　　E. 一般躯体感觉纤维

14. 三叉神经（　　）
A. 有一感觉根和一运动根
B. 三叉神经节位于颅中窝内
C. 感觉根接受面部的一般感觉
D. 运动根支配面肌的运动
E. 管理舌前 2/3 的味觉

15. 与面神经有关的脑干内的核团是（　　）
A. 疑核　　B. 孤束核　　C. 面神经核
D. 上泌涎核　　E. 脑桥核

16. 与眼球有关的神经是（　　）
A. 三叉神经第一支　　B. 动眼神经、滑车神经、外展神经
C. 交感神经　　D. 视神经　　E. 迷走神经

17. 分布于舌的神经（　　）
A．鼓索　　B．舌神经　　C．舌下神经
D．舌咽神经　　E．喉返神经

（四）名词解释

翼腭神经节

（五）填空题

1. 嗅神经由________入颅，视神经由________入颅。
2. 滑车神经经________出脑，经________进眶。
3. 动眼神经内，支配瞳孔括约肌和睫状肌的节前纤维来自________，其节后纤维来自________。
4. 与面神经有关的副交感神经节有________和________。
5. 12 对脑神经与延髓相连的脑神经有________；其中与脑干背侧相连的脑神经是________。
6. 展神经由________出脑，由________进眶。
7. 面神经经________孔出颅后，支配________。
8. 支配面部表情肌的神经是________，分布在面部的感觉神经是________。
9. 控制泪腺的神经是________，支配咀嚼肌的神经是________。
10. ________损伤舌偏向患侧；________损伤舌偏向健侧。
11. 传导舌前 2/3 味觉的神经是________，传导舌后 1/3 味觉的神经为________。
12. 控制腮腺分泌神经来自________神经，控制下颌下腺分泌神经来自________神经。
13. 迷走神经在腹部的主要分支有________、________胃前支和胃后支。
14. 喉黏膜感觉以声门裂为界，上、下部分别由________和________神经分布。
15. 迷走神经前干进入腹腔后分为________和________。
16. 副神经支配________和________。
17. 舌肌由________神经支配，舌后 1/3 黏膜感觉由________分布。

18. 三叉神经的三大分支分别经眶上裂、________和________出颅脑。
19. 喉上神经内支支配________的喉黏膜，外支支配________。
20. 管理面部皮肤感觉的是________神经，支配表情肌运动的是________神经。

（六）综合应用题

1. 简述面部感觉神经分布的特点。
2. 分布于喉的神经有哪些？
3. 迷走神经包括哪些性质的神经纤维？它们分别与脑干的哪些核团有关？
4. 颈静脉孔有何神经穿过?分布于味蕾的神经有哪些？
5. 舌由哪些神经支配和分布？
6. 眼肌由哪些神经支配？

（王振富）

三、内脏神经

【目的和要求】

1. 掌握交感神经低级中枢的部位；交感干的位置、组成及椎前节的位置；副交感神经低级中枢的部位及主要器官旁节的名称。

2. 熟悉内脏大、小神经的分布概况；交感神经和副交感神经的主要区别。

3. 了解内脏神经的区分、分布和功能概况；颈上节节后纤维分布概况；盆内脏神经的起始及分布概况，主要内脏神经丛的位置和分布。

【实训教具】

1. 标本 大体标本（示脑神经）；头颈正中矢状切面标本（示脑神经）；三叉神经（外面观）标本；三叉神经（内面观）标本；下颌神经标本；面神经标本；鼓索、翼腭神经节与耳神经节标本；舌咽神经与舌下神经标本；胸腹盆腔标本（示交感干、椎前节、内脏神经的标本）。

2. 模型 交感干模型；脑神经颅外模型（示颅副交感神经节）。

【实训内容及方法】

内脏神经主要分布于内脏、心血管、平滑肌和腺体，有感觉和运动两种纤维成分。内脏运动神经调节内脏、心血管、平滑肌的运动和腺体的分泌，通常不受人的意志控制，是不随意的，故称为自主神经系统，也称之为植物神经系统。内脏感觉神经初级感觉神经节位于脑神经节和脊神经节内，周围支则分布于内脏和心血管等处的内感觉器。

（一）内脏运动神经

内脏运动神经（visceral motor nerve）自低级中枢发出后在周围部的内脏运动神经节交换神经元，再由节内神经元发出纤维到达效应器。第一个神经元称节前神经元，胞体位于脑干和脊髓内，其轴突称节前纤维。第二个神经元称节后神经元，胞体位于周围部的自主性神经节内，其轴突称节后纤维。内脏运动神经分为交感神经和副交感神经两部分。

1. 交感神经（sympathetic nerve）

（1）低级中枢：位于脊髓胸 1～腰 3 节段的灰质侧柱的中间外侧核。

（2）交感神经节

1）椎旁神经节：即交感干神经节，位于脊柱两旁，同侧椎旁节间借节间支连在一起，形成交感干。交感干上起自颅底，下至尾骨，两侧交感干下端于尾骨前方合并于奇节。交感干分颈、胸、腹、骶、尾五部，在交感干和脊神经间有灰、白交通支相连。颈部位于颈椎横突前方，每侧有颈上、颈中、颈下三个神经节。胸部位于肋骨小头前方，每侧有 10～12 胸交感神经节。腰部位于腰大肌内侧缘，每侧有 4 个腰神经节。盆部位于骶骨前方，骶前孔内侧，有 2～3 对骶交感神经节和一个奇神经节。

2）椎前节：位于脊柱前方，包括腹腔神经节、肠系膜上神经节、肠系膜下神经节及主动脉肾节。

（3）交通支：分为白交通支和灰交通支两种。由脊神经发出的有髓鞘的节前纤维连于交感干神经节，呈白色，故称白交通支；灰交通支连于交感干与 31 对脊神经前支之间，由交感干神经节细胞发出的节后纤维组成，无髓鞘，色灰暗，故称灰交通支。

（4）分布：来自脊髓胸 1～5 节段中间外侧核的节前纤维，更换神经元后，其节后纤维支配头颈、胸腔器官和上肢血管、汗腺、竖毛肌。来自脊髓胸 6～12 节段中间外侧核的节前纤维，更换神经元后，其节后纤维支配肝、脾、肾和结肠左曲以上的消化管。来自脊髓腰 1～3 节段中间外侧核的节前纤维，更换神经元后，其节后纤维支配结肠左曲以下的消化管、盆腔器官和下肢的血管、汗腺、竖毛肌。

2. 副交感神经（parasympathetic nerve） 副交感神经的低级中枢位于脑干的副交感神经核和脊髓骶部第 2～4 节灰质中间带外侧部的骶副交感核。周围部的副交感神经节称器官旁节和器官内节，肉眼可见的器官旁节主要有睫状神经节、下颌下神经节、翼腭神经节和耳神经节等。

3. 交感神经与副交感神经的区别

（1）低级中枢的部位不同：交感神经低级中枢位于脊髓胸 1～腰 3 节段灰质中间外侧核，副交感神经的低级中枢位于脑干的副交感神经核和脊髓骶部骶副交感核。

（2）周围神经节的位置不同：交感神经节位于脊柱两旁（椎旁节）和脊柱前方（椎前节），副交感神经节位于所支配的器官附近（器官旁节）和器官壁内（器官内节）。

（3）节前神经元和节后神经元的比例不同：交感节前神经元可与许多节后神经元形成突触，而副交感节前神经元的轴突则与较少节后神经元形成突触。

（4）分布范围不同：交感神经在周围的分布较广，副交感神经则不如交感神经广泛。

（5）对同一器官所起的作用不同：交感与副交感神经对同一器官的作用既是互相拮抗又是互相统一的。

4. 内脏神经丛 交感神经、副交感神经和内脏感觉神经在到达所支配的脏器的过程中，常相互交织共同构成内脏神经丛。这些神经丛主要攀附于头、颈、胸、腹腔内动脉的周围，或分布于脏器附近和器官之内。包括心丛、肺丛、腹腔丛、腹主动脉丛、腹下丛。

（二）内脏感觉神经

人体各内脏器官除有交感和副交感神经支配外，也有感觉神经。内感受器接受来自内脏的刺激，内脏感觉神经（visceral sensory nerve）将其变成神经冲动传到中枢，中枢可直接通过内脏运动神经或间接通过体液调节各内脏器官的活动。内脏感觉神经元的细胞体位于脑神经节（膝神经节、舌咽神经下节、迷走神经下节）和脊神经节内，周围支则分布于内脏和心血管等处。

（三）牵涉性痛

当某些内脏器官发生病变时，常在体表一定区域产生感觉过敏或痛觉[海德带（Head zones）]，即内脏病、体表痛，这种现象称为牵涉性痛。

【常用歌诀】

交感神经功能：怒发冲冠，瞪大双眼；心跳加快，呼吸大喘。

【复习思考题】

（一）判断题（正确答案用 A 表示，错误答案用 B 表示）

1. 随动眼神经走行的副交感节前纤维在睫状神经节换元后，节后纤维分布到睫状肌和瞳孔括约肌。（　　）
2. 内脏神经具有节前神经元和节后神经元两种。（　　）
3. 交感神经的低级中枢在整条脊髓上都有。（　　）
4. 交感神经位于脊柱两侧，上至颅骨，下面在尾骨的前面合并成一条。（　　）
5. 交通支有白交通支和灰交通支及混合交通支。（　　）
6. 内脏大神经和内脏小神经属于节后纤维。（　　）
7. 副交感神经有脑部中枢和骶部中枢。（　　）
8. 交感神经和副交感神经都是内脏感觉神经。（　　）
9. 牵涉性痛指的是内脏器官病变时，常在体表一定区域出现感觉过敏或者疼痛。（　　）
10. 椎前神经节有腹腔神经节、肠系膜上神经节、主动脉肾神经节、奇节。（　　）

（二）最佳选择题

1. 交感神经的低级中枢位于（　　）
A. 胸 1～12 脊髓节　　B. 胸 1～腰 3 脊髓节　　C. 骶 2～4 脊髓节
D. 胸 1～骶 3 脊髓节　　E. 胸 1～骶 3 脊髓节

2. 脊髓的副交感神经低级中枢位于（　　）
A. 全部骶节中　　B. 骶 1～3 节中　　C. 腰 2～4 节中
D. 胸部和腰部脊髓侧角　　E. 骶 2～4 节段灰质的骶副交感核

3. 脊髓的交感神经低级中枢是（　　）
A. 胸核　　B. 中间外侧柱　　C. 骶中间外侧核
D. 中间外侧核　　E. 网状结构

4. 属于交感神经节的是（　　）
A. 心神经节　　B. 下颌下神经节　　C. 耳神经节
D. 腹腔神经节　　E. 睫状神经节

5. 以下属于交感神经节的是（　　）
A. 腹腔神经节　　B. 睫状神经节　　C. 耳神经节
D. 下颌下神经节　　E. 翼腭神经节

6. 内脏大神经来自（　　）
A. 第 1～5 胸交感节　B. 第 5～9 胸交感节　C. 第 9、10 胸交感节
D. 第 10 以下的胸交感节　E. 以上所有胸交感节
7. 副交感神经的低级中枢位于（　　）
A. 间脑和骶 2～4 脊髓节　B. 脑干和胸 1～腰 2 脊髓节
C. 脑干和骶 2～4 脊髓节　D. 胸 1～腰 2 脊髓节　E. 脑干
8. 属于副交感神经节的是（　　）
A. 螺旋神经节　B. 膝神经节　C. 上神经节
D. 睫状神经节　E. 腹腔神经节
9. 支配盆腔脏器的副交感神经节前纤维起始于（　　）
A. 迷走神经背核
B. 脊髓胸腰节段的灰质侧角
C. 脊髓骶 2～4 节段灰质的中间带外侧核
D. 脊髓骶 2～4 节段灰质的中间带内侧核
E. 脊髓腰 2～4 节段灰质的中间带外侧
10. 交感神经（　　）
A. 节前纤维长　B. 节后纤维短　C. 节前纤维短
D. 分布不如副交感神经广泛　E. 低级中枢在脊髓的前角
11. 不受迷走神经副交感纤维支配的是（　　）
A. 心　B. 食管　C. 胃　D. 乙状结肠　E. 气管
12. 腮腺的副交感纤维来自（　　）
A. 迷走神经　B. 泪腺神经　C. 面神经
D. 三叉神经　E. 舌咽神经
13. 属于交感神经节的是（　　）
A. 脊神经节　B. 三叉神经节　C. 膝神经节
D. 颈神经节　E. 翼腭神经节
14. 不属于感觉性神经节的是（　　）
A. 腹腔神经节　B. 迷走神经下神经节　C. 膝神经节
D. 三叉神经节　E. 以上答案都不是
15. 内脏大神经属于（　　）
A. 交感神经节前纤维　B. 交感神经节后纤维　C. 副交感神经节前纤维
D. 内脏感觉神经　E. 副交感神经节后纤维
16. 内脏感觉核是（　　）
A. 前庭神经核　B. 脑桥核　C. 孤束核
D. 三叉神经中脑核　E. 动眼神经核
17. 颈神经（　　）
A. 灰交通支多于白交通支　B. 白交通支多于灰交通支　C. 只有灰交通支
D. 只有白交通支　E. 都没有
18. 疑核的功能（　　）

A. 与味觉有关　B. 与面部的躯体感觉有关　C. 为副交感神经核
D. 与咽、喉肌的运动有关　E. 与咽、喉肌的感觉有关

19. 属于腹腔丛神经节的是（　　）
A. 耳神经节　B. 主动脉肾神经节　C. 膝状神经节
D. 三叉神经节　E. 器官旁节

20. 交感神经与副交感神经的区别不正确的是（　　）
A. 低级中枢的部位不同　B. 周围神经节的位置不同
C. 节前神经元和节后神经元的比例不同
D. 交感神经分布较广，副交感神经则不如其广泛
E. 对同一器官的作用是互相拮抗不统一的

（三）多项选择题

1. 交感神经的椎前节有（　　）
A. 器官旁节　B. 肠系膜上神经节　C. 主动脉肾节
D. 器官内节　E. 膝状神经节

2. 属于自主神经节的有（　　）
A. 脊神经节　B. 三叉神经节　C. 膝状神经节
D. 前庭神经节　E. 蜗神经节

3. 属于自主神经节前纤维的是（　　）
A. 白交通支　B. 灰交通支　C. 内脏大神经
D. 内脏小神经　E. 盆内脏神经

4. 属于自主性的神经节是（　　）
A. 耳神经节　B. 肠系膜下神经节　C. 翼腭神经节
D. 椎旁神经节　E. 脊神经节

5. 瞳孔的大小（　　）
A. 与副交感神经的活动有关　B. 与交感神经的活动有关
C. 取决于睫状肌的收缩状态　D. 随光线的强弱而改变　E. 与视觉的活动有关

6. 颅部的副交感神经节有（　　）
A. 腹腔神经节　B. 睫状神经节　C. 耳神经节
D. 下颌下神经节　E. 翼腭神经节

7. 腹腔丛内含有的主要神经节有（　　）
A. 腹腔神经节　B. 睫状神经节　C. 肠系膜上神经节
D. 肠系膜下神经节　E. 主动脉肾神经节

8. 与面神经有关的神经节有（　　）
A. 膝状神经节　B. 睫状神经节　C. 下颌神经节
D. 翼腭神经节　E. 耳神经节

9. 内脏神经（　　）
A. 主要分布于内脏、心血管和腺体
B. 有感觉和运动两种纤维成分
C. 不受人的意志控制，是不随意的，故称为自主神经系

D. 能支配骨骼肌的运动
E. 调节内脏、心血管的运动和腺体的分泌

10. 关于腹腔丛（　　）
A. 均由交感神经和副交感神经组成
B. 是最大的内脏神经丛
C. 不是自主神经丛
D. 位于腹腔动脉和肠系膜上动脉根部周围
E. 含有腹腔神经节、肠系膜上神经节等

（四）名词解释

1. 自主神经系
2. 节前纤维
3. 牵涉性痛

（五）填空题

1. 副交感神经节区分为________和________两大类。
2. 交感神经节区分________和________两大类。
3. 交感干与胸神经之间分别有________和________相连。
4. 颈上神经节最大，呈________形，位于第________颈椎横突前方。
5. 交感神经的低级中枢位于________，副交感神经的低级中枢位于________。
6. 灰交通支由________组成，白交通支由________组成。
7. 腹腔丛位于________和________的根部。
8. 睫状神经节连于________神经，为________性的神经节。
9. 含有内脏感觉纤维的脑神经是________、________和迷走神经。
10. 内脏的运动神经可分为________和________神经。
11. 膝神经节是________性神经，而睫状神经节是________性神经节。
12. 神经节有________和________两大类。
13. 腹腔神经节是________性的神经节，而耳神经节是________性神经节。
14. 睫状神经节的节前纤维来自脑干的________，其节后纤维支配________。
15. 睫状神经节连于________神经，为________性的神经节。
16. 含有内脏感觉纤维的脑神经有面神经、________和________。
17. 内脏的运动神经又可分为________和________神经。
18. 面神经核属于________性的核团，其纤维支配________。
19. 与面神经有关的副交感神经节有________和________。
20. 内脏运动神经需要经过两个神经元，即________和________。

（六）综合应用题

1. 交感神经低级中枢位于何处?副交感神经低级中枢位于何处?
2. 内脏感觉的特点如何?
3. 简述交感神经节前纤维进入交感干后的几种去向。
4. 颅部较大的、肉眼可见的副交感性神经节有哪些?
5. 交感神经与副交感神经有何区别?

（颜　玲）

第三节　神经系统的传导通路

【目的和要求】

1. 掌握躯干、四肢的意识性本体感觉和精细触觉传导通路；躯干四肢的痛、温觉及粗触觉的传导通路；视觉传导通路及瞳孔对光反射通路；锥体束的组成、行程、位置、交叉及对运动性核团的支配。

2. 熟悉锥体外系的组成及功能。

3. 了解听觉、平衡觉、内脏感觉的传导通路；锥体外系的传导通路与神经系统的化学通路。

【实训教具】

1. 标本　脑、脊髓、周围神经标本；脊髓横断面切片标本；脑干横断面切片标本；脑正中矢状面标本；大脑连脑干矢状切面（示内囊、基底核）标本；脑水平切面标本；脑外形标本。

2. 模型　脑干神经核团模型；脑干神经核团电动模型；各种神经传导通路网构模型；脊髓及脑干断面模型；传导通路电动模型。

【实训内容及方法】

由于神经系统的传导通路内容抽象、复杂，致使学生对该部分内容感到吃力。但是神经传导通路对中枢神经损伤定位诊断十分重要。所以神经传导通路既是重点，同时又是教学的难点，传导通路注重纵向描述各部的构成及功能。

在老师的指导下，借助标本和模型，结合临床，理解复习下述各传导通路的起止、行程、越边部位、功能。重点掌握各神经传导通路相关的神经元名称及其神经纤维交叉位置。实习过程中应特别注重借助电动神经系统传导模型或网构模型，使各传导通路形象化、具体化。

（一）感觉传导通路（上行）

感觉传导通路的共同特点：感觉传导路多由三级神经元组成；两次交换神经元；第二级神经元发出的纤维多在脊髓或脑干内进行一次交叉；第三级神经元（除视觉传导路外）多在背侧丘脑，其胞体的轴突都经内囊后肢投射到大脑皮质功能区。

1. 躯干和四肢的意识性本体（深）感觉和精细触觉传导通路　由三级神经元组成，一次交叉（在延髓内交叉），两次交换神经元。

（1）神经元的组成及位置：第一级神经元位于脊神经节内的节细胞（假单极神经元）；第二级神经元位于延髓内的薄束核和楔束核内；第三级神经元位于背侧丘脑的腹后外侧核。

（2）纤维交叉：在延髓内形成内侧丘系交叉，交叉后的纤维组成内侧丘系。

（3）投射部位：大脑皮质中央后回中、上部和中央部小叶后部，少部分达中央前回。

（4）损伤：一侧脊髓后索损伤，出现同侧（损伤平面以下）的肢体本体感觉和精细触觉消失；若在交叉平面以上，则表现为对侧半身的深感觉和精细触觉消失。

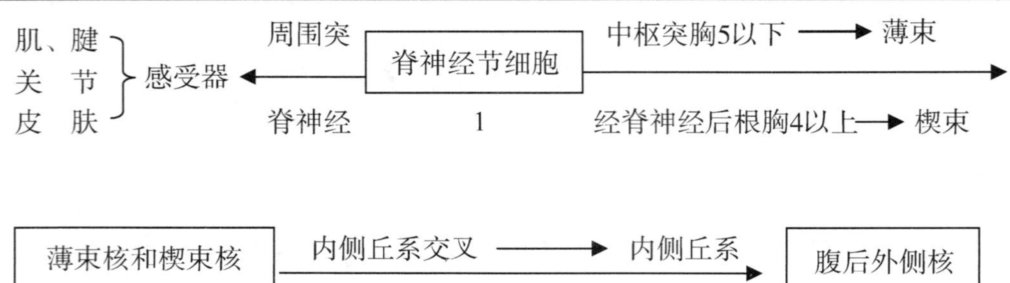

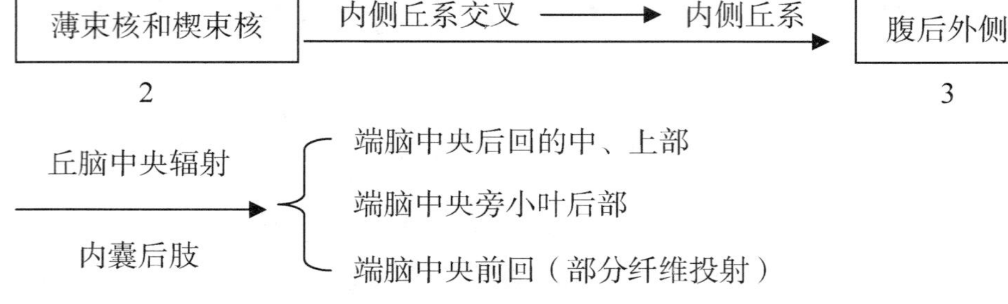

2. 躯干和四肢痛温觉及粗触觉、压觉（浅感觉）传导通路 由 3 级神经元组成，一次交叉（在脊髓内交叉），两次交换神经元。

（1）神经元的组成及位置：第一级神经元是位于脊神经节内的节细胞；第二级神经元是位于脊髓后角的联络神经元（Ⅰ、Ⅳ到Ⅶ层）；第三级神经元位于背侧丘脑的腹后外侧核。

（2）纤维交叉：第二级神经元发出的纤维在脊髓内上升 1～2 个脊髓节段经白质前连合交叉、交叉后形成脊髓丘脑束（脊髓丘脑侧束传导痛温觉、脊髓丘脑前束传导粗触觉、压觉）。

（3）投射部位：大脑皮质中央后回中、上部和中央旁小叶后部。

（4）损伤：脊髓内损伤，在损伤平面 1～2 节段以下，对侧半身的痛、温觉丧失；延髓以上损伤，则表现为对侧半身躯干、四肢的痛温觉障碍。

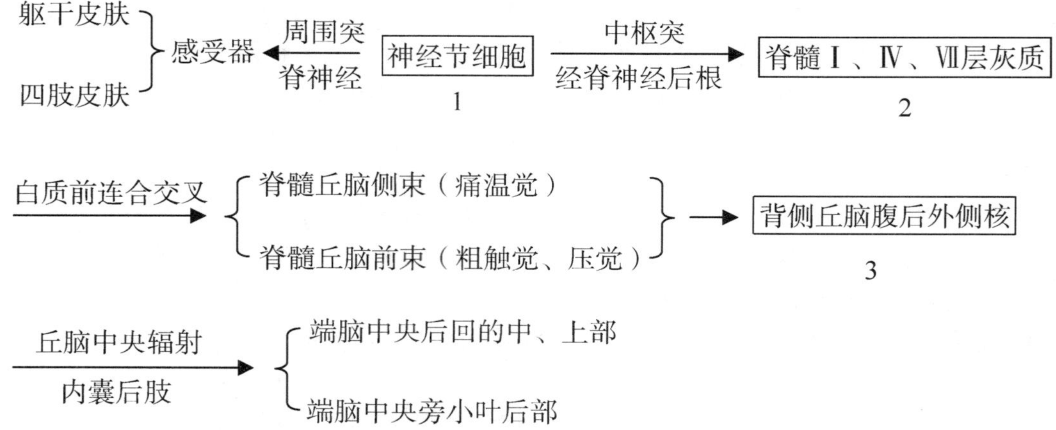

3. 头面部的痛、温觉和触觉传导通路 由 3 级神经元组成，一次交叉（在脑干内交叉），两次交换神经元。

（1）神经元的组成及位置：第一级神经元位于三叉神经节内的节细胞；第二级神经元位于脑干内三叉神经脑桥核和三叉神经脊束核；第三级神经元位于背侧丘脑的腹后内侧核。

（2）纤维交叉：在脑桥。

（3）投射部位：大脑皮质中央后回下部。

（4）损伤：损伤部位在交叉平面以上，导致对侧头面部痛温觉和粗触觉、压觉障碍；在交叉部位以下，出现同侧头面部痛温觉和粗触觉、压觉障碍。

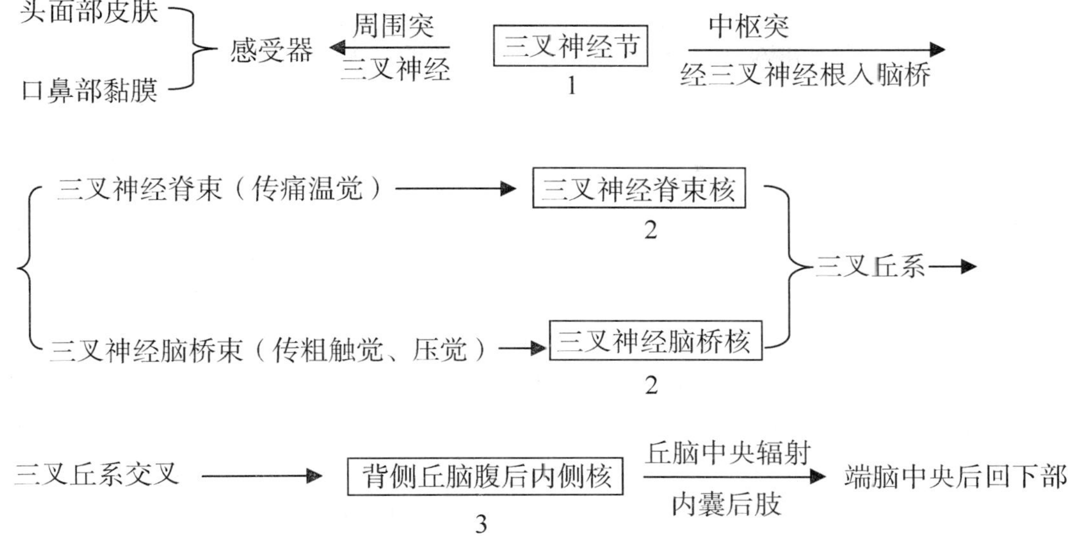

4. 视觉传导通路 由三级神经元组成。

（1）神经元的组成及位置：第一级神经元为视网膜的双极细胞；第二级神经元为视网膜的节细胞；第三级神经元位于后丘脑的外侧膝状体。

（2）纤维交叉：在视交叉处作不完全性交叉，即来自视网膜鼻侧半的纤维交叉、来自视网膜颞侧半的纤维不交叉。

（3）投射部位：投射到枕叶距状沟上下视区皮质。

（4）损伤：视网膜损伤引起的视野缺损与损伤的位置和范围有关。一侧视神经的损伤，引起同侧眼视野全盲；视交叉部中交叉纤维受损，可引起双眼颞侧半视野偏盲；一侧视交叉部外侧部的未交叉纤维损伤引起该眼鼻侧半视野偏盲；一侧视束及以上的视觉传导通路（视辐射、视区皮质）受损，可致双眼病灶对侧半视野同向性偏盲（如右侧受损则右眼视野鼻侧半和左眼视野颞侧半偏盲）。

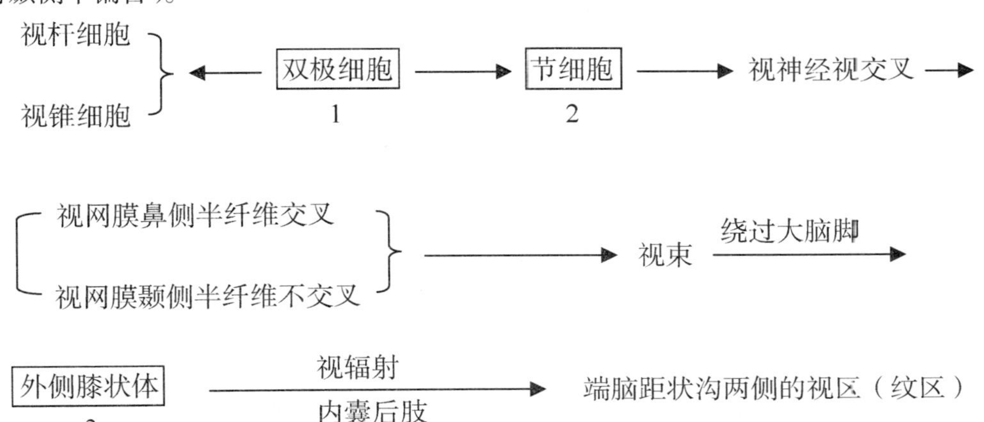

5. 瞳孔对光反射通路 强光照射一侧瞳孔时导致双侧瞳孔缩小，称为瞳孔对光反射，分为直接对光反射（direct light reflex）（同侧瞳孔缩小）和间接对光反射（indirect light reflex）（对侧瞳孔也缩小）。对光反射是一种躯体—内脏反应，感受器为视网膜的视杆细胞和视锥细

胞，瞳孔对光反射的通路如下：视网膜→视神经→视交叉→两侧视束→上丘臂→顶盖前区→两侧动眼神经副核→动眼神经→睫状神经节→节后纤维→瞳孔括约肌收缩→两侧瞳孔缩小。

了解瞳孔对光反射通路，就容易解释视神经损伤时的表现。例如，一侧视神经受损时，由于光线不能传入（传入信息中断），此时用光线照射患侧瞳孔时，两侧瞳孔均无反应；但照射健侧瞳孔时，两眼瞳孔均缩小，即“一侧视神经损伤：表现为患侧直接对光反射消失，间接对光反射存在，但健侧直接对光反射存在，间接对光反射消失”；又如，一侧动眼神经受损时，由于传出信息中断，无论光照哪一侧瞳孔，患侧对光反射都消失（为患侧直接及间接对光反射消失），但健侧直接、间接对光反射存在。

（二）运动传导通路（下行）

运动传导通路（下行）由下运动神经元（lower motor neurons）和上运动神经元（upper motor neurons）所组成。下运动神经元为脑神经运动核和脊髓前角（spinal cord anterior horn）运动细胞；上运动神经元为自大脑皮质至脑神经运动核（cranial nerve motor nuclei）和脊髓前角的传出神经元。

1. 锥体系（pyramidal system）　由位于中央前回（precentral gyrus）和中央旁小叶（paracentral lobule）前部的巨型锥体细胞和其他类型的锥体细胞（pyramidal cell）及位于额、顶叶部分区域的锥体细胞组成。上述神经元的轴突共同组成锥体束，下行至脊髓的纤维束称皮质脊髓束（corticospinal tract）；止于脑干脑神经运动核的纤维束称皮质核束（corticonuclear tract）。

（1）皮质脊髓束：由中央前回上、中部和中央旁小叶前半部等处皮质的锥体细胞轴突集中而成，下行经内囊后肢的前部、大脑脚底中 3/5 的外侧部和脑桥基底部至延髓锥体。在锥体下端，75%～90%的纤维交叉至对侧，形成锥体交叉。交叉后的纤维继续于对侧脊髓侧索内下行，称皮质脊髓侧束，此束沿途发出侧支，逐节终止于前角细胞（可达骶节），主要支配四肢骨骼肌。在延髓锥体交叉，皮质脊髓束中小部分未交叉的纤维在同侧脊髓前索内下行，称皮质脊髓前束，该束仅达上胸节，并经白质前连合逐节交叉至对侧，终止于前角运动神经元，支配躯干和四肢骨骼肌的运动。皮质脊髓前束中有一部分纤维始终不交叉而止于同侧脊髓前角运动神经元，主要支配躯干肌。所以，躯干肌是受两侧大脑皮质支配，而上、下肢肌只受对侧支配，故一侧皮质脊髓束在锥体交叉前受损，主要引起对侧肢体瘫痪，躯干肌运动不受明显影响；在锥体交叉后受损，主要引起同侧肢体瘫痪。具体途径如下。

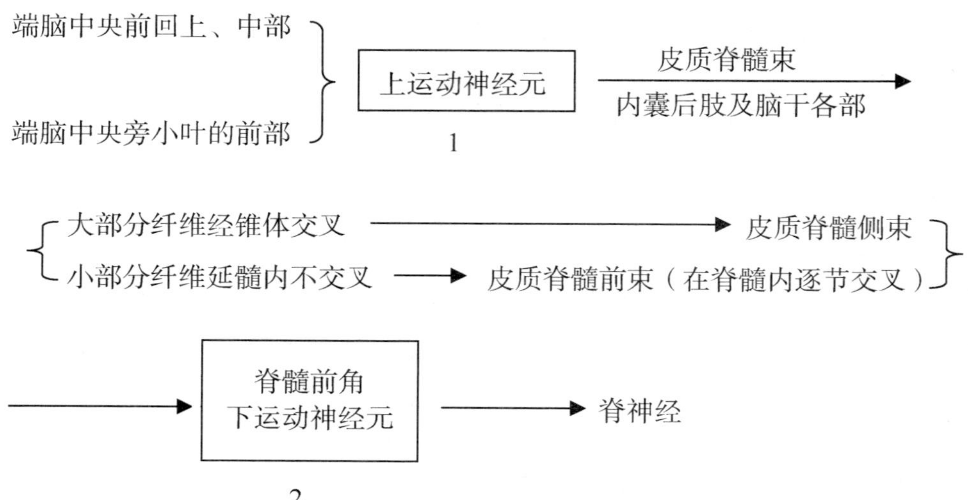

（2）皮质核束：主要由中央前回下部的锥体细胞的轴突集合而成，下行经内囊膝部至大脑脚底中 3/5 的内侧部，由此向下陆续分出纤维，大部分终止于双侧脑神经运动核，支配眼外肌、咀嚼肌、面上部表情肌、胸锁乳突肌、斜方肌和咽喉肌。小部分纤维完全交叉到对侧，终止于面神经运动核支配面下部肌的细胞群和舌下神经核，支配面下部表情肌和舌肌。除支配面下部肌的面神经核和舌下神经核为单侧支配外，其他脑神经运动核均接受双侧皮质核束的纤维。其传导通路由 2 级神经元组成、在延髓内交叉，具体途径如下。

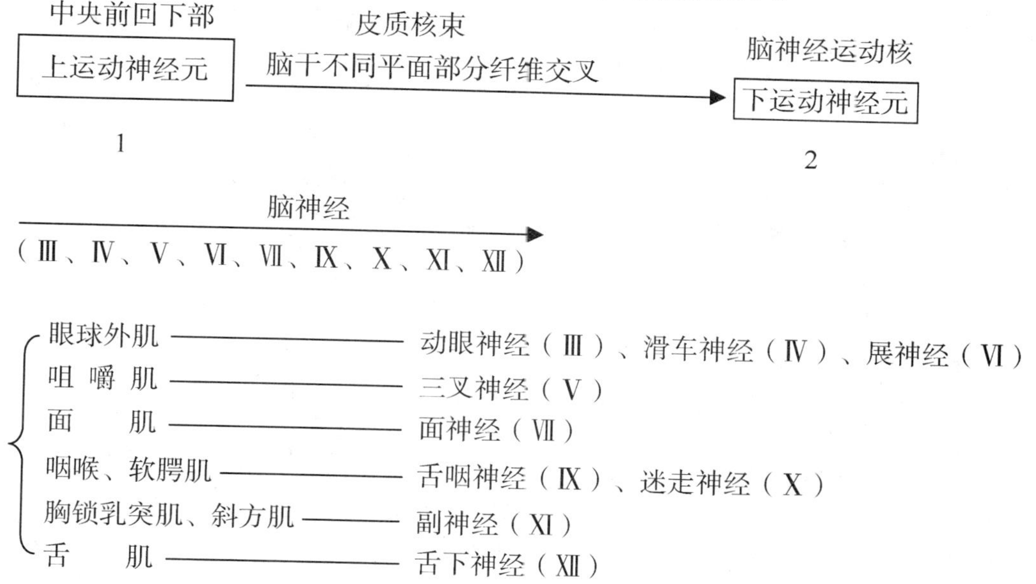

损伤表现：一侧上运动神经元受损，可产生对侧眼裂以下的面肌和对侧舌肌瘫痪，表现为病灶对侧鼻唇沟消失，口角低垂并向病灶侧偏斜，流涎，不能作鼓腮、露齿等动作，伸舌时舌尖偏向病灶对侧，为核上瘫。一侧面神经核的神经元受损，可致病灶侧所有的面肌瘫痪，表现为额横纹消失，眼不能闭，口角下垂，鼻唇沟消失等；一侧舌下神经核的神经元受损，可致病灶侧全部舌肌瘫痪，表现为伸舌时舌尖偏向病灶侧，两者均为下运动神经元损伤，故统称为核下瘫。

2. 锥体外系（extrapyramidal system） 是指锥体系以外影响和控制躯体运动的所有传导路径，包括大脑皮质、纹状体、背侧丘脑、底丘脑、红核、黑质、脑桥核、前庭核、小脑和脑干网状结构等及它们的纤维联系。

功能：调节肌张力、协调肌肉运动、维持体态姿势和习惯性动作等。

【常用歌诀】

1. 感觉传导路小结 三元两换一交叉，浅脊深延成交叉。经过内囊后肢处，定位诊断要靠它。

2. 躯干四肢本体感觉精细触觉传导路 本体精细同伴行，脊神经节第一元；同在后索向上行，内侧薄束外楔束。薄束楔束有分工，继入延髓同名核；换元丘系交叉成，内侧丘系脑干升。延入腹后外侧核，三级细胞又换元；丘脑中央辐射投，内囊后肢必穿行。投射感觉中枢去，切记不去最下份。

3. 躯干和四肢痛温觉及粗触觉传导通路　脊神经节第一元，接受痛温触信息；突经后根入后角，上升1～2脊髓断。止于后角ⅠⅣⅦ，更换二级神经元；经过白质前连合，交叉对侧向上行。脊丘侧束传痛温，脊丘前束传触压；两者合称脊丘系，途经脑干入背丘。止于腹后外侧核，三级细胞又换元；丘脑中央辐射投，内囊后肢入中枢。止于旁小叶后部，加上后回上2/3。

4. 头面部浅感觉传导通路　三叉神经第一元，接受面牙眼浅觉；入脑三叉感觉核，换元交叉成丘系。延入腹后内侧核，三级细胞又换元；丘脑中央辐射投，内囊后肢入中枢。向上传导浅感觉，切记下1/3。

5. 视觉传导通路　光线入眼视网膜，视锥视杆感受器；信息传给双极元，换节细胞入颅腔。鼻侧交叉颞不交，合成视束入间脑；外膝状体再换元，内囊后肢视中枢。

6. 运动传导通路——皮质脊髓束　运动中枢锥细胞，发出皮质脊髓束；内囊后肢必穿行，脑干之内腹侧经。延髓下部多越边，下行脊髓侧前束；侧束贯穿脊全长，前束直达上胸段。边降边入前角中，终止前角神经元；交叉前伤瘫对侧，交叉后伤瘫同边。上损硬瘫下损软，定位诊断并不难。

7. 运动传导通路——皮质核束　一条皮质脑核束，前回下份细胞起；下行穿经内囊膝，深入脑干神经核。两侧纤维管一核，例外核团一个半；面神经核下半部，尚有舌下神经核。

8. 上、下运动神经元损伤后的表现　上硬下软都是瘫，硬瘫萎缩不明显；强直痉挛张力高，病理反射经常见。软瘫症状正相反，病理反射不出现；肌肉萎缩张力低，不见痉挛见弛缓。

9. 锥体外系　锥体外系辅锥体，管理运动最精细；肌群运动肌紧张，经它协调才共济。

【复习思考题】

（一）判断题（正确答案用A表示，错误答案用B表示）

1. 本体感受器分布于肌、腱、关节等处。（　　）
2. 躯干与四肢意识性本体感觉和精细触觉传导通路在内侧丘系交叉以下损伤，表现为对侧深感觉和精细触觉障碍。（　　）
3. 右侧上、下肢和躯干痛温觉丧失，是损伤了脊髓丘脑前束。（　　）
4. 在背侧丘脑中，腹后外侧核发出纤维投射至中央后回中上部和中央旁小叶后部。（　　）
5. 传导痛温觉的纤维入脑后止于三叉神经脑桥核。（　　）
6. 垂体肿瘤可以导致双眼视野鼻侧偏盲。（　　）
7. 一侧视神经损伤，患侧眼的直接和间接对光反射均消失。（　　）
8. 听觉传导路由四级神经元组成。（　　）
9. 面神经核仅接受对侧皮质核束的纤维。（　　）
10. 脊髓前角运动神经元损伤时出现弛缓性瘫痪。（　　）

（二）最佳选择题

1. 参与传导躯干和四肢痛温觉和粗触觉、压觉的结构不包括（　　）

A. 脊神经节细胞　　B. 三叉神经节细胞

C. 脊髓灰质第Ⅰ、Ⅳ、Ⅶ层神经细胞　　D. 丘脑腹后外侧核

E. 丘脑中央辐射

2. 视觉传导通路中的第三级神经元是（　　）
A. 视网膜双极细胞
B. 视网膜视细胞
C. 视网膜节细胞
D. 外侧膝状体神经元细胞
E. 内侧膝状体

3. 不参与瞳孔对光反射神经通路的结构是（　　）
A. 视网膜
B. 上丘臂
C. 外侧膝状体
D. 顶盖前区
E. 睫状神经节

4. 与瞳孔对光反射有关的是（　　）
A. 瞳孔开大肌
B. 瞳孔括约肌
C. 眼神经
D. 距状沟上、下区
E. 眼外肌

5. 视辐射是由下列何结构发出的纤维组成（　　）
A. 内侧膝状体
B. 外侧膝状体
C. 视神经
D. 双极细胞
E. 视网膜

6. 听觉传导通路中的第三级神经元位于（　　）
A. 上丘
B. 内侧膝状体
C. 下丘
D. 蜗神经节
E. 脊髓前角

7. 听觉感受器位于（　　）
A. 球囊斑
B. 内耳螺旋器
C. 椭圆囊斑
D. 膜迷路
E. 壶腹嵴

8. 属于下运动神经元的是（　　）
A. 大脑皮质传出神经元
B. 脊髓后角神经元
C. 小脑皮质传出神经元
D. 脑神经运动核
E. 脊神经节细胞

9. 锥体系中的皮质核束支配单侧脑神经运动核的是（　　）
A. 动眼神经核
B. 滑车神经核
C. 疑核
D. 舌下神经核
E. 展神经核

10. 下列各项中不属于核下瘫的表现的是（　　）
A. 深反射消失
B. 出现病理反射
C. 肌张力降低
D. 浅反射消失
E. 肌萎缩

11. 通过内囊膝部的下行神经纤维束是（　　）
A. 皮质脊髓束
B. 皮质核束
C. 脊髓丘脑束
D. 视辐射
E. 网状脊髓束

12. 一侧视神经损伤时（　　）
A. 光照患侧瞳孔患侧瞳孔对光发射存在
B. 光照健侧瞳孔患侧瞳孔对光发射不存在
C. 光照患侧瞳孔两侧瞳孔对光发射存在
D. 光照健侧瞳孔两侧瞳孔对光发射均存在
E. 光照两侧瞳孔两侧对光发射均不存在

13. 一侧动眼神经损伤时（　　）
A. 光照患侧瞳孔患侧对光反射存在
B. 光照健侧瞳孔患侧对光反射存在
C. 光照两侧瞳孔患侧对光反射均不存在
D. 光照健侧瞳孔患侧对光反射存在

E. 光照两侧瞳孔两侧对光发射均不存在

14. 听觉的神经传导通路（　　）

A. 由四级神经元组成
B. 由三级神经元组成
C. 神经纤维终止于大脑皮质的颞上回
D. 由两级神经元组成
E. 神经纤维终止于大脑皮质的额中回

15. 躯干和四肢意识性本体感觉传导通路中的第二级神经元胞体在（　　）

A. 薄束核和楔束核
B. 楔束核
C. 栓状核
D. 黑质
E. 丘脑腹后内侧核

16. 躯干和四肢意识性本体感觉传导通路中神经纤维交叉的部位是（　　）

A. 脊髓
B. 延髓
C. 脑桥
D. 中脑
E. 端脑

17. 躯干和四肢痛温觉和粗触觉、压觉传导通路中第 2 级神经元的节后神经纤维（　　）

A. 交叉前在同侧上升 1～2 个节段
B. 交叉后在对侧上升 1～2 个节段
C. 直接交叉然后在对侧上行
D. 不交叉直接在同侧上行
E. 两次交叉后上行

18. 神经系统传导通路中第 3 级神经元是丘脑腹后内侧核的传导通路是（　　）

A. 躯干四肢痛温觉传导通路
B. 头面部浅感觉传导通路
C. 头面部本体感觉传导通路
D. 躯干四肢本体感觉传导通路
E. 下行传导通路

19. 头面部触压觉的传导通路中的第二级神经元是（　　）

A. 三叉神经中脑核
B. 三叉神经运动核
C. 三叉神经脑桥核
D. 三叉神经节细胞
E. 三叉神经脊束核

20. 关于锥体交叉正确的是（　　）

A. 与皮质核束有关
B. 位于脑桥内
C. 属于上运动神经元
D. 为少部分皮质脊髓束交叉所形成
E. 与视交叉相邻近

（三）多项选择题

1. 一侧皮质核束（　　）

A. 支配双侧动眼神经运动核
B. 支配一侧滑车神经核
C. 支配双侧展神经核
D. 支配一侧面神经核
E. 支配双侧疑核

2. 锥体系（　　）

A. 主要包括上、下两个运动神经元
B. 行走在脑干内的部分属于上运动神经元
C. 皮质脊髓束属于下运动神经元
D. 脑神经运动核属于下运动神经元
E. 脊髓前角运动神经元属于下运动神经元

3. 上运动神经元损伤时（　　）

A. 深反射亢进
B. 深反射消失
C. 深反射减弱
D. 浅反射减弱或消失
E. 出现病理发射

4. 核上瘫（　　）
A. 又称痉挛性瘫痪　B. 肌肉张力增高　C. 为上运动神经元损伤
D. 又称为软瘫　E. 肌肉张力减弱
5. 受双侧皮质核束支配的脑神经核（　　）
A. 滑车神经核　B. 动眼神经核　C. 展神经核
D. 三叉神经运动核　E. 舌下神经核
6. 一侧面神经下运动神经元受损时（　　）
A. 病灶侧所有面肌瘫痪　B. 额部横纹消失
C. 不能闭眼　D. 口角下垂　E. 鼻唇沟消失
7. 听觉传导通路中包括（　　）
A. 下丘　B. 蜗螺旋神经节内的双极神经元
C. 蜗神经腹侧核　D. 蜗神经背侧核　E. 外侧膝状体
8. 属于瞳孔对光反射通路的结构（　　）
A. 视网膜　B. 上丘臂　C. 顶盖前区
D. 动眼神经　E. 睫状神经节
9. 视觉传导通路中的三级神经元是（　　）
A. 视杆细胞　B. 视锥细胞　C. 视网膜双极细胞
D. 视网膜节细胞　E. 外侧膝状体
10. 参与头面部的痛温觉和触压觉传导通路的几级神经元是（　　）
A. 三叉神经节细胞　B. 三叉神经运动核　C. 三叉神经脊束核
D. 三叉神经脑桥核　E. 背侧丘脑腹后外侧核

（四）名词解释

1. 锥体系
2. 上运动神经元
3. 瞳孔对光反射
4. 锥体外系
5. 核下瘫
6. 本体感觉

（五）填空题

1. 听觉传导路的中第四级神经元是内侧膝状体，由此发出的纤维组成________，经内囊后肢止于大脑皮质________。
2. 躯干和四肢的浅感觉传导通路由三级神经元组成。第一级神经元位于________；第二级神经元位于________。
3. 躯体、四肢的意识性本体感觉传导通路第二级神经元在________和________内。
4. 视觉传导通路由三级神经元组成。第一级神经元是________；第二级神经元是________。
5. 锥体系的下运动神经元分别在________和________。
6. 第三级神经元是外侧膝状体的神经传导通路是________，由此神经元发出的纤维组成________，经内囊投射到大脑皮质距状沟上、下区。

7. 运动（下行）传导通路，包括________和锥体外系。
8. 锥体系的上运动神经元位于________和________。锥体系的上运动神经元的轴突共同组成________。
9. 视觉传导通路中的节细胞发出纤维在眼球后方集合成________，经视神经管入颅腔，再经视交叉之后易名为________。
10. 躯体、四肢的意识性本体感觉传导通路由________级神经元组成，第一级神经元位于________。
11. 躯干和四肢的浅感觉传导路的第三级神经元位于________。经内囊后肢，投射到________。
12. 躯体、四肢的意识性本体感觉传导路的第三级神经元位于________，此处发出的纤维经内囊后肢，投射到________和________。
13. 听觉传导路由________级神经元组成。第二级神经元是________。
14. 听觉传导路中最后的中继核是________。
15. 锥体系下行至脊髓的纤维束称为________，止于脑干的________和________的神经纤维束称为皮质核束。
16. 核上瘫时表现为：肌张力________，深反射________，出现病理反射。
17. 一侧面神经损伤时表现为额纹________，眼不能闭，口角下垂，鼻唇沟________。
18. 下运动神经元损伤时表现为肌张力________，又称为弛缓性瘫痪，由于神经营养障碍而导致肌________。
19. 锥体外系是指________以外的影响和控制________的一切传导路径。
20. 皮质脊髓束下行时经过锥体交叉部位后，交叉的神经纤维束称为________，不交叉的神经纤维称为________。

（六）综合应用题

1. 试述躯干、四肢痛温觉的传导通路。
2. 视觉传导通路如何？一侧视神经、视交叉中央部或视束受损后导致哪些视野变化？
3. 躯干、四肢的精细触觉传导通路如何？
4. 简述瞳孔对光反射的神经通路。
5. 针刺右侧大腿前部皮肤，其产生痛觉如何传到大脑皮质？
6. 针刺左手示指皮肤，其产生的痛觉如何传到大脑皮质？
7. 根据大脑皮质的功能定位及传导通路知识分析“听新闻并记录”这一活动是如何完成的？

（七）创新分析题

1. 患者，男，24 岁，背部被刺伤，立刻跌倒，两下肢失去运动。数日右腿稍能活动。又过一周后右下肢几乎恢复了运动，但左下肢完全瘫痪。检查发现：左下肢无随意运动，腱反射亢进，Babinski 征阳性。右侧躯干胸骨剑突水平以下和右下肢痛温觉丧失，但触觉、位置觉和振动觉正常。左侧躯干剑突以下和左下肢痛温觉完好，但触觉减弱，位置觉和振动觉丧失。请分析损伤部位及诊断依据。

2. 患者，男，65 岁，突然不省人事数小时，意识恢复后，不能说话，右上、下肢不能运动。数日后，舌仍活动不灵活，但可以说话了。数周后，检查时发现：右上、下肢痉挛性瘫痪，肱二头肌肌腱、股四头肌肌腱和跟腱反射亢进，腹壁反射消失，Babinski 征阳性，无肌萎缩。

吐舌时舌尖偏向左侧，左侧舌肌明显萎缩。全身痛温觉正常。身体右侧，除了面部，振动觉和两点辨别性触觉完全消失。请分析损伤部位及诊断依据。

3. 患者，女，50 岁，几个月前额部严重头痛，以后觉得右上肢力弱，右手变得笨拙，右下肢也变得力弱了。随着身体右侧力弱，说话也有困难，视物时出现重影。检查时发现：左侧瞳孔比右侧的大，向前平视时左眼转向外下方。左眼瞳孔直接对光反射和调节反应消失，左上睑下垂。右上、下肢无随意运动，跟腱和髌腱反射亢进和 Babinski 征皆见于右侧。右侧眼裂以下面瘫，吐舌时舌尖偏向右侧，但舌肌不萎缩。请分析损伤部位及诊断依据。

4. 患者，男，62 岁，在观看足球赛中突然晕倒，意识丧失两天。意识恢复时，右侧上、下肢瘫痪。6 周后检查发现右上、下肢痉挛性瘫痪，腱反射亢进，伸舌时偏向右侧，无萎缩。右侧眼裂以下面瘫。整个右半身的各种感觉缺损程度不一，但位置觉、振动觉和两点辨别性触觉全部丧失。温度觉有些丧失，痛觉未受影响。瞳孔对光反射正常，但患者两眼视野右侧半缺损。请分析损伤部位及诊断依据。

5. 患者，女，20 岁，18 岁时曾患亚急性心内膜炎，经用大量青霉素治疗了 6 周。8 个月前，忽然晕倒，神志不清约 1 小时。当意识恢复后，仍神志模糊 56 天，不能说话。检查发现：右上肢痉挛性瘫痪，随意运动消失，无肌萎缩。右眼裂以下面肌麻痹。吐舌时舌尖伸向右侧，无萎缩。右下肢和左上、下肢无改变。无视觉和躯体感觉障碍。唇、舌能够运动，但不能说出规则的语言，问话时，只能回答简单的几个字，如“是”或“不是”。请分析损伤部位及诊断依据。

（谭文波）

第四节　脑和脊髓的被膜、血管及脑脊液循环

【目的和要求】

1. 掌握硬脊膜的附着、硬膜外隙的位置、交通情况与内容物；海绵窦的位置、内容物及交通；颈内动脉、椎基底动脉的行径及主要分支分布；大脑动脉环的组成、位置及其功能意义；脑脊液的产生和循环途径。

2. 熟悉硬脑膜的组成特点、形成物；蛛网膜下隙、小脑延髓池、终池位置及临床意义；小脑下后动脉、大脑后动脉的分布范围。

3. 了解脑的静脉；脊髓的血液供应来源；脑的屏障。

【实训教具】

1. 标本　摘除脑保留硬脑膜的头颅；脑动脉全貌（示大脑动脉环）标本；头颈部正中矢状切标本（示硬脑膜）；脑正中矢状切面标本；显示侧脑室，第三、四脑室的脑标本；打开椎板显示脊髓及其被膜的标本；颅底连硬脑膜标本；整脑连蛛网膜（示蛛网膜粒）标本。

2. 模型　显示硬脑膜窦的模型；脊髓被膜模型；脑室模型；脑及脑动脉分布模型；脑外形及右半侧脑血管模型。

【实训内容及方法】

（一）脑和脊髓的被膜

脑和脊髓的表面包有三层被膜，由外向内依次为硬膜、蛛网膜和软膜。

1. 脊髓的被膜 利用脊髓连被膜标本观察脊髓的三层被膜，硬脊膜、脊髓蛛网膜和软脊膜，理解硬膜外隙、硬膜下隙和蛛网膜下隙、终池。在打开椎板的脊髓标本上观察硬膜、蛛网膜、软膜的质地和形态。仔细观察硬膜外隙和蛛网膜下隙的位置，掌握二者的区别。

（1）硬脊膜（spinal dura mater）：上端附着于枕骨大孔边缘，与硬脑膜相延续；下部在第2骶椎水平逐渐变细，包裹终丝，末端附着于尾骨。硬脊膜与椎管内面的骨膜之间的疏松间隙为硬膜外隙（epidural space），内含疏松结缔组织、脂肪、淋巴管和静脉丛，有脊神经根通过。临床上进行硬膜外麻醉，就是将药物注入此隙，以阻滞脊神经根内的神经传导。硬脊膜与脊髓蛛网膜之间为潜在的硬膜下隙（subdural space），向上与颅内硬膜下隙相通。

（2）脊髓蛛网膜（spinal arachnoid mater）：位于硬脊膜与软脊膜之间，与脑蛛网膜延续。脊髓蛛网膜与软脊膜之间有宽阔的蛛网膜下隙（subarachnoid space），此隙内有许多结缔组织小梁，并充满清亮的脑脊液。此隙下部，自脊髓下端至第2骶椎扩大为终池，内有马尾。因此，临床上常在第3、4或第4、5腰椎间进行腰椎穿刺，以抽取脑脊液或注入药物而不伤及脊髓。脊髓蛛网膜下隙向上与脑蛛网膜下隙相通。

（3）软脊膜（spinal pia mater）：紧贴脊髓表面，并延伸至脊髓的沟裂中，向上经枕骨大孔与软脑膜相延续，向下在脊髓圆锥下端移行为终丝。软脊膜在脊髓两侧，脊神经前根、后根之间形成齿状韧带（denticulate ligament），该韧带尖端附着于硬脊膜上。脊髓借齿状韧带和脊神经根固定于椎管内，并浸泡于脑脊液中，加上硬膜外隙内的脂肪组织和静脉丛的弹性垫作用，可使脊髓不易受外界震荡的损伤。

2. 脑的被膜 自外向内依次为硬脑膜、脑蛛网膜和软脑膜。

（1）硬脑膜（dura）：由两层构成，外层源于颅骨的内骨膜，内层较外层坚厚，两层之间有丰富的血管和神经。硬脑膜与颅盖骨结合疏松，易于分离，当硬脑膜血管损伤出血时，可在硬脑膜与颅骨之间形成硬膜外血肿。硬脑膜在颅底处与颅骨结合紧密，故颅底骨折时，易将硬脑膜与脑蛛网膜同时撕裂，使脑脊液外漏。如颅前窝骨折时，脑脊液可流入鼻腔，形成鼻漏。

硬脑膜形成的特殊结构有大脑镰、小脑幕、小脑镰、鞍膈及硬脑膜窦，其中硬脑膜窦主要包括上矢状窦、下矢状窦、直窦、横窦、乙状窦、海绵窦、岩上窦和岩下窦。

海绵窦（cavernous sinus）位于蝶鞍两侧，为硬脑膜两层间的不规则腔隙，形似海绵。两侧海绵窦借横支相连。海绵窦内有颈内动脉和展神经通过；窦的外侧壁内，自上而下有动眼神经、滑车神经、眼神经和上颌神经通过。海绵窦主要接受大脑中浅静脉、眼静脉和视网膜中央静脉。

在颅底连硬脑膜标本及头颈模型上观察硬脑膜窦形成的特殊结构。

硬脑膜窦内的血液流向归纳如下。

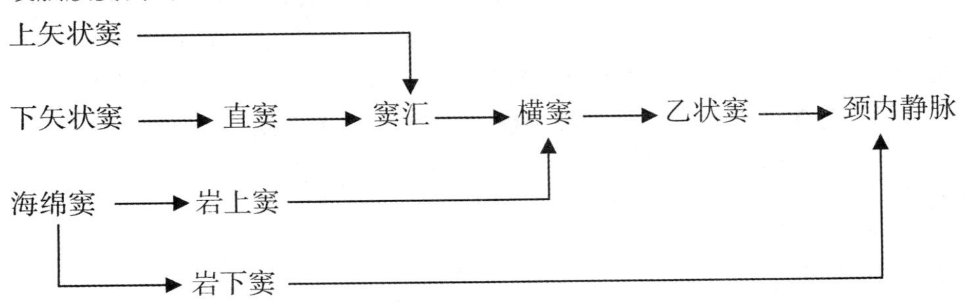

（2）脑蛛网膜（cerebral arachnoid mater）：贴于硬脑膜内面，缺乏血管和神经，与硬脑膜之间为硬膜下隙，向下与脊髓硬膜下隙相通。与软脑膜之间为蛛网膜下隙，此隙内充满脑脊液，向下与脊髓蛛网膜下隙相通。蛛网膜下隙在某些部位扩大称为蛛网膜下池（如小脑延髓池、交叉池、脚间池、脑桥池及四叠体上池）。脑蛛网膜紧贴硬脑膜，在上矢状窦处形成许多绒毛状突起，突入上矢状窦内，称为蛛网膜粒（arachnoid granulations）。脑脊液经这些蛛网膜粒渗入硬脑膜窦内，回流入静脉。

在整脑连蛛网膜标本上观察蛛网膜粒的形态和位置。

（3）软脑膜（cerebral pia mater）：薄而富含血管和神经，覆盖于脑的表面并深入沟裂内。在脑室的一定部位，软脑膜及其血管与该部的室管膜上皮共同构成脉络组织。在某些部位，脉络组织的血管反复分支成丛，连同其表面的软脑膜和室管膜上皮一起突入脑室，形成脉络丛，是产生脑脊液的主要结构。

（二）脑和脊髓的血管

利用脑动脉全貌标本和脑动脉模型观察大脑动脉环、基底动脉、大脑中动脉、大脑后动脉及其主要分支，在矢状切脑动脉标本上观察大脑前动脉及分支，利用完整脑静脉标本，观察大脑浅静脉和硬脑膜窦。利用脊髓标本，观察脊髓前、后动脉的区别。

1. 脑的动脉 来自颈内动脉和椎动脉。以顶枕裂为界，大脑半球的前 2/3 和部分间脑由颈内动脉供应，大脑半球后 1/3 及部分间脑、脑干和小脑由椎动脉供应。因此，按脑的动脉血供来源的不同归纳为颈内动脉系和椎基底动脉系。此两系动脉在大脑的分支可分为皮质支和中央支。

（1）颈内动脉（internal carotid artery）：按颈内动脉的行程分为四段，颈部、岩部、海绵窦部和前床突上部。主要分支有如下。

1）大脑前动脉（anterior cerebral artery）：①行程，在视神经上方向前内行进入大脑纵裂，与对侧的同名动脉借前交通动脉相连。②血供，皮质支分布于顶枕沟以前的半球内侧面、额叶底面的一部分和额、顶两叶上外侧面的上部；中央支供应尾状核、豆状核前部和内囊前肢。

2）大脑中动脉（middle cerebral artery）：①行程，可视为颈内动脉的直接延续，向外行进入外侧沟内。②血供，皮质支供应大脑半球上外侧面的大部分和岛叶，其中包括第Ⅰ躯体运动中枢、第Ⅱ躯体感觉中枢和语言中枢；中央支，又称豆纹动脉，供应尾状核、豆状核、内囊膝和后肢的前部。豆纹动脉行程呈“S”形弯曲，在高血压动脉硬化时容易破裂（又名出血动脉）。

3）脉络丛前动脉（anterior choroidal artery）：①行程，沿视束下面向后外行，经大脑脚与海马旁回钩之间进入侧脑室下角，终于脉络丛。②血供，供应外侧膝状体、内囊后肢的后下部、大脑脚底的中 1/3 及苍白球等结构。此动脉细小且行程又长，易被血栓阻塞。

4）后交通动脉：在视束下面行向后，与大脑后动脉吻合，是颈内动脉系和椎基底动脉系的吻合支。

（2）椎动脉（vertebral artery）：起自锁骨下动脉第 1 段，穿第 6～1 颈椎横突孔，经枕骨大孔入颅腔，在脑桥与延髓交界处左、右椎动脉汇合成一条基底动脉（basilar artery），后者沿脑桥腹侧的基底沟上行，至脑桥上缘分为左、右大脑后动脉两大终支。椎动脉的主要分支有脊髓前、后动脉、小脑下后动脉。

基底动脉的主要分支：①小脑下前动脉；②迷路动脉；③脑桥动脉；④小脑上动脉；⑤大

脑后动脉是基底动脉的终末分支，绕大脑脚向后，沿海马旁回钩转至颞叶和枕叶内侧面。皮质支分布于颞叶的内侧面、底面及枕叶；中央支供应背侧丘脑、内侧膝状体、下丘脑和底丘脑等。

（3）大脑动脉环：又称 Willis 环。①构成：由两侧大脑前动脉起始段、两侧颈内动脉末端、两侧大脑后动脉借前、后交通动脉连同而共同组成。②位置：位于脑底下方，蝶鞍上方，环绕视交叉、灰结节及乳头体周围。③意义：此环使两侧颈内动脉系与椎基底动脉系相交通。正常情况下，大脑动脉环两侧的血液不相混合，而是作为一种代偿的潜在装置。当此环的某一处发育不良或被阻断时，可在一定程度上通过此环使血液重新分配和代偿，以维持脑的血液供应。

2. 脑的静脉 脑的静脉壁薄而无瓣膜，不与动脉伴行。

（1）浅组（大脑外静脉）：大脑上静脉、大脑下静脉和大脑中静脉。

（2）深组：包括大脑内静脉和大脑大静脉。

3. 脊髓的血管

（1）脊髓的动脉：有两个来源，椎动脉和节段性动脉。

（2）脊髓的静脉：收集脊髓内的小静脉，最后汇集成脊髓前、后静脉，通过前、后根静脉注入硬膜外隙的椎内静脉丛。

（三）脑脊液及其循环

在正中矢状切的脑标本上，观察脑室系统的位置、交通，观察位于脑室中脉络丛的形态及构成，观察脑室铸型、脑的矢状切、脑的硬脑膜窦等标本，熟悉并掌握脑脊液的循环途径。

脑脊液（cerebro spinal fluid，CSF）是充满脑室系统、蛛网膜下隙和脊髓中央管内的无色透明液体，内含各种浓度不等的无机离子、葡萄糖、微量蛋白和少量淋巴细胞，功能上相当于外周组织中的淋巴，对中枢神经系统起缓冲、保护、运输代谢产物和调节颅内压等作用。脑脊液循环途径归纳如下。

左、右侧脑室 —室间孔→ 第三脑室 —中脑水管→ 第四脑室 —正中孔、外侧孔→

蛛网膜下隙 —蛛网膜粒→ 上矢状窦 ——→ 颈内静脉

【常用歌诀】

1. 脑和脊髓的被膜 脑与脊髓三层膜，硬膜软膜蛛网膜；硬膜外隙要知道，硬脊膜与椎管间；弄清蛛网膜下隙，蛛网膜与软膜间；下隙扩大叫作池，脊髓末端是终池；脚间窝处脚间池，重要小脑延髓池；池腔内流脑脊液，营养保护最关键。

2. 颈内动脉 颈内分支共有四，入颅发支眼动脉；大脑前中后交通，参与动脉环组成。

3. 椎动脉 椎动脉入枕大孔，基底动脉它合成；再发大脑后动脉，分支营养脑脊髓。

4. 大脑的动脉供应 大脑中动脉，营养背外面；大脑前动脉，额顶内侧面；大脑后动脉，颞枕内侧面；外面边缘区，前后都营养。

5. 大脑动脉环 大脑后，后交通；大脑前，前交通；加颈内，形成环；名之曰，威利环。

6. 脑脊液循环途径 脑脊液源脉络丛，循环入血有交通；侧脑室，室间孔，第三脑室液合拢；穿过中脑导水管，进入第四脑室中；流过正中外侧孔，蛛膜下隙来收容；蛛网膜粒必经处，渗入硬窦到血中。

【复习思考题】

（一）判断题（正确答案用 A 表示，错误答案用 B 表示）

1. 硬脊膜的上端附着于枕骨大孔边缘，下端附着于尾骨。(　　)
2. 软脊膜薄而富含有血管，紧贴在脊髓的表面并延伸至脊髓的沟裂中。(　　)
3. 硬脑膜窦内含静脉血，窦壁有平滑肌。(　　)
4. 在海绵窦的外侧壁上，自上而下有动眼神经、滑车神经、展神经、眼神经和上颌神经。(　　)
5. 脑的动脉来源于颈内动脉和椎动脉，又称为颈内动脉系和椎基底动脉系。(　　)
6. 虹吸部为颈内动脉的海绵窦部和岩部合称。(　　)
7. 大脑中动脉的皮质支营养躯体运动中枢、躯体感觉中枢和语言中枢。(　　)
8. 椎动脉起自锁骨下动脉第 1 段，穿第 7～1 颈椎横突孔经枕骨大孔进入颅腔。(　　)
9. 大脑动脉环由两侧颈内动脉、两侧大脑前动脉、两侧大脑后动脉借前、后交通动脉共同组成。(　　)
10. 脑脊液主要由脑室脉络丛产生，少量由室管膜上皮和毛细血管产生。(　　)

（二）最佳选择题

1. 硬脑膜构成的结构不包括（　　）
A. 大脑镰　B. 小脑幕　C. 鞍膈　D. 齿状韧带　E. 小脑镰
2. 经过海绵窦内的动脉是（　　）
A. 颈外动脉　B. 椎动脉　C. 颈内动脉
D. 基底动脉　E. 脑膜中动脉
3. 经过海绵窦外侧壁的结构是（　　）
A. 眼神经　B. 舌咽神经　C. 副神经
D. 前庭蜗神经　E. 视神经
4. 下列哪条硬脑膜窦的血液直接汇入窦汇（　　）
A. 横窦　B. 上矢状窦　C. 下矢状窦
D. 乙状窦　E. 岩下窦
5. 不属于脑蛛网膜下池的结构为（　　）
A. 大脑大静脉池　B. 脚间池　C. 脑桥池
D. 小脑延髓池　E. 终池
6. 脑的动脉来源于（　　）
A. 椎动脉和颈内动脉　B. 颈内动脉和颈外动脉
C. 椎动脉和颈外动脉　D. 锁骨下动脉和椎动脉
E. 左、右冠状动脉
7. 不直接参入构成大脑动脉环的是（　　）
A. 大脑前动脉起始段　B. 颈内动脉末端　C. 大脑后动脉
D. 椎动脉　E. 前、后交通动脉
8. 不属于颈内动脉分支的是（　　）

A. 大脑前动脉　B. 大脑中动脉　C. 大脑后动脉
D. 后交通动脉　E. 脉络丛前动脉

9. 下面哪个腔隙内没有脑脊液（　　）
A. 硬膜外隙　B. 蛛网膜下隙　C. 第三脑室
D. 脊髓中央管　E. 侧脑室

10. 脑脊液产生于（　　）
A. 上矢状窦　B. 颈内动脉　C. 颈内静脉
D. 脉络丛　E. 蛛网膜

11. 关于齿状韧带构成的描述，正确的是（　　）
A. 由软脊膜所构成　B. 由硬脊膜所构成　C. 由蛛网膜所构成
D. 由软脊膜和蛛网膜共同构成　E. 由蛛网膜和硬脑膜共同构成

12. 关于硬脑膜与颅骨关系的描述，错误的是（　　）
A. 硬脑膜由两层构成，外层即颅骨内骨膜　B. 硬脑膜与颅盖骨连接疏松
C. 颅底骨折时硬脑膜易撕裂而致脑脊液外漏　D. 硬脑膜在颅底处与颅骨连接疏松
E. 颅前窝骨折时，可形成脑脊液鼻漏

13. 下列不属于颈内动脉分段的是（　　）
A. 颈部　B. 岩部　C. 海绵窦部
D. 后床突上部　E. 前床突上部

14. 颈内动脉系与椎动脉系的吻合支是（　　）
A. 前交通动脉　B. 后交通动脉　C. 大脑中动脉
D. 大脑后动脉　E. 大脑前动脉

15. 关于大脑中动脉的描述，不正确的是（　　）
A. 可视为颈内动脉的直接延续
B. 皮质支营养大脑半球上外侧面的大部分和岛叶
C. 中央支营养尾状核、豆状核、内囊膝和内囊后肢的前部
D. 中央支又称豆纹动脉
E. 此动脉细小行程长，易被血栓阻塞

16. 关于椎动脉的描述，错误的是（　　）
A. 起自锁骨下动脉　B. 穿第 6～1 颈椎横突孔经枕骨大孔入颅
C. 直接发出大脑后动脉　D. 小脑下后动脉是椎动脉的最大分支
E. 两条椎动脉合成一条基底动脉

（三）多项选择题

1. 脑的血供来源是（　　）
A. 椎动脉　B. 颈外动脉　C. 颈内动脉
D. 舌动脉　E. 面动脉

2. 关于脊髓三层被膜的描述，正确的是（　　）
A. 齿状韧带是由软脊膜形成的
B. 最内层为软脊膜
C. 蛛网膜位于软膜和硬膜之间

D. 在脊髓蛛网膜和软脊膜之间有蛛网膜下隙

E. 在硬脊膜和蛛网膜之间有硬膜外隙

3. 大脑动脉环在颅底所环绕的结构包括（ ）

A. 视交叉 B. 松果体 C. 灰结节

D. 乳头体 E. 扣带回

4. 组成大脑动脉环的血管有（ ）

A. 大脑前动脉起始段 B. 大脑后动脉 C. 大脑中动脉

D. 前交通动脉 E. 后交通动脉

5. 穿经海绵窦外侧壁的结构有（ ）

A. 动眼神经 B. 眼神经 C. 上颌神经

D. 展神经 E. 滑车神经

6. 属于基底动脉的分支是（ ）

A. 脑桥动脉 B. 大脑后动脉 C. 小脑上动脉

D. 迷路动脉 E. 小脑下前动脉

7. 由蛛网膜下隙构成的结构包括（ ）

A. 终池 B. 蛛网膜下池 C. 小脑延髓池

D. 网膜囊 E. 内囊

（四）名词解释

1. 硬膜外隙

2. 蛛网膜下隙

3. 海绵窦

4. 蛛网膜粒

5. Willis 环

（五）填空题

1. 脑和脊髓的被膜自外向内依次为________、________和软膜三层。

2. 脊髓的硬膜外隙是位于________和________之间，临床上常在此施行硬膜外麻醉。

3. 蛛网膜下隙位于________和________之间，里面充满脑脊液。

4. 海绵窦内有________和________通过。

5. 海绵窦的外侧壁内，自上而下有动眼神经、________、________和上颌神经通过。

6. 硬脑膜窦中的窦汇接受________和________的血液回流。

7. 颈内动脉起自于________，按其行程分为________段。

8. 大脑动脉环由大脑前动脉起始段、________、两侧大脑后动脉借________构成。

9. 颈内动脉的________和前床突上部合称为________，是动脉硬化的好发部位。

10. 第四脑室位于________、________和小脑之间。

11. 侧脑室________产生的脑脊液，自室间孔流至________。

12. 脑脊液经第四脑室的正中孔和外侧孔注入________，再经________渗透到硬脑膜窦。

13. 脊髓的动脉有两个来源，即________和________。

14. 椎动脉供血范围包括大脑半球后 1/3 及部分________、脑干和________。

15. 脑屏障包括血-脑屏障、________和________三部分。

（六）综合应用题

1. 硬膜外麻醉和腰穿麻醉在解剖学上有何不同?腰椎穿刺经何处最适宜?
2. 硬脑膜形成的结构有哪些？硬脑膜窦有何结构特点？
3. 试述海绵窦的位置、交通及通行结构。
4. 大脑动脉环由哪些动脉形成？它位于何处？有何功能意义？
5. 简述脑脊液的产生和循环途径。

（谭 刚）

第六章　内分泌系统

【目的和要求】

1. 掌握垂体、甲状腺、甲状旁腺、肾上腺、松果体的形态和位置。
2. 熟悉内分泌系统的概念。
3. 了解胰岛、胸腺、生殖腺的形态和位置。

【实训教具】

1. 标本　解剖出内分泌腺的童尸标本；保留有脑垂体的脑、甲状腺的标本；颅的水平切面标本；颈部局部解剖标本；腹腔脏器及腹后壁标本；游离的睾丸和卵巢标本。

2. 模型　腹腔脏器毗邻关系模型；颈部解剖结构模型。

【实训内容及方法】

（一）垂体

1. 形态　垂体（hypophysis）为灰红色椭圆形小体。

2. 位置　位于颅中窝的垂体窝内，借漏斗连于下丘脑。

3. 垂体各部名称

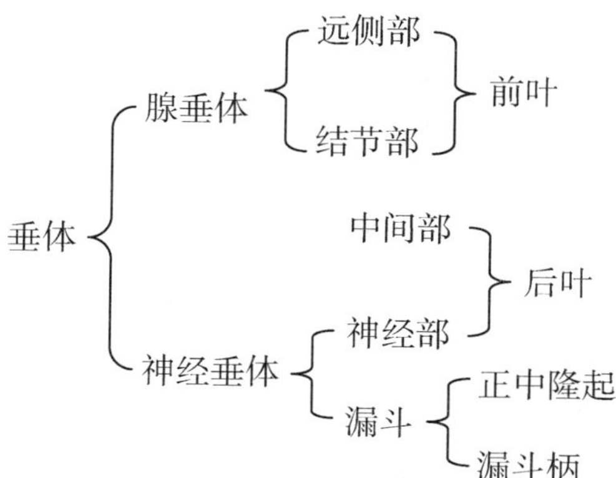

4. 功能　垂体前叶能分泌生长激素和促甲状腺激素、促肾上腺皮质激素、促性腺激素，后三种激素分别促进甲状腺、肾上腺皮质和性腺的分泌活动。幼年时生长激素分泌不足可引起侏儒症；如果该激素分泌过多，在骨骼发育成熟前可引起巨人症；在骨骼发育成熟后可引起肢端肥大症。神经垂体能储存和释放加压素（抗利尿激素）及催产素，后者有促进子宫收缩和乳腺泌乳的功能。

（二）甲状腺

1. 形态　甲状腺（thyroid gland）为红褐色，呈“H”形，由左、右两个侧叶和中间的峡部构成。

2. 位置　位于喉和气管前方和两侧，侧叶上达甲状软骨中部，下至第 6 气管软骨环，峡部位于第 2～4 气管软骨环前方。甲状腺侧叶与甲状软骨、环状软骨之间有韧带相连，因此吞咽时，甲状腺可随喉上下移动。

3. 被膜 内层：纤维囊（临床上称真被膜），包裹甲状腺表面，伸入腺实质；外层：甲状腺鞘（临床上称外科囊），由气管前筋膜包绕而成。

4. 功能 甲状腺可分泌甲状腺素，调节机体基础代谢并影响生长和发育等。

（三）甲状旁腺

1. 形态 甲状旁腺（parathyroid）为棕黄色，形似黄豆。

2. 位置 位于甲状腺背面，纤维囊外，通常有上、下两对。上甲状旁腺位置恒定，多在甲状腺侧叶后面的上、中 1/3 交界处；下甲状旁腺位置变异较大，多位于侧叶后缘近下端甲状腺下动脉处。

3. 功能 甲状旁腺可分泌甲状旁腺素，调节钙磷代谢，维持血钙平衡。

（四）肾上腺

1. 形态 肾上腺（suprarenal gland）为淡黄色，左肾上腺近似半月形，右肾上腺呈三角形。

2. 位置 左、右各一，位于肾的上方，与肾共同包在肾筋膜内。

3. 功能 肾上腺实质分为皮质和髓质两部分。肾上腺皮质分泌盐皮质激素、糖皮质激素和性激素；肾上腺髓质分泌肾上腺素和去甲肾上腺素。

（五）松果体

1. 形态 松果体（pineal body）为灰红色椭圆小体，7 岁以后逐渐萎缩。

2. 位置 位于上丘脑的后上方，以柄附着于第三脑室顶的后部。

3. 功能 松果体分泌褪黑素，抑制性早熟。

（六）胸腺

1. 形态 胸腺（thymus）分为不对称的左、右两叶。

2. 位置 位于胸骨柄的后方，上纵隔的前部，贴近心包上方大血管的前面。

3. 功能 分泌胸腺素和促胸腺生成素，参与机体的免疫反应。

（七）生殖腺

1. 睾丸 男性的生殖腺（genital gland），产生精子和雄性激素。

2. 卵巢 女性的生殖腺，可产生卵泡，卵泡壁的细胞主要产生雌激素和孕激素。

（八）胰岛

胰岛（islets of Langerhans）属于胰腺的内分泌部分，散在于胰腺实质内，以胰尾最多。胰岛可分泌胰岛素和胰高血糖素，调节血糖浓度。

【常用歌诀】

1. 垂体 垂体窝，蝶骨上，椭圆垂体窝内藏；腺垂体，在前方，分泌激素调节忙；神经垂体不分泌，催产加压只释放。

2. 甲状腺 甲状腺“H”形，侧叶左右峡在中；后面紧贴气管喉，可随吞咽上下动；急救常选三至五，峡下气管切正中。

3. 肾上腺 肾上腺，肾上方，就像帽子戴头上；左半月，右三角，共同包进肾筋膜。

【复习思考题】

（一）判断题（正确答案用 A 表示，错误答案用 B 表示）

1. 垂体位于颅中窝的垂体窝内，借垂体柄与底丘脑相连，可分泌生长激素、促甲状腺激

素、促肾上腺皮质激素、促性腺激素等。(　　)

2. 甲状腺可分泌生长激素，调节机体的基础代谢，并影响生长和发育等。(　　)

3. 甲状旁腺的大小如黄豆，数目一般为 2 个。(　　)

4. 左肾上腺近似三角形，右肾上腺呈半月形，分别位于左、右肾的上内侧。(　　)

5. 肾上腺髓质分泌肾上腺素和去甲肾上腺素，使心跳加快，心收缩力加强。(　　)

6. 松果体位于上丘脑的后上方，可合成和分泌褪黑素。(　　)

7. 胰岛是胰的内分泌部，可分泌胰岛素，主要调节血糖浓度，分泌过盛可引起糖尿病。(　　)

8. 胸腺位于胸骨柄的后方，属淋巴器官，可分泌胸腺素和促胸腺生成素。(　　)

9. 睾丸位于阴囊内，可产生精子和雄性激素，雄性激素可以激发并维持男性的第二性征。(　　)

10. 黄体的主要作用是分泌孕激素和雌激素，其中使子宫内膜增厚的激素是孕激素，使子宫、阴道和乳腺生长发育的激素是雌激素。(　　)

（二）最佳选择题

1. 下列结构中属于内分泌组织的是（　　）

A. 肾上腺　B. 甲状腺　C. 卵泡　D. 垂体　E. 松果体

2. 不属于内分泌腺的是（　　）

A. 松果体　B. 甲状腺　C. 垂体　D. 泪腺　E. 肾上腺

3. 属于内分泌腺是（　　）

A. 胸腺　B. 腮腺　C. 前列腺　D. 下颌下腺　E. 肠腺

4. 关于甲状腺的描述，错误的是（　　）

A. 分为两个侧叶和一个峡部　B. 侧叶上端可达甲状软骨中部

C. 峡可向上伸出一个锥体叶　D. 吞咽时可随喉上、下移动

E. 甲状腺峡位于第 1～4 气管软骨环的前方

5. 某些地区因饮用水缺碘可引起下列哪一种内分泌腺肿大（　　）

A. 垂体　B. 肾上腺　C. 甲状腺　D. 甲状旁腺　E. 松果体

6. 肾上腺（　　）

A. 附着于肾的内侧　B. 属于腹膜内位器官

C. 左侧呈半月形，右侧呈三角形　D. 可随下垂的肾下降

E. 包在肾纤维囊内

7. 垂体位于（　　）

A. 颅底的枕骨大孔两侧　B. 颅底的外面　C. 第三脑室内

D. 小脑延髓池内　E. 颅底蝶鞍垂体窝内

8. 垂体前叶由下列何项构成（　　）

A. 腺垂体和神经垂体　B. 中间部和神经部　C. 远侧部和结节部

D. 中间部和腺垂体　E. 正中隆起和漏斗

9. 在垂体的分部中由神经部和漏斗部构成的结构是（　　）

A. 腺垂体　B. 神经垂体　C. 垂体前叶　D. 垂体后叶　E. 垂体中间部

10. 产生雄性激素的器官是（　　）

A. 卵巢　B. 睾丸　C. 前列腺　D. 精囊腺　E. 前庭大腺

11. 神经垂体释放的激素是（　　）

A. 生长激素　B. 促性腺激素　C. 促肾上腺皮质激素

D. 促甲状腺激素　E. 抗利尿激素

12. 下列不是垂体前叶分泌的激素是（　　）

A. 生长激素　B. 催产素　C. 促肾上腺皮质激素

D. 促甲状腺激素　E. 促性腺激素

（三）多项选择题

1. 关于内分泌系统的描述，正确的是（　　）

A. 内分泌系统由内分泌腺和内分泌组织组成

B. 内分泌腺有导管

C. 不同的内分泌腺分泌不同的激素

D. 内分泌腺的结构和功能活动有明显的年龄变化

E. 内分泌组织以细胞团分散于机体的器官或组织内

2. 不属于内分泌腺的是（　　）

A. 前列腺　B. 附睾　C. 甲状旁腺　D. 精囊腺　E. 前庭大腺

3. 松果体（　　）

A. 为灰红色椭圆形腺体

B. 可分泌褪黑素

C. 儿童期较发达，7 岁后逐渐萎缩

D. 位于上丘脑的后上方

E. 儿童期若松果体的功能不全可出现性早熟

4. 垂体（　　）

A. 为机体内最重要的内分泌腺　B. 分为神经垂体和腺垂体

C. 借漏斗与下丘脑相连　D. 分泌的生长激素主要调节钙磷代谢

E. 神经垂体合成和释放加压素及催产素

5. 甲状旁腺（　　）

A. 位于甲状腺背面

B. 通常有上、下两对

C. 上甲状旁腺位于甲状腺侧叶后缘上、中 1/3 交界处

D. 能分泌甲状旁腺素

E. 调节机体基础代谢并影响生长和发育

6. 甲状腺分泌不足时，可引起（　　）

A. 突眼性甲状腺肿　B. 侏儒症　C. 黏液性水肿

D. 呆小症　E. 地方性甲状腺肿

7. 成年后逐渐萎缩的内分泌腺有（　　）

A. 甲状旁腺　B. 胸腺　C. 肾上腺　D. 松果体　E. 垂体

8. 腺垂体包括（　　）

A. 远侧部　B. 中间部　C. 结节部　D. 漏斗部　E. 神经部

（四）名词解释

1. 内分泌系统
2. 激素
3. 甲状腺鞘

（五）填空题

1. 内分泌腺分泌的物质称________，经________运送至全身特定的靶器官和靶细胞。
2. 甲状腺有两层被膜，内层为________，外层为________。
3. 甲状腺侧叶上端达________中部，下端达第________气管软骨环。
4. 垂体可分为________和________两部分。
5. 甲状旁腺分泌________、调节________。
6. 肾上腺实质由________和________构成。
7. 胰岛分泌胰岛素和________，主要调节________。
8. 卵巢产生的________与睾丸产生的________结合是人类生殖的物质基础。
9. 胸腺属于________器官，兼有________功能。
10. 松果体位于________的后上方，可合成和分泌________。

（六）综合应用题

1. 内分泌腺有哪些结构特点？
2. 简述垂体的位置、分部及功能。
3. 简述甲状腺的形态、位置及被膜。
4. 甲状旁腺位于何处？有何功能？
5. 肾上腺位于何处？形态如何？可分为几部分？

（吴太鼎）

复习思考题参考答案

第一章　运 动 系 统

第一节　骨　　学

一、总论、躯干骨

（一）判断题

1. B　2. A　3. A　4. A　5. B　6. A　7. B　8. A　9. B　10. B　11. A　12. B

（二）最佳选择题

1. E　2. B　3. C　4. D　5. E　6. A　7. D　8. B　9. D　10. A　11. C　12. E　13. D　14. E 15. B　16. B　17. D　18. D　19. B　20. E

（三）多项选择题

1. ABCD　2. ACD　3. ABCDE　4. BCD　5. ABC　6. BCDE　7. ABE　8. ACD　9. BCDE　10. BD

（四）名词解释

1. 骨髓为充填于骨髓腔和骨松质间隙内的软组织，分为红骨髓和黄骨髓。

2. 相邻椎骨的椎上、下切迹围成的孔称椎间孔，有脊神经和血管通过。

3. 胸骨柄与体连接处微向前突称胸骨角，其两侧平对第2肋，向后平对第4胸椎体下缘，是计数肋的重要标志。

4. 第8～10对肋前端借肋软骨与上位肋软骨连接形成肋弓。

5. 肋骨内面近下缘处的浅沟称肋沟，肋间神经和血管走行其中。

（五）填空题

1. 关节　骨骼肌　2. 扁骨　不规则骨　3. 干骺端　骺软骨　4. 骨膜　骨髓　5. 表面　内部　6. 骨髓腔　骨松质　7. 红骨髓和黄骨髓　红骨髓　8. 胸骨　肋　9. 椎体　椎弓　10. 椎孔　椎管　11. 上下肋凹　横突肋凹　12. 横突孔　分叉　13. 板状　较宽　14. 岬　骶角　15. 胸骨柄　剑突　16. 第2肋　肋　17. 肋骨　肋软骨　18. 扁　体　19. 肋骨体内面近下缘处　肋间神经和血管　20. 肋颈　肋角

（六）综合应用题

1. 骨按部位可分为颅骨、躯干骨和四肢骨三部分。按形态可分为长骨、短骨、扁骨和不规则骨四类。

2. 骨由骨质、骨膜、骨髓、血管、淋巴管和神经构成。骨质分为密质和松质，骨密质分布于骨的表面，骨松质配布于骨的内部。骨膜分为内、外两层，外层致密有许多胶原纤维束穿入骨质，使之固着于骨面，内层疏松有成骨细胞和破骨细胞，具有产生新骨质、破坏原骨质和重塑骨的功能。骨髓为充填于骨髓腔和骨松质间隙内的软组织，分为红骨髓和黄骨髓。

3. 幼年时椎骨的数目为32块或33块，分为颈椎7块，胸椎12块，腰椎5块，骶椎5块，尾椎3～4块。

4. 椎骨的一般形态有椎体、椎弓、椎孔和突起。椎体位于椎骨的前方，呈短圆柱形。椎弓位于椎体的后方，是弓形骨板，为椎弓根和椎弓板两部分。椎体与椎弓围成椎孔。由椎弓发出 7 个突起：1 个棘突，2 个横突，2 个上关节突，2 个下关节突。

5. 胸椎主要特征：①椎体横断面呈心形；②椎体两侧面后份的上、下缘处有上、下肋凹，横突末端前面有横突肋凹；③关节突的关节面几乎呈冠状位；④棘突较长，向后下方倾斜，呈叠瓦状排列。

6. 颈椎的特点：①椎体较小，横断面呈椭圆形；②关节突的关节面几乎呈水平位；③椎孔较大呈三角形；④有横突孔；⑤第 2～6 颈椎的棘突较短，末端分叉。

7. 胸骨柄与胸骨体连接处微向前突，称胸骨角，可在体表扪及，两侧平对第 2 肋，是计数肋的重要标志。胸骨角向后平对第 4 胸椎体下缘。

8. 活体上能摸到躯干骨的重要骨性标志有第 7 颈椎棘突、骶角、颈静脉切迹、胸骨角、剑突、肋弓。

（李文春）

二、颅

（一）判断题

1. A 2. A 3. A 4. A 5. B 6. A 7. B 8. A 9. A 10. B

（二）最佳选择题

1. D 2. B 3. E 4. A 5. C 6. C 7. A 8. A 9. C 10. D 11. D 12. A 13. E 14. C 15. E 16. D 17. E 18. B 19. B 20. A

（三）多项选择题

1. ACE 2. ACE 3. ABC 4. ABD 5. ACE 6. AC 7. BCE

（四）名词解释

1. 蝶鞍为蝶骨体上面呈马鞍状的结构，垂体窝和鞍背统称蝶鞍。

2. 在颅的侧面，额、顶、颞、蝶四骨会合处，最为薄弱，常构成“H”形的缝，称翼点（pterion）。其内面常有血管沟，有脑膜中动脉前支通过。此处骨板薄弱，骨折时易伤及该动脉。

3. 上鼻甲后上方与蝶骨之间的间隙，称蝶筛隐窝，是蝶窦开口的部位。

4. 鼻旁窦是上颌骨、额骨、蝶骨及筛骨内的骨腔，位于鼻腔周围并开口于鼻腔。鼻旁窦包括上颌窦、额窦、筛窦和蝶窦。

（五）填空题

1. 颞骨 顶骨 2. 鼻腔的上部 鼻腔外侧壁 3. 蝶窦 垂体窝 4. 圆孔 卵圆孔 5. 视神经管 眶上裂 6. 下颌窝 关节结节 7. 颏隆凸 颏 8. 冠突 髁突 9. 上颌骨腭突 腭骨水平板 10. 眶上孔或眶上切迹 眶下孔 11. 视神经管口 眶上裂 12. 视神经管口 颅中窝 13. 颞下窝 翼腭窝 14. 眶内侧壁前下份 鼻泪管 15. 犁骨 筛骨垂直板 16. 上鼻甲后上方 蝶骨 17. 眉弓深面 中鼻道前部 18. 蝶骨体内 蝶筛隐窝 19. 上颌骨体内 中鼻道 20. 1～2 岁 不久

（六）综合应用题

1. 颅以眶上缘和外耳门上缘的连线为分界线，可分为后上部的脑颅和前下部的面颅两部分。其中脑颅 8 块：不成对的有额骨、筛骨、蝶骨和枕骨，成对的有颞骨和顶骨。面颅有 15 块：成对的有上颌骨、腭骨、颧骨、鼻骨、泪骨和下鼻甲，不成对的有犁骨、下颌骨和舌骨。

2. 从颅底内面观，颅中窝的孔裂有视神经管、颈动脉管内口、眶上裂、破裂孔、圆孔、卵圆孔和棘孔。其中与眶相通的孔裂有视神经管和眶上裂。

3. 在额骨、蝶骨、筛骨和上颌骨中有鼻旁窦。在额骨中的鼻旁窦称额窦，开口于中鼻道前部；在上颌骨内的鼻旁窦称上颌窦，开口于中鼻道；筛骨内的鼻旁窦称筛窦，它可分为前、中、后筛窦三群，前、中群开口于中鼻道，后群开口于上鼻道；在蝶骨内的鼻旁窦称蝶窦，向前开口于蝶筛隐窝。

4. 能摸到颅骨的重要骨性标志有枕外隆凸、上项线、乳突、颧弓、眉弓、下颌角、颏隆突。

5. 鼻腔外侧壁自上而下有 3 个向下弯曲的骨片，依次为上、中、下鼻甲，每个鼻甲下方为相应的鼻道，分别称上、中、下鼻道。上鼻甲后上方与蝶骨之间的间隙为蝶筛隐窝。各鼻道内有鼻旁窦和鼻泪管的开口。

（李文春）

三、附 肢 骨

（一）判断题

1. A　2. A　3. B　4. B　5. A　6. A　7. B　8. A　9. B　10. B

（二）最佳选择题

1. B　2. E　3. D　4. A　5. C　6. E　7. B　8. C　9. A　10. D　11. B　12. A　13. C　14. B　15. D　16. C　17. E　18. B

（三）多项选择题

1. ACE　2. ABCDE　3. ABDE　4. ABDE　5. BCE　6. ACD　7. ABCDE　8. ABCDE　9. BCD　10. ABCDE

（四）名词解释

1. 肩胛骨下角为肩胛骨脊柱缘与腋缘会合处，平对第 7 肋或第 7 肋间隙，为计数肋的标志。

2. 肱骨上端与体交界处稍细，称外科颈，此处较易发生骨折。

3. 桡神经沟为肱骨体后面中部的一条自内上斜向外下的浅沟，桡神经和肱深动脉沿此沟经过。

4. 髂前上棘后方 5～7cm 处，髂嵴外唇向外的突起，称髂结节，是重要的体表标志和骨髓穿刺的常用部位。

5. 髋臼为髋骨外侧面的一朝向下外的深窝，由髂骨、坐骨、耻骨三骨的体合成，有月状面、髋臼窝和髋臼切迹。

（五）填空题

1. 胸骨端　肩峰端　2. 胸廓后外面　第 2～7 肋骨　3. 肩胛下窝　肩胛冈　4. 关节盂　肱骨头　5. 解剖颈　外科颈　6. 肱骨滑车　肱骨小头　7. 肱骨内上髁后方　尺神经　8. 桡

骨茎突　尺切迹　9. 鹰嘴　冠突　10. 手舟骨　月骨　11. 髋臼　闭孔　12. 髂骨体　髂骨翼　13. 股骨头　髋臼　14. 臀肌粗隆　耻骨肌线　15. 内上髁　外上髁　16. 内侧　外侧　17. 内侧髁　外侧髁　18. 骨间缘　比目鱼肌线　19. 腓骨头　外踝　20. 距骨滑车　跟骨

（六）综合应用题

1. 肩胛骨为三角形扁骨，分为两面、三缘和三个角。腹侧面为一大浅窝，称肩胛下窝。背侧面有肩胛冈，其上、下分别有冈上窝、冈下窝；肩胛冈末端称肩峰。上缘外侧份有肩胛切迹，更外侧有喙突；内侧缘又称脊柱缘；外侧缘又称腋缘。上角平对第 2 肋；下角平对第 7 肋间隙；外侧角上有关节盂，盂上、下分别有盂上结节、盂下结节。

2. 肱骨属长骨，可分为一体及上、下端。肱骨上端膨大，有半球形关节面称肱骨头；肱骨头周围的环状浅沟，称为解剖颈；肱骨头的外侧和前方有隆起的大、小结节；两结节之间有一纵沟，称为结节间沟；上端与体交界处稍细称外科颈。肱骨体外侧面的中部有一粗糙隆起，称为三角肌粗隆；肱骨体后面中部，有一自内上斜向外下的浅沟，称为桡神经沟。肱骨下端较扁，内侧部有滑车状的肱骨滑车；外侧部前面有半球状的肱骨小头；肱骨滑车前上方有冠突窝，后上方有鹰嘴窝；肱骨下端的内、外侧有突起的内、外上髁；内上髁后方有尺神经沟。

3. 股骨是人体最长最结实的骨，分为一体两端。上端有朝向内上的股骨头。头中央稍下有小的股骨头凹。头下外侧狭细称股骨颈。颈体交界处上外侧有大转子，内下方有小转子。两转子间，前有转子间线，后有转子间嵴。体微向前凸，后面有纵行粗线。粗线向上内、外侧分别延续为耻骨肌线和臀肌粗隆。下端向后的膨大为内侧髁和外侧髁。两髁前面彼此相连，形成髌面。两髁后份之间有髁间窝。两髁侧面的突起称内上髁和外上髁。内上髁上方有收肌结节。

4. 上肢骨可触摸的骨性标志有锁骨、肩峰、肩胛冈、肩胛骨下角、肩胛骨内侧缘、喙突、肱骨大结节、肱骨内上髁和外上髁、桡骨茎突、桡骨头、鹰嘴、尺骨头、尺骨茎突、豌豆骨。

5. 下肢骨的重要骨性标志有髂前上棘，髂后上棘，髂嵴，髂结节，坐骨结节，耻骨结节，大转子，股骨内、外侧髁，股骨内、外上髁，收肌结节，髌骨，胫骨内、外侧髁，腓骨头，胫骨粗隆，胫骨前缘，内、外踝，跟结节和第 5 跖骨粗隆等。

（张　亮）

第二节　关　节　学

一、总论、中轴骨连结

（一）判断题

1. A　2. B　3. A　4. B　5. B　6. A　7. B　8. A　9. B　10. B

（二）最佳选择题

1. C　2. E　3. E　4. A　5. A　6. D　7. B　8. C　9. E　10. E　11. A　12. A　13. D　14. B　15. D　16. E　17. C　18. E　19. D　20. B

（三）多项选择题

1. AC 2. ABC 3. ABE 4. ACE 5. ACE 6. ACE 7. ABCE 8. ADE 9. BC 10. ABCDE

（四）名词解释

1. 关节又称间接连结，是骨连结的最高分化形式，以相对骨面间互相分离，之间为充以滑液的腔隙，仅借其周围的结缔组织相连结，因而一般具有较大的活动性。

2. 关节囊是由致密结缔组织构成的包囊，附着于关节的周围，并与骨膜融合连续，它包围关节，密封关节腔，分为外层的纤维层和内层的滑膜层。

3. 脊柱由 24 块椎骨，1 块骶骨和 1 块尾骨借骨连结形成。

4. 椎间盘为连于相邻两椎体之间的纤维软骨盘，由周围的纤维环和中央的髓核组成。

5. 胸廓由 12 块胸椎，12 对肋，1 块胸骨和它们之间的连结共同构成。

（五）填空题

1. 纤维结缔组织 骨 2. 直接连结 间接连结 3. 关节面 关节腔 4. 纤维膜 滑膜 5. 关节盘和关节唇 滑膜襞和滑膜囊 6. 收和展 旋转 7. 屈 伸 8. 颈椎 骶骨 9. 颈曲 腰曲 10. 胸曲 骶曲 11. 屈 环转 12. 支持 运动 13. 髓核 纤维环 14. 胸椎 肋 15. 肋头关节 肋横突关节 16. 2 7 17. 肩关节 髋关节 18. 后纵韧带 限制脊柱过度前屈 19. 关节软骨 滑膜层 20. 下颌头 下颌窝和关节结节

（六）综合应用题

1. 关节的基本构造包括关节面、关节囊和关节腔。

2. 关节的辅助结构有韧带、关节盘和关节唇、滑膜襞和滑膜囊。

3. 椎体之间的连接包括椎间盘及前、后纵韧带。

4. 椎弓间的连结结构有黄韧带、棘间韧带、棘上韧带和项韧带、横突间韧带、关节突关节。

5. 颈曲、腰曲（凸向前）；胸曲、骶曲（凸向后）。

6. 胸廓上口由第 1 胸椎、第 1 肋和胸骨柄上缘围成，上口向前下方倾斜；胸廓下口由第 12 胸椎、第 11 肋及 12 对肋前端、肋弓和剑突围成，下口宽而不整。

7. 颞下颌关节由下颌骨的下颌头与颞骨的下颌窝和关节结节构成。关节囊松弛，囊外有韧带加强，关节囊内有纤维软骨构成的关节盘，将关节腔分为上、下两部分。

8. 胸廓由 12 块胸椎、12 对肋、1 块胸骨和它们之间的连结共同围成。成人胸廓近似圆锥形，上窄下宽，前后略扁。有上、下两口和前、后、外侧壁。胸廓上口由第 1 胸椎、第 1 肋和胸骨柄上缘围成，上口向前下方倾斜；胸廓下口由第 12 胸椎、第 11 肋及 12 对肋前端、肋弓和剑突围成，下口宽而不整，两侧肋弓构成向下的胸骨下角。前壁最短，后壁较长，外侧壁最长。相邻两肋之间的间隙为肋间隙。

（贺细菊）

二、附肢骨连结

（一）判断题

1. A 2. B 3. B 4. B 5. A 6. A 7. A 8. A 9. B 10. A

（二）最佳选择题

1. C 2. B 3. C 4. E 5. B 6. D 7. B 8. E 9. D 10. D 11. E 12. A 13. E 14. C 15. D 16. A 17. B 18. B 19. A 20. D

（三）多项选择题

1. ABCDE 2. ABCE 3. BCD 4. ACDE 5. ACD 6. CD 7. ABCE 8. ACDE 9. ABCDE 10. ABD

（四）名词解释

1. 骨盆由左右髋骨和骶骨、尾骨及其间的骨连结构成。

2. 骨盆界线是指由骶骨岬向两侧经弓状线、耻骨梳、耻骨结节至耻骨连合上缘构成的环状线。是大、小骨盆的分界标志。

3. 坐骨小孔是由骶结节韧带、骶棘韧带和坐骨小切迹围成的缝隙。其间通过的结构有阴部内动、静脉和阴部神经。

（五）填空题

1. 肩关节 肩胛骨的关节盂和肱骨头 2. 关节盂唇 下 3. 肱骨 尺骨 4. 桡骨环状韧带 桡侧副韧带 5. 髋骨 尾骨 6. 骶棘韧带 坐骨大切迹 7. 大、小骨盆 界线 8. 髋臼和股骨头 股骨头 9. 股骨下端 胫骨上端 10. 关节盘 手舟骨 11. 伸膝时 前移 12. 屈伸 收展 13. 屈膝时 后移 14. 髋臼唇 球窝或者杵臼 15. 肱尺关节 肱桡关节 16. 肩关节 髋关节 17. 内侧半月板 外侧半月板 18. 胫侧副韧带 腓侧副韧带 19. 胫、腓骨的下端 距骨滑车 20. 内侧纵弓 外侧纵弓

（六）综合应用题

1. 肩关节脱位常见是由其结构特点决定的，肱骨头大，关节盂浅小，关节接触面仅 1/4～1/3；关节囊薄而松弛，其下壁没有韧带、肌腱加强，相对较薄弱，故易向前下方脱位。而髋关节的髋臼深，周缘附有髋臼唇，加深关节窝，关节头的 2/3 在窝内。关节囊紧张而坚韧，关节囊周围有髂股韧带、股骨头韧带、耻股韧带、坐股韧带、轮匝带等加强。故其运动幅度远不及肩关节，有较大的稳固性，不易脱位。

2. 因为在此年龄儿童的肘关节韧带、关节囊和肌肉均较松弛，桡骨小头也尚未发育成熟。桡骨小头和桡骨颈的直径基本相同。这样就显得环状韧带相对松弛，不能结实地稳定桡骨小头。当肘关节突然受到牵拉时，桡骨小头就会从环状韧带内向下脱出，形成桡骨小头半脱位。

3. 距小腿关节由胫骨、腓骨下端与距骨滑车构成。距骨滑车前宽后窄，故踝关节背屈时，较宽的滑车前部进入窝内，距小腿关节较稳定。当跖屈时，由于较窄的滑车后部进入关节窝内，关节不够稳定，活动度大。另外，距小腿关节内侧韧带坚韧，外侧韧带较弱，所以当距小腿关节跖屈内翻位时，易发生扭伤。

4. 肩关节由肱骨头和肩胛骨的关节盂构成。特点：肱骨头大，关节盂小，关节囊薄而松弛，其下壁薄弱。

5. 肘关节由肱尺关节、肱桡关节和桡尺近侧关节构成，这三个关节包在一个关节囊内。

6. 膝关节由股骨下端、胫骨上端和髌骨构成。主要辅助结构有髌韧带，胫侧副韧带，腓侧副韧带，膝交叉韧带（前、后交叉韧带），内、外侧半月板，髌上囊，髌下深囊等。

7. 骨盆由骶骨、尾骨和左右髋骨借其间的骨连结而构成。骨盆界线由骶骨岬，两侧弓状线、耻骨梳、耻骨结节和耻骨联合上缘共同围成，此界线以上为大骨盆，以下为小骨盆。

8. 骶棘韧带与坐骨大切迹围成的孔称坐骨大孔。骶棘韧带、骶结节韧带和坐骨小切迹围成的孔称坐骨小孔。

（贺细菊）

第三节 肌 学

一、总论、头肌、颈肌及躯干肌

（一）判断题

1. B 2. B 3. B 4. A 5. A 6. A 7. B 8. A 9. B 10. A

（二）最佳选择题

1. C 2. B 3. A 4. E 5. E 6. C 7. E 8. C 9. B 10. C 11. B 12. A 13. A 14. E 15. A 16. C 17. A 18. D 19. E 20. A

（三）多项选择题

1. AC 2. ABD 3. ABCD 4. ABDE 5. CDE 6. ABC 7. AD 8. ABD 9. ABC 10. CDE

（四）名词解释

1. 斜角肌间隙是由前斜角肌、中斜角肌与第 1 肋之间共同构成的裂隙，其中有臂丛神经和锁骨下动脉通过。

2. 滑膜囊位于腱与骨面相接触处的封闭的结缔组织囊，壁薄且内含滑液，可减少关节活动时的摩擦。

3. 腱鞘存在于四肢活动性较大的部位，是包绕在肌腱外面的鞘管，由纤维层和滑膜层两部分共同构成。

4. 腹股沟管为腹前外侧壁三层扁肌和肌腱之间的一条裂隙，长 4～5cm，位于腹股沟韧带内侧半上方，在男性有精索通过，女性有子宫圆韧带通过。

5. 腹直肌鞘包绕着腹直肌，由腹外侧壁三层扁肌的腱膜构成的腱性结构，鞘分为前、后两层，两层在脐下 4～5cm 处形成弓状线（半环线）。

6. 腹股沟韧带是腹外斜肌的下缘卷曲增厚连于髂前上棘和耻骨结节之间所形成的具有弹性和韧性的腱性结构；其在局部可形成腔隙韧带、耻骨梳韧带、腹股沟管浅环。

7. Hesselbach Triangle 即腹股沟（海氏）三角，位于腹前壁下部，由腹直肌外侧缘、腹股沟韧带和腹壁下动脉共同围成的三角区域；是腹壁下部的薄弱区，腹腔内容物由此区膨出形成腹股沟直疝。

（五）填空题

1. 肌腹 肌腱 2. 腱性 腱膜 3. 阔肌 轮匝肌 4. 面肌 咀嚼肌 5. 胸锁乳突肌 斜方肌 6. 肌腹 帽状腱膜 7. 前、中 第 1 肋 8. 肩胛舌骨肌 甲状舌骨肌 9. 颞窝 下颌骨 10. 胸骨柄前面 锁骨的胸骨端 11. 肱骨 后伸 12. 锁骨下动脉 臂丛（神经） 13. 胸骨 肱骨大结节嵴 14. 翼内肌 翼外肌 15. 肩峰 肩胛冈 16. 食管 迷走神经 17. 腹外斜肌腱膜 腹内斜肌腱膜前层 18. 旋内 前屈 19. 髂前上棘 耻骨结节 20. 腹内斜肌 腹横肌

（六）综合应用题

1. 肌根据外形大致可分为长肌、短肌、阔肌和轮匝肌四种。肌的辅助结构有筋膜、滑膜囊和腱鞘三种，其中筋膜又可分为浅筋膜（又称为皮下筋膜）和深筋膜（又称为固有筋膜）两种。而腱鞘又分为外层纤维层（或称腱纤维鞘）和内层滑膜鞘（或称为腱滑膜鞘）；且腱滑膜鞘分为脏、壁两层，其间含有少量的滑液，使腱鞘在鞘内自由滑动。

2. 斜方肌位于项部和背上部浅层。作用：使肩胛骨向脊柱靠拢，上部肌束可上提肩胛骨，下部肌束可下降肩胛骨。

3. 在颈部深层，由前、中斜角肌与第 1 肋之间所构成的空隙称为斜角肌空隙。其间有锁骨下动脉和臂丛神经通过。临床上发现前斜角肌肥厚或痉挛可压迫这些结构产生相应症状，称为前斜角肌综合征。

4. 胸锁乳突肌位于颈部两侧的皮下，大部分为颈阔肌所覆盖。该肌的起点为胸骨柄前面和锁骨的胸骨端，止点为颞骨的乳突。功能：一侧肌收缩时使头向同侧倾斜，脸转向对侧；两侧收缩时使头后仰。该肌最主要的作用是维持头的正常姿势及使头在水平上作从一侧到另一侧的观察运动。

5. 腹前外侧壁肌有腹外斜肌、腹内斜肌和腹横肌。腹外斜肌的肌纤维由外上斜向前下；腹内斜肌的肌纤维与腹外斜肌相反斜向内上；腹横肌的肌纤维横行。

6. 弓状线以上腹直肌鞘前层由腹外斜肌腱膜和腹内斜肌腱膜前层构成；后层由腹内斜肌腱膜后层和腹横肌腱膜构成。

7. 咀嚼肌是运动颞下颌关节的肌，包括咬肌、颞肌、翼内肌和翼外肌，配布于下颌关节周围，参与咀嚼运动。咬肌作用是上提下颌骨；翼内肌作用是上提下颌骨，并可拉下颌骨向前；颞肌作用是上提下颌骨，后部肌束收缩使下颌骨向后；翼外肌作用是一侧收缩使下颌骨向对侧运动，两侧收缩使下颌骨向前。

8. 膈是位于胸腹腔之间的骨骼肌结构；膈的肌纤维起于胸廓下口的边缘和腰椎前方。其形态特点：向上膨隆，是一呈穹隆形向上膨隆的扁薄阔肌；该肌的周围为肌腹部分，中央为中心腱。形态构成上分为三部分：胸骨部、肋部和腰部。其上的裂孔有三个，即主动脉裂孔：胸 12 水平，内有主动脉和胸导管通过。食管裂孔：胸 10 水平，内有食管和迷走神经通过。腔静脉孔：胸 8 水平，内有下腔静脉通过。其作用是收缩时使穹隆下降进而导致胸腔体积扩大，有助于吸气；松弛时使穹隆上升而导致胸腔容积缩小，以利于呼气。

9. 位于腹前外侧壁的下部由腹前外侧群肌构成的一条从外上向内下贯穿的裂隙，长 4～5cm；其结构包括两个口（内口和外口），内口又称腹股沟管深（腹）环，外口又称腹股沟管浅（皮下环）。还有四个壁（上壁、下壁、内壁和外壁），具体为前壁：腹外斜肌腱膜和腹内斜肌；后壁：腹横筋膜和腹股沟镰；上壁：腹内斜肌和腹横肌弓状下缘；下壁：腹股沟韧带。内有男性精索和女性的子宫圆韧带通过。

（庞　磊）

二、四　肢　肌

（一）判断题

1. B　2. A　3. B　4. A　5. B　6. A　7. A　8. B　9. A　10. A

（二）最佳选择题

1. B 2. B 3. D 4. A 5. B 6. D 7. C 8. A 9. A 10. E 11. B 12. B 13. C 14. A 15. E 16. D 17. B 18. D 19. C 20. C

（三）多项选择题

1. AB 2. ABCDE 3. ACDE 4. ADE 5. DE 6. ACD 7. AB 8. ABCDE 9. CE 10. AC

（四）名词解释

1. 大收肌肌腱止于股骨内上髁上方的收肌结节，此腱与股骨之间形成一裂孔，称收肌腱裂孔，有股血管通过。

2. 跟腱是由比目鱼肌肌束向下移行的肌腱和腓肠肌的肌腱所合成。

（五）填空题

1. 前臂肌 手肌 2. 三角肌粗隆 外展肩关节 3. 肩峰 肩胛冈 4. 肱二头肌 喙肱肌 5. 伸肘关节 后伸和内收肩关节 6. 9 10 7. 旋前方肌 旋后肌 8. 4 拇对掌肌 9. 旋肱后血管 腋神经 10. 髋肌 足肌 11. 股四头肌 小腿三头肌 12. 半腱肌 股二头肌 13. 缝匠肌 屈髋和屈膝关节 14. 髂肌 腰大肌 15. 梨状肌上孔 梨状肌下孔 16. 胫骨粗隆 伸膝屈髋 17. 腓肠肌 比目鱼肌

（六）综合应用题

1. 肱二头肌位于上臂前群肌浅层。作用：屈肩、屈肘及使前臂旋后。

2. 前臂肌分为前群肌和后群肌：前群肌（屈肌群）共 9 块，包括肱桡肌、旋前圆肌、桡侧腕屈肌、尺侧腕屈肌、掌长肌、指浅屈肌、拇长屈肌、指深屈肌和旋前方肌。后群肌（伸肌群）共 10 块，包括桡侧腕长伸肌、桡侧腕短伸肌、指伸肌、小指伸肌、尺侧腕伸肌、旋后肌、拇长展肌、拇短伸肌、拇长伸肌和示指伸肌。

3. 臀大肌位于臀部浅层。作用：使髋关节伸和旋外，并且是维持人体直立的重要肌肉。

4. 大腿肌前群有缝匠肌、股四头肌；后群有股二头肌、半腱肌、半膜肌。

5. 股四头肌是全身最大的肌，有四个头，即股直肌、股中间肌、股内侧肌和股外侧肌。该肌是膝关节强有力的伸肌，股直肌还可以屈髋关节。

6. 小腿三头肌包括腓肠肌和比目鱼肌。作用：使足跖屈。

（庞 磊）

第二章 内 脏 学

第一节 总论、消化系统

（一）判断题

1. B 2. B 3. A 4. B 5. B 6. A 7. A 8. B 9. B 10. B 11. B 12. A

（二）最佳选择题

1. B 2. B 3. B 4. E 5. C 6. A 7. C 8. E 9. A 10. B 11. D 12. C 13. D 14. B 15. E 16. B 17. B 18. B 19. C 20. D

（三）多项选择题

1. ACDE 2. ABD 3. ABCE 4. ABCD 5. ABCDE 6. ACDE 7. BCDE 8. ABCE 9. BCD 10. AC 11. ABDE

（四）名词解释

1. 由腭帆后缘、左右腭舌弓及舌根共同围成的狭窄处称咽峡，为口腔通咽的通道，也是口腔和咽的分界处。

2. McBurney 点是阑尾根部的体表投影，是脐与右侧髂前上棘连线的中、外 1/3 交点处。

3. 在胃的幽门，胃黏膜覆盖幽门括约肌，形成的环形皱襞称幽门瓣，有延缓胃内容物排空和防止肠内容物逆流至胃的作用。

4. 在十二指肠降部中份肠壁后内侧壁上有一纵行的黏膜皱襞下端有一乳头状隆起，称十二指肠大乳头。距中切牙 75cm，为肝胰壶腹的开口处。

5. 在肝的脏面有近似“H”形的沟，其中的横沟称肝门，是肝固有动脉左、右支，肝门静脉左、右支、肝左、右管、神经和淋巴管出入肝的部位。

6. 出入肝门的结构，即肝固有动脉左、右支、肝门静脉左、右支、肝左、右管、神经和淋巴管等被结缔组织包绕，称肝蒂。

7. 由胆囊管、肝总管和肝的脏面围成的三角形区域称胆囊三角。因为胆囊动脉一般在此三角内经过，所以此三角（Calot 三角）是胆囊手术中寻找胆囊动脉的标志。

8. 胆总管最后斜穿十二指肠降部后内侧壁，在此与胰管汇合，形成略膨大的肝胰壶腹，开口于十二指肠大乳头。在肝胰壶腹周围有肝胰壶腹括约肌包绕，胆总管和胰管的末段也各有括约肌包绕。胆汁和胰液由此经开口进入十二指肠。

9. 上消化道：临床工作中，通常把从口腔到十二指肠的这一段称上消化道（包括口腔、咽、食管、胃、十二指肠）。

10. 十二指肠悬肌和包绕于其下段表面的腹膜皱襞共同构成十二指肠悬韧带，又称 Treitz 韧带，是手术中确定空肠起点的重要标志。

（五）填空题

1. 上消化道 下消化道 2. 口腔前庭 固有口腔 3. 硬腭 软腭 4. 轮廓乳头 菌状乳头 5. 前下方（伸舌） 患侧 6. 牙颈 牙根 7. 与左支气管交叉处 25 8. 十二指肠 空肠 9. 降结肠 乙状结肠 10. 骶 会阴 11. 右季肋 腹上 12. 头 体 13. 结肠带 结肠袋 14. 口咽 喉咽 15. 回肠后位 盲肠后位 16. 右锁骨中线 右肋弓 17. 肝门静脉 Glisson 18. 胆囊窝 肝圆韧带裂 19. 后内侧壁 肝胰壶腹

（六）综合应用题

1. 易停留于喉咽的梨状隐窝，这是咽在喉口两侧的一深窝，是异物易停留之处。

2. 腮腺开口于上颌第 2 磨牙所对颊黏膜上的腮腺管乳头。下颌下腺开口于舌下阜。舌下腺开口于舌下阜和舌下襞。

3. 食管有三个狭窄：①位于食管起始处，距中切牙约 15cm； ②位于食管在左主支气管的后方与其交叉处，距中切牙约 25cm；③位于食管穿过膈的食管裂孔处，距中切牙约 40cm。

4. 胆汁在肝脏由肝细胞产生，经由肝内胆管→左、右肝管→肝总管→胆囊管→胆囊内储存。进食后，胆囊收缩，由胆囊→胆囊管→胆总管→肝胰壶腹括约肌舒张→十二指肠大乳头→十二指肠腔内。

5. 胆汁由肝脏产生，排出过程中经过左、右肝管，肝总管，胆总管，胆总管在胰头与十二指肠之间，经肝胰壶腹进入十二指肠。胰头癌时，癌肿压迫胆总管，致使胆汁排出受阻，而反流入血形成黄疸。由于十二指肠与胰头的毗邻关系，有时可压迫十二指肠造成肠梗阻。

6. 经口腔→咽峡→咽→食管（食管的三个狭窄：起始处，与左主支气管交叉处，穿膈肌食管裂孔处）→胃（贲门、幽门）→十二指肠上部→十二指肠降部、大乳头。

7. 使有害液体流至下腹部，腹膜有吸收的功能，因下腹部腹膜吸收能力较弱，以减少腹膜对有害物质的吸收。

8. 仰卧位时，最易停留在肝肾陷窝。坐位时，最易停留在直肠子宫陷凹（女），直肠膀胱陷凹（男）。

（七）创新分析题

（1）阑尾的位置和形态：阑尾是盲肠内后壁附着的一个细长盲管，阑尾形态弯曲，状似蚯蚓，亦名“蚓突”。位置的变异，阑尾的位置变化很大，其在腹腔内的位置，取决于盲肠的位置和形态。这是由于阑尾根部虽较恒定在位于盲肠内后壁三条结肠带汇集处，盆位、回肠前位、盲肠后位、回肠后位、盲肠下位。一般临床所谓“阑尾异位”包括八种情况：①左位阑尾，阑尾在腹正中线左侧任何位置；②高位阑尾，阑尾在脐水平线以上的位置；③低位阑尾，阑尾在髂前上棘水平线以下的盆腔内；④疝内阑尾，阑尾位于腹外疝囊内；⑤腹膜外阑尾，阑尾在腹膜壁层外位；⑥壁内阑尾，阑尾位于回盲肠壁内的组织中；⑦腔内阑尾，阑尾位于盲肠肠腔内；⑧错位阑尾，阑尾根部在盲肠下极结肠带汇集点以外任一肠袢位置。

（2）阑尾易于发炎及炎症发展较快的相关解剖因素：①阑尾壁内有大量淋巴组织，容易招致血液及肠道的感染因子，诱发炎症反应；②阑尾腔狭窄，引流不畅而容易感染，发炎的阑尾壁肿胀，管腔更狭小，造成阑尾腔梗阻；③阑尾黏膜能吸收水分，容易形成粪石阻塞阑尾腔；④阑尾为盲管，细长的管腔易被寄生虫、食物残渣等异物滞留而堵塞；⑤阑尾末端游离，活动度大，易造成损伤和招惹周围组织的感染灶；⑥阑尾本身弯曲多变，胃肠道功能障碍时，可引起阑尾肌的反射性痉挛，促成阑尾扭转、套叠；⑦阑尾动脉为终动脉，血管痉挛时阑尾血运障碍甚至形成血管内栓塞，易致阑尾坏疽、穿孔。

（3）皮肤、浅筋膜、肌层、腹横筋膜、腹膜外组织、壁腹膜。

（4）略。

（5）说明有感染。

（王　军）

第二节　呼 吸 系 统

（一）判断题

1. B　2. B　3. A　4. B　5. B　6. A　7. B　8. B　9. A　10. A

（二）最佳选择题

1. D　2. C　3. A　4. E　5. B　6. C　7. D　8. C　9. B　10. C　11. B　12. C　13. A　14. C　15. D　16. A　17. C　18. E　19. C　20. D

（三）多项选择题

1. CDE 2. ADE 3. BDE 4. ABCDE 5. ABCD 6. ABCD 7. ABCE 8. ABCDE

（四）名词解释

1. 在临床应用中称鼻、咽、喉三者为上呼吸道。

2. 在鼻中隔前下份有一易出血区称 Little 区。此区血管丰富而位置表浅，受外伤或干燥空气刺激血管易破裂出血。90%左右的鼻出血均发生于此区。

3. 主支气管、肺动脉、肺静脉、淋巴管和神经等进出肺门的结构被结缔组织包绕，构成肺根。

4. 位于两侧声襞及杓状软骨基底部之间的裂隙，是喉腔最狭窄的部位。前 3/5 位于两侧声襞游离缘之间是膜间部；后 2/5 在杓状软骨之间是软骨间部。

5. 纵隔是左、右纵隔胸膜之间的全部器官、结构与结缔组织的总称。

6. 肋胸膜与膈胸膜相互转折处的胸膜隐窝，肺下缘不能充满其内，这部分的胸膜腔称肋膈隐窝。是胸膜腔的最低部位，胸膜腔积液首先积聚于此。

（五）填空题

1. 呼吸道 肺 2. 鼻 喉 3. 骨 软骨 4. 鼻前庭 固有鼻腔 5. 呼吸区 嗅区 6. 筛窦 蝶窦 7. 筛窦前中群 额窦 8. 环状软骨 杓状软骨 9. 环状软骨弓 环状软骨板 10. 咽 气管 11. 声襞 前庭襞 12. 声门裂 喉腔 13. 紧张、松弛声带 开大、缩小声门 14. 气管隆嵴 声门下腔 15. 斜裂 水平裂 16. 膈胸膜 纵隔胸膜 17. 第 8 肋 第 11 肋 18. 第 6 肋 第 8 肋 19. 胸骨角 心包前后壁 20. 肋膈隐窝 膈肋角

（六）综合应用题

1. 鼻旁窦共 4 对，它们分别位于同名骨内。其中，额窦位于额骨内，开口于中鼻道（筛漏斗）；上颌窦位于上颌骨体内，开口于中鼻道；筛窦位于筛骨迷路内，前、中群开口于中鼻道，后群开口于上鼻道；蝶窦位于蝶骨体内，开口于蝶筛隐窝。

2. 喉位于颈前部中份，成年人喉在 3～6 颈椎之间，上借喉口通喉咽部的后部，向下与气管相续。喉腔借前庭襞和声襞自上而下分为喉前庭、喉中间腔和声门下腔三部。喉前庭为喉口至前庭襞平面之间的部分。喉中间腔为前庭襞与声襞平面之间的部分，为三部中容积最小的一部，其向两侧延伸至同侧前庭襞与声襞间的间隙称喉室。声门下腔为自声襞平面至环状软骨下缘部分的喉腔，此处黏膜下组织比较疏松，炎症时易引起水肿。

3. 气管位于食管的前方，上接环状软骨下缘（平第 6 颈椎下缘），下至胸骨角平面（平时第 4、5 胸椎体之间的平面）分为左、右主支气管。按气管的行程和位置，可将其分为颈部、胸部。右主支气管比左侧粗短而且陡直；气管隆嵴偏左；右肺通气量较大等因素，气管内的异物常易坠入右侧主支气管。

4. 鼻腔外侧壁自上而下有突向鼻腔的上鼻甲、中鼻甲和下鼻甲。三个鼻甲下方各有裂隙空间，分别是上鼻道、中鼻道和下鼻道。另外还有上鼻甲上方的最上鼻甲或上鼻甲后上方与鼻腔顶之间的凹陷形的蝶筛隐窝。以上各结构扩展了鼻黏膜的面积，有利于对吸入空气的加温与湿润。

5. 肺下界的体表投影位于锁骨中线、腋中线、肩胛线、后正中线依次与第 6 肋、第 8 肋、第 10 肋、第 10 胸椎棘突相交处。胸膜下界比肺下界一般约低 2 个肋，即在锁骨中线、腋中线、肩胛线、后正中线依次与第 8 肋、第 10 肋、第 11 肋、第 12 胸椎棘突相交。

6. 右肺上叶前段脓肿脓痰自然咳出经右肺上叶前段支气管→右肺上叶支气管→右主支气管→气管→喉→咽→口腔→体外。

（七）创新分析题

1. 胸膜炎可导致某处的肺胸膜与壁胸膜粘连，激烈咳嗽时粘连处肺胸膜被撕破，空气即在吸气时从破口进入胸膜腔，临床上称为闭合性气胸。如果因外伤致胸壁和壁胸膜穿破，空气进入胸膜腔，即称为开放性气胸。闭合性气胸吸气时气体不断从裂口进入一侧胸膜腔。腔内从负压渐变为正压，直至与大气压相等。这时肺因弹性回缩完全萎陷，丧失气体交换功能，患者出现呼吸困难。若肺撕裂处是活瓣性的，即吸气时空气进入胸膜腔，呼气时，活瓣掩上撕裂口，气完全出不去，这样就像给自行车打气一样，胸膜腔内压力越来越高，患侧肺极度压缩，丧失功能。高压还将纵隔推向健侧，阻碍健肺的舒展，致呼吸更加困难，这称为高压气胸。如不及时穿刺放气抢救，患者会窒息死亡。放气一般在胸前壁第 2 肋间穿刺。开放性气胸时，不但患侧肺萎陷丧失功能，健侧肺的气体交换也受障碍，因吸气时健侧胸膜腔为负压，本应有大量气体从呼吸道进入健肺，但由于患侧胸膜腔为大气压，纵隔就向为负压的健侧摆动，取代了健侧胸腔扩张所增加的空间，能从呼吸道进入健肺的气体很少。呼气时纵隔摆回原位，致出气量也很少。因此当务之急是尽快封闭开放的伤口以使纵隔停止摆动。掩闭伤口应在呼气之末，若在吸气之末，纵隔已极度摆向健侧，必将大大减少健肺的换气空间。

2. 小儿易在感冒后出现呼吸困难，是因为小儿声门下腔的黏膜下组织比较疏松，炎症时易引起水肿。小儿的喉腔狭窄，可因喉水肿引起喉阻塞，出现呼吸困难。

（王　军）

第三节　泌 尿 系 统

（一）判断题

1. A　2. B　3. B　4. B　5. A　6. B　7. B　8. B　9. A　10. A

（二）最佳选择题

1. E　2. C　3. C　4. A　5. A　6. D　7. D　8. A　9. C　10. D　11. C　12. C　13. A　14. D　15. E　16. A　17. C　18. C　19. E　20. B　21. D

（三）多项选择题

1. ABCD　2. ABE　3. ACDE　4. BCD　5. ABE　6. ABE　7. ABCE　8. ABD　9. BCDE　10. ABCDE

（四）名词解释

1. 肾内侧缘中部的凹陷称肾门，为肾的血管、神经、淋巴管及肾盂出入之门户。

2. 出入肾门的肾动脉、肾静脉、肾盂、神经和淋巴管等合称为肾蒂。肾蒂内结构的排列关系由前向后为肾静脉、肾动脉、肾盂；由上向下为肾动脉、肾静脉、肾盂。

3. 肾区即脊肋角，在竖脊肌的外侧缘与第 12 肋之间的夹角区域称肾区，其深面为肾门和肾的内侧缘，患某些肾病时，此区可有叩击痛。

4. 在膀胱底内面，由两侧输尿管口与尿道内口之间所围成的三角形区域，称为膀胱三角。此区由于缺少黏膜下层，无论膀胱在充盈或空虚时都保持平滑状态，是膀胱结核、肿瘤的易发区。

5. 由肾门向肾内延续的一个由肾实质围成的腔，称肾窦，内含肾动脉的分支、肾静脉的属支、肾大盏、肾小盏、肾盂、淋巴管和脂肪组织等。

6. 在膀胱内面，两输尿管口之间的横行皱襞称输尿管间襞，是膀胱镜检时，寻找输尿管口的标志。

（五）填空题

1. 肾 膀胱 2. 皮质 髓质 3. 第 11 胸椎体下缘 第 2～3 腰椎椎间盘之间 4. 第 12 胸椎体上缘 第 3 腰椎体上缘 5. 中部 上部 6. 肾小体 肾小管 7. 肾乳头 肾小盏 8. 纤维囊 脂肪囊 9. 两侧 外位 10. 肾静脉 肾动脉 11. 盆段 壁内段 12. 跨过小骨盆入口处 壁内部 13. 左髂总动脉末段前方 右髂外动脉起始部前方 14. 子宫动脉 前 15. 膀胱三角 肿瘤和结核 16. 输尿管 尿道内口 17. 子宫 阴道 18 输精管壶腹 直肠 19. 尿道括约肌 尿道阴道括约肌

（六）综合应用题

1. 泌尿系统由肾、输尿管、膀胱及尿道四部分组成，它的主要功能是排出机体内溶于水的代谢产物，保持机体内环境的平衡和稳定。其中：肾为生成尿液的器官，并具有产生促红细胞生成素、肾素等内分泌功能；输尿管为输送尿液至膀胱的管道；膀胱为暂时储存尿液的器官；尿道为尿液排出的管道（男性尿道兼有排精功能）。

2. 在肾的冠状切面上，肾实质分为浅层的皮质和深层的髓质。皮质伸入肾锥体之间的部分称为肾柱。肾髓质由 15～20 个锥形的肾锥体组成，肾锥体的尖朝向肾窦，称肾乳头，乳头的顶端有许多小孔，称乳头孔，肾形成的尿液由肾乳头孔流入肾小盏，2～3 个肾小盏汇合形成一个肾大盏，2～3 个肾大盏合成一个漏斗状的肾盂，肾盂出肾门后移行为输尿管。

3. 肾的表面自内向外有三层被膜包绕，①纤维囊：为贴附于肾实质表面的薄层致密的结缔组织，在正常情况下易与肾实质分离，病理情况下，则与肾实质发生粘连。肾破裂或肾部分切除时，需缝合此膜。②脂肪囊：为纤维囊外周的脂肪组织。脂肪囊对肾起弹性垫的保护作用。③肾筋膜：位于脂肪囊的外周，由腹膜外组织发育而来。肾筋膜分为前、后两层，包绕肾和肾上腺，肾筋膜的上方和外侧，两层互相融合，下方两层分离，其间有输尿管通过，在内侧，前层与对侧前层相连续，后层与腰大肌筋膜融合。肾筋膜向深面发出许多结缔组织小束，穿过脂肪囊连于纤维囊，对肾起固定作用。

4. 自前向后依次为肾静脉、肾动脉、肾盂；自上而下依次为肾动脉、肾静脉、肾盂。

5. 六个狭窄，输尿管三个狭窄和尿道三个狭窄。输尿管三个狭窄分别位于输尿管与肾盂移行处；骨盆上口，为输尿管跨过髂血管处；输尿管的壁内部。尿道三个狭窄分别位于尿道内口、尿道膜部和尿道外口。

6. 男性尿道分三部分，即尿道前列腺部、尿道膜部、尿道海绵体部。前两者称为后尿道，后者则为前尿道；男性尿道有三个狭窄、三个扩大和两个弯曲。三个狭窄是尿道内口、尿道膜部和尿道外口。三个扩大是尿道前列腺部、尿道球部、尿道舟状窝部。两个弯曲是耻骨下弯和耻骨前弯。

（七）创新分析题

1. 提示女性肾盂肾炎的发生原因：由于女性尿道短、宽而直，故易引起逆行性尿路感染，进而引起肾盂肾炎。尿液在肾脏产生（终尿经肾乳头、乳头孔、肾小盏、肾大盏），经肾盂、输尿管、膀胱、尿道排出体外。

2. 提示尿路结石向输尿管滑落，通常会停留在第二狭窄即跨越小骨盆入口处。若该结石嵌顿在输尿管第三狭窄即膀胱壁内，女性通过直肠或阴道指诊，即可触到结石。如该结石嵌顿令尿液完全不能通过而又未予治疗时，可导致肾盂及输尿管积水扩张，压迫肾实质致该肾功能不全。

（刘幸卉）

第四节　生 殖 系 统

一、男性生殖系统

（一）判断题

1. B　2. A　3. B　4. B　5. A　6. B　7. B　8. A　9. B　10. A

（二）最佳选择题

1. B　2. A　3. C　4. D　5. C　6. D　7. A　8. A　9. D　10. C　11. E　12. A　13. B　14. E　15. E　16. C　17. B　18. B

（三）多项选择题

1. ABE　2. ACE　3. ACDE　4. ABDE　5. CD　6. ABCE　7. AD　8. BCDE　9. ACDE　10. BCD　11. AB

（四）名词解释

1. 睾丸鞘膜壁层和脏层于睾丸后缘处返折，两层之间形成的内有少量浆液的密闭腔隙，称鞘膜腔。

2. 在睾丸内，由睾丸纵隔发出许多结缔组织小隔，将睾丸实质分成许多锥体形的小叶，称睾丸小叶，每个小叶内有 1 ～ 4 条盘曲的精曲小管，管壁的上皮能产生精子，小管之间的结缔组织内有间质细胞，分泌男性激素。

3. 为一圆索状结构，由腹股沟管深环（又称腹环，经腹股沟管），延至睾丸上端，主要由三层被膜包裹输精管精索部、腹股沟部、睾丸动脉、蔓静脉丛、输精管血管、淋巴管、神经丛及腹膜鞘突残余等构成。

4. 精囊又称精囊腺，是男性生殖系统的附属腺，为一对长椭圆形的囊状器官，位于膀胱底的后方，输精管壶腹的外侧，其排泄管与输精管末端合成射精管，分泌的液体组成精液的一部分。

5. 肉膜为阴囊的浅筋膜，在阴囊皮肤的深面，含平滑肌纤维，其平滑肌可随外界温度变化而反射性地舒缩，以调节阴囊内的温度，有利于精子的发育。

（五）填空题

1. 一对睾丸　精子　2. 皮下精索部　盆部　3. 一对精囊　精液　4. 前列腺　腺组织和肌　5. 中叶　尿道　6. 阴囊　阴茎　7. 膀胱颈和尿生殖膈　前列腺底体尖　8. 排尿和排精　尿道前列腺　9. 阴茎海绵体　尿道海绵体　10. 前列腺体　前列腺沟　11. 腹膜　鞘膜腔　12. 阴茎包皮　包皮系带　13. 前尿道　后尿道　14. 3　3　15. 耻骨下弯　耻骨前弯

（六）综合应用题

1. 睾丸是微扁的椭圆体，表面光滑，分为内、外两面，前、后两缘，上、下两端。内面较平，外侧面稍凸；前缘游离，后缘有血管、神经和淋巴管出入，并和附睾、输精管睾丸部相接触；上端有附睾头遮盖，下端游离。

2. 输精管行程较长，分为四部：①睾丸部，最短，始于附睾尾，在睾丸后缘走行。②精索部，介于睾丸上端与腹股沟管皮下环之间，位于皮下，易于触诊，又称皮下部，是输精管结扎的良好部位。③腹股沟管部，输精管位于腹股沟管的精索内部分，疝修补术时，注意勿伤及输精管。④盆部，为最长的一段，输精管穿过腹股沟管腹环，沿盆侧壁行向后下，经输尿管末端前方至膀胱底的后面，在此两侧逐渐接近并扩大成输精管壶腹。输精管末端变细，与精囊的排泄管汇合成射精管。

3. 形态：前列腺呈前后稍扁的栗子形，上端宽大称为前列腺底，邻接膀胱颈。下端尖细，位于尿生殖膈上，称为前列腺尖。底与尖之间的部分称为前列腺体。体的后面较平坦，在正中线有一纵行浅沟，称为前列腺沟，前列腺增生症时可消失或变浅。位置和毗邻；位于膀胱颈和尿生殖膈之间。前列腺底与膀胱颈、精囊腺和输精管壶腹相邻。前方邻接耻骨联合，后方为直肠壶腹。

4. 行程：起于尿道内口，止于阴茎头尖端的尿道外口，成人长16～22cm。全程可分为三部：前列腺部（穿经前列腺的部分）、膜部（穿过尿生殖膈的部分）和海绵体部（穿过尿道海绵体的部分）。前列腺部：是尿道中最宽和最易扩张的部分。后壁上有尿道嵴，其中部隆起称精阜，精阜中央有小凹陷，称为前列腺小囊，其两侧有细小的射精管口。尿道嵴两侧黏膜上有前列腺排泄管的开口。膜部：为尿道穿过尿生殖膈的部分，其周围有尿道外括约肌环绕，是三部中最短的一段，骨盆骨折时，易损伤此部。海绵体部：是尿道最长的一段。在后端的尿道球部，有尿道球腺开口于此。在前端，阴茎头内的尿道扩大成尿道舟状窝。尿道在行径中粗细不一，有三个狭窄、三个扩大和两个弯曲。三个狭窄：尿道内口、膜部和尿道外口，以外口最窄。三个扩大：前列腺部、尿道球部和尿道舟状窝。一个弯曲为耻骨下弯，在耻骨联合下方2cm处，凸向后下，包括前列腺部、膜部和海绵体部的起始部。此弯曲恒定无变化。另一个弯曲为耻骨前弯，在耻骨联合的前下方，凸向前上，位于阴茎根和体之间。如将阴茎向上提起，此弯曲可以消除。

5. 精子由精曲小管壁的上皮产生→精直小管→睾丸网→睾丸输出小管→附睾→输精管睾丸部→输精管皮下精索部→输精管腹股沟管部→输精管盆部→输精管末端与精囊腺排泄管汇合成的射精管，有精囊腺分泌的液体参加组成精液→尿道前列腺部，又有前列腺分泌的液体进入此部参加组成精液→尿道膜部→尿道海绵体部，在此部后端的尿道球部，有尿道球腺分泌的液体也参加构成精液，经尿道外口→体外。

（刘幸卉）

二、女性生殖系统

（一）判断题

1. B 2. B 3. A 4. A 5. A 6. B 7. A 8. B 9. A 10. A

（二）最佳选择题

1. D 2. E 3. D 4. E 5. D 6. C 7. E 8. C 9. B 10. C 11. D 12. C 13. C 14. A 15. D 16. C 17. D 18. E 19. B 20. C 21. C

（三）多项选择题

1. ABCD 2. ABD 3. ACDE 4. DE 5. AB 6. ACD 7. ABE 8. ABCE 9. ADE 10. DE 11. CDE 12. ABDE 13. DE

（四）名词解释

1. 子宫颈阴道上部的上端与子宫体相接处较狭细，称子宫峡。非妊娠期此部不明显，在妊娠末期可延长至 7～11cm，峡壁渐变薄，剖宫产术常在此进行。

2. 阴道的上端包绕子宫颈阴道部，二者间形成的环形凹陷称阴道穹，可分为前部、后部和 2 个侧部。其中，以阴道穹后部最深并与直肠子宫陷凹紧密相邻。临床上可经此穿刺或引流陷凹内的积液。

3. 输卵管位于子宫阔韧带上缘内，连于子宫底的两侧。其子宫部与输卵管壶腹之间的一段称输卵管峡，紧接子宫壁外面，细而直，血管分布较少，输卵管结扎术常在此进行。

4. 乳腺周围的纤维组织发出许多小的纤维束，分别向深面连于胸筋膜，向浅面连于皮肤和乳头，对乳房起支持和固定作用，称为 Cooper 韧带，又称乳房悬韧带。

5. 尿生殖膈上、下筋膜及其间的会阴深横肌和尿道括约肌共同组成尿生殖膈，封闭尿生殖三角。

6. 坐骨肛门窝又称坐骨直肠窝，位于坐骨结节与肛门之间，为底朝下的锥形间隙，窝内有大量脂肪组织和会阴部的血管、神经、淋巴管等。

（五）填空题

1. 输卵管壶腹　输卵管漏斗　2. 子宫底　子宫颈　3. 卵巢　输卵管　4. 子宫阔韧带　子宫主韧带　5. 子宫颈阴道上部　子宫颈阴道部　6. 子宫腔　子宫颈管　7. 膀胱　直肠　8. 输卵管峡　输卵管壶腹部　9. 产生卵子　分泌女性激素　10. 尿生殖　肛　11. 尿道　尿道和阴道　12. 外生殖器　肛门　13. 肛提　尾骨　14. 会阴深横肌　尿道括约肌　15. 肛门　坐骨结节　16. 输卵管子宫口　输卵管腹腔口　17. 卵巢固有韧带　卵巢悬韧带　18. 乳房悬韧带　乳房　19. 子宫圆韧带　子宫骶韧带

（六）综合应用题

1. ①形态：成人未孕子宫呈前后稍扁倒置的梨形，分为底、体、颈三部。其中子宫颈由突入阴道的子宫颈阴道部和阴道以上的子宫颈阴道上部组成。子宫与输卵管相接处称子宫角。子宫体与子宫颈阴道上部的上端之间较为狭细的部分称子宫峡。子宫内腔狭窄，分为子宫腔和子宫颈管两部分。②位置：子宫位于骨盆中央，膀胱与直肠之间，下接阴道，两端有输卵管和卵巢。未妊娠时子宫底位于小骨盆入口平面以下，子宫颈下端在坐骨棘平面稍上方。膀胱空虚时，成人子宫是轻度的前倾前屈位。③固定装置：子宫借韧带、阴道、尿生殖膈和盆底肌等保持其正常位置。子宫的韧带有子宫阔韧带：可限制子宫向侧方移动；子宫圆韧带：对维持子宫的前倾位有一定作用；子宫主韧带：是维持子宫颈正常位置，不至向下脱垂的重要结构；子宫骶韧带：与子宫圆韧带协同，维持子宫的前屈位。

2. 输卵管由内向外分为四部：输卵管子宫部、输卵管峡、输卵管壶腹和输卵管漏斗。输卵管结扎术的常选部位为输卵管峡；卵子受精的部位通常在输卵管壶腹。

3. 阴道的上端宽阔，包绕子宫颈阴道部，两者之间的环形凹陷称阴道穹，分为前部、后部和两个侧部。阴道穹后部最深，其后上方为直肠子宫陷凹，两者间仅隔以阴道后壁和覆盖其上的腹膜，临床上可经阴道穹后部穿刺引流直肠子宫陷凹内的积液或积血，进行诊断和治疗。

4. 成年未产妇女的乳房呈半球形，中央有乳头，乳头顶端有输乳管的开口，乳头周围色素沉着较多形成乳晕，乳晕表面有许多小隆起，其深面为乳晕腺，可分泌脂性物质润滑乳头。乳房由皮肤、皮下脂肪、纤维组织和乳腺构成；内有 15～20 个乳腺叶，叶又分为若干乳腺小叶。一个乳腺叶有一个输乳管。乳腺叶和输乳管均以乳头为中心呈放射状排列。乳腺周围的纤维组织发出许多小的纤维束，分别向深面连于胸筋膜，向浅面连于皮肤和乳头，对乳房起支持和固定作用，称为乳房悬韧带或 Cooper 韧带。

5. 广义的会阴指盆膈以下封闭骨小骨盆下口的所有软组织，呈菱形。其前界为耻骨联合下缘；后界为尾骨尖；两侧为耻骨下支、坐骨支、坐骨结节和骶结节韧带。以两侧的坐骨结节的连线为界，分为前、后两个三角形的区域。前方的是尿生殖区，男性有尿道通过，女性有尿道和阴道通过；后方是肛区，其中央有肛管通过。

（七）创新分析题

肿物与腹股沟无联系，不可能是腹股沟疝。肿物能透光，说明不是实心团块而是液性的水囊。肿物侧没发现睾丸，可见睾丸与肿物成为一体。从上面各点基本可以确定肿物为睾丸鞘膜积液。

（陈秀英）

第五节 腹　膜

（一）判断题

1. B　2. B　3. A　4. A　5. A　6. A　7. A　8. A　9. B　10. A

（二）最佳选择题

1. D　2. E　3. B　4. A　5. E　6. C　7. A　8. D　9. A　10. D　11. C　12. A　13. A　14. E　15. B　16. C　17. E　18. E　19. E　20. A

（三）多项选择题

1. ABCDE　2. ABCDE　3. ABCD　4. ABD　5. ABCE　6. ABCDE　7. ABCD　8. ABCD　9. ACDE　10. ABCE

（四）名词解释

1. 脏腹膜与壁腹膜互相转折、移行，共同围成不规则的潜在性腔隙，称腹膜腔。其内含少量浆液起润滑作用。男性密闭，女性借输卵管、子宫、阴道与外界相通。

2. 大网膜是连于胃大弯和横结肠之间的双层腹膜结构，形似围裙。覆盖于横结肠与空肠、回肠的前方，分为前两层和后两层。其间有丰富的血管、脂肪和巨噬细胞。

3. 网膜囊是小网膜和胃后壁与腹后壁的腹膜之间的一个扁窄间隙，又称小腹膜腔，为腹膜腔的一部分。

4. 在直肠与子宫之间由腹膜移行所形成的较深的陷凹，称为 Douglas 腔，又称直肠子宫陷凹。直立或半卧位时，为腹膜腔的最低点。腹膜腔内的积液多积于此，故临床上可从阴道穹后部穿刺抽液。

5. 肝肾隐窝位于肝右叶与右肾之间，其左界为网膜孔和十二指肠降部，右界为右结肠旁沟。在仰卧时，肝肾隐窝是腹膜腔的最低部位。

6. 网膜孔在第 12 胸椎至第 2 腰椎体的前方，成人可容 1～2 指通过。其上界为肝尾叶，下界为十二指肠上部，前界为肝十二指肠韧带，后界为覆盖在下腔静脉表面的腹膜。

（五）填空题

1. 十二指肠上部　肝胃韧带　2. 腹膜腔　输卵管腹腔口　3. 腹盆壁　横结肠系膜

4. 腹后壁　小腹膜腔　5. 小网膜　胃结肠韧带　6. 十二指肠上部　肝十二指肠韧带　7. 15　右骶髂关节　8. 镰状韧带　肝圆韧带　9. 胃底　脾门　10. 肝肾隐窝　直肠子宫陷凹　11. 结肠上区　结肠下区　12. 肝肾隐窝　右髂窝　13. 肝下面　横结肠　14. 肠系膜根　右结肠　15. 左肝下间隙　右肝下间隙　16. 腹膜内位器官　腹膜间位器官

（六）综合应用题

1. 腹膜具有吸收功能，一般认为，上腹部特别是膈下区的腹膜吸收能力较强，同时该部的腹膜面积较大，采取半卧位使有害液体流至下腹部，以减缓腹膜对有害物质的吸收。

2. 小网膜是由肝门向下移行于胃小弯和十二指肠上部的双层腹膜结构。从肝门连至胃小弯的部分称肝胃韧带，内含胃左、右血管，胃上淋巴结及胃的神经等。从肝门连于十二指肠上部的部分称肝十二肝胃韧带。其内有三个重要结构进出肝门：胆总管位于右前方，肝固有动脉位于左前方，两者之后为肝门静脉。上述结构周围伴有淋巴管、淋巴结和神经。

3. 腹膜腔借横结肠及其系膜分为结肠上区和结肠下区。结肠上区以肝为界分为肝上间隙和肝下间隙。肝上间隙又分为左肝上间隙和右肝上间隙，前者可分为左肝上前间隙和左肝上后间隙；后者可分为右肝上前间隙和右肝上后间隙及肝裸区亦称腹膜外间隙。肝下间隙分为左肝下间隙和右肝下间隙，后者即肝肾隐窝。结肠下区以肠系膜根和升结肠、降结肠为标志分为四个间隙：左、右结肠旁沟，左、右肠系膜窦。

4. 网膜囊是小网膜和胃后壁与腹后壁的腹膜之间的一个扁窄间隙。其前壁为小网膜、胃后壁的腹膜和胃结肠韧带；后壁为横结肠及其系膜，以及覆盖在胰、左肾、左肾上腺等处的腹膜；上壁为肝尾叶和膈下方的腹膜；下壁为大网膜前层、后层的愈着处。

5. 网膜孔其高度约在第 12 胸椎至第 2 腰体的前方，成人可容 1～2 指通过。其上界为肝尾叶，下界为十二指肠上部，前界为肝十二指肠韧带，后界为覆盖在下腔静脉表面的腹膜。其临床意义主要是手术时，遇外伤性肝破裂或肝门附近动脉出血，可将示指伸入孔内拇指在小网膜游离缘前方加压，进行暂时止血。

6. 大网膜形似围裙，覆盖在空肠、回肠和横结肠的前方，其左缘与胃脾韧带相连续。构成小网膜的两层腹膜分别贴被胃和十二指肠上部的前后两面向下延伸，至胃大弯处互相遇合。然后折转向上，构成大网膜的后两层，连于横结肠，叠合成横结肠系膜，连于腹后壁。大网膜前两层与后两层之间的潜在性腔隙是网膜囊的下部，在成人这前两层和后两层常粘连愈着，网膜囊下部消失。胃大弯和横结肠之间的大网膜前两层形成胃结肠韧带。大网膜前两层和后两层间有许多血管分支，营养胃及附近结构。同时大网膜中含有丰富的脂肪和巨噬细胞，巨噬细胞有重要的防御功能。在活体上大网膜的下部可移动位置，因此，当腹膜腔内有炎症时，大网膜能包围病灶以防止炎症扩散蔓延，故有腹腔卫士之称。小儿的大网膜较短，在脐平面以上，当有炎症时，病灶区不易被大网膜包裹而局限化，常导致弥漫性腹膜炎。大网膜的血管常用作心冠状动脉搭桥术中的供体血管。整形外科常用带血管蒂的大网膜片铺盖胸壁、腹壁或颅骨创面，作为植皮的基础。

（七）创新分析题

1. 尿潴留致膀胱顶高出于耻骨联合之上，腹膜脏、壁层反折线随膀胱胀大而上升，膀胱前面直接贴附腹前壁，因此可在耻骨联合稍上经腹壁进行膀胱穿刺放液，拔针后尿液不会因膀胱重新胀满而流入腹膜腔。

2.（1）尿道前列腺部通过前列腺，前列腺肥大时因受它厚而结实的包膜所限，对尿道产生压迫而影响排尿。久之导致双侧肾盂输尿管积水，膀胱壁增厚，内腔扩大。

（2）前列腺肥大可从直肠触诊，除可触知其体积较正常为大（也可不显著）外，若发现其后面的纵沟变平消失甚至突起，即可下肥大的结论。

（3）前列腺位于腹膜外，挖除其肥大部分不用打开腹膜腔。入路可有3条：①耻骨联合上方切开腹壁，推膀胱向后，从膀胱与耻骨联合间进入；②从会阴部、肛门与尿道球之间作切口进入；③从尿道外口伸入管状特制器械到尿道前列腺部，将肿大的前列腺咬除。

（陈秀英）

第三章 脉管系统

第一节 心血管系统

一、总论、心

（一）判断题

1. A 2. A 3. B 4. A 5. B 6. B 7. A 8. B 9. A 10. B 11. A 12. B 13. B

（二）最佳选择题

1. D 2. C 3. E 4. D 5. A 6. A 7. C 8. C 9. B 10. D 11. D 12. D 13. D 14. A 15. B 16. D 17. A 18. E 19. D 20. A 21. B 22. D 23. D 24. B 25. C 26. B

（三）多项选择题

1. AE 2. BCDE 3. ACE 4. ABCE 5. ACDE 6. BC 7. BCE 8. ABC 9. BDE 10. ACE 11. ABDE 12. ABCE 13. ABCDE 14. ABCD 15. ABC 16. ABDE

（四）名词解释

1. 血液由左心室搏出，经主动脉及其分支到达全身毛细血管，血液在此与周围的组织、细胞进行物质和气体交换，再通过各级静脉，最后经上、下腔静脉及心冠状窦返回右心房，这一循环途径称体循环（大循环）。主要特点是路程长、流经范围广，以动脉血滋养全身各部，并将其代谢产物和二氧化碳运回心。

2. 血液由右心室搏出，经肺动脉干及其各级分支到达肺泡毛细血管进行气体交换，再经肺静脉进入左心房，这一循环途径称肺循环（小循环）。主要特点是路程较短，只通过肺，主要使静脉血转变成氧饱和的动脉血。

3. 房间沟、后室间沟与冠状沟的相交处称房室交点，是心表面的一个重要标志。此处是左、右心房与左、右心室在心后面相互接近之处，其深面有重要的血管和神经等结构。

4. 右心房内，房间隔右侧面中下部有一卵圆形凹陷，称卵圆窝，为胚胎时期卵圆孔闭合后的遗迹，此处薄弱，是房间隔缺损的好发部位。

5. 右心房的冠状窦口前内缘、三尖瓣隔侧尖附着缘和Todaro腱之间的三角区，称Koch三角。此三角的前部心内膜深面为房室结。

6. 三尖瓣环、瓣尖、腱索和乳头肌在结构及功能上是一个整体，称三尖瓣复合体。它们共同保证血液的单向流动，其中任何一部分结构损伤，将会导致血流动力学上的改变。

7. 主动脉口周围的纤维环上附有 3 个半月形的瓣膜，称主动脉瓣。每个瓣膜相对的主动脉壁向外膨出，半月瓣与主动脉壁之间的袋状间隙称主动脉窦，有冠状动脉开口。

8. 心包横窦为心包腔在升主动脉、肺动脉干后方与上腔静脉、左心房前壁前方之间的间隙。从横窦左、右侧入口可伸入两个横指，当心直视手术需阻断主动脉、肺动脉血流时，可在横窦前后钳夹两大动脉。

9. 心包斜窦为位于左心房后壁，左、右肺静脉，下腔静脉与心包后壁之间的心包腔。手术需阻断下腔静脉血流时，可经过心包斜窦下部进行。

（五）填空题

1. 动脉　静脉　2. 淋巴管道　淋巴器官　3. 右心室　左心房　4. 左心室　右心房　5. 左心室　主动脉　6. 右心室　肺动脉干　7. 中　2/3　8. 左　5　9. 胸膜　肺　10. 胸骨体下部　左侧 4～6 肋软骨　11. 4　左　12. 前室间沟　后室间沟　13. 界沟　界嵴　14. 三尖　二尖　15. 主动脉口　主动脉　16. 房间　室间　17. 肌部　膜部　18. 上腔静脉与右心房交界处心外膜深面　右心房 Koch 三角心内膜深面　19. 前室间支　旋支　20. 冠状沟　右心房　21. 纤维　浆膜

（六）综合应用题

1. 血液由左心室搏出，经主动脉及其分支到达全身毛细血管，血液在此与周围的组织、细胞进行物质和气体交换，再通过各级静脉，最后经上、下腔静脉及心冠状窦返回右心房，这一循环途径称体循环（大循环）。

2. 心斜位于胸腔中纵隔内，2/3 位于正中线左侧，1/3 位于正中面右侧，前方对胸骨体和 2～6 肋软骨；后方平第 5～8 胸椎；两侧与胸膜腔和肺相邻；上方连出入心的大血管；下方邻膈。

3. 心底部与上、下腔静脉，左、右肺静脉，升主动脉和肺动脉干相连。临床在胸骨左缘第 4 肋间隙进行心内注射。

4. 心房与心室表面的分界是冠状沟；左、右心室表面的分界标志是前、后室间沟；左、右心房表面的分界标志是房间沟。冠状沟右侧部主要通行右冠状动脉和心小静脉；冠状沟左侧部主要通行左冠状动脉；冠状沟后部有冠状窦。前室间沟内通行有左冠状脉前室间支和心大静脉；后室间沟内主要通行心中静脉和右冠状动脉后室间支。

5. 左心房入口有左、右肺上、下静脉口，出口为左房室口；右心房入口有上腔静脉口、下腔静脉口和冠状窦口，出口为右房室口。

6. 心的传导系包括窦房结、结间束、房室结、房室束（His 束），右、右束支和蒲肯野（Purkinje）纤维网。

7. 左冠状动脉起自主动脉左窦，于左心耳与肺动脉根部之间入冠状沟左行，分为前室间支和旋支，分布于左半心、窦房结、房室结、室间隔前 2/3、部分右室前壁。右冠状动脉起于主动脉右窦，经右心耳与肺动脉根部之间入冠状沟右行，至房室交点附近，分为后室间支、右旋支，分布于右半心、室间隔后 1/3、部分左室后壁、窦房结、房室结。

8. 冠状窦位于左心房与左心室之间的冠状沟内，主要属支有心大静脉、心中静脉和心小静脉，开口于右心房的冠状窦口。

9. 心包是包裹在心和出入心大血管根部的锥形纤维浆膜囊，分为内、外两层，外层为纤维心包，内层是浆膜心包。浆膜心包又分为壁、脏两层。心包窦有心包横窦、心包斜窦和心包前下窦。当心直视手术需阻断主动脉、肺动脉血流时，可在心包横窦前、后钳夹两大动脉。手术需阻断下腔静脉血流时，可经过心包斜窦下部进行。人体直立时，心包前下窦位置最低，心包积液常存于此窦中，是心包穿刺比较安全的部位。

（姚柏春）

二、动　　脉

（一）判断题

1. B　2. A　3. B　4. B　5. B　6. A　7. A　8. B　9. A　10. A

（二）最佳选择题

1. D　2. D　3. D　4. A　5. A　6. D　7. C　8. C　9. A　10. B　11. A　12. D　13. A　14. D　15. B　16. C　17. E　18. A　19. B　20. C　21. A　22. A　23. A　24. B　25. A　26. D　27. B　28. A　29. D　30. E　31. D　32. C　33. C　34. B　35. A　36. D　37. B　38. B　39. B　40. C　41. C　42. D　43. D

（三）多项选择题

1. BE　2. AB　3. ABD　4. AC　5. BD　6. ABC　7. ABCDE　8. BCE　9. ABCE　10. ACD　11. ACD　12. ABCE　13. ABCDE　14. ABCDE　15. ADE　16. ABE　17. ABCDE　18. AC　19. ABCE　20. BCDE　21. ADE

（四）名词解释

1. 在肺动脉干分叉处稍左侧连于主动脉弓下缘的一纤维性结缔组织索，称动脉韧带，是胚胎时期动脉导管闭锁后遗迹。若在出生后6个月尚未闭锁，则称为动脉导管未闭，是常见的先天性心脏病之一。

2. 颈动脉窦是颈总动脉末端和颈内动脉起始部膨大部分。窦壁外膜较厚，其中有丰富的游离神经末梢称压力感受器。

3. 颈动脉小球是一个扁椭圆形小体，借结缔组织连于颈动脉杈的后方，为化学感受器。

4. 掌浅弓由尺动脉末端与桡动脉掌浅支吻合而成，位于掌腱膜深面，弓的凸缘约平掌骨中部。

5. 掌深弓由桡动脉末端和尺动脉的掌深支吻合而成，位于屈指肌腱深面，弓的凸缘约平腕掌关节高度。

6. 腹腔干为一粗短的动脉干，在主动脉裂孔稍下方起自腹主动脉前壁，迅即分为胃左动脉、肝总动脉和脾动脉。

（五）填空题

1. 肺动脉干分叉处稍左侧　主动脉弓下缘　2. 左冠状动脉　右冠状　3. 右颈总动脉　右锁骨下　4. 压力　化学　5. 颈外动脉　甲状颈干　6. 颞浅动脉　上颌动脉　7. 斜角肌　腋动脉　8. 甲状腺下动脉　肩胛上动脉　9. 胸背动脉　旋肩胛动脉　10. 肱二头肌　桡骨颈　11. 尺动脉　桡动脉　12. 指掌侧总动脉　小指尺掌侧动脉　13. 桡动脉　尺动脉　14. 左锁骨下动脉　头臂干　15. 压力感受器　主动脉小球　16. 主动脉胸部　主动脉腹部　17. 颈内动脉　颈外动脉　18. 锁骨下动脉　枕骨大孔　19. 主动脉弓　头臂干　20. 肋间后动脉　膈上动脉　21. 第12胸椎体　第4腰椎体下缘　22. 肾上腺中动脉　肾动脉　23. 腹腔干　肠系膜上动脉　24. 膈下动脉　肾动脉　25. 腹主动脉　3　26. 肝固有动脉　胃十二指肠动脉　27. 胃左动脉　胃右动脉　28. 胃网膜左动脉　胃网膜右动脉　29. 6　胃短动脉　30. 肠系膜上动脉　肠系膜下动脉　31. 回结肠动脉　肝

固有动脉右支 32. 髂内动脉 输尿管 33. 肠系膜下动脉 髂内动脉 34. 臀下动脉 阴部内动脉 35. 腹股沟韧带中点稍下方 股深动脉 36. 右结肠动脉 左结肠动脉 37. 左结肠动脉 乙状结肠动脉 38. 髂内动脉 髂外动脉 39. 髂外动脉 股深动脉 40. 股深动脉 胫后动脉

（六）综合应用题

1. 主动脉起自左心室，向右前上斜行，再弯向左后方，沿脊柱左前方下行，穿膈的主动脉裂孔入腹腔，至第 4 腰椎下缘处分为左、右髂总动脉。依其行程分为升主动脉、主动脉弓和降主动脉，降主动脉又分为胸主动脉和腹主动脉。

2. 主动脉弓凸侧自右向左发出头臂干、左颈总动脉和左锁骨下动脉，头臂干分为右颈总动脉和右锁骨下动脉。

3. 一侧头部出血，可在胸锁乳突肌前缘，平环状软骨高度，向后内将颈总动脉压向第 6 颈椎的颈动脉结节止血。翼点处骨折会损伤脑膜中动脉前支。

4. 颈外动脉主要分支有甲状腺上动脉、舌动脉、面动脉、颞浅动脉、上颌动脉、枕动脉、耳后动脉和咽升动脉。锁骨下动脉的主要分支包括椎动脉、胸廓内动脉和甲状颈干。

5. 掌浅弓由尺动脉末端与桡动脉掌浅支吻合而成。位于掌腱膜深面，弓的凸缘约平掌骨中部。掌深弓由桡动脉末端和尺动脉的掌深支吻合而成，位于屈指肌腱深面，弓的凸缘约平腕掌关节高度。

6. 腹主动脉的成对脏支有肾上腺中动脉、肾动脉、睾丸动脉（男性）或卵巢动脉（女性）。肾上腺中动脉分布到肾上腺；肾动脉分布到肾和肾上腺；睾丸动脉分布至睾丸和附睾；卵巢动脉分布于卵巢和输卵管壶腹部。

7. 分布于胃的动脉：①胃左动脉，起自腹腔干；②胃右动脉，起自肝固有动脉；③胃网膜左动脉，起自脾动脉；④胃网膜右动脉，起自胃十二指肠动脉；⑤胃短动脉，起自脾动脉；⑥胃后动脉，起自脾动脉。

8. 肠系膜上动脉分支有胰十二指肠下动脉、空肠动脉和回肠动脉、回结肠动脉、右结肠动脉、中结肠动脉。肠系膜下动脉分支有左结肠动脉、乙状结肠动脉、直肠上动脉。

9. 肠系膜上动脉分布于胰、十二指肠、空肠、回肠、盲肠、阑尾、升结肠、横结肠。肠系膜下动脉分布于降结肠、乙状结肠和直肠上部。

10. 结肠分为四部分，升结肠、横结肠、降结肠和乙状结肠。结肠各部的供血动脉及其来源：①升结肠：由右结肠动脉供应，来自肠系膜上动脉；②横结肠：由中结肠动脉供应，来自肠系膜上动脉；③降结肠：由左结肠动脉供应，来自肠系膜下动脉：④乙状结肠：由乙状结肠动脉供应，来自肠系膜下动脉。

11. 供应直肠的动脉有直肠上动脉和直肠下动脉。直肠上动脉起自肠系膜下动脉，直肠下动脉来自髂内动脉。

12. 全身在体表可摸到搏动的动脉有面动脉、颞浅动脉、肱动脉、桡动脉、股动脉和足背动脉。足背部出血时，可在踝关节前方，内、外踝连线中点、䠹长伸肌肌腱的外侧压迫足背动脉进行止血。

13. 腹腔干的分支及分布如下：

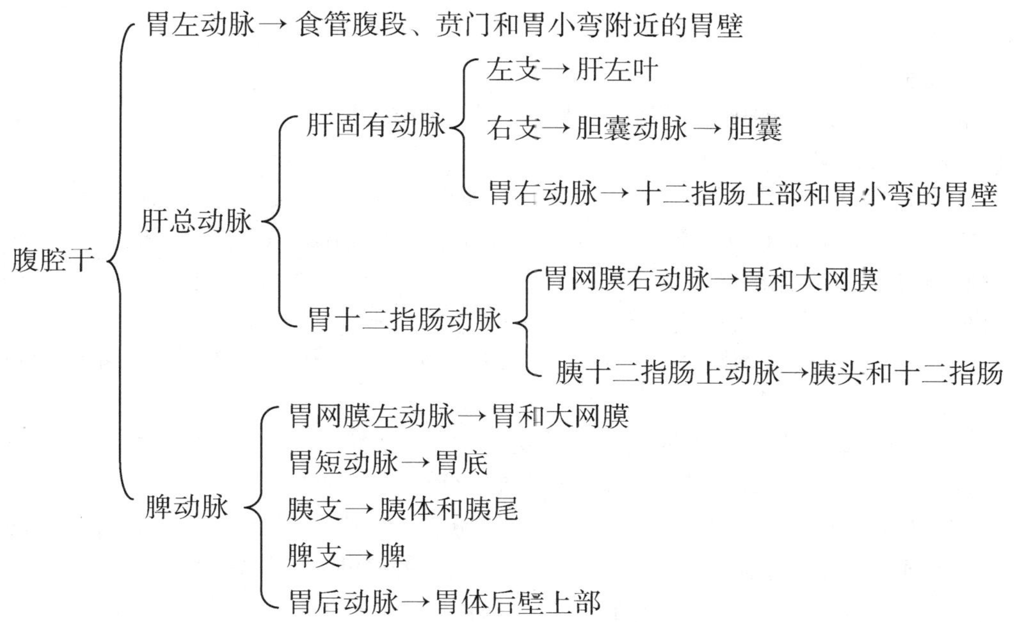

（唐　杰）

三、静　　脉

（一）判断题

1. B　2. B　3. B　4. B　5. A　6. A　7. B　8. B　9. B　10. A

（二）最佳选择题

1. B　2. B　3. E　4. E　5. C　6. D　7. D　8. E　9. C　10. B　11. B　12. D　13. B　14. B　15. C　16. C　17. B　18. D　19. B　20. C

（三）多项选择题

1. BDE　2. BCDE　3. ABD　4. ACD　5. ACE　6. BD　7. BCDE　8. ABCE　9. ABD　10. ACDE

（四）名词解释

1. 静脉是运送血液回心的血管，起始于毛细血管，止于心房。

2. 危险三角是指鼻根至两侧口角的三角区。因面静脉缺乏静脉瓣，并与颅内的海绵窦交通，故面部发生化脓性感染时，若处理不当，可导致颅内感染。

3. 锁骨下静脉与颈内静脉在胸锁关节后方汇合成头臂静脉，两静脉汇合部称静脉角，是淋巴导管的注入部位。

4. 椎内静脉丛位于椎骨骨膜和硬脊膜之间，收集椎骨、脊膜和脊髓的静脉血。

5. 椎外静脉丛位于椎体的前方、椎弓及其突起的后方，收集椎体和附近肌肉的静脉血。

（五）填空题

1. 颈内静脉　锁骨下静脉或静脉角　2. 头静脉　贵要静脉　3. 桡　腋静脉或锁骨下静脉　4. 头静脉　贵要静脉　5. 左头臂静脉　右头臂静脉　6. 颈内静脉　锁骨下静脉　7. 足背静脉弓内侧　股静脉　8. 腹壁浅静脉　阴部外静脉　9. 肠系膜上静脉　脾静脉　10. 直肠

静脉丛　脐周静脉网

（六）综合应用题

1. 面静脉通过眼上静脉和眼下静脉与颅内的海绵窦交通，并通过面深静脉与翼静脉丛交通，继而与海绵窦交通。

2. 上、下肢的浅静脉干有头静脉、贵要静脉、肘正中静脉、大隐静脉、小隐静脉。

3. 颈外静脉由下颌后静脉的后支、耳后静脉和枕静脉在下颌角处汇合而成，注入锁骨下静脉或静脉角，是儿科常用的穿刺静脉。当心脏疾病或上腔静脉阻塞引起颈外静脉回流不畅时，在体表可见静脉充盈轮廓，称颈静脉怒张。

4. 大隐静脉有腹壁浅静脉、阴部外静脉、旋髂浅静脉、股外侧浅静脉和股内侧浅静脉 5 条属支。注入股静脉。

5. 肝门静脉由肠系膜上静脉和脾静脉在胰颈后方汇合而成，上行经肝十二指肠韧带入肝门。肝门静脉在结构上有两个特点：一是肝门静脉起始和终止两端均为毛细血管；二是肝门静脉及其属支内没有静脉瓣。主要属支有肠系膜上静脉、脾静脉、肠系膜下静脉、胃左静脉、胃右静脉、胆囊静脉和附脐静脉。肝门静脉系与上腔静脉系间的吻合部位是胃左静脉的食管支与奇静脉、半奇静脉的食管静脉在食管壁内吻合成食管静脉丛；肝门静脉系与下腔静脉系间的吻合部位是肠系膜下静脉的直肠上静脉与髂内静脉的直肠下静脉和肛静脉在直肠壁内吻合成直肠静脉丛；附脐静脉分别与脐以上、以下的腹前壁浅、深静脉在脐周吻合成脐周静脉网。

（七）创新分析题

（1）手背静脉网→头静脉、贵要静脉→肱静脉→腋静脉→锁骨下静脉→头臂静脉→上腔静脉→右心房→右心室→肺动脉→左、右肺动脉及分支→肺泡毛细血管→肺静脉→左心房→左心室→升主动脉→主动脉弓→胸主动脉→腹主动脉→肠系膜上动脉→回结肠动脉→阑尾动脉→阑尾。

（2）三条结肠带汇集于阑尾的根部。

（3）阑尾动脉来源于回结肠动脉。

（冯　娜）

第二节　淋巴系统

（一）判断题

1. A　2. A　3. B　4. A　5. B　6. B　7. A　8. B　9. A　10. A

（二）最佳选择题

1. C　2. A　3. C　4. B　5. B　6. E　7. A　8. B　9. C　10. E　11. A　12. B　13. D　14. E　15. A　16. B　17. C　18. B

（三）多项选择题

1. ABCD　2. ABCE　3. ABE　4. ACE　5. BC　6. BDE　7. ABCDE　8. ABCDE　9. BC　10. CDE

（四）名词解释

1. 淋巴管道和淋巴结的淋巴窦含有淋巴液，简称为淋巴。

2. 淋巴结的凹陷侧中央处为淋巴结门，有神经、血管和输出淋巴管出入。

3. 引流某一器官或部位淋巴的第一级淋巴结称局部淋巴结，临床通常称哨位淋巴结。

4. 乳糜池位于第1腰椎体前方，呈囊状膨大，接受左、右腰干和肠干。

5. 左侧斜角肌淋巴结又称 Virchow 淋巴结，位于左侧前斜角肌的前方。患胸、腹、盆部的肿瘤，尤其是患食管腹段癌和胃癌时，癌细胞栓子可经胸导管转移至该淋巴结。

（五）填空题

1. 淋巴管道　淋巴器官　2. 输入淋巴管　输出淋巴管　3. 胸导管　右淋巴导管　4. 乳糜池　左静脉角　5. 奇静脉　胸主动脉　6. 左右腰干　肠干　7. 右支气管纵隔干　右静脉角　8. 颈外静脉　颈内静脉　9. 颈横血管　Virchow 淋巴结　10. 颈干　锁骨下干　11. 咽后壁　椎前筋膜　12. 胸外侧血管　肩胛下血管　13. 腋静脉　胸廓内血管　14. 肺门　肺门淋巴结　15. 腹股沟韧带　大隐静脉　16. 腹主动脉　下腔静脉　17. 胸肌淋巴结　胸骨旁淋巴结　18. 锁骨上淋巴结　尖淋巴结　19. 左季肋区　第10肋　20. 脾门　脾切迹

（六）综合应用题

1. 淋巴系统由淋巴管道、淋巴器官和淋巴组织构成。

2. 全身有九条淋巴干，左颈干，左支气管纵隔干，左锁骨下干，左、右腰干和肠干，汇入胸导管；右颈干、右支气管纵隔干、右锁骨下干，汇入右淋巴导管。

3. 右淋巴导管由右颈干、右支气管纵隔干、右锁骨下干汇合而成，注入右静脉角。

4. 乳糜池由左、右腰干和肠干汇合而成，位于第1腰椎体的前方。

5. 胸导管平第12胸椎下缘高度起自乳糜池，经主动脉裂孔进入胸腔，沿脊柱右前方于胸主动脉和奇静脉之间上行，到第5胸椎高度经食管与脊柱之间向左侧斜行，然后沿脊柱左前方上行，经胸廓上口到颈部，在左颈总动脉和左颈内静脉的后方转向前内下方，注入左静脉角。

6. 腋淋巴结分为五群：①胸肌淋巴结，沿胸外侧血管排列。②外侧群淋巴结，沿腋血管的远段排列。③肩胛下淋巴结，沿肩胛下血管排列。④中央淋巴结，位于腋窝中央脂肪内。⑤尖淋巴结，沿腋静脉近段排列。

7. 乳房的淋巴主要注入腋淋巴结，引流方向有3个：①乳房外侧部和中央部的淋巴管注入胸肌淋巴结；②乳房上部的淋巴管注入尖淋巴结和锁骨上淋巴结；③乳房内侧部的淋巴管注入胸骨旁淋巴结。乳房内侧部的浅淋巴管与对侧乳房淋巴管交通，内下部的淋巴管通过腹壁和膈下淋巴管与肝的淋巴管交通。

8.（1）乳房的淋巴回流途径：①乳房外侧部和中央部的淋巴管注入胸肌淋巴结；②乳房上部的淋巴管注入尖淋巴结和锁骨上淋巴结；③乳房内侧部的淋巴管注入胸骨旁淋巴结。乳房内侧部的浅淋巴管与对侧乳房淋巴管交通，内下部的淋巴管通过腹壁和膈下淋巴管与肝的淋巴管交通。

（2）术后患者出现上肢顽固性水肿，可能的原因为：①乳腺癌淋巴清扫腋窝甚至锁骨下淋巴结，阻断了上肢主要淋巴回路，使上肢主要淋巴回路损伤。②术后引流不畅形成腋窝皮下积液、伤口感染、创缘坏死，造成炎症或瘢痕增生，影响手术后淋巴再生和回流代偿。③放射治疗是引发或加重淋巴水肿的常见原因。手术和放疗两种因素相加，腋区、锁骨上区形成的大片较深的瘢痕硬结阻断了代偿性淋巴回路，放射治疗不仅引发淋巴水肿，同时造成静脉狭窄或闭塞，肢体淋巴水肿的发生率明显增加。④其他原因。

（田宗滢）

第四章　感　觉　器

第一节　视　　器

（一）判断题

1. A　2. B　3. B　4. A　5. A　6. A　7. A　8. A　9. B　10. B

（二）最佳选择题

1. C　2. E　3. D　4. B　5. A　6. B　7. C　8. B　9. D　10. D　11. E　12. B　13. A　14. D　15. E　16. D　17. E　18. A　19. A　20. A

（三）多项选择题

1. ABE　2. ACDE　3. ACE　4. ACDE　5. ABC　6. BCE　7. ADE　8. ACD　9. ABC　10. ABDE

（四）名词解释

1. 角膜与晶状体之间的间隙称为眼房。

2. 视神经起始处的圆形隆起，中央有视神经和视网膜中央动脉、静脉穿过，此处无感光细胞，不能感光，故称生理性盲点。

3. 覆盖在眼睑内面和眼球前面的一层薄而光滑、富有血管的黏膜。按所在部位可分为三部分：睑结膜、球结膜和穹窿结膜。

4. 巩膜静脉窦呈环形，在靠近角膜缘处的巩膜实质内，是房水流出的通道。

5. 泪器由泪腺和泪道组成。泪道包括泪点、泪小管、泪囊和鼻泪管。

6. 角膜、房水、晶状体和玻璃体，它们均有屈光作用，统称为眼球的屈光系统。

（五）填空题

1. 角膜　巩膜　2. 睫状体　脉络膜　3. 瞳孔括约肌　缩小　4. 瞳孔开大肌　开大　5. 视网膜虹膜部　视网膜睫状体部　6. 中央凹　视锥细胞　7. 房水　晶状体　8. 皮下组织　睑板　9. 睑板腺　睑后缘　10. 睑结膜　球结膜　11. 泪点　泪小管　12. 眶上壁前外侧部的结膜上穹外侧部　13. 视神经管前上方眶壁　上提上睑开大眼裂　14. 总腱环　使瞳孔转向下外方　15. 松弛　凸　16. 晶状体皮质　晶状体核　17. 颈内动脉　视网膜中央动脉　18. 中央凹　视网膜中央动静脉

（六）综合应用题

1. 眼房是位于角膜和晶状体、睫状体之间的间隙，被虹膜分隔为前房和后房，前、后房借瞳孔相互交通。房水由睫状体产生后自后房经瞳孔入前房，然后由虹膜角膜角入巩膜静脉窦，再经睫前静脉汇入眼静脉。房水的生理功能是为角膜和晶状体提供营养，维持正常的眼内压，还有折光作用。

2. 泪器由泪腺和泪道组成，泪道包括泪点、泪小管、泪囊、鼻泪管。泪液由泪腺产生，经排泄管到达结膜上穹，通过眼球转动，正常情况下流到泪湖，通过泪点、上下泪小管进入泪囊，经泪囊、鼻泪管排泄至下鼻道前部。

3. 眼球外肌包括上睑提肌、上直肌、下直肌、内直肌、外直肌、上斜肌、下斜肌共七块肌；其中上睑提肌的作用为提上睑和开大眼裂，上直肌使眼球转向内上方，下直肌使眼球转向内下方，内直肌使眼球转向内侧方，外直肌使眼球转向外侧方，上斜肌使眼球转向外下方，下斜肌使眼球转向上外方。上斜肌受滑车神经支配，外直肌受展神经支配，其余均受动眼神经支配。

4. 视网膜在中膜的内面，组织学上分为内、外两层，外层为色素上皮层，内层为神经层。临床上视网膜剥离是指此两层分离。视网膜从前向后分为三部，分别是视网膜虹膜部、睫状体部和脉络膜部，前两部无感光作用称盲部，脉络膜部称视部，视部的后部最厚。视神经起始处有圆形白色隆起，为视神经盘，盘的边缘隆起，中央凹陷称视盘陷凹，其中央有视网膜中央动、静脉穿过。视神经盘处无感光细胞，为生理盲点。视神经盘颞侧 3. 5mm 处的褐色区域称黄斑，黄斑中央凹陷称中央凹，此处感光最敏锐。

5. 眼球壁分为三层，外膜称纤维膜，其前 1/6 为角膜，后 5/6 为巩膜。中膜称血管膜，前部称虹膜，中部为睫状体，后部为脉络膜。内膜为视网膜，视网膜从前往后分为三部分，分别是视网膜虹膜部，睫状体部和脉络膜部，前两部为盲部，脉络膜部为视部。

6. 远视眼是由于眼轴的长度减短、屈光系统折光能力减弱，眼在休息状态时，从无限远处发出的平行光在视网膜的后方形成焦点，而在视网膜上形成模糊不清的像。近视眼是由于眼轴的长度过长、屈光系统折光能力过强，眼在休息状态时，从无限远处来的平行光经过眼的屈光系折光之后，在视网膜之前集合成焦点，而在视网膜上成像不清。

7. 眼球的屈光装置有眼球角膜、房水、晶状体和玻璃体。这些结构透明而无血管，具有屈光作用，构成屈光装置。当物体反射出来的光线进入眼球后，经屈光装置的折射、聚焦在视网膜上形成清晰的物像，这种视力称为正视。

晶状体呈双凸透镜状，是主要的屈光装置。晶状体外面包以具有高度弹性的晶状体囊。调节晶状体的凸度则是依靠：①睫状体内的睫状肌的收缩与舒张；②系于睫状体与晶状体之间的睫状小带（晶状体悬韧带）的紧张与松弛；③晶状体囊的弹性。眼对光线的聚焦作用是通过晶状体的曲度随所视物体的远近不同而改变。当视近物时，睫状肌收缩，睫状小带松弛，晶状体则由于本身的弹性而变凸，特别是前部凸度增大，屈光力度加强，使进入眼球的光线恰能聚焦于视网膜上。当视远物时，睫状肌舒张，睫状小带紧张，牵引晶状体从而使晶状体凸度变小，折光能力减弱。随着年龄的增长，晶状体核逐渐变大、变硬、弹性减退及睫状肌逐渐萎缩，晶状体改变曲度的调节能力减弱，出现老视。睫状肌受动眼神经内的副交感神经支配。

（王配军）

第二节　前庭蜗器

（一）判断题

1. B　2. B　3. B　4. A　5. A　6. A　7. A　8. B　9. B　10. A

（二）最佳选择题

1. D　2. E　3. A　4. C　5. A　6. D　7. A　8. A　9. D　10. C　11. E　12. B　13. D　14. E　15. E　16. B

（三）多项选择题

1. ABDE　2. BCDE　3. ABDE　4. ABCE　5. ABCD　6. ABCDE　7. BCD　8. ABD

（四）名词解释

1. 在鼓室外侧壁上，鼓膜下 3/4 为紧张部，坚实而紧张，固定于鼓膜沟内，在活体呈灰白色。此部前下方有一个三角形的反光区，称光锥。临床上做耳镜检查时，常可窥见光锥，中耳的一些疾病可引起光锥改变或消失。

2. 鼓室是位于颞骨岩部内的含气的不规则小腔。鼓室有 6 个壁，内有听小骨、韧带、肌、血管和神经等。

3. 咽鼓管是连通鼻咽与鼓室的小管道，长 3.5～4.0cm。咽鼓管可分前内侧份的软骨部占 2/3 和后外侧份的骨部占 1/3。其作用是使鼓室的气压与外界的大气压相等，以保持鼓膜内、外两面的压力平衡。

4. 骨迷路是由骨密质围成的腔与管，从前内侧向后外侧沿颞骨岩部的长轴排列，依次可分为耳蜗、前庭和骨半规管，它们互相连通。

5. 膜迷路是套在骨迷路内封闭的膜性管和囊，由椭圆囊和球囊、膜半规管和蜗管三部分组成。

（五）填空题

1. 软骨　骨性　2. 鼓室　咽鼓管　3. 鼓膜脐　锤骨柄末端　4. 颈动脉壁　咽鼓管鼓室口　5. 鼓室盖（盖壁）　颅中窝　6. 岬　镫骨底及其周缘的韧带　7. 鼻咽　鼓室　8. 耳蜗　前庭　9. 前庭嵴　椭圆囊隐窝　10. 壶腹骨脚　骨壶腹　11. 膜半规管　椭圆球囊管　12. 连合管　椭圆球囊管　13. 鼓室　乳突小房　14. 球囊　盲端　15. 蜗管前庭壁（前庭膜）　螺旋器　16. 骨迷路　膜迷路　17. 螺旋器　壶腹嵴

（六）综合应用题

1. 鼓室是位于颞骨岩部内含气的不规则小腔。鼓室有 6 个壁。①外侧壁大部分由鼓膜构成，故又名鼓膜壁，鼓室鼓膜以上的空间为鼓室上隐窝，此部的外侧壁为骨性部。中耳炎化脓时，可造成鼓膜穿孔，脓液经外耳道流出。②上壁又称盖壁，由颞骨岩部前外侧面的鼓室盖构成，分隔鼓室与颅中窝。盖壁向后延伸形成乳突窦的上壁。中耳疾病侵犯此壁，可引起耳源性颅内并发症。③下壁称颈静脉壁，仅为一薄层骨板。部分人鼓室下壁可能未骨化形成骨壁，此种情形则仅借黏膜和纤维结缔组织分隔鼓室和颈静脉球。对这种患者施行鼓膜或鼓室手术时，极易伤及颈静脉球而发生严重出血。④前壁称颈动脉壁，即颈动脉管的后壁。此壁上部有两个小管的开口，上方的是鼓膜张肌半管口，下方为咽鼓管鼓室口。⑤内侧壁称迷路壁。其中部有圆形隆起，称岬，岬的后上方有一卵圆形小孔，称前庭窗，岬的后下方有一圆形小孔，称蜗窗。在前庭窗后上方有一弓形隆起，称面神经管凸，内藏面神经。面神经管壁骨质甚薄甚至缺如，中耳的炎症或手术易伤及面神经。⑥后壁称乳突壁，上部有乳突窦入口，鼓室借乳突窦向后通入乳突内的乳突小房。中耳炎易侵入乳突小房而引起乳突炎。乳突窦入口的下方有一骨性突起，称为锥隆起，内藏镫骨肌。

2. 鼓膜位于外耳道与鼓室之间，构成鼓室外侧壁的大部分，呈椭圆形半透明的薄膜，与外耳道底成 45°～50° 的倾斜角。小儿鼓膜更为倾斜，几乎呈水平位。鼓膜周缘大部附着于颞骨鼓部和鳞部的鼓膜沟。鼓膜周缘较厚，中心向内凹陷，为锤骨柄末端附着处，称鼓膜脐。由鼓膜脐沿锤骨柄向上，可见鼓膜向前向后形成两个襞，分别称为锤骨前襞和锤骨后襞。两个襞之间，鼓膜上 1/4 的三角形区为松弛部，此部薄而松弛，在活体呈淡红色。鼓膜下 3/4 为紧张部，坚实而紧张，固定于鼓膜沟内，在活体呈灰白色。此部前下方有一个三角形的反光区，称光锥。中耳的一些疾病可引起光锥改变或消失。

3. 咽鼓管连通鼻咽与鼓室，长 3.5～4.0cm，使鼓室的气压与外界的大气压相等。咽鼓管可分前内侧份的软骨部和后外侧份的骨部。咽鼓管软骨部约占咽鼓管长度的 2/3，此部向前内侧开口于鼻咽侧壁的咽鼓管咽口。咽鼓管骨部约占咽鼓管长度的 1/3，此部向后外侧开口于鼓室前壁的咽鼓管鼓室口。两部交界处，称咽鼓管峡。咽鼓管咽口和软骨部平时处于关闭状态，仅在吞咽运动或尽力张口时，咽鼓管暂时开放。小儿咽鼓管短而宽，接近水平位，故咽部感染易经咽鼓管侵入鼓室。

4. 耳蜗位于前庭的前方，形如蜗牛壳。尖向前外侧，称为蜗顶；底朝向后内侧，称为蜗底。耳蜗由蜗轴和蜗螺旋管构成。蜗轴呈圆锥形，由蜗轴伸出骨螺旋板，螺旋板的基部有蜗轴螺旋管，内藏蜗神经节。蜗螺旋管是由骨密质围成的骨管，围绕蜗轴盘曲约两圈半，管腔底处较大，通向前庭，向蜗顶管腔逐渐细小，以盲端终于蜗顶。骨螺旋板未达蜗螺旋管的外侧壁，其空缺处由蜗管填补封闭。故蜗螺旋管可分为 3 个部分：近蜗顶侧的管腔为前庭阶，中间是膜性的蜗管，近蜗底侧者为鼓阶。

5. 声波传入内耳感受器有两条途径，一是空气传导；二是骨传导。正常情况下以空气传导为主。

（1）空气传导：耳郭收集的声波 → 外耳道 → 鼓膜 → 锤骨 → 砧骨 → 镫骨 → 前庭窗 → 前庭阶外淋巴 → 蜗顶、蜗孔 → 鼓阶外淋巴 → 蜗管前庭膜、基底膜 → 蜗管内淋巴 → 螺旋器 → 蜗神经传入中枢、产生听觉。

在鼓膜穿孔时，外耳道空气 → 鼓室空气 → 蜗窗、第二鼓膜 → 鼓阶外淋巴 → 蜗管基底膜 → 螺旋器。通过这条途径，也能产生一定程度的听觉。

（2）骨传导：是指声波经颅骨传入内耳的过程。声波的冲击和鼓膜的振动可经颅骨和骨迷路传入，使耳蜗内的淋巴波动，刺激基底膜上的螺旋器产生神经兴奋。

（王配军）

第五章 神经系统

第一节 总论、中枢神经系统

一、总论、脊髓

（一）判断题

1. A 2. A 3. B 4. B 5. B 6. A 7. A 8. B 9. B 10. B

（二）最佳选择题

1. C 2. A 3. C 4. E 5. D 6. B 7. D 8. B 9. C 10. C 11. D 12. B 13. C 14. B 15. D 16. C 17. B 18. A

（三）多项选择题

1. ABCDE 2. ABCE 3. BCDE 4. ACD 5. ABDC 6. BC 7. ABE 8. AE 9. BCD

（四）名词解释

1. 在中枢部，神经元胞体及其树突的聚集部位称为灰质，因富含血管在新鲜标本中色泽灰暗。

2. 白质是神经纤维在中枢部积聚的部位，因髓鞘含类脂质、色泽白亮而得名。

3. 位于大脑和小脑的白质被皮质包绕而位于深部，称为髓质。

4. 在白质中，凡起止、行程和功能基本相同的神经纤维集合在一起形成纤维束。

5. 由于脊髓比脊柱短，腰部、骶部、尾部的脊神经前后根在椎管的硬膜囊内下行一段距离，才能到达各自相应的椎间孔，这些在脊髓末端平面以下下行的脊神经根称马尾。

6. 脊髓的末端变细呈锥形，称为脊髓圆锥。它向下延续为无神经组织的终丝。

（五）填空题

1. 枕骨大孔　第 1 腰椎　2. 薄束　楔束　3. 前角　后角　4. 薄束　楔束　5. 外侧索　前索、前根纤维的内侧　6. 本体感觉　精细触觉　7. 锥体系　锥体外系　8. 颈膨大　腰骶膨大　9. α 运动神经元　γ 运动神经元　10. 薄束　楔束　11. 中枢神经系统　周围神经系统　12. 脑　脊髓　13. 第 1 腰椎　第 3 腰椎　14. 前正中裂　后正中沟　15. 8　5

（六）综合应用题

1. 脊髓位于椎管内，上起枕骨大孔，下到第 1 腰椎下缘，脊髓外形呈扁圆柱形，全长粗细不均，上有颈膨大，下有腰骶膨大，脊髓末端变细称脊髓圆锥，其末端连终丝。脊髓表面有 6 条纵形的沟，前有前正中裂，后有后正中沟，此外尚有一对前外侧沟，一对后外侧沟，分别有脊神经前后根丝相连，脊髓颈段和上胸段后索表面有后中间沟，将薄束和楔束分开。

2. 上颈节（C_1～C_4）大体与同序数的椎骨等高。下颈髓节（C_5～C_8）和上胸髓节（T_1～T_4）与同序数椎骨的上 1 节椎体平对。中胸髓节（T_5～T_8）与同序数椎骨的上两节椎体相对应。下部胸髓节（T_9～T_{12}）大约与同序数椎骨的上 3 椎体平对。全部腰髓节约平对第 10～12 胸椎，全部骶、尾髓节约平对第 1 腰椎。

3. 在脊髓的横断面上可见脊髓的灰质，呈“H”形，前部扩大为前角，后部狭细为后角，前后角之间向外伸出侧角，前、后角之间的区域称中间带。灰质围绕中央管，管的前后有灰质前连合和灰质后连合。脊髓的白质，由神经纤维构成，每侧借前外侧沟和后外侧沟分为前索、外侧索、后索。在灰质前连合前方的白质称白质前连合。灰质后角基部外侧有灰白质混合区域称网状结构。

脊髓的功能包括传导功能和反射功能。其中①传导功能：上传感觉，下传运动，是上、下行传导路径的中继站。脊髓内大量上行传导束，将躯干四肢的浅深感觉上传到脑，如传导深感觉的薄束，楔束，传导浅感觉的脊髓丘脑束。脊髓内下行传导运动的传导束，支配调节前角运动神经元，如皮质脊髓束、红核脊髓束等；②反射功能：脊髓作为一个低级反射中枢，有许多反射只通过脊髓完成，如排尿排便中枢在骶部脊髓，深、浅反射经后根传入直接与前角运动神经元形成突触而成反射弧。

4. ①脊髓后索内的薄束起于第 5 胸髓节以下的同侧脊神经节细胞，其纤维经后根内侧部入脊髓，行于脊髓后索的内侧部。楔束起于胸 4 脊髓节以上的脊神经节细胞，其纤维经后根入后索并居后索外侧都，两束传导的是躯干四肢的本体感觉和精细触觉。②脊髓丘脑侧束位于外侧索的前部，脊髓小脑前束深面，该束由对侧后角细胞发出纤维经白质前连台交叉至外侧索上行。传导对侧躯干四肢的痛觉和温度觉。③脊髓丘脑前束位于脊髓丘脑侧束的前部居前索内，也是起于对角后细胞经白质前连合交叉后至前索内形成上行的传导束，传导的是对侧躯干四肢的粗略触觉。

5. ①同侧皮质脊髓束损伤：横断面以下脊髓前角细胞失去了大脑皮质运动神经元对其的控制，表现为脱抑制后的功能释放，即出现同侧损伤节段以下肌肉痉挛性瘫痪，随意运动丧失，肌张力增高，腱反射亢进，出现病理反射，如 Babinski 征阳性，但肌不萎缩。②同侧后索内的薄束、楔束损伤：来自同侧肌肉，肌腱、关节的本体感觉及来自皮肤的精细触觉冲动传导通路被阻断，导致同侧损伤平面以下的意识性本体感觉及精细触觉障碍。③同侧的脊髓丘脑侧、前束损伤：表现为对侧损伤平面以下 1～2 个节段以下温痛觉、粗触觉丧失，但由于对侧精细触觉正常，粗触觉的障碍不易被察觉。④脊髓小脑前、后束损伤：表现为平衡、协调运动障碍。

（吴建清）

二、脑　　干

（一）判断题

1. B　2. B　3. B　4. A　5. B　6. B　7. A　8. A　9. B　10. A

（二）最佳选择题

1. C　2. C　3. D　4. B　5. C　6. A　7. A　8. D　9. B　10. B　11. C　12. A　13. D　14. B　15. D

（三）多项选择题

1. CDE　2. ABDE　3. ACD　4. BCDE　5. ABCD　6. ABCE　7. AD　8. ABD　9. BC

（四）名词解释

1. 由薄束核、楔束核发出的传导同侧深感觉和精细触觉的二级纤维，于中央管腹外侧左、右交叉，交叉后的纤维在中线两侧，锥体的后方转而上行，形成内侧丘系，终止于背侧丘脑的腹后外侧核。

2. 在延髓腹侧面上部，正中裂两侧的隆起称为锥体，由下行纤维束-锥体束构成。

3. 髓纹是在第四脑室底，横行于菱形窝外侧角与中线内的纤维束。一般视为脑桥和延髓在背侧面的分界线。

4. 脑桥、延髓与小脑交角处，临床上称此处为脑桥小脑三角。

5. 锥体束主要由大脑皮质中央前回及旁中央小叶前部的巨型锥体细胞和其他类型的锥体细胞发出的轴突构成，包括皮质核束和皮质脊髓束两部分。

（五）填空题

1. 中脑　脑桥　2. 面神经　前庭蜗神经　3. 后髓帆　第四脑室脉络组织　4. 舌咽神经　迷走神经　5. 薄束核　楔束核　6. 上丘　下丘　7. 大脑脚（底）　脚间窝　8. 三叉神经运动核　疑核　9. 动眼神经核　舌下神经核　10. 动眼神经副核　迷走神经背核　11. 被盖腹侧交叉　红核脊髓束　12. 外侧丘系　下丘臂　13. 黑质网状部　黑质致密部　14. 皮质脑桥　脑桥小脑　15. 内侧丘系交叉　内侧丘系

（六）综合应用题

1. ①锥体交叉：在锥体下方 75%～90%锥体束纤维在中央管腹侧左、右交叉，称为锥体交叉，交叉后的纤维进入脊髓外侧索，形成皮质脊髓侧束，少部分未交叉的纤维进入脊髓前索，形成皮质脊髓前束。②内侧丘系交叉：由薄束核和楔束核发出的传导深感觉和精细触觉的二级纤维绕中央管的腹外侧，呈弓形左、右交叉，称为内侧丘系交叉，交叉后的纤维在纤维束的后方转而上行为内侧丘系。③三叉丘系交叉：由三叉神经脊束核和三叉神经脑桥核发出的传导头面部感觉的二级纤维越边，交叉至对侧，为三叉丘系交叉；交叉后的纤维转而上行，形成三叉丘系。④外侧丘系交叉：由蜗神经的腹、背核发出的传导听觉的二级纤维，于脑桥下部被盖和基底之间越过，穿过纵行的内侧丘系，左、右交叉称为外侧丘系交叉，交叉纤维于脑桥被盖和基底之间形成一纺锤形的结构，称斜方体，斜方体的纤维穿过内侧丘系后，转而上行，为外侧丘系。

2. 菱形窝位于脑桥和延髓的背侧面，下外侧界自内向外依次为薄束结节、楔束结节、小脑下脚，两上外侧界由小脑上脚构成。窝底以髓纹为界，上半属于脑桥，下半属于延髓，中线上有正中沟，与之平行并居于其外侧的是界沟，两者之间有内侧隆起，界沟外侧的三角区为前庭区，其外侧角处的隆起为听结节。髓纹上方内侧隆起有圆形膨大称面神经丘，髓纹下从内上向外下有舌下神经三角和迷走神经三角。

3. 内侧丘系由对侧薄束核和楔束核发出的二级感觉纤维，经内侧丘系交叉后形成，向上经脑干终止于丘脑腹后外侧核。其功能是传递对侧躯干和上、下肢的意识性本体感觉和精细触觉。

4. 三叉丘系由对侧三叉神经脊束核及大部分三叉神经脑桥核发出的二级感觉纤维组成，在脑干紧贴于内侧丘系的背外侧走行，终于丘脑的腹后内侧核。该束主要传导对侧头面部皮肤、牙及口、鼻黏膜的痛温觉和触压觉。

（陈龙菊）

三、小脑、间脑

（一）判断题

1. A　2. B　3. B　4. A　5. B　6. B　7. B　8. B　9. B　10. A

（二）最佳选择题

1. C　2. C　3. D　4. B　5. E　6. E　7. D　8. D　9. C　10. B　11. A

（三）多项选择题

1. ABCDE　2. BDE　3. CDE　4. AB　5. ABCDE

（四）名词解释

1. 在小脑半球下面的前内侧，各有一突出部，称小脑扁桃体。小脑扁桃体毗邻延髓和枕骨大孔的两侧，当颅内压增高时，小脑扁桃体有可能被挤压入枕骨大孔，形成枕骨大孔疝或称小脑扁桃体疝，压迫延髓，危及生命。

2. 小脑体的外侧部在进化中出现最晚，与大脑皮质同步发展，构成小脑后叶。功能为调控骨骼肌的随意、精细运动。

3. 小脑体的蚓部和中间部在进化上出现较晚，共同组成旧小脑。主要接受来自脊髓的信息，功能为调节肌张力。

4. 从种系发生上看，小脑的绒球小结叶出现最早，称原小脑。功能为控制躯干肌和眼外肌运动，维持身体平衡，协调眼球运动。

5. 小脑核又称小脑中央核，位于小脑内部，埋于小脑髓质内，共有 4 对，由内侧向外侧依次为顶核、球状核、栓状核和齿状核。

6. 后丘脑是间脑中背侧丘脑后下方、中脑顶盖的上方的部分，由内侧膝状体和外侧膝状体构成。

7. 上丘脑是间脑的背侧部分与中脑顶盖前区的移行部，包括松果体、缰三角、缰连合、丘脑髓纹和后连合。

8. 下丘脑位于背侧丘脑的下方，组成第三脑室侧壁的下半和底壁，上方借下丘脑沟与背侧丘脑分界，前端达室间孔，后端与中脑被盖相续。自前至后分为视前区、视上区、结节区和乳头体区。

（五）填空题

1. 颅后窝　齿状核　2. 小脑体蚓部和中间部　调节肌张力　3. 底丘脑　后丘脑　4. 室间孔　中脑水管　5. 腹后内侧核　腹后外侧核　6. 绒球小结叶　维持身体平衡，协调眼球运动　7. 腹后内侧核　腹后外侧核　8. 内侧膝状体　外侧膝状体　9. 视上核　室旁核　10. 缰三角　缰连合　11. 运动　颅后窝　12. 枕骨大孔　延髓　13. 小脑体的外侧部　调控骨骼肌的随意、精细运动　14. 端脑　第三脑室

（六）综合应用题

1. 小脑半球下面的前内侧的突出部为小脑扁桃体，毗邻延髓和枕骨大孔的两侧，当颅内压增高时，小脑扁桃体有可能被挤压入枕骨大孔，形成枕骨大孔疝或称小脑扁桃体疝，压迫延髓，危及生命。

2. 小脑分为三个功能区：小脑前叶（脊髓小脑）、小脑后叶（大脑小脑）、前庭小脑。从种系发生上看，绒球小结叶出现最早，称原小脑。由于其主要和前庭神经及前庭神经核发生联系，所以又称前庭小脑。其功能为控制躯干肌和眼外肌运动，维持身体平衡，协调眼球运动。小脑前叶和小脑蚓下面的蚓垂、蚓锥体等出现较晚，因此统称为旧小脑。其功能为调节肌张力。由于此叶主要接受脊髓小脑前、后束的纤维，故又称脊髓小脑。后叶出现最晚，与大脑皮质的高度发生有关，称新小脑。此叶主要和大脑皮质的广泛区域发生联系，故又称大脑小脑。其功能为调控骨骼肌的随意、精细运动。

3. 间脑位于脑干与端脑之间，连接大脑半球和中脑。间脑中间有一窄腔即第三脑室，分隔间脑的左右部分。间脑可分为五部分：背侧丘脑、后丘脑、上丘脑、底丘脑和下丘脑。

4. 背侧丘脑特异性中继核团包括腹前核、腹外侧核、腹后核。腹前核和腹外侧核，主要接受小脑齿状核、苍白球、黑质传入纤维，经它们转接，并发出纤维投射至躯体运动中枢，调节躯体运动。腹后核包括腹后内侧核和腹后外侧核。前者接受三叉丘系和由孤束核发出的味觉纤维，后者接受内侧丘系和脊髓丘系的纤维。腹后核发出纤维投射至大脑皮质中央后回的躯体感觉中枢。

（陈龙菊）

四、端　　脑

（一）判断题

1. B　2. A　3. B　4. B　5. A　6. B　7. B　8. B　9. A　10. A

（二）最佳选择题

1. D 2. C 3. E 4. C 5. D 6. A 7. C 8. B 9. B 10. D 11. C 12. B 13. B 14. A 15. A 16. A 17. B 18. B 19. C

（三）多项选择题

1. ABCDE 2. ABE 3. BCDE 4. ABD 5. ACDE 6. ACDE 7. ACE

（四）名词解释

1. 尾状核和豆状核的壳在发生上出现较晚，称为新纹状体，是皮质下运动中枢。

2. 边缘系统由边缘叶（如隔区、扣带回、海马旁回、海马和齿状回等）和有关的皮质及皮质下结构（如杏仁体、下丘脑、背侧丘脑前核等）组成。它主要与情绪、行为、记忆、内脏活动等有关。

3. 尾状核和豆状核在前端连在一起，两者合称为纹状体，为皮质下运动调节中枢。

4. 基底核是位于端脑基底部白质深部的灰质团块，也称基底神经节，包括尾状核、豆状核、屏状核和杏仁体。

5. 联络纤维是联系同侧半球内各部分皮质的纤维，其中短纤维联系相邻脑回，长纤维联系本侧半球各叶。

6. 连合纤维是连合左右半球皮质的纤维，包括胼胝体、前连合和穹窿连合。

7. 投射纤维由大脑皮质与皮质下各中枢间的上、下行纤维组成，它们大部分经过内囊。

8. 内囊位于丘脑、尾状核和豆状核之间，是投射纤维在此高度集中的白质板，在端脑水平切面上呈“＜”字形，分为前肢、膝和后肢三部。

（五）填空题

1. 距状沟上、下皮质　颞横回　2. 中央前回、中央旁小叶前部　中央后回、中央旁小叶后部　3. 运动性语言中枢　视觉性语言中枢　4. 连合系　投射系　5. 尾状核　背侧丘脑　6. 颞叶　岛叶　7. 海马　齿状回　8. 嘴　膝　9. 壳　尾状核　10. 屏状体　杏仁核　11. 胼胝体　侧脑室　12. 大脑纵裂　大脑横裂　13. 缘上回　角回　14. 额中回后部　颞上回后部　15. 尾状核　豆状核　16. 顶叶　颞叶　17. 联络纤维　连合纤维　18. 额桥束　丘脑前辐射　19. 丘脑中央辐射　丘脑后辐射　20. 边缘叶　皮质下结构

（六）综合应用题

1. 大脑半球借三条恒定的沟，即外侧沟、中央沟、顶枕沟，将每侧大脑半球分为五叶，分别为额叶、顶叶、枕叶、颞叶及岛叶。在外侧沟上方和中央沟以前的部分为额叶；外侧沟以下的部分为颞叶；枕叶位于半球后部，其前界在内侧面为顶枕沟，在上外侧面的界限是顶枕沟至枕前切迹（在枕叶后端前方约 4cm 处）的连线；顶叶为外侧沟上方，中央沟后方，枕叶以前的部分；岛叶呈三角形岛状，位于外侧沟深面，被额叶、顶叶、颞叶所掩盖。

2. 第一躯体运动区位于中央前回和中央旁小叶前部，该中枢对骨骼肌运动的管理有一定的局部定位关系，其特点：①上下颠倒，但头部是正的，中央前回最上部和中央旁小叶前部与下肢、会阴部运动有关，中部与躯干和上肢的运动有关，下部与面、舌、咽、喉的运动有关；②左右交叉，即一侧运动区支配对侧肢体的运动，但一些与运动有关的肌则受两侧运动区的支配，如眼球外肌、咽喉肌、咀嚼肌等；③身体各部分投影区的大小与各部形体大小无关，而取决于功能的重要性和复杂程度。

3. 第一躯体感觉区位于中央后回和中央旁小叶后部，身体各部在此区的投射特点是：

①上下颠倒，但头部是正的；②左右交叉；③身体各部在该区投射范围的大小取决于该部感觉敏感程度。

4.（1）运动性语言中枢（说话中枢）在额下回后部，又称 Broca 区。如果此中枢受损，患者虽能发声，却不能说出具有意义的语言，称运动性失语症。

（2）书写中枢在额中回的后部。此中枢若受损，虽然手的运动功能仍然保存，但写字、绘图等精细动作发生障碍，称为失写症。

（3）听觉性语言中枢在颞上回后部。此中枢受损后，患者虽能听到别人讲话，但不理解讲话的意思，自己讲的话也同样不能理解，故不能正确回答问题和正常说话，称感觉性失语症。

（4）视觉性语言中枢，又称阅读中枢，在顶下小叶的角回。此中枢受损时，虽视觉没有障碍，但不能理解文字符号的意义，称为失读症。

5. 侧脑室位于大脑半球内，侧脑室左右各一，延伸至半球的各个叶内，分为四部分：中央部位于顶叶内；前角伸向额叶；后角伸入枕叶；下角伸至颞叶内。侧脑室经左、右室间孔与第三脑室相通。

6. 内囊位于背侧丘脑、尾状核和豆状核之间的白质板。在水平切面上呈向外开放的“V”字形，分为内囊前肢、内囊膝和内囊后肢三部。

（1）内囊前肢投射纤维：主要有额桥束和由丘脑背内侧核投射到额叶前部的丘脑前辐射。

（2）内囊膝的投射纤维：有皮质核束。

（3）内囊后肢的投射纤维：经丘脑豆状核部的下行纤维束为皮质脊髓束、皮质红核束和顶桥束等，上行纤维束是丘脑中央辐射和丘脑后辐射。其中皮质脊髓束是中央前回中上部和中央旁小叶前部发出的至脊髓前角运动核的纤维束。而丘脑中央辐射是丘脑腹后核至中央后回的纤维束，传递皮肤和肌、关节的感觉，如此区受损，则导致对侧半的躯体感觉障碍。经豆状核后部向后行的纤维有视辐射及枕桥束，前者由外侧膝状体到视皮质；后者由枕叶至脑桥核。经豆状核下部向外侧行的纤维有听辐射及颞桥束，前者由内侧膝状体至听皮质，后者由颞叶至脑桥核。

当内囊损伤广泛时，患者会出现偏身感觉丧失（丘脑中央辐射受损）、对侧偏瘫（皮质脊髓束、皮质核束受损）和偏盲（视辐射受损）的“三偏”症状。

（李国贵）

第二节　周围神经系统

一、脊　神　经

（一）判断题

1. B　2. B　3. B　4. B　5. B　6. A　7. B　8. A　9. B　10. B

（二）最佳选择题

1. A　2. A　3. A　4. D　5. C　6. B　7. D　8. C　9. E　10. A　11. D　12. B　13. B　14. D　15. B　16. E　17. D　18. D　19. C　20. C　21. C　22. D　23. E　24. B　25. C　26. B　27. B　28. D　29. B　30. B　31. A　32. D　33. C　34. B　35. E　36. D　37. A　38. D　39. D　40. D

（三）多项选择题

1. ABCD 2. ABCE 3. BDE 4. ABE 5. BCE 6. BCE 7. BE 8. ACDE 9. ABE 10. ACE 11. BDE 12. ABD 13. ABE 14. ABDE 15. ABC 16. ABE 17. BCDE 18. BCE 19. ABCDE 20. BCD

（四）名词解释

1. 脊神经前根、后根在椎间孔处合成一条脊神经干，后根在椎间孔附近有椭圆形的膨大，称脊神经节。

2. 胸神经前支共 12 对，第 12 对胸神经前支位于第 12 肋下方，故名肋下神经。

3. 由第 4 腰神经前支的余部和第 5 腰神经前支合成，参与骶丛的组成。

（五）填空题

1. 前根 后根 2. 前支 后支 3. 8 5 4. 胸锁乳突肌 斜角肌 5. 前斜角肌 肺根 6. 肝 胆囊 7. 前锯肌 背阔肌 8. 内侧束 外侧束 9. 腋神经 10. 三角肌 小圆肌 11. 后束 肱深 12. 浅支 深支 13. 桡侧半 桡侧两个半手指近节背面 14. 肌皮 桡 15. 正中神经 尺 16. 尺神经 桡 7. T_6 T_{10} 18. 肋弓 脐 19. 尺神经 正中神经 20. 颈丛 混合 21. 旋后肌 肱二头肌 22. 股神经 桡神经 23. 肱桡肌 尺侧腕屈肌 24. 尺神经 桡神经 25. 尺神经 正中神经 26. 前肌群 内收 27. 股 闭孔 28. 腓深神经 胫神经 29. 股动脉 髌下、小腿内侧面的 30. 骶骨和梨状肌 髂血管 31. 骶丛 坐骨神经 32. 腓浅神经 腓深神经 33. 梨状肌下孔 坐骨小孔 34. 胫神经 腓总神经 35. 胫神经 腓总神经 36. 臀下神经 臀上神经 37. 髂腹下神经 髂腹股沟神经 38. 外股三角 39. L_1～L_3 前支 L_4 前支的一部分 40. 骶神经 尾神经 41. 生殖支 股支 42. 腓肠内侧皮神经 腓肠外侧皮神经 43. 阴部神经 坐骨神经 44. 腓深神经 胫神经 45. 腓浅神经 坐骨神经

（六）综合应用题

1. 颈丛由颈 1～4 脊神经前支组成，位于胸锁乳突肌深面，其皮支有枕小神经、耳大神经、颈横神经和锁骨上神经，于胸锁乳突肌后缘中点附近浅出，其肌支主要为膈神经。

2. 臂丛由颈 5～8 脊神经前支和大部分胸 1 脊神经前支组成。穿斜角肌间隙，沿锁骨下动脉后上方，经锁骨的后方入腋窝，呈三束围绕在腋动脉周围，主要分支在锁骨上部有胸长神经、肩胛背神经、肩胛上神经，在锁骨下部即腋窝内有胸背神经、腋神经、肌皮神经、正中神经、尺神经和桡神经。

3. 膈神经是颈丛的分支，先位于前斜角肌上端外侧，继而沿前斜角肌前面下降至该肌内侧，在锁骨下动、静脉之间，经胸廓上口进入胸腔，经过肺根前方，在纵隔胸膜与心包之间下行到膈。其运动纤维支配膈肌，感觉纤维分布于胸膜、心包及膈下面的部分腹膜。右膈神经的感觉纤维分布到肝、胆囊和肝外胆道的浆膜。

4. 肱骨中段骨折会出现“垂腕症”。因为桡神经在臂中段后部，紧贴肱骨的桡神经沟行向外下，沿途发出肌支分布于肱三头肌、肱桡肌和桡侧腕长伸肌。其终末支—深支穿旋后肌支配前臂的伸肌。骨折后合并桡神经损伤，就表现为前臂伸肌瘫痪，抬前臂时呈“垂腕”状。

5. 正中神经：分布于掌心、鱼际、桡侧三个半指的掌面及其中节和远节手指背面的皮肤；桡神经：分布于手背桡侧半和桡侧两个半手指近节背面的皮肤；尺神经：手背支分布于手背尺侧半和小指、环指及中指尺侧半背面的皮肤。浅支分布于小鱼际、小指和环指尺

侧半掌面的皮肤。

6. 腰丛由胸12脊神经前支的一部分及腰1～3脊神经前支和部分腰4脊神经前支组成，位于腰大肌深面。主要分支有髂腹下神经、髂腹股沟神经、股外侧皮神经、股神经和闭孔神经。

7. 骶丛由腰4脊神经前支的一部分及腰5脊神经前支（组成腰骶干）和全部骶、尾神经前支组成，位于盆腔内，骶骨和梨状肌前面，髂血管后方。主要分支有坐骨神经、阴部神经、股后皮神经及臀上神经、臀下神经。

8. 梨状肌上孔有臀上神经；梨状肌下孔有臀下神经、股后皮神经、阴部神经、坐骨神经。

9. 大腿肌肉分三群：①前群，由股神经支配；②后群，由坐骨神经支配；③内侧群，由闭孔神经支配。

10. 坐骨神经是全身最长、最粗大的神经，经梨状肌下孔出盆腔后，在腘窝上方分为胫神经和腓总神经。胫神经发出肌支支配小腿后群肌和足底肌，损伤后表现为小腿后群肌无力，足不能跖屈，不能以足尖站立，内翻力弱，呈“钩状足”畸形，足底皮肤感觉障碍明显；而腓总神经自坐骨神经发出后沿股二头肌内侧走向外下，绕腓骨颈外侧向前，穿腓骨长肌分为腓浅神经和腓深神经，分布范围包括小腿前、外侧群肌，足背肌和小腿外侧、足背、趾背的皮肤。损伤后，足不能背屈，趾不能伸，足下垂内翻，呈“马蹄”内翻足畸形。行走时呈“跨阈步态”。小腿前外侧及足背感觉障碍明显。

（吴 刚）

二、脑 神 经

（一）判断题

1. B 2. A 3. B 4. A 5. A 6. A 7. B 8. A 9. B 10. B

（二）最佳选择题

1. B 2. B 3. C 4. A 5. B 6. E 7. E 8. B 9. C 10. E 11. B 12. D 13. C 14. A 15. E 16. C 17. B 18. B 19. C 20. B 21. E 22. E 23. B 24. E 25. C 26. A 27. C 28. B 29. C

（三）多项选择题

1. ACE 2. ACD 3. ACDE 4. ABDE 5. ABCDE 6. ABDE 7. ABCD 8. ABE 9. AB 10. ABCD 11. BCD 12. ACD 13. ABCE 14. ABC 15. BCD 16. ABCD 17. ABCD

（四）名词解释

翼腭神经节也称蝶腭神经节，为副交感神经节，位于翼腭窝上方，上颌神经下方的一不规则扁平小节，有交感根、副交感根、感觉根，它发出一些分支分布于泪腺、腭、鼻的黏膜，传导黏膜的一般感觉和控制腺体的分泌。

（五）填空题

1. 筛孔 视神经管 2. 下丘下方 眶上裂 3. 动眼神经副核 睫状神经节 4. 翼腭神经节 下颌下神经节 5. Ⅸ、Ⅹ、Ⅺ、Ⅻ对脑神经 Ⅳ对脑神经 6. 脑桥延髓沟 眶上裂 7. 茎乳孔 面部表情肌 8. 面神经 三叉神经 9. 岩大神经 咀嚼肌神经 10. 舌下神经下运动神经元 皮质核束 11. 面神经 舌咽神经 12. 舌咽神经 面神经 13. 肝支 腹腔支

14. 喉上神经 喉返神经 15. 胃前支 肝支 16. 胸锁乳突肌 斜方肌 17. 舌下神经 舌咽神经 18. 圆孔 卵圆孔 19. 声门裂以上 环甲肌 20. 三叉神经 面神经

（六）综合应用题

1. 面部的感觉由三叉神经管理，三叉神经的三大支在面部皮肤的分布区域大致以眼裂和口裂为界，即眼神经分布于眼裂以上及鼻背皮肤，上颌神经分布于眼裂和口裂之间的皮肤，下颌神经分布于口裂以下及耳颞部皮肤。

2. 喉黏膜的感觉声门裂以上由喉上神经管理，以下由喉返神经管理；喉肌的环甲肌由喉上神经支配，其余喉肌由喉返神经支配。

3. 迷走神经含有四种纤维：①特殊内脏运动纤维来自疑核。②一般内脏运动纤维来自迷走神经背核。③一般躯体感觉纤维终止于三叉神经脊束核。④一般内脏感觉纤维终止于孤束核。

4. 颈静脉孔有舌咽神经、迷走神经、副神经穿过。分布于舌味蕾的神经有面神经、舌咽神经。

5. 舌的神经分布：一般感觉，三叉神经（舌神经）分布于舌前 2/3，舌咽神经分布到舌后 1/3；味觉，面神经（鼓索）分布于舌前 2/3，舌咽神经分布于舌后 1/3；运动，由舌下神经支配。

6. 眼内肌有瞳孔括约肌、睫状肌支配神经为动眼神经副交感纤维，瞳孔开大肌支配神经为交感神经。眼外肌有上睑提肌、上直肌、下直肌、内直肌、下斜肌支配神经为动眼神经，上斜肌支配神经为滑车神经，外直肌支配神经为展神经。

（王振富）

三、内 脏 神 经

（一）判断题

1. A 2. A 3. B 4. A 5. B 6. B 7. A 8. B 9. A 10. B

（二）最佳选择题

1. B 2. E 3. D 4. D 5. A 6. B 7. C 8. D 9. C 10. C 11. D 12. E 13. D 14. A 15. A 16. C 17. C 18. D 19. B 20. E

（三）多项选择题

1. BC 2. ABCDE 3. ACDE 4. ABCD 5. ABDE 6. BCDE 7. ACE 8. ACD 9. ABCE 10. ABDE

（四）名词解释

1. 内脏运动神经调节内脏、心血管的运动和腺体的分泌，通常不受人的意志控制，是不随意的，称为自主神经系；又因为主要是控制和调节动、植物共有的物质代谢活动，并不支配动物所特有的骨骼肌的运动，所以也称之为植物神经系。

2. 内脏运动神经自低级中枢发出后并在周围部的内脏运动神经节交换神经元，再由节内神经元发出纤维达到效应器。第一个神经元称节前神经元，胞体位于脑干和脊髓内，其轴突称节前纤维。

3. 当某些官发生病变时，常在体表一定区域产生感觉过敏或痛觉的现象。

（五）填空题

1. 器官旁节 器官内节 2. 椎旁神经节 椎前节 3. 白交通支 灰交通支 4. 梭形

1～3　5. 脊髓胸 1～腰 2 或腰 3 节段的灰质侧柱的中间带外侧核　脑干的副交感神经核和脊髓骶部第 2～4 节段灰质的骶副交感核　6. 交感干神经节细胞发出的节后纤维　脊神经发出的有髓鞘的节前纤维　7. 腹腔动脉　肠系膜上动脉　8. 动眼神经　副交感性　9. 面神经　舌咽神经　10. 交感神经　副交感神经　11. 感觉　副交感　12. 感觉性神经节　内脏运动性神经节　13. 感觉　副交感　14. 动眼神经副核　瞳孔括约肌和睫状肌　15. 动眼　副交感　16. 舌咽神经　迷走神经　17. 交感神经　副交感神经　18. 特殊内脏运动核　面肌（表情肌）　19. 翼腭神经节　下颌下神经节　20. 节前神经元　节后神经元

（六）综合应用题

1. 脊髓胸 1～腰 2 或腰 3 节段的灰质侧柱的中间带外侧核；脑干的副交感神经核和脊髓骶部第 2～4 节段灰质的骶副交感核。

2. 正常内脏活动一般无感觉，强烈的内脏活动可引起感觉。内脏对刺激的定位差，故定位感不准确。内脏对牵拉、膨胀和外部冷热刺激敏感，而对切割等刺激不敏感。

3. ①终止于相应的椎旁节，并交换神经元。②在交感干内上升或下降，然后终止于上方或下方的椎旁节。③穿过椎旁节，终止于椎前节换元。

4. 颅部较大的、肉眼可见的副交感性神经节有睫状神经节、翼腭神经节、下颌下神经节、耳神经节。

5. ①低级中枢的部位不同：交感神经低级中枢位于脊髓胸腰部灰质的中间带外侧核，副交感神经的低级中枢位于脑干的副交感神经核和脊髓骶部骶副交感核。②周围神经节的位置不同：交感神经节位于脊柱两旁和脊柱前方，副交感神经节位于所支配的器官附近（器官旁节）和器官壁内（器官内节）。③节前神经元和节后神经元的比例不同：交感节前神经元可与许多节后神经元形成突触，而副交感节前神经元的轴突则与较少节后神经元形成突触。④分布范围不同：交感神经在周围的分布较广，副交感神经则不如交感神经广泛。⑤对同一器官所起的作用不同：交感与副交感神经对同一器官的作用既是互相拮抗又是互相统一的。

（颜　玲）

第三节　神经系统的传导通路

（一）判断题

1. A　2. B　3. B　4. A　5. B　6. B　7. B　8. A　9. B　10. A

（二）最佳选择题

1. B　2. D　3. C　4. B　5. B　6. C　7. B　8. D　9. D　10. B　11. B　12. D　13. C　14. A　15. A　16. B　17. A　18. B　19. C　20. C

（三）多项选择题

1. ACE　2. ABDE　3. ADE　4. ABC　5. ABCD　6. ABCDE　7. ABCD　8. ABCDE　9. CDE　10. ACD

（四）名词解释

1. 锥体系是由中央前回和中央旁小叶前部巨型锥体细胞和其他类型的锥体细胞的轴突，组成的管理各种随意运动的下行纤维束。直接或间接止于脑神经运动核者称皮质核束；直接或间接终止于脊髓前角运动细胞者称皮质脊髓束。

2. 在组成锥体系的神经元中，那些胞体位于中央前回及中央旁小叶前部的巨型锥体细胞及其他类型的锥体细胞，称为上运动神经元。

3. 光照一侧瞳孔，引起两眼瞳孔缩小的反应称为瞳孔对光反射，光照一侧瞳孔缩小的反应为直接对光反射；未照射一侧瞳孔缩小的反应为间接对光反射。

4. 锥体系以外影响和控制躯体运动的一切传导路径，统称为锥体外系，它包括大脑皮质、纹状体、背侧丘脑、底丘脑、中脑顶盖、红核、黑质、脑桥核、前庭核、小脑和脑干网状结构等及它们的纤维联系。

5. 核下瘫即下运动神经元损伤，指脑神经运动核和脊髓前角运动神经元损伤，损伤后表现为迟缓性瘫痪、肌张力降低、肌萎缩、深浅反射消失、病理反射阴性等。

6. 本体感觉是指肌、腱、关节等运动器官本身在不同状态（运动或静止）时产生的感觉（如人在闭眼时能感知身体各部位的位置），又称深感觉。

（五）填空题

1. 听辐射　听区颞横回　2. 脊神经节　脊髓灰质第Ⅰ、Ⅳ～Ⅶ层细胞　3. 薄束核　楔束核　4. 双极神经元　节细胞　5. 脑干的一般躯体运动核　脑干的特殊内脏运动核　脊髓前角细胞　6. 视觉传导通路　视辐射　7. 锥体系　8. 中央前回　中央旁小叶前部　锥体束　9. 视神经　视束　10. 三　脊神经节　11. 背侧丘脑腹后外侧核　大脑皮质中央后回中上部、中央旁小叶后部　12. 背侧丘脑腹后外侧核　大脑皮质中央后回的中上部、中央旁小叶后部　13. 四　蜗神经腹侧核和背侧核　14. 内侧膝状体　15. 皮质脊髓束　一般躯体运动核　特殊内脏运动核　16. 增强　亢进　17. 消失　消失　18. 降低　萎缩　19. 锥体系　躯体运动　20. 皮质脊髓侧束　皮质脊髓前束

（六）综合应用题

1. 躯干和四肢的痛温觉和粗触觉传导通路由三级神经元组成。第一级神经元是脊神经节细胞，第二级神经元是脊髓灰质后角细胞（即Ⅰ、Ⅳ、Ⅶ层内细胞），发出的二级纤维越过中线形成对侧的脊髓丘脑束上行，终止于第三级神经元，即背侧丘脑腹后外侧核，由此核发出的纤维经内囊后肢投射到中央后回和中央旁小叶后部。

2. 视觉传导通路由三级神经元组成。第一级神经元是视网膜内的双极神经元；第二级神经元是视网膜内的节细胞，由节细胞发出的纤维在眼球后方构成视神经，经视神经管入颅。在视交叉处，来自两眼视网膜鼻侧半的纤维左右交叉，两眼鼻侧半交叉后的纤维和颞侧半不交叉的纤维构成左、右侧视束，即各侧视束内含有同侧眼颞侧半和对侧眼鼻侧半视网膜的纤维，终止于第三级神经元即外侧膝状体，由外侧膝状体发出的纤维形成视辐射，经内囊后肢投射到视觉中枢，即距状沟两侧的皮质。一侧视神经损伤，导致患侧视野全盲；视交叉中央部损伤，两眼颞侧视野偏盲；视束损伤，同侧鼻侧半，对侧颞侧半视野偏盲。

3. 躯干和四肢的意识性本体感觉和精细触觉由同一传导通路传导，由三级神经元组成。第一级神经元位于脊神经节内，其中枢突由后根进入脊髓，在同侧脊髓后索上行形成薄束和楔束，向上终止于延髓的薄束核和楔束核（即第二级神经元），由此发出二级纤维越过中线形成内侧丘系交叉，交叉后的纤维转折上行称为内侧丘系。内侧丘系终止于背侧丘脑腹后外侧核（即第三级神经元），由此核发出纤维经内囊后肢投射到中央后回和中央旁小叶后部。

4. 瞳孔对光反射的通路为视网膜→视神经→视交叉→视束→上丘臂→顶盖前区→两侧动

眼神经副核→动眼神经→睫状神经节→节后纤维→瞳孔括约肌收缩→两侧瞳孔缩小。

5. 右侧大腿前部皮肤→右侧股神经→腰 2～4 脊神经节及后根→腰 2～4 脊髓后角细胞→白质前连合交叉→左侧脊髓丘脑侧束→脊髓丘系→丘脑腹后外侧核→丘脑中央辐射→左侧大脑皮质中央后回上 1/3 和旁中央小叶的后部。

6. 左侧示指皮肤→左侧正中神经→颈 5～胸 1 脊神经节及后根→颈 5～胸 1 脊髓后角细胞→白质前连合交叉→右侧脊髓丘脑侧束→脊髓丘系→丘脑腹后外侧核→丘脑中央辐射→右侧大脑皮质中央后回中 1/3。

7. 声波→外耳道→鼓膜→听骨链→前庭窗→前庭阶外淋巴→鼓阶外淋巴→蜗管鼓壁→螺旋器（转换为神经冲动）→蜗神经→蜗神经核→双侧外侧丘系→上橄榄核→下丘→内侧膝状体→听辐射→颞横回的听觉中枢产生听觉→左侧颞上回后部听觉联络皮质，将有关语言资料整合为语言感觉的整体→左侧额中回后部书写中枢→中央前回中部管理手肌运动的代表区→发出的皮质脊髓束经内囊的后肢、中脑的脚底、脑桥的基底、延髓的锥体下行→经锥体交叉形成皮质脊髓侧束在右侧脊髓侧索下行→右侧脊髓颈 5～胸 1 节段的前角细胞外侧核→发出的躯体运动纤维经前根、脊神经、前支、臂丛→支配上肢肌的运动。

（七）创新分析题

1. 诊断：胸髓第 6 节段左侧半边横断。

根据患者的表现，显然不是周围神经损伤，而是利刃刺伤了脊髓的传导通路。伤区在第 4 胸椎，并偏左侧，在这个水平造成了脊髓左侧半边横断（Brown-Sequard 综合征）。患者左下肢完全瘫痪，腱反射亢进，表明左侧皮质脊髓束损伤。

左下肢位置、运动觉消失（薄束）和右侧痛、温度觉消失（脊髓丘脑束）也表明伤区在脊髓左侧。从患者痛温觉丧失区在剑突水平以下，脊髓受损伤的节段在胸 6。

2. 诊断：舌下神经交叉性偏瘫。

舌萎缩，伸舌时向左侧偏斜，表明左侧舌下神经受损伤。

右侧上、下肢痉挛性瘫痪，是上运动神经元损伤。结合舌下神经损伤情况，推侧病灶应在锥体交叉以上还是以下。病灶向锥体背侧侵犯，伤及左侧内侧丘系，因此右侧丧失了振动觉和辨别性触觉。

3. 诊断：动眼神经交叉性偏瘫。

从左眼的症状看，瞳孔开大、无瞳孔直接对光反射、外斜视和上睑下垂，都属于动眼神经损伤症状。右侧肢体痉挛性瘫痪，腱反射亢进，表明上运动神经元损伤（皮质脊髓束）。

此外，还有面肌和舌肌的症状（皮质核束）。推侧病灶只有在何处才会出现以上症状。由于患者陈述几个月来头痛，就不能除去此区肿瘤的可能性。这是典型的 Weber 综合征。

4. 诊断：左侧内囊出血。

患者右上、下肢痉挛性瘫痪表明上运动神经元损伤症状。因舌麻痹而不萎缩，面下部亦麻痹，表明皮质脊髓束和皮质核束都受损伤。

位置、振动和辨别性触觉的存在，要求后索至大脑皮质这条通路必须完整，整个右半身的各种感觉除痛觉外均消失，是因为痛觉可在背侧丘脑水平感知。这说明了感觉冲动仍可传至背侧丘脑；而其他感觉丧失则表明其感觉传导路受损的部位是在背侧丘脑以上。两视野右侧半缺陷要发生在左侧视束以上受损。由上综合分析损伤出现以上症状。可推断其病变在左侧内囊，根据起病急的病史，为血管病变所致。临床诊断：左侧内囊出血。

5. 诊断：运动性失语症。

患者右上肢痉挛性瘫痪，意味着上运动神经元损伤。右侧眼裂以下面瘫和舌肌麻痹也支持上运动神经元损伤，患者右上肢瘫痪而右下肢完好，只有在左侧大脑皮质中央前回下部受损才会出现。此部前方为运动性语言中枢（优势半球的 Broca 区），故此区同时受损，患者虽仍能发声，但丧失了说话能力。

这样定位与运动性失语症是相符的，优势半球的 Broca 区在中央前回的前下方。这是由于供应此区大脑中动脉的分支血栓所致。患者曾患有心内膜炎病史，故此栓子是常见的。

（谭文波）

第四节 脑和脊髓的被膜、血管及脑脊液循环

（一）判断题

1. A 2. A 3. B 4. B 5. A 6. B 7. A 8. B 9. A 10. A

（二）最佳选择题

1. D 2. C 3. A 4. B 5. E 6. A 7. D 8. C 9. A 10. D 11. A 12. D 13. D 14. B 15. E 16. C

（三）多项选择题

1. AC 2. ABCD 3. ACD 4. ABDE 5. ABCE 6. ABCDE 7. ABC

（四）名词解释

1. 硬膜外隙是位于硬脊膜与椎管内面的骨膜之间，内含疏松结缔组织、脂肪、淋巴管和静脉丛，有脊神经根通过，临床上进行硬膜外麻醉，就是将药物注入此隙。

2. 蛛网膜下隙是位于脊髓蛛网膜与软脊膜之间，此隙充满脑脊液。

3. 海绵窦是位于颅中窝蝶鞍两侧的硬脑膜窦，窦内有颈内动脉和展神经通过，窦的外侧壁内自上而下有动眼神经、滑车神经、眼神经和上颌神经通过。

4. 脑蛛网膜紧贴硬脑膜，在上矢状窦处形成许多绒毛状突起，突入上矢状窦内，称为蛛网膜粒，脑脊液经这些蛛网膜粒渗入硬脑膜窦内，回流入静脉。

5. Willis 环即大脑动脉环，由两侧大脑前动脉起始段、两侧颈内动脉末端、两侧大脑后动脉借前、后交通动脉连通而共同组成，位于脑底下方，蝶鞍上方，环绕视交叉、灰结节及乳头体周围。当此环的某一处发育不良或被阻断时，可在一定程度上通过 Willis 环使血液重新分配和代偿，以维持脑的血液供应。

（五）填空题

1. 硬膜 蛛网膜 2. 硬脊膜 椎管内骨膜 3. 蛛网膜 软膜 4. 颈内动脉 展神经 5. 滑车神经 眼神经 6. 上矢状窦 直窦 7. 颈总动脉 四 8. 两侧颈内动脉末端 前、后交通动脉 9. 海绵窦部 虹吸部 10. 脑桥 延髓 11. 脉络丛 第三脑室 12. 蛛网膜下隙 蛛网膜粒 13. 颈内动脉 椎动脉 14. 间脑 小脑 15. 血-脑脊液屏障 脑脊液-脑屏障

（六）综合应用题

1. 硬膜外麻醉时将麻醉药注入硬膜外隙（硬脊膜和椎管内骨膜之间），其内有脊神经根经过而阻滞其神经的传导；又因该间隙中无脑脊液从而限制了麻醉药的自由扩散，可产生节段性

阻滞。腰穿麻醉时将麻醉药注入脊髓的蛛网膜下隙（蛛网膜和软脊膜之间），该隙充满脑脊液，较为宽阔，麻醉药可随体位的变化而使麻醉平面发生改变。临床上常在第3、4腰椎或第4、5腰椎间进行穿刺，以抽取脑脊液或注入麻醉药物而不至于伤及脊髓。

2. 由硬脑膜形成的结构有大脑镰、小脑幕、小脑镰和鞍膈及硬脑膜窦。主要的硬脑膜窦有上矢状窦、下矢状窦、直窦、横窦、乙状窦、海绵窦、岩上窦和岩下窦等。硬脑膜窦是硬脑膜的两层在某些部位分开而形成，内面衬以内皮细胞，其内含静脉血，窦壁无平滑肌，不能收缩，故损伤时出血难止，容易形成颅内血肿。

3. 海绵窦位于蝶鞍两侧，为硬脑膜两层间的不规则腔隙。海绵窦的交通：①向前借眼静脉、内眦静脉与面静脉交通。②向下经卵圆孔的小静脉与翼静脉丛相通；故面部感染可经上述交通蔓延至海绵窦，引起海绵窦炎，进而累及经过海绵窦的神经，出现相应的症状。③向后外经岩上窦、岩下窦连通横窦和颈内静脉。④向后借斜坡上的基底静脉丛与椎内静脉丛相通，而椎内静脉丛又与腔静脉系交通，故腹、盆部感染或癌细胞可经此途径进入颅内。通行结构：海绵窦窦内有颈内动脉和展神经通过，在窦的外侧壁内自上而下有动眼神经、滑车神经、眼神经和上颌神经通过。

4. 大脑动脉环由两侧的大脑前动脉起始段、两侧颈内动脉末端、两侧大脑后动脉借前、后交通动脉连通而成。位于颅底下方，蝶鞍上方，环绕视交叉、灰结节及乳头体周围。作为一种代偿的潜在装置，当此环的某一处发育不良或被阻断时，可在一定程度上通过大脑动脉环使血液重新分配和代偿，以维持脑的血液供应。不正常的动脉环容易出现动脉瘤。

5. 脑脊液主要由脑室脉络丛产生，少量由室管膜上皮和毛细血管产生，由侧脑室脉络丛产生的脑脊液经室间孔流至第三脑室，与第三脑室脉络丛产生的脑脊液一起，经中脑水管流入第四脑室，再汇合第四脑室脉络丛产生的脑脊液一起经第四脑室正中孔和两个外侧孔流入蛛网膜下隙，然后，脑脊液再沿蛛网膜下隙流向大脑背面，经蛛网膜粒渗透到硬脑膜窦（主要是上矢状窦）内，回流入颈内静脉。

（谭 刚）

第六章 内分泌系统

（一）判断题

1. B 2. B 3. B 4. B 5. A 6. A 7. B 8. A 9. A 10. A

（二）最佳选择题

1. C 2. D 3. A 4. E 5. C 6. C 7. E 8. C 9. B 10. B 11. E 12. B

（三）多项选择题

1. ACDE 2. ABDE 3. ABCDE 4. ABC 5. ABCD 6. CDE 7. BD 8. ABC

（四）名词解释

1. 内分泌系统由内分泌腺和内分泌组织构成，它是神经系统以外的另一重要的调节系统，与神经系统相辅相成，共同维持机体内环境的平衡与稳定，调节机体的生长发育和代谢活动，调控和影响生殖行为。

2. 激素是内分泌腺所分泌的化学物质，分泌后直接渗入毛细血管或毛细淋巴管，再经血液运送至全身特定的靶器官和靶细胞发挥作用。激素主要调节人体的新陈代谢、生长、发育、生殖等活动。

3. 甲状腺的外层被膜称甲状腺鞘或假被膜，由颈部气管前筋膜包绕而成。

（五）填空题

1. 激素　血液　2. 真被膜　假被膜　3. 甲状软骨　6　4. 腺垂体　神经垂体　5. 甲状旁腺素　钙磷代谢　6. 皮质　髓质　7. 胰高血糖素　血糖浓度　8. 卵子　精子　9. 淋巴内分泌　10. 上丘脑　褪黑激素

（六）综合应用题

1. 内分泌腺的结构特点除了体积小、重量轻外，最重要的是没有导管，故又称为无管腺，其分泌的物质称激素，直接渗入毛细血管和毛细淋巴管，再经血液运送至全身，对特定的靶器官和靶细胞发挥作用，因此，内分泌腺的血供非常丰富。

2. 垂体位于颅底蝶鞍的垂体窝内，借漏斗连于下丘脑。垂体分为腺垂体和神经垂体两部分。腺垂体又分为远侧部、结节部和中间部；神经垂体分为神经部、漏斗。远侧部和结节部称为垂体前叶，中间部和神经部称垂体后叶。垂体前叶能分泌生长激素和促甲状腺激素、促肾上腺皮质激素、促性腺激素，后三种激素分别促进甲状腺、肾上腺皮质和性腺的分泌活动。神经垂体能储存和释放加压素（抗利尿激素）及催产素，后者有促进子宫收缩和乳腺泌乳的功能。

3. 甲状腺为一近似“H”形的棕红色腺体，有左、右两个侧叶，中间以甲状腺峡相连，有时甲状腺峡向上伸出一细长的锥状叶。甲状腺位于颈前部，贴附于喉下部和气管上部的侧面，侧叶上端平甲状软骨中部，下端可达第 6 气管软骨环，后方平对 5～7 颈椎高度，甲状腺峡位于第 2～4 气管软骨环前面。甲状腺表面有两层被膜，内层为纤维囊，临床上称真被膜；外层为甲状腺鞘，临床上称外科囊，为气管前筋膜包绕而成。甲状腺侧叶与甲状软骨、环状软骨之间有韧带相连，因此，吞咽时，甲状腺可随喉上下移动。

4. 甲状旁腺位于甲状腺背面，纤维囊外，通常有上、下两对。上甲状旁腺位置恒定，多在甲状腺侧叶后面的上、中 1/3 交界处；下甲状旁腺位置变异较大，多位于侧叶后缘近下端甲状腺下动脉处。甲状旁腺可分泌甲状旁腺素，调节钙磷代谢，维持血钙平衡。

5. 肾上腺位于肾的上方，与肾共同包在肾筋膜内。左肾上腺近似半月形，右肾上腺呈三角形。肾上腺实质分为皮质和髓质两部分。肾上腺皮质分泌盐皮质激素、糖皮质激素和性激素；肾上腺髓质分泌肾上腺素和去甲肾上腺素。

（吴太鼎）